跨学科视野下的易学丛书（第一辑）

丘亮辉 ◎ 主编

诠释学视野下的易学

杨效雷 著

华南理工大学出版社
·广州·

图书在版编目（CIP）数据

诠释学视野下的易学 / 杨效雷著. —广州：华南理工大学出版社，2017.8
（跨学科视野下的易学丛书/丘亮辉主编. 第一辑）
ISBN 978-7-5623-5357-7

Ⅰ. ①诠… Ⅱ. ①杨… Ⅲ. ①《周易》-研究 Ⅳ. ①B221.5

中国版本图书馆 CIP 数据核字（2017）第 193070 号

Quanshixue Shiye Xia De Yixue
诠释学视野下的易学
杨效雷 著

出 版 人：卢家明
出 版 发 行：华南理工大学出版社
（广州五山华南理工大学17号楼，邮编 510640）
http://www.scutpress.com.cn　E-mail: scutc13@scut.edu.cn
营销部电话：020-87113487　87111048（传真）
项目负责人：卢家明
策 划 编 辑：罗月花
责 任 编 辑：王　磊
印 刷 者：广州市新怡印务有限公司
开　　　本：787mm×1092mm　1/16　印张：16　字数：341 千
版　　　次：2017 年 8 月第 1 版　2017 年 8 月第 1 次印刷
印　　　数：1～2 200 册
定　　　价：68.00 元

版权所有　盗版必究　印装差错　负责调换

"跨学科视野下的易学丛书"（第一辑）编辑委员会

主　编　丘亮辉

副主编　卢家明　王跃程

编　委　（以姓氏笔画为序）

　　　　王炳中　王俊龙　王跃程　王翼宁　丘　东

　　　　丘亮辉　卢家明　史少博　孙　涤　孙熙国

　　　　朱　波　朱彦民　李　定　李仕澂　吴克峰

　　　　杨效雷　罗月花　欧阳维诚　韩　伟

秘　书　王俊龙（兼）

作者简介

杨效雷，天津师范大学教授，易经诠释学专家，通晓象数义理，长期潜心研究易学史、中国古代史等。在各级刊物上发表论文数十篇，单独及合作完成著作 5 部，参加完成国家社科基金课题一项、国家教育部规划课题一项、国家重点委托课题一项，主持天津市哲学社会科学课题一项。专著《清儒易学举隅》获国际易联第五届国际易学金玉奖，论文《清儒易学平议》获 2011 年天津社会科学界学会优秀成果一等奖。

总　序

　　易学文化是中华文明特有的、传承五千年从未间断的文化基因，深刻影响着中华民族代代相传的认知模式、思维范式和生活方式。在不同时代背景下，面对新的问题以及解决问题的条件和方式不同，经过历代易学家不断诠释和阐发，从而形成各具时代特色的易学。从科学的视角看，几千年来的易学研究主要集中于四大问题：一为卦的排序和变换以及卦画的起源问题，二为卦爻辞的解释和训诂问题，三为卦爻辞与符号对应的逻辑关系问题，四为筮法的意义及其推理可靠性问题。人类文明进入我们的时代，呼唤创建现代易学。

　　清末以来的百年易学研究仍未能建立起一个有别于农业文明时代的、能够适应工业文明乃至信息文明时代的现代易学体系，关键在于缺乏一种易学科学化的意识。正如董光璧所说，在科学文明主导时代的易学的生存和发展，在很大程度上取决于它能否适应科学化的当代社会。比特时代即将取代原子时代，作为比特先驱的古老的易学，面临着科学的考验，现代易学研究必须走科学化的新路。现代易学体系应该是一种模型论的、科学的理论体系。现代易学要继承易学经典的精华，吸纳先进的科学文化、现代文明的人文精神和各种人文关怀，从跨学科的视野研究易学经典，发现易学中潜在的科学智慧。

　　20 世纪 80 年代末，我跟随北京大学朱伯崑教授研习易学。在中国科学技术协会所属的中国自然辩证法研究会成立东方国际易学研究院和易学与科学专业委员会，倡导研究现代易学。经民政部注册成立国际易学联合会，团结海内外研究现代易学的学者群，开创国际易学研究的新阶段。2012 年，我和王跃程、龚心瀚等发起成立太湖书院，并确立"现代易学启智慧"为书院宗旨，团结一大批海内外易学界、科技界的精英，努力打造现代易学研究的学术重镇，以现代科学和人文理念研究易学经典、创建现代易学研究新范式、探索古老的易学思想融入现代生活实践的可行路径。书院先后召开了三次全国现代易学学术研讨会，在《太湖春秋》发表了一批现代易学研究的最新成果，并于 2016 年发起成立了国际易学联合会现代易学专业委员会。在此基础上提出编辑出版"跨学科视野下的易学"丛书，成立编委会，组织对易学研究有专攻、成就卓著的学者承担撰写工作。经过共同努力,"跨学科视野下的易学丛书"(第一辑)6种《思维模式视野下的易学》《数理视野下的易学》《符号学视野下的易学》《诠释学视野下的易学》《史学视野下的易学》《儒学视野下的易学》即将与广大读者见面。

2016年习近平《在哲学社会科学工作座谈会上的讲话》中提出"新兴学科和交叉学科创新发展""要提倡理论创新和知识创新,鼓励大胆探索,开展平等、健康、活泼和充分说理的学术争鸣,活跃学术空气。要坚持和发扬学术民主,尊重差异,包容多样,提倡不同学术观点、不同风格学派相互切磋、平等讨论"。在这个背景下,组织编撰"跨学科视野下的易学丛书"具有重要的意义。本丛书是一套引进理学研究方法,以跨学科、文理交融的学术视野阐述易学理论的现代易学丛书,倡导以科学精神和现代人文理念研究易学经典,通过中国优秀文化传播,让人们了解《周易》不是迷信之说,而其精髓是用哲学的思维、从辩证的角度揭示世间万物发展的大规律,以及人生大智慧。把这一文化作为"文明之旅""文化之旅"的使者,为中外文化交流,科技、经济等领域的合作传播正能量。因此,本丛书的出版既具有弘扬中国传统文化、挖掘优秀历史文化古为今用的文化传承价值,又具有研究易学在不同学科中的应用价值。同时,也有助于易学研究的国际交流与传播。

本丛书(第一辑)是从跨学科的视野研究易学的初步尝试,后续各辑将从现代科学各学科的视野、传统文化各学派的视野以及医、农、历法等专业层面的视野剖析易学,把丛书延续下去,充分展示科学释易的成果。

应当指出,古老的易学和现代科学所处的时代不同,研究的对象不同,研究方法各异,生成论和模型论体系的差别,等等,使得科学释易的任务十分艰难,作为第一次自觉地探索现代易学的本丛书,期盼更多学者的参与以及读者的批评指正!

丘亮辉

国际易学联合会荣誉会长、中国自然辩证法研究会原副理事长、太湖书院山长

2017年8月2日

前　言

　　《周易》是以卜筮为外衣的富含哲学智慧和历史经验的指导人生决策以趋吉避凶的上古巫史文化的百科全书。"周"，一般认为是朝代的名称，但东汉经学大师郑玄认为，"周"有周流、周普、周备之义。他说："周易者，言易道周普，无所不备。"① 自然界的斗转星移、寒来暑往，社会的产生、发展变化和灭亡，人世间的生老病死、悲欢离合，这些，都是周流于天地宇宙间的规律，《周易》囊括了这些规律，故称"周"。此说乍听虽显夸张，然而却符合古人的认识，正如《周易·系辞》中所言："《易》之为书也，广大悉备，有天道焉，有人道焉，有地道焉。"又如《四库全书总目》经部《易》类小序中所云："易道广大，无所不包。"② 历史文献学家张舜徽先生亦赞成郑玄之说，以"周普"解《周易》之"周"。他说："此乃我国古代阐明事物变化原理之书，其道周普，无所不包，故称《周易》。"③ "易"，《说文解字》中如此解释："蜥易，蝘蜓，守宫也，象形。"④ 蜥蜴又称变色龙，善于变化，所以"易"引申出"变化"之意。早期文献曾将《周易》译为"Book of Changes"，如今一般不如此翻译，因为"变易"只是"易"之一义。"易"一名而兼四义：变易、不易、简易、交易。《周易》通过阴阳爻的各种变化，推衍自然、社会、人事的变化，故名"易"；世界是运动变化的，但引起变化的原因是亘古不变的，《周易》向人们揭示此亘古不变之理，故名"易"；大道至简至易，世人愈繁愈迷，《周易》向人们揭示至简至易之大道，故名"易"；孤阴不生，独阳不长，一阴一阳之谓道，《周易》向人们揭示此阴阳对立统一之道，故名"易"。以上为解题。

　　《周易》的结构包括《易经》和《易传》。《易经》由卦名、卦象、卦爻辞组成，《易传》是对《易经》的诠释。"传者，转也，转受经旨，以授后人。"⑤ 《易经》

---

① [宋] 王应麟编：《周易郑康成注》，文渊阁四库全书本。
② [清] 永瑢、纪昀等撰：《四库全书总目》卷一，中华书局，1965年，第1页中栏。
③ 张舜徽：《旧学辑存》，华中师范大学出版社，2008年，第1108页。
④ [汉] 许慎：《说文解字》卷九下，文渊阁四库全书本。
⑤ [唐] 刘知几著，[清] 浦起龙释：《史通通释》卷一，上海古籍出版社，1978年，第10页。

的意旨，后人不明，需要诠释，这一诠释工作，如同转了一道手，故名"传"。《易传》中的《系辞传》是对《易经》的通论性质的诠释，故又名《易大传》。《易传》中的《彖辞传》主要诠释《易经》卦辞。《易传》中的《象辞传》包括大象传和小象传，大象传诠释《易经》卦象，小象传诠释《易经》爻象。《易传》中的《文言传》诠释《易经》乾、坤两卦。乾为天，坤为地，故诠释乾、坤两卦者称《文言传》。《易传》中的《说卦传》阐述八卦万物类象。《易传》中的《序卦传》诠释《易经》由乾、坤到既济、未济的卦序。《易传》中的《杂卦传》将《易经》64卦分解为32对，错杂其序而说之，故名《杂卦传》。

《易传》的学派属性问题，是悬而未决的学术焦点问题。传统观点：《易传》属儒家学派。陈鼓应等先生提出的新观点：《易传》属道家学派。笔者倾向于传统观点。试举一例以明之。《易传》中的《大象传》诠释坎卦卦象时说："水洊至，习坎，君子以常德行，习教事。"不同的思想文化背景，面对同样的对象，会生发不同的联想。一个以道家思想文化背景为主的人，面对象征水的坎卦之象，联想到的应该是"上善若水""水善利万物而不争"等道家论述，而《大象传》的作者联想到的不是这些，而是德教之流行，由此可见《大象传》作者的儒家思想文化背景。通观《易传》，既有与儒家思想相通者，又有与道家思想相通者，但与道家思想相通者，并非道家思想的专利，而与儒家思想相通者，则属儒家思想专利。《易传》道家说忽视了两个问题：一是儒家鼻祖孔子的思想中有道家成分；二是儒家鼻祖孔子晚年的思想有由"形而下"向"形而上"的升华。

《易经》与《易传》之间的关系，也是悬而未决的学术焦点问题。关于《易经》与《易传》之间的关系，有两派对立观点。一是以传解经；二是经传分观。主张以传解经的学者认为，《易传》对《易经》的诠释，是最为权威的诠释。《易传》是迄今所知最早的系统诠释《易经》的作品。祖父之言何义，自然以父亲的解释更加可靠，而祖父的孙子、曾孙、玄孙、来孙、昆孙、仍孙乃至于云孙的解释，与祖父之本意，必将愈离愈远。主张经传分观的学者认为，《易经》与《易传》成书的时代不同，性质迥异，《易传》是阐述思想的哲学书，而《易经》是无思想内涵的卜筮记录，《易传》对《易经》的诠释非《易经》本义，因此读《易经》不可受《易传》误导。笔者认为，因《易经》与《易传》成书的时代不同，所以读《易经》不可囿于《易传》，无疑是正确的观点，但认为《易传》与《易经》性质迥异则未必。《易传》固然是阐述思想的哲学书，《易经》也并非无思想内涵的单纯的卜筮记录。《易经》作者要告诉人们的，不仅仅是吉凶的结果，更关键的是何以吉、何以凶的趋吉避凶之理。读《易经》，虽不可囿于《易传》，但应充分参考《易传》。充分参考《易传》有助于我们确切地理解《易经》本义。如，乾卦九三爻辞"君子终日乾乾，夕惕若厉，无咎"，长期以来被误解为"朝乾夕惕"，而据马王堆帛书《易》，应为"朝乾夕沂"。《易传·文言》对乾卦九三爻辞的解释是"与时偕行"，故"朝乾夕沂"当贴近《易经》乾卦九三爻辞本义。[①] 充分参考《易传》还有助于我们深入发掘《易经》卦爻辞的思想内涵。如，师卦卦辞"丈人吉"，据《易传·象辞》，丈人乃"刚中而应，行险而顺"之人，因此，师卦卦辞所揭示的思想便是：有"刚中而应，行险而顺"之德则吉。

诠释学hermestic的词根是hermes（赫尔默斯）。赫尔默斯是传说中来往于奥林匹亚神山和凡间的信使，负责传达神的意旨。神的意旨，凡人不明白，需要赫尔默斯来解释，所以诠释学hermestic的词根是赫尔默斯。诠释学包括独断型诠释和探究型诠释。独断型诠释认为，赫尔默斯对神的意旨的解释是最权威的唯一正确的解释。探究型诠释认为，赫尔默斯对神的意旨的解释并非最权威的唯一正确的解释。神的意旨具有多含性，在不同的时间，针对不对的事情，有不同的显现。"以传解经"类似于独断型诠释，"经传分观"类似于探究型诠释。

《周易》知识体系包括《易经》《易传》和易学。易学发展的历史主要指对《易经》和《易传》文本诠释的历史。"因为有易学的诠释和解构，才有易学的不断的整合和建构。若没有易学的解构，易学就不会熔旧铸新，就不会伴随时代的发展改变自身的形态，从而建构自己生机勃勃的、充满活力的思想体系，也就不能适应

[①] 廖名春：《周易经传与易学史研究新论》，齐鲁书社，2001年，第3-8页。

不同时代的需要，对中国古代哲学、宗教、伦理、心理、科技和社会各个层面发挥如此大的作用。"①

《周易》诠释史的研究范围为：《周易》经传问世以来，历代学者对《周易》文本象数之探究、义理之阐发，以及文字之训诂。诠释学是对文本理解和阐释的哲学。2014年9月不幸辞世的汤一介先生一直力倡建立中国经典诠释学，而对经典诠释的系统梳理无疑是最为基础的任务。经典诠释是中国古代哲学独特的言说方式。对《周易》文本的诠释是中国经典诠释史的重要组成部分。本书在前人相关研究成果的基础之上，有意识地借鉴"视域""先行结构"等诠释学理论②，详人所略，钩玄提要地系统梳理了孟喜、京房、郑玄、荀爽、虞翻、王弼、程颐、朱熹、吴澄、来知德、王夫之、李塨、焦循，以及高邮王氏父子《周易》诠释的突出成就，于微观考据和宏观论述都时出新意，可作为易学经典名著的导读之作。

以一部书稿纵论历代易学，挂一漏万是难免的，但"天之大虽极于无穷，而管窥之所及者亦天之体；海之深虽极于不测，而蠡测之所及者亦海之量"。前贤时彦关于易学史的研究成果十分丰硕，本书在尽可能充分吸收这些研究成果的基础上，补苴罅漏，阐幽发微，力争做到突出重点，"若网在纲，有条而不紊"。如与前人已有成果相互参看，自可见本书拾遗补阙，发人所未发的筚路蓝缕之功，以及有异于前人的千虑之得。

杨效雷
2017年6月

---

① 林忠军：《从诠释学审视中国古代易学》，《文史哲》，2003年第4期，第68-73页。
② 中国古代不同历史时期的《周易》诠释受限于当时的"视域"。"视域"是西方诠释学家伽达默尔提出的一个哲学概念，指人们从自己能见的立足点出发所能看到的视野，它标志着我们理解、诠释时的极限。当古人对《周易》进行理解与诠释活动时，以一系列的"先行结构"为出发点。这些"先行结构"决定了中国古代不同历史时期的《周易》诠释的特色。

目　录

第一章　两汉时期的《周易》诠释 ················· (1)
　第一节　孟喜和京房的《周易》诠释 ················· (1)
　　一、孟喜的《周易》诠释 ······················· (1)
　　二、京房的《周易》诠释 ······················ (13)
　第二节　郑玄和荀爽的《周易》诠释 ················ (27)
　　一、郑玄的《周易》诠释 ······················ (27)
　　二、荀爽的《周易》诠释 ······················ (33)
　第三节　虞翻的《周易》诠释 ····················· (41)
　　一、月体纳甲说 ····························· (41)
　　二、逸象 ································· (45)

第二章　魏晋至宋元时期的《周易》诠释 ············· (51)
　第一节　王弼的《周易》诠释 ····················· (51)
　　一、得意忘象 ······························· (51)
　　二、说以老庄 ······························· (68)
　第二节　程颐的《周易》诠释 ····················· (74)
　　一、以"理"诠《易》 ························· (75)
　　二、以"民生"思想诠《易》 ···················· (85)
　　三、"卦才"和"乾坤卦变"说 ··················· (91)
　第三节　朱熹的《周易》诠释 ···················· (101)
　　一、以筮诠《易》 ··························· (101)
　　二、以图诠《易》 ··························· (112)
　第四节　吴澄的《周易》诠释 ···················· (124)
　　一、卦统说 ······························· (125)
　　二、卦主说 ······························· (128)
　　三、卦变说 ······························· (132)

第三章　明清时期的《周易》诠释 …… (138)
第一节　来知德的《周易》诠释 …… (138)
一、不知其象，《易》不注可也 …… (139)
二、以象诠《易》的意义 …… (140)
三、以象诠《易》的弊病 …… (143)
第二节　王夫之的《周易》诠释 …… (144)
一、以唯物主义自然观诠《易》 …… (144)
二、以"理气"观诠《易》 …… (146)
三、以"道器"观诠《易》 …… (147)
四、以阴阳对立统一的矛盾观诠《易》 …… (149)
五、以动静对立统一的运动观诠《易》 …… (154)
六、以"常""变"对立统一的变化观诠《易》 …… (157)
七、以其他思想诠《易》 …… (162)
第三节　李塨的《周易》诠释 …… (166)
一、"专明人事，切于实用"的易学观 …… (167)
二、为人处世之见解和主张的渗入 …… (170)
三、《周易传注》中所见李塨的哲学思想 …… (172)
四、阐发政治伦理 …… (173)
五、超越功利的吉凶观 …… (176)
六、《周易传注》中的道家思想 …… (177)
七、引史事以证经文 …… (180)
第四节　焦循的《周易》诠释 …… (182)
一、旁通、相错与时行三说考述 …… (182)
二、焦循易学构架的道德义理诠释与"声训" …… (192)
第五节　高邮王氏父子的《周易》诠释 …… (195)
一、对虞翻《易》注的辩驳 …… (195)
二、对郑玄和荀爽《易》注的辩驳 …… (218)

附录一　"河图""洛书"非点阵之图考 …… (230)
一、先秦文献中有关"河图""洛书"的原始记载之分析 …… (230)
二、宋人作伪之破绽 …… (231)
三、两个争论焦点的讨论 …… (234)

附录二　《周易》阴阳观与和合文化析论 …… (236)
一、《周易》阴阳交易观与和合文化同一性 …… (236)
二、《周易》阴阳分判观与和合文化差异性 …… (238)
三、《周易》尊阳抑阴观与和合文化主导性 …… (239)

关键词索引 …… (242)

第一章
两汉时期的《周易》诠释

《周易》经文由卦爻象与卦爻辞组成。卦爻象与卦爻辞之间究竟有无联系？如果有，如何联系？《周易》六十四卦究竟是杂乱无章的卜筮记录的堆积，还是有内在联系的统一整体？这些都是象数易学所要探究的重点。《易传》中的"当位说""相应说"和"得中说"等都是探究卦爻象和卦爻辞之间关系的《易》例。汉代经师在此基础之上又提出了十二消息卦、六日七分法、纳甲说、爻辰说和乾升坤降说等多种《易》例。这是汉代象数易学的特色之一。汉代象数易学的特色之二，是以大量八卦所象征的物象来探究卦爻象与卦爻辞之间的关系。汉《易》去古未远，授受有自，虽非尽《易》之本义，然为探究《易》本义的重要资料。汉儒的《周易》诠释"已不是传统意义上的文本意义的解说，而是一种符号的转换，即把有一定确定意义的《周易》文辞转换成抽象的符号，经过对符号的解说，把《周易》变为一部象数符号之书"[1]。

第一节 孟喜和京房的《周易》诠释

一、孟喜的《周易》诠释

孟喜，字长卿，兰陵（今属山东）人，生活于西汉昭帝、宣帝时期，是汉代象数易学的开山鼻祖。《汉书·儒林传》载其"得《易》家候阴阳灾变书，诈言师田生且死时，枕喜膝，独传喜。诸儒以此耀之。"[2] 孟喜《周易》诠释的特点主要是创立了卦气说，具体包括四正卦说、十二消息卦说、六日七分法和七十二候说等。

（一）四正卦说

四正卦说虽为孟喜所创，但却非孟喜凭空臆造，而是有所渊源。《周易·说卦》第五章："帝出乎震，齐乎巽，相见乎离，致役乎坤，说言乎兑，战乎乾，劳乎坎，成言乎艮。万物出乎震，震，东方也；齐乎巽，巽，东南也，齐也者，言万物之絜齐也；离也者，明也，万物皆相见，南方之卦也，圣人南面而听天下，向明而治，

---

[1] 林忠军：《从诠释学审视中国古代易学》，《文史哲》，2003年第4期，第68-73页。
[2] [汉] 班固：《汉书》卷八十八《儒林传》，中华书局，1962年，第3599页。

盖取诸此也；坤也者，地也，万物皆致养焉，故曰致役乎坤；兑，正秋也，万物之所说也，故曰说言乎兑；战乎乾，乾，西北之卦也，言阴阳相薄也；坎者，水也，正北方之卦也，劳卦也，万物之所归也，故曰劳乎坎；艮，东北之卦也，万物之所成终而所成始也，故曰成言乎艮。"

根据《周易·说卦》中的这段记载，我们可以知道：①震卦所代表的方位为正东，巽卦所代表的方位为东南，离卦所代表的方位为正南，乾卦所代表的方位为西北，坎卦所代表的方位为正北，艮卦所代表的方位为东北。坤卦和兑卦所代表的方位，《周易·说卦》虽未明言，但根据文意和卦的排列顺序，可以推知坤卦所代表的方位为西南，兑卦所代表的方位为正西。②兑卦所代表的季节为秋，根据文意和卦的排列顺序，可以推知坎卦所代表的季节为冬，震卦所代表的季节为春，离卦所代表的季节为夏。

孟喜根据这段记载，舍四隅之卦（巽、坤、乾、艮），取四正之卦（震、离、兑、坎），创立了四正卦说。清儒惠栋曾在《易汉学》中对四正卦说加以考索："《孟氏章句》曰：坎、离、震、兑，二十四气，次主一爻。其初则二至二分也。坎以阴包阳，故自北正。微阳动于下，升而未达，极于二月，凝涸之气消，坎运终焉。春分出于震，始据万物之元，为主于内，则群阴化而从之。极于南正，而丰大之变穷，震功究焉。离以阳包阴，故自南正。微阴生于地下，积而未章，至于八月，文明之质衰，离运终焉。仲秋阴形于兑，始行万物之末，为主于内，群阳降而承之。极于北正，而天泽之施穷，兑功究焉。故阳七之静始于坎，阳九之动始于震；阴八之静始于离，阴六之动始于兑。故四象之变皆兼六爻，而中节之应备矣。"①

孟喜"四正卦说"包括如下两方面的内容：①四正卦分主四季：坎主冬，震主春，离主夏，兑主秋。②四正卦二十四爻分主二十四节气：坎卦自初爻至上爻分别主冬至、小寒、大寒、立春、雨水、惊蛰；震卦自初爻至上爻分别主春分、清明、谷雨、立夏、小满、芒种；离卦自初爻至上爻分别主夏至、小暑、大暑、立秋、处暑、白露；兑卦自初爻至上爻分别主秋分、寒露、霜降、立冬、小雪、大雪。

由孟喜所创立的四正卦说本是用于卜筮以言灾异之说，但自东汉以来，易学家取之以注《易》，成为《周易》诠释史上较为重要的《易》例。如，诠释随卦初九爻辞"出门交有功"时，郑玄说："震为大涂，又为日门，当春分，阴阳之所交也。"② 诠释临卦"至于八月有凶"时，荀爽说："兑为八月。"③（案，八月为秋分所在月）诠释姤卦《彖》辞"天地相遇，品物咸章"时，荀爽说："谓乾成于巽，而舍于离；坤出于离，与乾相遇，南方夏位，万物章明也。"④ 此以离为五月（案，

---

① [清] 惠栋：《易汉学》卷一，郑万耕点校：《周易述（附易汉学、易例）》，中华书局，2007年，第524页。
② [清] 惠栋：《增补郑氏周易》卷上，文渊阁四库全书本。
③ [明] 魏濬：《易义古象通》卷三，文渊阁四库全书本。
④ [唐] 李鼎祚著，王丰先点校：《周易集解》，中华书局，2016年，第272页。

五月为夏至所在月）。诠释《说卦》"雷以动之"时，荀爽说："谓建卯之月，震卦用事，天地和合，万物萌动也。"①（案，建卯之月为二月，是春分所在月）诠释《说卦》"兑以悦之"时，荀爽说："谓建酉之月，万物成熟也。"②（案，建酉之月为八月，是秋分所在月）

汉《易》集大成者虞翻深受孟喜影响。《周易》经传文本中凡言"时"者，虞翻多以四正卦说解之。兹列之于下：

乾卦《文言》"后天而奉天时"，虞注："震春、兑秋、坎冬、离夏，四时象具。"③乾卦二爻和五爻与坤卦互易后，乾卦变为离卦，坤卦变为坎卦。据四正卦说，离为夏，坎为冬。离卦三、四、五爻组成兑卦，坎卦二、三、四爻组成震卦。据四正卦说，兑为秋，震为春。乾坤卦变后，春夏秋冬具备，所以说"四时象具"。

大有卦《象》辞"应乎天而时行"，虞注："比初动成震为春，至二兑为秋，至三离为夏，坎为冬，故曰'时行'。"④大有卦的错卦比卦初爻由阴变阳后，比卦的下卦变为震，据四正卦说，震为春；二爻也由阴变阳后，比卦的下卦变为兑，据四正卦说，兑为秋；三爻也由阴变阳后，比卦的三、四、五爻组成离卦，据四正卦说，离为夏；比卦的上卦为坎，据四正卦说，坎为冬。比卦变后，四时运行，所以说"时行"。

豫卦《象》辞"四时不忒"，虞注："动初时震为春，至四兑为秋，至五坎为冬，离为夏，四时位正，故'四时不忒'。"⑤豫卦初爻由阴变阳后，豫卦的下卦变为震，据四正卦说，震为春；豫卦由初爻变至四爻时，二、三、四爻组成兑卦，据四正卦说，兑为秋；豫卦由初爻变至五爻时，上卦为坎，三、四、五爻组成离卦，据四正卦说，坎为冬，离为夏。春夏秋冬四时各正其位，所以说"四时不忒"。

随卦《象》辞"天下随时"，虞注："震春兑秋，三四之正，坎冬离夏，四时位正，时行则行，故'天下随时'矣。"⑥随卦上卦为兑，下卦为震，据四正卦说，震为春，兑为秋；随卦三爻和四爻不当位，三、四爻互易后，上卦为坎，下卦为离，据四正卦说，坎为冬，离为夏。随卦本卦有震春兑秋之象，卦变后有坎冬离夏之象。春夏秋冬四时各正其位，时行则行，所以说"天下随时"。

观卦《象》辞"四时不忒"，虞注："临震兑为春秋，三上易位，坎冬离夏，日月象正，故'四时不忒'。"⑦观卦的综卦临卦二、三、四爻组成震卦，下卦为兑，据四正卦说，震为春，兑为秋；观卦三爻和上爻不当位，三、上两爻互易后，上卦变为坎，三、四、五爻组成离，据四正卦说，坎为冬，离为夏。坎又为月，离又为

---

① ②［唐］李鼎祚著，王丰先点校：《周易集解》，中华书局，2016年，第506页。
③［唐］李鼎祚著，王丰先点校：《周易集解》，中华书局，2016年，第27页。
④［宋］郑刚中：《周易窥余》卷四，文渊阁四库全书本。
⑤［唐］李鼎祚著，王丰先点校：《周易集解》，中华书局，2016年，第121页。
⑥［唐］李鼎祚著，王丰先点校：《周易集解》，中华书局，2016年，第127页。
⑦［唐］李鼎祚著，王丰先点校：《周易集解》，中华书局，2016年，第140页。

日。日月象正，所以说"四时不忒"。

贲卦《象》辞"以察时变"，虞注："泰震春兑秋，贲坎冬离夏。"① 虞翻认为贲卦由泰卦变来。泰卦三、四、五爻组成震卦，二、三、四爻组成兑卦，据四正卦说，震为春，兑为秋；贲卦二、三、四爻组成坎卦，下卦为离，据四正卦说，坎为冬，离为夏。

恒卦《象》辞"四时变化而能久成"，虞注："春夏为变，秋冬为化，变至二离夏，至三兑秋，至四震春，至五坎冬，故'四时变化而能久成'。"② 依文义，此句当作："春夏为变，秋冬为化，变至二，离夏；至三，兑秋；至四，震春；至五，坎冬，故'四时变化而能久成'。"恒卦由初爻变至二爻，下卦为离，三、四、五爻互体为兑，据四正卦说，离为夏，兑为秋；变至三爻，卦变为震，变至五爻，上卦为坎。春夏秋冬具备，所以说"四时变化而能久成"。

损卦《象》辞"二簋应有时"，虞注："时谓春秋也。损二之五，震二月……春也……兑八月，秋也。谓春秋祭祀，以时思之。"③ 损卦二爻和五爻不当位，二爻与五爻互易后，下卦为震，据四正卦说，震主春分，在二月；损卦的下卦为兑，据四正卦说，兑主秋分，在八月。

损卦《象》辞"损刚益柔有时"，虞注："谓冬夏也。二五已易成益，坤为柔。谓损益上之三成既济，坎冬离夏，故'损刚益柔有时'。"④ 损卦二爻与五爻互易后，卦变为益。益卦三爻与上爻互易后，卦变为既济。既济卦上卦为坎，下卦为离，据四正卦说，坎为冬，离为夏。

升卦《象》辞"柔以时升"，虞注："震兑为春秋；二升，坎离为冬夏；四时象正，故'柔以时升'也。"⑤ 升卦三、四、五爻组成震卦，二、三、四爻组成兑卦，据四正卦说，震为春，兑为秋；升卦二爻和五爻不当位，二爻与五爻互易后，上卦为坎，三、四、五爻组成离卦，据四正卦说，坎为冬，离为夏。

革卦《象》辞"天地革而四时成"，虞注："谓五位成乾为天，蒙坤为地，震春兑秋，四之正，坎冬离夏，则四时具，坤革而成乾，故'天地革而四时成'也。"⑥ 革卦的三、四、五爻组成乾卦，乾为天；革卦的错卦蒙卦三、四、五爻组成坤卦，坤为地；蒙卦的二、三、四爻组成震卦，据四正卦说，震为春；革卦的上卦为兑，据四正卦说，兑为秋；革卦的四爻不当位，四爻由阳变阴后，上卦为坎，下卦为离。据四正卦说，坎为冬，离为夏。蒙卦中的坤变为革卦中的乾，蒙卦和革卦的本卦或

---

① [唐] 李鼎祚著，王丰先点校：《周易集解》，中华书局，2016年，第150页。
② [唐] 李鼎祚著，王丰先点校：《周易集解》，中华书局，2016年，第204页。
③ [唐] 李鼎祚著，王丰先点校：《周易集解》，中华书局，2016年，第251页。
④ [唐] 李鼎祚著，王丰先点校：《周易集解》，中华书局，2016年，第252页。
⑤ [唐] 李鼎祚著，王丰先点校：《周易集解》，中华书局，2016年，第283页。
⑥ [唐] 李鼎祚著，王丰先点校：《周易集解》，中华书局，2016年，第302-303页。中华书局点校本原标点有误，径改。

变卦中春夏秋冬四时之象具备，所以说"天地革而四时成"。

归妹卦九四爻辞"迟归有时"，虞注："震春兑秋，坎冬离夏，四时体正，故'归有时'也。"① 归妹卦的上卦为震，下卦为兑，据四正卦说，震为春，兑为秋；归妹卦的三、四、五爻组成坎卦，二、三、四爻组成离卦。归妹卦无需任何爻变，自备春夏秋冬四时，所以说"归有时"。

节卦《象》辞"天地节而四时成"，虞注："震春兑秋坎冬，三动离为夏，故'天地节而四时成'也。"② 节卦二、三、四爻组成震卦，下卦为兑，上卦为坎，据四正卦说，震为春，兑为秋，坎为冬；节卦的三爻不当位，三爻由阴变阳后，三、四、五爻组成离卦，据四正卦说，离为夏。

《系辞上》"两仪生四象"，虞注："四象，四时也。两仪谓乾坤也，乾二、五之坤，成坎、离、震、兑，震春，兑秋，坎冬，离夏，故'两仪生四象'。归妹卦备，故《象》独称'天地之大义'也。"③ 乾卦二爻、五爻与坤卦二爻、五爻互易后，乾卦变为离，坤卦变为坎，据四正卦说，离为夏，坎为冬。坎卦二、三、四爻组成震卦，离卦三、四、五爻组成兑卦，据四正卦说，震为春，兑为秋。乾坤交，而生四时，所以说"两仪生四象"。

（二）十二消息卦说

十二消息卦指《周易》六十四卦中的复卦☷、临卦☷、泰卦☷、大壮卦☷、夬卦☷、乾卦☰、姤卦☰、遁卦☰、否卦☰、观卦☷、剥卦☷和坤卦☷。自复卦一阳生，至乾卦纯阳；自姤卦一阴生，至坤卦纯阴。由于这十二个卦充分反映了阴阳的消长变化，故称十二消息卦（息者，长也）。明确提出并运用十二消息卦来解说《周易》的是西汉孟喜。孟喜以十二消息卦分主一年十二月：复卦主十一月、临卦主十二月、泰卦主正月、大壮卦主二月、夬卦主三月、乾卦主四月、姤卦主五月、遁卦主六月、否卦主七月、观卦主八月、剥卦主九月、坤卦主十月。

由于虞翻自称其家"五世传孟氏易"，所以惠栋在《易汉学》中曾引虞翻之言对"十二消息卦说"加以考索："《易·系辞》曰：'变通配四时。'仲翔曰：'变通趣时，谓十二月消息也。泰、大壮、夬配春，乾、姤、遁配夏，否、观、剥配秋，坤、复、临配冬。谓十二月消息相变通，而周于四时也。'"④

十二消息卦分主十二月之说对后世的影响亦颇大。如，荀爽诠释《周易·系辞上》"天尊地卑，乾坤定矣"时说："谓否卦也。否，七月，万物已成，乾坤各得其位，定矣。"⑤ 据十二消息卦说，否卦对应的时令为秋七月。秋季为收获季节，故云

---

① [唐] 李鼎祚著，王丰先点校：《周易集解》，中华书局，2016年，第333页。
② [唐] 李鼎祚著，王丰先点校：《周易集解》，中华书局，2016年，第364页。
③ [唐] 李鼎祚著，王丰先点校：《周易集解》，中华书局，2016年，第435－436页。
④ [清] 惠栋：《易汉学》卷一，郑万耕点校：《周易述（附易汉学、易例）》，中华书局，2007年，第526页。
⑤ [唐] 李鼎祚著，王丰先点校：《周易集解》，中华书局，2016年，第389页。

"万物已成"。否卦上卦为乾，下卦为坤，乾为天，坤为地，故云"乾坤各得其位，定矣"。又如，虞翻诠释《周易·系辞上》"变通配四时"时说："变通趣时，谓十二月消息也。泰、大壮、夬配春，乾、姤、遁配夏，否、观、剥配秋，坤、复、临配冬，谓十二月消息相变通，而周于四时也。"① 据十二消息卦说，泰主正月，大壮主二月，夬主三月，是为春三月；乾主四月，姤主五月，遁主六月，是为夏三月；否主七月，观主八月，剥主九月，是为秋三月；坤主十月，复主十一月，临主十二月，是为冬三月。十二消息卦消长变化，行于四季，故云"十二消息相变通，而周于四时"。

十二消息卦说还有一项内容，那便是十二消息卦变说。汉人认为，六十四卦中十二消息卦以外的卦皆由十二消息卦变来。十二消息卦中又以乾坤为本。十二消息卦中乾坤以外的十卦由乾坤卦变来。

十二消息卦变说在蜀才《易》注中有比较充分的反映。如，诠释需卦时，蜀才说："此本大壮卦。案，六五降四，有孚光亨贞吉，九四升五，位乎天位以正中也。"② 需卦上卦为坎，下卦为乾，卦象两阴四阳，故本大壮（案，大壮卦象亦两阴四阳）。大壮☰☳六五、九四互易成需☰☵。诠释讼卦时，蜀才说："此本遁卦。二进居三，三降居二，是刚来而得中也。"③ 讼卦上卦为乾，下卦为坎，卦象二阴四阳，故本遁（案，遁卦象亦两阴四阳）。遁☰☶九三、六二互易成讼☰☵。诠释师卦时，蜀才说："此本剥卦。案，上九降二，六二升上，是刚中而应，行险而顺也。"④ 师卦上卦为坤，下卦为坎，卦象五阴一阳，故本剥（案，剥卦象亦五阴一阳）。剥☷☶上九、六二互易成师☷☵。诠释泰卦时，蜀才说："此本坤卦。"⑤ 诠释否卦时，蜀才说："此本乾卦。"⑥ 诠释同人卦时，蜀才说："此本夬卦。九二升上，上六降二。"⑦ 同人卦上卦为乾，下卦为离，卦象一阴五阳，故本夬（案，夬卦象亦一阴五阳）。夬☱☰九二、上六互易成同人☰☲。诠释随卦时，蜀才说："此本否卦。刚自上来居初，柔自初而升上，则内动而外悦，是'动而悦，随'也。"⑧ 随卦上卦为兑，下卦为震，卦象三阴三阳，故本否（案，否卦象亦三阴三阳）。否☰☷上九、初六互易成随☱☳。诠释临卦时，蜀才说："此本坤卦。"⑨ 诠释观卦时，蜀才说："此本乾卦。"⑩ 诠释无

---

① [清] 惠栋：《易例》卷下，郑万耕点校：《周易述（附易汉学、易例）》，中华书局，2007年，第689页。
② [唐] 李鼎祚著，王丰先点校：《周易集解》，中华书局，2016年，第59页。
③ [明] 董守谕：《卦变考略》卷上，文渊阁四库全书本。
④ [清] 毛奇龄：《推易始末》卷一，郑万耕点校：《毛奇龄易著四种》，中华书局，2010年，第12页。
⑤ [唐] 李鼎祚著，王丰先点校：《周易集解》，中华书局，2016年，第94页。
⑥ [唐] 李鼎祚著，王丰先点校：《周易集解》，中华书局，2016年，第101页。
⑦ [清] 余萧客：《古经解钩沉》卷二上，文渊阁四库全书本。
⑧ [唐] 李鼎祚著，王丰先点校：《周易集解》，中华书局，2016年，第127页。
⑨ [唐] 李鼎祚著，王丰先点校：《周易集解》，中华书局，2016年，第136页。
⑩ [唐] 李鼎祚著，王丰先点校：《周易集解》，中华书局，2016年，第139页。

妄卦时，蜀才说："此本遁卦。刚自上降，为主于初。"①无妄卦上卦为乾，下卦为震，卦象二阴四阳，故本遁（案，遁卦象亦二阴四阳）。遁䷠九三、初六互易成无妄䷘。诠释大畜卦时，蜀才说："此本大壮。刚自初升，为主于外，阳刚居上，故曰刚上而尚贤也。"②大畜卦上卦为艮，下卦为乾，卦象二阴四阳，故本大壮（案，大壮卦象亦二阴四阳）。大壮䷡九四、上六互易成大畜䷙。诠释咸卦时，蜀才说："此本否卦。案，六三升上，上九降三，是柔上而刚下。"③咸卦上卦为兑，下卦为艮，卦象三阴三阳，故本否（案，否卦象亦三阴三阳）。否䷋六三、上九互易成咸䷞。诠释恒卦时，蜀才说："此本泰卦。案，六四降初，初九升四，是刚上而柔下也。"恒卦上卦为震，下卦为巽，卦象三阴三阳，故本泰（案，泰卦象亦三阴三阳）。泰䷊六四、初九互易成恒䷟。诠释晋卦时，蜀才说："此本观卦。案，九五降四，六四进五，是'柔进而上行'也。"④晋卦上卦为离，下卦为坤，卦象四阴二阳，故本观（案，观卦象亦四阴二阳）。观䷓九五、六四互易成晋䷢。诠释明夷卦时，蜀才说："此本临卦也。案，夷，灭也，九二升三，六三降二，明入地中也，明入地中，则明灭也。"⑤明夷卦上卦为坤，下卦为离，卦象四阴二阳，故本临（案，临卦象亦四阴二阳）。临䷒九二、六三互易成明夷䷣。诠释损卦时，蜀才说："此本泰卦。坤之上六下处乾三，乾之九三上升坤六，损下益上也。"⑥损卦上卦为艮，下卦为兑，卦象三阳三阴，故本泰（案，泰卦象亦三阳三阴）。泰䷊上六、九三互易成损䷨。诠释益卦时，蜀才说："此本否卦，乾四之初。"⑦益卦上卦为巽，下卦为震，卦象三阴三阳，故本否（案，否卦象亦三阴三阳）。否䷋九四、初六互易成益䷩。诠释旅卦时，蜀才说："否三升五，柔得中于外，上顺乎刚，九五降三，降不失正。"旅卦上卦为离，下卦为艮，卦象三阴三阳，故本否（案，否卦象三阳三阴）。否䷋六三、九五互易成旅䷷。

朱熹在其《周易本义》中列有十二消息卦变图，称："凡一阴一阳之卦各六，皆自复、姤而来；凡二阴二阳之卦各十有五，皆自临、遁而来；凡三阴三阳之卦各二十，皆自泰、否而来；凡四阴四阳之卦各十有五，皆自大壮、观而来；凡五阴五阳之卦各六，皆自夬、剥而来。"朱说整齐划一，然与汉魏《易》注并不完全相符。如，依朱熹十二消息卦变图，比卦自复卦或剥卦而来，而蜀才诠释比卦时却说："此本师卦。"⑧案，朱熹的易学思想常有理想化的成分，如其关于易占的理论，从形

---

①②［明］董守谕：《卦变考略》卷上，文渊阁四库全书本。
③［唐］李鼎祚著，王丰先点校：《周易集解》，中华书局，2016年，第199页。
④［唐］李鼎祚著，王丰先点校：《周易集解》，中华书局，2016年，第218页。
⑤［清］毛奇龄：《推易始末》卷二，郑万耕点校：《毛奇龄易著四种》，中华书局，2010年，第21–22页。
⑥［明］董守谕：《卦变考略》卷下，文渊阁四库全书本。
⑦［清］毛奇龄：《推易始末》卷二，郑万耕点校：《毛奇龄易著四种》，中华书局，2010年，第23页。
⑧［唐］李鼎祚著，王丰先点校：《周易集解》，中华书局，2016年，第78页。

式上看十分系统全面，然证之以《左传》《国语》中的筮例，或于史无证，或与史相左。朱熹的十二消息卦变说与其《易》占说一样，视为朱熹之说则可，以之为先秦、汉魏古法则非也。

（三）六日七分法

六日七分法也是易学尤其是汉代象数易学中的一条较为重要的易例。明确创立此学说的是西汉孟喜。梁韦弦先生认为，"就孟氏易学体系的建构来说，可以用六日七分说来概括"①。孟喜把除震、兑、离、坎以外的六十卦配以一年三百六十五又四分之一日，平均每卦得六日七分（一日八十分），故称六日七分法。（案，"历法确立时期应当在战国中叶，当时采用四分历，以 $365\frac{1}{4}$ 日为一年"②。这是六日七分法得以提出的必要前提。）

惠栋在《易汉学》中曾对"六日七分法"加以考索："孟喜《易章句》曰：自冬至初，中孚用事。一月之策，九六七八，是为三十。而卦以地六，候以天五。五六相承，消息一变。十有二变，而岁复初。"③ 这句话的意思是：自十一月冬至初候开始，配以中孚卦，以后依次将六十卦分配在一年的时间里。每月三十天配五卦，十二个月共配六十卦（详见下表）。

六十卦六日七分表

月份 \ 卦等	侯	大夫	卿	公	辟
十一月	未济卦	蹇卦	颐卦	中孚卦	复卦
十二月	屯卦	谦卦	睽卦	升卦	临卦
正月	小过卦	蒙卦	益卦	渐卦	泰卦
二月	需卦	随卦	晋卦	解卦	大壮卦
三月	豫卦	讼卦	蛊卦	革卦	夬卦
四月	旅卦	师卦	比卦	小畜卦	乾卦
五月	大有卦	家人卦	井卦	咸卦	姤卦
六月	鼎卦	丰卦	涣卦	履卦	遁卦
七月	恒卦	节卦	同人卦	损卦	否卦
八月	巽卦	萃卦	大畜卦	贲卦	观卦
九月	归妹卦	无妄卦	明夷卦	困卦	剥卦
十月	艮卦	既济卦	噬嗑卦	大过卦	坤卦

---

① 梁韦弦：《汉易卦气学研究》，齐鲁书社，2007年，第6页。
② 陈遵妫：《中国天文学史》，上海人民出版社，1980年，第213页。
③ [清] 惠栋：《易汉学》卷二，郑万耕点校：《周易述（附易汉学、易例）》，中华书局，2007年，第535页。

孟喜创立六日七分法的本意是用来解释阴阳灾异变化，但东汉以后，发展成为诠释《周易》经文的体例。如复卦卦辞"七日来复"，郑玄注："建戌之月，以阳气既尽，建亥之月，纯阴用事，至建子之月，阳气始生，隔此纯阴一卦，卦主六日七分，举其成数言之，而云'七日来复'。"① 依十二消息卦说，建戌之月（九月）对应于剥卦，建亥之月（十月）对应于坤卦，建子之月（十一月）对应于复卦，每卦主六日七分，由剥经坤而复，大致经历了七日，故云"七日来复"。又如，解卦《象》辞"雷雨作而百果草木皆甲坼"，荀爽注："解者，震世也。仲春之月，草木萌芽，'雷以动之，雨以润之，日以烜之'，故'甲坼'也。"② 依六日七分法，解卦对应于仲春二月，所以荀爽说"仲春之月，草木萌芽"。

（四）七十二候说

七十二候说即将坎、离、震、兑之外的六十卦配以七十二候，或将十二消息卦配以七十二候。

关于将坎、离、震、兑之外的六十卦配以七十二候，惠栋在《易汉学》中引据了僧一行的《大衍历经》③（详见下表）。

六十卦七十二候表

	一候	二候	三候
冬至三候	蚯蚓结	麋角解	水泉动
	中孚卦	复卦	屯卦内卦
小寒三候	雁北乡	鹊始巢	雉始雊
	屯卦外卦	谦卦	睽卦
大寒三候	鸡始乳	鸷鸟厉疾	水泽腹坚
	升卦	临卦	小过内卦
立春三候	东风解冻	蛰虫始振	鱼上冰
	小过外卦	蒙卦	益卦
雨水三候	獭祭鱼	鸿雁来	草木萌动
	渐卦	泰卦	需卦内卦
惊蛰三候	桃始华	仓庚鸣	鹰化为鸠
	需卦外卦	随卦	晋卦
春分三候	玄鸟至	雷乃发声	始电
	解卦	大壮卦	豫卦内卦

---

① [清] 惠栋：《增补郑氏周易》卷上，文渊阁四库全书本。
② [唐] 李鼎祚著，王丰先点校：《周易集解》，中华书局，2016 年，第 246 页。
③ [清] 惠栋：《易汉学》卷二，郑万耕点校：《周易述（附易汉学、易例）》，中华书局，2007 年，第 547－552 页。

续表

	一候	二候	三候
清明三候	桐始华	田鼠化为鴽	虹始见
	豫卦外卦	讼卦	蛊卦
谷雨三候	萍始生	鸣鸠拂羽	戴胜降桑
	革卦	夬卦	旅卦内卦
立夏三候	蝼蝈鸣	蚯蚓出	王瓜生
	旅卦外卦	师卦	比卦
小满三候	苦菜秀	靡草死	麦秋至
	小畜卦	乾卦	大有内卦
芒种三候	螳螂生	鵙始鸣	反舌无声
	大有外卦	家人卦	井卦
夏至三候	鹿角解	蜩始鸣	半夏生
	咸卦	姤卦	鼎卦内卦
小暑三候	温风至	蟋蟀居壁	鹰乃学习
	鼎卦外卦	丰卦	涣卦
大暑三候	腐草为萤	土润溽暑	大雨时行
	履卦	遁卦	恒卦内卦
立秋三候	凉风至	白露降	寒蝉鸣
	恒卦外卦	节卦	同人卦
处暑三候	鹰乃祭鸟	天地始肃	禾乃登
	损卦	否卦	巽卦内卦
白露三候	鸿雁来	玄鸟归	群鸟养羞
	巽卦外卦	萃卦	大畜卦
秋分三候	雷乃收声	蛰虫坏户	水始涸
	贲卦	观卦	归妹内卦
寒露三候	鸿雁来宾	雀入大水为蛤	菊有黄花
	归妹外卦	无妄卦	明夷卦
霜降三候	豺乃祭兽	草木黄落	蛰虫咸俯
	困卦	剥卦	艮卦内卦
立冬三候	水始冰	地始冻	雉入大水为蜃
	艮卦外卦	既济卦	噬嗑卦
小雪三候	虹藏不见	天气上腾地气下降	闭塞成冬
	大过卦	坤卦	未济内卦
大雪三候	鹖鴠不鸣	虎始交	荔挺出
	未济外卦	蹇卦	颐卦

关于将十二消息卦配以七十二候，惠栋在《易汉学》中引据了李溉所传卦气七十二候图①（详见下表）。

十二消息卦七十二候表

	一候	二候	三候
大雪三候	鹖鴠不鸣	虎始交	荔挺出
	复初九	复六二	复六三
冬至三候	蚯蚓结	麋角解	水泉动
	复六四	复六五	复上六
小寒三候	雁北乡	鹊始巢	雉始雊
	临初九	临九二	临六三
大寒三候	鸡始乳	鸷鸟厉疾	水泽腹坚
	临六四	临六五	临上六
立春三候	东风解冻	蛰虫始振	鱼上冰
	泰初九	泰九二	泰九三
雨水三候	獭祭鱼	鸿雁来	草木萌动
	泰六四	泰六五	泰上六
惊蛰三候	桃始华	仓庚鸣	鹰化为鸠
	大壮初九	大壮九二	大壮九三
春分三候	玄鸟至	雷乃发声	始电
	大壮九四	大壮六五	大壮上六
清明三候	桐始华	田鼠化为鴽	虹始见
	夬初九	夬九二	夬九三
谷雨三候	萍始生	鸣鸠拂羽	戴胜降桑
	夬九四	夬九五	夬上六
立夏三候	蝼蝈鸣	蚯蚓出	王瓜生
	乾初九	乾九二	乾九三
小满三候	苦菜秀	靡草死	麦秋至
	乾九四	乾九五	乾上九
芒种三候	螳螂生	鵙始鸣	反舌无声
	姤初六	姤九二	姤九三

---

① [清]惠栋：《易汉学》卷一，郑万耕点校：《周易述（附易汉学、易例）》，中华书局，2007年，第517页。不少学者论及"七十二候说"时，只言六十卦配候而未言十二消息卦配候，或许是由于没有注意到李溉卦气七十二候图的缘故。

续表

	一候	二候	三候
夏至三候	鹿角解	蜩始鸣	半夏生
	姤九四	姤九五	姤上九
小暑三候	温风至	蟋蟀居壁	鹰乃学习
	遁初六	遁六二	遁九三
大暑三候	腐草为萤	土润溽暑	大雨时行
	遁九四	遁九五	遁上九
立秋三候	凉风至	白露降	寒蝉鸣
	否初六	否六二	否六三
处暑三候	鹰乃祭鸟	天地始肃	禾乃登
	否九四	否九五	否上九
白露三候	鸿雁来	玄鸟归	群鸟养羞
	观初六	观六二	观六三
秋分三候	雷乃收声	蛰虫坏户	水始涸
	观六四	观九五	观上九
寒露三候	鸿雁来宾	雀入大水为蛤	菊有黄花
	剥初六	剥六二	剥六三
霜降三候	豺乃祭兽	草木黄落	蛰虫咸俯
	剥六四	剥六五	剥上九
立冬三候	水始冰	地始冻	雉入大水为蜃
	坤初六	坤六二	坤六三
小雪三候	虹藏不见	天气上腾地气下降	闭塞成冬
	坤六四	坤六五	坤上六

比较十二消息卦七十二候表与六十卦七十二候表，不难发现其统一性。如，在十二消息卦七十二候表中，冬至二候对应于复六五，在六十卦七十二候表中，冬至二候则对应于复卦；在十二消息卦七十二候表中，雨水二候对应于泰六五，在六十卦七十二候表中，雨水二候则对应于泰卦；在十二消息卦七十二候表中，小满二候对应于乾九五，在六十卦七十二候表中，小满二候则对应于乾卦。

"七十二候说"不仅用于阴阳灾异之占断，而且也是诠释《周易》的一种体例。如，《周易·说卦》"其（巽）于人也，为寡发"，郑玄注："寡发取四月靡草死，发在人体，犹靡草在地。"[1] 据京房"八卦卦气说"，巽主四月；据孟喜"七十二候

---

[1] [宋] 王应麟编：《周易郑康成注》，文渊阁四库全书本。

说",四月物候有"靡草死"。靡草死如人发落,故巽为寡发。尚秉和先生在《周易尚氏学》附录《滋溪老人传》中说:"卦气者,卜筮之资,乃必与时训相附。初莫明其故,久之,知七十二候之词,皆由卦象而出。如中孚曰蚯蚓结,上巽为虫,故曰蚯蚓。中孚正反巽,相对于中,故曰蚯蚓结。于复曰麋角解。震为鹿,故曰麋;艮为角,艮覆在地,则角落矣,故曰麋角解。初以为偶然耳,既求之各卦无不皆然。"① 尚先生说七十二候之名源于《易》象,虽未必然,但两者之间有关联却是毋庸置疑的。

二、京房的《周易》诠释

京房(前77—前37),字君明,顿丘(今属河南)人。京房于《易》,师事焦延寿②,是汉代象数易学的重要代表之一。汉代象数易学创始于孟、焦,京房在此基础上多有创见,建立了一整套独具特色的易学体系,对当时及后世易学产生了较为广泛而深刻的影响。

(一)纳甲说

纳甲说即将六十四卦各爻配以干支。完整的纳甲说创自京房。惠栋在《易汉学》中绘有"八卦六位图"③,对纳甲说做了钩沉整理。现列之于下:

乾(属金)	坤(属土)	震(属木)	巽(属木)
壬戌土	癸酉金	庚戌土	辛卯木
壬申金	癸亥水	庚申金	辛巳火
壬午火	癸丑土	庚午火	辛未土
甲辰土	乙卯木	庚辰土	辛酉金
甲寅木	乙巳火	庚寅木	辛亥水
甲子水	乙未土	庚子水	辛丑土
坎(属水)	离(属火)	艮(属土)	兑(属金)
戊子水	己巳火	丙寅木	丁未土
戊戌土	己未土	丙子水	丁酉金
戊申金	己酉金	丙戌土	丁亥水
戊午火	己亥水	丙申金	丁丑土
戊辰土	己丑土	丙午火	丁卯木
戊寅木	己卯木	丙辰土	丁巳火

八卦十六位图

---

① 尚秉和:《周易尚氏学》,中华书局,1980年,第359页。
② 焦延寿,字赣,梁(今河南商丘)人,汉昭帝时为官,后专心读书,尤潜心于《易》,自称学于孟喜,然其《易林》真伪莫辨,故不论。
③ [清]惠栋:《易汉学》卷四,郑万耕点校:《周易述(附易汉学、易例)》,中华书局,2007年,第575-577页。

以上所列"八卦六位图"涉及四种对应关系:

1. 八卦与五行的对应关系。乾卦和兑卦对应金,震卦和巽卦对应木,离卦对应火,坎卦对应水,坤卦和艮卦对应土。

2. 八卦与天干的对应关系①。乾卦的内卦对应甲,外卦对应壬;坤卦的内卦对应乙,外卦对应癸;震卦对应庚;巽卦对应辛;坎卦对应戊;离卦对应己;艮卦对应丙;兑卦对应丁。

3. 八卦与地支的对应关系②。乾卦和震卦的初爻对应子,以后按十二地支的顺序隔位顺推,即:二爻对应寅,三爻对应辰,四爻对应午,五爻对应申,上爻对应戌;坎卦的初爻对应寅,以后按十二地支的顺序隔位顺推,即:二爻对应辰,三爻对应午,四爻对应申,五爻对应戌,上爻对应子;艮卦的初爻对应辰,以后按十二地支的顺序隔位顺推,即:二爻对应午,三爻对应申,四爻对应戌,五爻对应子,上爻对应寅;坤卦的初爻对应未,以后按十二地支的顺序隔位逆推,即:二爻对应巳,三爻对应卯,四爻对应丑,五爻对应亥,上爻对应酉;巽卦的初爻对应丑,以后按十二地支的顺序隔位逆推,即:二爻对应亥,三爻对应酉,四爻对应未,五爻对应巳,上爻对应卯;离卦的初爻对应卯,以后按十二地支的顺序隔位逆推,即:二爻对应丑,三爻对应亥,四爻对应酉,五爻对应未,上爻对应巳;兑卦的初爻对应巳,以后按十二地支的顺序隔位逆推,即:二爻对应卯,三爻对应丑,四爻对应亥,五爻对应酉,上爻对应未。

4. 十二地支与五行的对应关系。亥子对应水,寅卯对应木,巳午对应火,申酉对应金,辰戌丑未对应土。

在以上四种对应关系中,八卦与干支的对应关系即人们所习称的"纳甲说"。惠栋在《易汉学》中引李淳风之说对八卦纳甲一一做了解释说明。关于乾卦纳甲,惠栋引据李淳风之言说:"李淳风曰:乾主甲子、壬午。甲为阳日之始,壬为阳日之终,子为阳辰之始,午为阳辰之终。初爻在子,四爻在午。乾主阳,内子为始,外午为终也。"关于坤卦纳甲,惠栋引据李淳风之言说:"李淳风曰:坤主乙未、癸丑。乙为阴日之始,癸为阴日之终,丑为阴辰之始,未为阴辰之终。坤初爻在未,四爻在丑。坤主阴,故内主未,而外主丑也。"关于震卦纳甲,惠栋引据李淳风之言说:"李淳风曰:震主庚子、庚午。震为长男,即乾之初九。甲对于庚,故震主庚。以父授子,故主子午,与父同也。"关于巽卦纳甲,惠栋引据李淳风之言说:"李淳风曰:巽主辛丑、辛未。巽为长女,即坤之初六。乙与辛对,故巽主辛。以

---

①案,据《清华简·筮法》第二十五节"天干与卦",八卦与天干的对应关系至迟可上溯至战国时期。参见:《清华大学藏战国竹简(肆)》,中西书局,2013年。

②案,据《清华简·筮法》第二十七节"地支与卦",八卦与地支的对应关系至迟亦可上溯至战国时期。朱熹推测古筮法"或以干支推之"(《朱子语类》卷六十六)不为无据。

母授女，故主丑未，同于母也。"关于坎卦纳甲，惠栋引据李淳风之言说："李淳风曰：坎主戊寅、戊申。坎为中男，故主于中辰。"关于离卦纳甲，惠栋引据李淳风之言说："李淳风曰：离主己卯、己酉。离为中女，故亦主于中辰。"关于艮卦纳甲，惠栋引据李淳风之言说："李淳风曰：艮主丙辰、丙戌。艮为少男，乾上爻主壬对丙，用丙辰、丙戌，是第五配。"关于兑卦纳甲，惠栋引据李淳风之言说："李淳风曰：兑主丁巳、丁亥。兑为少女，坤上爻主癸对丁，用丁巳、丁亥，乃第六配。"①

《周易·说卦》中记载："乾，天也，故称父；坤，地也，故称母；震一索而得男，故谓之长男；巽一索而得女，故谓之长女；坎再索而得男，故谓之中男；离再索而得女，故谓之中女；艮三索而得男，故谓之少男；兑三索而得女，故谓之少女。"乾、坤、震、巽、坎、离、艮、兑八卦之中，乾卦代表父，坤卦代表母，乾坤相交而生六子，震卦得乾之初爻为长男，巽卦得坤之初爻为长女，坎卦得乾之二爻为中男，离卦得坤之二爻为中女，艮卦得乾之三爻为少男，兑卦得坤之三爻为少女。乾卦、震卦、坎卦和艮卦被称为"四阳卦"，坤卦、巽卦、离卦和兑卦被称为"四阴卦"。从惠栋在《易汉学》中所列"八卦六位图"我们可以看出：四阳卦对应的是奇数位的干支，四阴卦对应的是偶数位的干支，四阳卦对应的奇数位的地支由初爻到上爻按十二地支的顺序顺行，四阴卦对应的偶数位的地支由初爻到上爻按十二地支的顺序逆行。这反映了阴阳分判的思想。《周易》阴阳观既包括阴阳交易，又包括阴阳分判。《周易·文言》："同声相应，同气相求。……本乎天者亲上，本乎地者亲下，则各从其类也。"河南濮阳西水坡45号墓（M45）墓主头南足北，东有蚌塑龙，西有蚌塑虎，即反映了阴阳各从其类的思想。史前氏族公共墓地制度等也都反映了阴阳各从其类的思想。

惠栋在《易汉学》中引朱震、沈存中、项平庵之言说："朱子发曰：乾交坤而生震、坎、艮。故自子顺行，震自子至戌六位，长子代父也；坎自寅至子六位，中男也；艮自辰至寅六位，少男也。坤交乾而生巽、离、兑。故自丑逆行，巽自丑至卯六位，配长男；离自卯至巳六位，配中男也；兑自巳至未六位，配少男也。……沈存中曰：震纳子、午，顺传寅、申，阳道顺。巽纳丑、未，逆传卯、酉，阴道逆。……项平庵曰：阳卦纳阳干、阳支，阴卦纳阴干、阴支。阳六干皆进，阴六干皆退。惟乾纳二阳，坤纳二阴，包括首尾，则天地父母之道也。"②

惠栋认为"京氏之说本之焦氏，焦氏又得之周秦以来先师之所传，不始于汉也。"③ 为了证明这一点，惠栋力图以"京氏之说"诠释《周易》经传。在《易汉

---

① [清]惠栋：《易汉学》卷四，郑万耕点校：《周易述（附易汉学、易例）》，中华书局，2007年，第575-577页。
② [清]惠栋：《易汉学》卷四，郑万耕点校：《周易述（附易汉学、易例）》，中华书局，2007年，第577-578页。
③ [清]惠栋：《易汉学》卷四，郑万耕点校：《周易述（附易汉学、易例）》，中华书局，2007年，第577页。

学》中，惠栋引据干宝之言，从纳甲的角度，分别对《周易》乾卦九四爻辞、坤卦上六爻辞、蒙卦初六爻辞、井卦初六爻辞和震卦六二《象》辞做了诠释。①

关于乾卦九四爻辞"或跃在渊"，惠栋引据干宝之言诠释说："干宝曰：跃者，暂起之言，既不安于地，而未能飞于天也。四以初为应，谓初九甲子，龙之所由升也。"引文中"初九甲子"之意为：依京氏"纳甲说"，乾卦初九爻所对应的干支是甲子。

关于坤卦上六爻辞"龙战于野，其血玄黄"，惠栋引据干宝之言诠释说："干宝曰：阴在上六，十月之时也。爻终于酉，而卦成于乾。乾体纯刚，不堪阴盛，故曰'龙战'。"引文中"爻终于酉"之意为：依京氏"纳甲说"，坤卦上六爻所对应的干支是癸酉。

关于蒙卦初六爻辞"发蒙，利用刑人"，惠栋引据干宝之言诠释说："干宝曰：初六戊寅，平明之时，天光始照，故曰'发蒙'。坎为法律，寅为贞廉，以贞用刑，故利用刑人矣。"引文中"初六戊寅"之意为：依京氏"纳甲说"，蒙卦初六爻所对应的干支是戊寅。

关于井卦初六爻辞"井泥不食"，惠栋引据干宝之言诠释说："干宝曰：在井之下体，本土爻，故曰'泥'也。井而为泥，则不可食，故曰'不食'。"引文中"在井之下体，本土爻"之意为：依京氏"纳甲说"，井卦初六爻所对应的干支是辛丑，而"丑"的五行属性为"土"。

关于震卦六二《象》辞"震来厉，乘刚也"，惠栋引据干宝之言诠释说："干宝曰：六二木爻，震之身也。得位无应，而以乘刚为危。此记文王积德累功，以被囚为祸也。"引文中"六二木爻"之意为：依京氏"纳甲说"，震卦六二爻所对应的干支是庚寅，而"寅"的五行属性为"木"。

（二）八宫说

八宫说即将《周易》六十四卦分为乾、震、坎、艮、坤、巽、离、兑八宫，每宫八卦。乾宫八卦分别是乾卦、姤卦、遁卦、否卦、观卦、剥卦、晋卦和大有卦；震宫八卦分别是震卦、豫卦、解卦、恒卦、升卦、井卦、大过卦和随卦；坎宫八卦分别是坎卦、节卦、屯卦、既济卦、革卦、丰卦、明夷卦和师卦；艮宫八卦分别是艮卦、贲卦、大畜卦、损卦、睽卦、履卦、中孚卦和渐卦；坤宫八卦分别是坤卦、复卦、临卦、泰卦、大壮卦、夬卦、需卦和比卦；巽宫八卦分别是巽卦、小畜卦、家人卦、益卦、无妄卦、噬嗑卦、颐卦和蛊卦；离宫八卦分别是离卦、旅卦、鼎卦、未济卦、蒙卦、涣卦、讼卦和同人卦；兑宫八卦分别是兑卦、困卦、萃卦、咸卦、蹇卦、谦卦、小过卦和归妹卦。每宫第一卦称为纯卦，第二卦称为一世卦，第三卦称为二世卦，第四卦称为三世卦，第五卦称为四世卦，第六卦称为五世卦，第七卦称为游魂卦，第八卦称为归魂卦。纯卦以上爻为世爻，一世卦以初爻为世爻，二世

---

① [清] 惠栋：《易汉学》卷四，郑万耕点校：《周易述（附易汉学、易例）》，中华书局，2007年，第578—580页。

卦以二爻为世爻，三世卦以三爻为世爻，四世卦以四爻为世爻，五世卦以五爻为世爻，游魂卦以四爻为世爻，归魂卦以三爻为世爻。与世爻隔两位者为应爻，即纯卦以三爻为应爻，一世卦以四爻为应爻，二世卦以五爻为应爻，三世卦以上爻为应爻，四世卦以初爻为应爻，五世卦以二爻为应爻，游魂卦以初爻为应爻，归魂卦以上爻为应爻。从卦象来看，各宫纯卦初爻由阳变阴或由阴变阳后，即为一世卦；在一世卦的基础上，二爻由阳变阴或由阴变阳后，即为二世卦；在二世卦的基础上，三爻由阳变阴或由阴变阳后，即为三世卦；在三世卦的基础上，四爻由阳变阴或由阴变阳后，即为四世卦；在四世卦的基础上，五爻由阳变阴或由阴变阳后，即为五世卦；在五世卦的基础上，四爻由阳变阴或由阴变阳后，即为游魂卦；在游魂卦的基础上，外卦不变，内卦各爻由阳变阴或由阴变阳后，即为归魂卦。惠栋在《易汉学》中列有"八宫卦次图"①，比较简明地反映了京房的八宫说。

八宫卦卦象变化时，上爻始终不变，反映了及度而止的思想。对此，惠栋以乾、坤两宫为例，引张行成之言加以考索说："张行成曰：若上九变遂成纯坤，无复乾性矣。乾之世爻上九不变，九返于四而成离，则明出地上，阳道复行。故游魂为晋，归魂于大有，则乾体复于下矣。若上六变遂成纯乾，无复坤性矣。坤之世爻上六不变，六返于四而成坎，则云上于天，阴道复行。故游魂之卦为需，归魂于比，则坤体复于下矣。"②

乾宫八卦变至游魂卦时，外卦为离，在游魂卦的基础上，外卦不变，内卦由坤变乾，此即"乾体复于下"之意；坤宫八卦变至游魂卦时，外卦为坎，在游魂卦的基础上，外卦不变，内卦由乾变坤，此即"坤体复于下"之意。其余各卦可以此类推。坎宫八卦变至游魂卦时，外卦为坤，在游魂卦的基础上，外卦不变，内卦由离变坎；离宫八卦变至游魂卦时，外卦为乾，在游魂卦的基础上，外卦不变，内卦由坎变离；震宫八卦变至游魂卦时，外卦为兑，在游魂卦的基础上，外卦不变，内卦由巽变震；巽宫八卦变至游魂卦时，外卦为艮，在游魂卦的基础上，外卦不变，内卦由震变巽；艮宫八卦变至游魂卦时，外卦为巽，在游魂卦的基础上，外卦不变，内卦由兑变艮；兑宫八卦变至游魂卦时，外卦为震，在游魂卦的基础上，外卦不变，内卦由艮变兑。总之，阳卦变至游魂卦时，外卦必为阴卦；阴卦变至游魂卦时，外卦必为阳卦。对此，惠栋引张行成之言加以考索说："张行成曰：阴阳相为用，用九以六，故乾之用在离；用六以九，故坤之用在坎。……是故乾坤互变，坎离不动，当游魂为变之际，各能还其本体也。……凡八卦游魂之变，乾坤用坎离，坎离用乾坤，震艮用巽兑，巽兑用震艮，皆为阴阳互用。"③

---

① [清]惠栋：《易汉学》卷四，郑万耕点校：《周易述（附易汉学、易例）》，中华书局，2007年，第580-581页。

② [清]惠栋：《易汉学》卷四，郑万耕点校：《周易述（附易汉学、易例）》，中华书局，2007年，第581-582页。

③ [清]惠栋：《易汉学》卷四，郑万耕点校：《周易述（附易汉学、易例）》，中华书局，2007年，第583页。

对张行成所说的"乾坤用坎离,坎离用乾坤,震艮用巽兑,巽兑用震艮",惠栋更为明确地加案语解释说:"案,乾用离为晋,离用乾为讼;坤用坎为需,坎用坤为明夷。故云:乾坤用坎离,坎离用乾坤也。震用兑为大过,兑用震为小过;艮用巽为中孚,巽用艮为颐。故云:震艮用巽兑,巽兑用震艮也。"① 乾宫的游魂卦为晋卦,晋卦的外卦为离,此即"乾用离为晋"之意;离宫的游魂卦为讼卦,讼卦的外卦为乾,此即"离用乾为讼"之意;坤宫的游魂卦为需卦,需卦的外卦为坎,此即"坤用坎为需"之意;坎宫的游魂卦为明夷卦,明夷卦的外卦为坤,此即"坎用坤为明夷"之意;震宫的游魂卦为大过卦,大过卦的外卦为兑,此即"震用兑为大过"之意;兑宫的游魂卦为小过卦,小过卦的外卦为震,此即"兑用震为小过"之意;艮宫的游魂卦为中孚卦,中孚卦的外卦为巽卦,此即"艮用巽为中孚"之意;巽卦的游魂卦为颐卦,颐卦的外卦为艮,此即"巽用艮为颐"之意。

汉魏时期,荀爽、干宝等"易"家从"八宫说"的角度,对乾卦《彖》辞、讼卦、谦卦《彖》辞、随卦《彖》辞、蛊卦《彖》辞、噬嗑卦初九爻辞、恒卦《彖》辞、解卦《彖》辞、益卦六二爻辞、姤卦《彖》辞、井卦卦辞、丰卦卦辞、《系辞》以及《序卦》中的部分词句加以诠释。兹述之于下:

乾卦《彖》辞"大明终始",荀爽注:"乾起坎而终于离,坤起离而终于坎。离坎者,乾坤之家,而阴阳之府,故曰'大明终始'也。"② 对荀爽此注,惠栋曾引其父惠士奇之言诠释:"家君曰:乾游魂于火地,归魂于火天,故曰终于离。坤游魂于水天,归魂于水地,故曰终于坎。"③ 引文中"乾游魂于火地,归魂于火天,故曰终于离"之意为:依京氏八宫说,乾宫的游魂卦是晋卦,归魂卦是大有卦,晋卦和大有卦的外卦均为离,所以说"终于离"。引文中"坤游魂于水天,归魂于水地,故曰终于坎"之意为:坤宫的游魂卦是需卦,归魂卦是比卦,需卦和比卦的外卦均为坎,所以说"终于坎"。

关于讼卦,干宝注:"讼,离之游魂也。离为戈兵,此天气将刑杀,圣人将用师之卦也。"④ 依京氏八宫说,讼卦是离宫的游魂卦,故曰"讼,离之游魂也"。

关于谦卦《彖》辞中的"谦,亨",《九家易》诠释说:"艮山坤地,山至高,地至卑,以至高下至卑,故曰'谦'也。谦者兑世,艮与兑合,故'亨'。"⑤ 依京氏八宫说,谦卦是兑宫的五世卦,故曰"谦者,兑世"。

关于随卦《彖》辞"随,刚来而下柔,动而说,随。大亨贞,无咎",荀爽注:"随者,震之归魂。震归从巽,故大通。动爻得正,故'利贞'。阳降阴升,嫌于有

---

① [清] 惠栋:《易汉学》卷四,郑万耕点校:《周易述(附易汉学、易例)》,中华书局,2007 年,第 583 页。
② [唐] 李鼎祚著,王丰先点校:《周易集解》,中华书局,2016 年,第 6 页。
③ [清] 惠栋:《易汉学》卷四,郑万耕点校:《周易述(附易汉学、易例)》,中华书局,2007 年,第 587 页。
④ [唐] 李鼎祚著,王丰先点校:《周易集解》,中华书局,2016 年,第 64 页。
⑤ [唐] 李鼎祚著,王丰先点校:《周易集解》,中华书局,2016 年,第 115 页。

咎，动而得正，故'无咎'。"① 引文中"随者，震之归魂，震归从巽"之意为：依京氏八宫说，随卦是震宫的归魂卦，震宫各卦从三世卦开始，内卦变为巽，至随卦内卦又变回震。

关于蛊卦《彖》辞"蛊，元亨而天下治也"，荀爽注："蛊者，巽也。巽归合震，故'元亨'也。蛊者，事也，'备物致用'，故'天下治'也。"② 引文中"蛊者，巽也，巽归合震"之意为：依京氏八宫说，蛊卦是巽宫的归魂卦，巽宫各卦从三世卦开始，内卦变为震，至蛊卦内卦又变回巽。

关于噬嗑卦初九爻辞"屦校灭趾"，干宝注："屦校，贯械也。初居刚燥之家，体贪狼之性，以震掩巽，强暴之男也，行侵陵之罪，以陷'屦校'之刑。"③ 引文中"以震掩巽"之意为：依京氏八宫说，噬嗑卦是巽宫的五世卦，而噬嗑卦的内卦为震。

关于恒卦《彖》辞中的"恒，亨，无咎，利贞，久于其道也"，荀爽注："恒，震世也，巽来乘之，阴阳合会，故通，'无咎'。长男在上，长女在下，夫妇道正，故'利贞，久于其道也'。"④ 引文中"恒，震世也，巽来乘之"之意为：依京氏八宫说，恒卦是震宫的三世卦，而恒卦的内卦为巽。

关于解卦《彖》辞中的"天地解而雷雨作，雷雨作而百果草木皆甲坼"，荀爽注："解者，震世也。仲春之月，草木萌芽，'雷以动之，雨以润之，日以烜之'，故'甲坼'也。"⑤ 依京氏八宫说，解卦是震宫的二世卦，故曰"解者，震世也"。

关于益卦六二爻辞"王用享于帝，吉"，干宝注："圣王先成民而后致力于神，故'王用享于帝'。在巽之宫，处震之象，是则苍精之帝同始祖矣。"⑥ 引文中"在巽之宫，处震之象"之意为：依京氏八宫说，益卦是巽宫的三世卦，而益卦的内卦为震。

关于姤卦《彖》辞"天地相遇，品物咸章也"，荀爽注："谓乾成于巽，而舍于离、坤；出于离，与乾相遇，南方夏位，万物章明也。"⑦ 对荀爽此注，惠栋曾引其父惠士奇之说进一步解释说明："家君曰：乾一世外卦，四世内卦，皆巽也⑧，故言'乾成于巽'。游魂于火地晋，故言'舍于离、坤'；归魂于火天大有，故言出于离，

---

① [唐] 李鼎祚著，王丰先点校：《周易集解》，中华书局，2016年，第127页。
② [唐] 李鼎祚著，王丰先点校：《周易集解》，中华书局，2016年，第132页。
③ [唐] 李鼎祚著，王丰先点校：《周易集解》，中华书局，2016年，第146页。
④ [唐] 李鼎祚著，王丰先点校：《周易集解》，中华书局，2016年，第203-204页。
⑤ [唐] 李鼎祚著，王丰先点校：《周易集解》，中华书局，2016年，第246页。
⑥ [唐] 李鼎祚著，王丰先点校：《周易集解》，中华书局，2016年，第259页。
⑦ [唐] 李鼎祚著，王丰先点校：《周易集解》，中华书局，2016年，第272页。
⑧ 原误作："乾一世外卦、四世内卦皆巽也。"据京氏八宫说，"外"当为"内"之误，"内"当为"外"之误，故径改。

与乾相遇。"① 依京氏八宫说，乾宫的一世卦是姤卦，四世卦是观卦，姤卦的内卦和观卦的外卦均为巽，所以说"乾成于巽"；乾宫的游魂卦是晋卦，晋卦的外卦为离，内卦为坤，所以说乾"舍于离、坤"；归魂卦是大有卦，大有卦的外卦为离，内卦为乾，所以说"出于离，与乾相遇"。

关于井卦卦辞"改邑不改井"，干宝注："水，殷德也。木，周德也。夫井，德之地也，所以养民性命，而清洁之主者也。自震化行至于五世，改殷纣比屋之乱俗，而不易成汤昭假之法度也，故曰'改邑不改井'。"② 引文中"自震化行至于五世"之意为：依京氏八宫说，井卦是震宫的五世卦。

关于丰卦卦辞"亨，王假之，勿忧，宜日中"，干宝注："丰，坎宫阴世在五。以其宜中而忧其侧也。坎为夜，离为昼，以离变坎，至于天位，日中之象也。殷水德，坎象昼败而离居之，周代殷，居王位之象也……'勿忧'者，劝勉之言也……言周德当天人之心，宜居王位，故'宜日中'。"③ 引文中"丰，坎宫阴世在五"之意为：依京氏八宫说，丰卦是坎宫五世卦。丰卦六五阴爻为世爻，故曰"阴世"。

关于《系辞》中"上古结绳而治，后世圣人易之以书契，百官以治，万民以察，盖取诸夬"，《九家易》诠释说："夬本坤世，下有伏坤，书之象也。上又见乾，契之象也。以乾照坤，察之象也。夬者，决也。取百官以书治职，万民以契明其事。契，刻也。大壮进而成夬，金决竹木，为书契象，故法夬而作书契矣。"④ 依京氏八宫说，夬卦是坤宫的五世卦，故曰"夬本坤世"；在大壮卦的基础上，五爻由阴变阳，即为夬卦，故曰"大壮进而成夬"。

关于《序卦》中"需者，饮食之道也"，干宝注："需，坤之游魂也。云升在天而雨未降，翱翔东西，须之象也。王事未至，饮宴之日也。夫坤者，地也，妇人之职也。百谷果蓏之所生，禽兽鱼鳖之所托也；而在游魂变化之家，即烹爨腥实，以为和味者也，故曰'需者，饮食之道也'。"⑤ 依京氏八宫说，需卦是坤宫的游魂卦，故曰"需，坤之游魂也"。

（三）飞伏说

京房十分重视"阴中有阳，阳中有阴"及"阳极则阴生，阴极则阳生"的阴阳二气的相互包含和相互转化。为了在卦爻象上进一步体现这一思想，京房创立了飞伏说。"飞"，意为显见；"伏"，意为潜伏未见。"飞"与"伏"相对而言，阳飞则阴伏，阴飞则阳伏。京房所谓"飞"，是指八宫六十四卦中已经显见的爻象（飞爻）

---

① [清] 惠栋：《易汉学》卷四，郑万耕点校：《周易述（附易汉学、易例）》，中华书局，2007年，第588页。
② [唐] 李鼎祚著，王丰先点校：《周易集解》，中华书局，2016年，第295页。
③ [唐] 李鼎祚著，王丰先点校：《周易集解》，中华书局，2016年，第336页。
④ [唐] 李鼎祚著，王丰先点校：《周易集解》，中华书局，2016年，第458页。
⑤ [唐] 李鼎祚著，王丰先点校：《周易集解》，中华书局，2016年，第58页。

及其所处的卦象（飞卦）；京房所谓"伏"是指与飞爻阴阳性质相反、潜伏未见的爻象（伏爻）及其所处的卦象（伏卦）。惠栋在《易汉学》中引朱震《汉上易传》说："朱子发曰：凡卦见者为飞，不见者为伏。飞，方来也；伏，既往也。"①

首次明确而系统地创立了飞伏说，并以之诠释《周易》者，虽为京房，但在京房之前，已有飞伏说之萌芽。《周易·说卦》："巽，其究为躁卦。"躁卦指震卦。明儒林希元说："震为躁卦。巽三画皆变则成震，故曰其究为躁卦。"②"巽，其究为躁卦"的意思是：巽卦终究要变成震卦。巽卦之所以终究要变成震卦，是由于巽卦之中原本潜伏着震卦。此乃《说卦》中所蕴含的飞伏思想。惠栋在《易汉学》中引朱震《汉上易传》说："《说卦》：'巽，其究为躁卦'，例飞伏也。"③

飞伏思想亦见于《史记·律书》："日冬至则一阴下藏，一阳上舒。"④冬至所对应的十二消息卦是复卦。十二消息卦说盛行于汉代，司马迁亦通《易》，其所谓"一阳上舒"当指对应于十月的坤卦阴极而生一阳，成为对应于十一月的复卦。一阳既生，则坤初六必潜伏于一阳之下，此即所谓"一阴下藏"。若照此理解，司马迁此说即后世京房所明确提出的飞伏说。惠栋在《易汉学》中引朱震《汉上易传》说："太史公《律书》曰：'冬至一阴下藏，一阳上舒。'此论复卦初爻之伏巽也。"⑤

由上所述，我们可以推测，京房首创的飞伏说与《周易·说卦》及《史记·律书》中所反映出来的飞伏思想有渊源关系。另，据考古发现，飞伏说当可进一步溯源于殷墟易卦卜甲。卜甲右下为兑卦，兑覆为巽。《周易·说卦》："兑见而巽伏。"卜甲上兑卦显见，而巽卦隐伏。⑥

汉魏时期诸《易》家，从飞伏的角度，对坤卦上六爻辞、坤卦《文言》、困卦《象》辞和《系辞》中的部分词句做了诠释。

关于坤卦上六爻辞"龙战于野"，荀爽注："消息之位，坤在于亥，下有伏乾，'为其兼于阳，故称龙也'。"⑦依京氏飞伏说，坤卦上六爻为飞爻，与之相对的乾卦的上九爻为伏爻。此即"坤在于亥，下有伏乾"之意。

关于坤卦《文言》中的"履霜，坚冰至"，荀爽注："霜者，乾之命令。坤下有伏乾……乾气加之，性而坚，象臣顺君命而成之。"⑧依京氏飞伏说，坤卦为飞卦，乾卦为伏卦。"霜""坚"均由乾卦而来。

---

①③⑤[清]惠栋：《易汉学》卷四，郑万耕点校：《周易述（附易汉学、易例）》，中华书局，2007年，第588页。
②[明]林希元：《易经存疑》卷十二，文渊阁四库全书本。
④[汉]司马迁：《史记》卷二十五《律书》，中华书局，1959年，第1244页。
⑥参见杨效雷、张金平：《殷墟易卦卜甲解读》，《中原文物》，2014年第4期，第46－47、120页。
⑦[唐]李鼎祚著，王丰先点校：《周易集解》，中华书局，2016年，第38页。
⑧[唐]李鼎祚著，王丰先点校：《周易集解》，中华书局，2016年，第42页。

关于困卦《象》辞中的"君子以致命遂志"，虞翻注："君子谓三伏阳也。"①依京氏飞伏说，困卦六三爻为飞爻，与之相对的九三爻为伏爻，阳爻为君子，故称"君子"。

关于《系辞》中"乐天知命，故不忧"，荀爽注："坤建于亥，乾立于巳，阴阳孤绝，其法宜忧。坤下有伏乾，为'乐天'。乾下有伏巽，为'知命'。阴阳合居，故'不忧'。"②依京氏飞伏说，坤为飞卦，乾为伏卦，此为"乐天"之由；乾初九爻为飞爻，与之相对的巽初六爻为伏爻，此为"知命"之由；坤纯阴又居阴支之地，乾纯阳又居阳支之地，"阴阳"孤绝，本宜忧，但因阴阳相伏而无忧。

关于《系辞》中的"龙蛇之蛰"，虞翻注："蛰，潜藏也，龙潜而蛇藏。阴息初，巽为蛇；阳息初，震为龙；十月坤成，十一月复生；姤巽在下，龙蛇俱蛰。"③依京氏飞伏说，姤卦初六爻（巽爻）为飞爻，与之相对的初九爻（震爻）为伏爻。巽爻在下为蛰，震爻伏藏亦为蛰。"巽为蛇"，"震为龙"，故称"龙蛇俱蛰"。

（四）爵位说

爵位说即将一卦六爻配以爵位。系统完整的爵位说创自京房，但在京房之前，《周易》经传中已经有了爵位说的萌芽。今人刘玉建先生曾对《周易》六十四卦第五爻爻辞的吉凶做过统计。统计结果表明："《周易》六十四卦中，五爻爻辞绝无完全称凶者，仅有三卦在称凶的同时，又称吉或无咎。另仅有两卦称'厉'，厉即危厉，是说有危险的可能，而绝不同于凶。五爻如此普遍吉利的现象，是其他各爻所不具备的，这绝非是偶然，而是说明《易经》作者特别重视第五爻位，并将此爻视为六个爻位中最为吉利的一个爻位。"因此，刘玉建先生得出结论说："五爻既吉，则必为尊。自古以来，'龙'便是帝王的象征，天下第一王伏羲氏便以龙为纪。而乾九五称'飞龙在天，利见大人'，则意味着当用爻位来说明社会生活中的等级时，五爻便象征着天子帝王之尊位。爻位有尊则必有贱，只是五爻之尊位在《易经》中表现得尤为突出。因此说，在《易经》作者系辞时，便有了爻位的贵贱思想。"《易传》在《易经》五爻为尊位的基础上，对一卦六爻的尊贵卑贱又做了进一步的发挥说明，形成了比较清晰的爻位贵贱说。刘玉建先生通过《周易·文言》《周易·彖》《周易·象》和《周易·系辞》的综合考察，得出如下结论：①《易传》作者认为，一卦六爻，爻位贵贱各有不同。②一卦六爻，爻位自初至上，由贱到贵。③明确称五爻之位为"天位""帝位""王位"，称三爻之位为"公位"。④

---

① [唐] 李鼎祚著，王丰先点校：《周易集解》，中华书局，2016年，第288页。
② [唐] 李鼎祚著，王丰先点校：《周易集解》，中华书局，2016年，第400页。
③ [唐] 李鼎祚著，王丰先点校：《周易集解》，中华书局，2016年，第463页。
④ 刘玉建：《两汉象数易学研究》，广西教育出版社，1996年，第151－154页。

在《周易》经传的基础上，西汉孟喜又指出二爻之位为卿大夫位。① 在《周易》经传和西汉孟喜的基础上，京房则将一卦六爻均配以相应的爵位：初爻为元士、二爻为大夫、三爻为三公、四爻为诸侯、五爻为天子、上爻为宗庙。

惠栋在《易汉学》中引《易纬·乾凿度》对京氏爵位说加以考索说："《乾凿度》曰：初为元士，二为大夫，三为三公，四为诸侯，五为天子，上为宗庙。凡此六者，阴阳所以进退，君臣所以升降，万民所以为象则也。"②

汉魏时期诸《易》家从爵位的角度，对坤卦六三爻辞、讼卦上九爻辞、师卦上六爻辞、解卦上六爻辞、损卦《彖》辞、益卦六三爻辞、和巽卦上九爻辞做了诠释。

关于坤卦六三爻辞"或从王事"，干宝注："阳降在四，三公位也；阴升在三，三公事也。"③

关于讼卦上九爻辞"或锡之鞶带"，荀爽注："鞶带，宗庙之服。三应于上，上为宗庙，故曰'鞶带'也。"④

关于师卦上六爻辞"大君有命，开国承家"，干宝注："上六为宗庙，武王以文王行，故正开国之辞于宗庙之爻，明己之受命，文王之德也。"⑤

关于解卦上六爻辞"公用射隼"，虞翻注："上应在三。公谓三伏阳也。"⑥

关于损卦《彖》辞中"曷之用？二簋可用享"，荀爽注："二簋，谓上体二阴也。上为宗庙。簋者，宗庙之器，故可享献也。"⑦

关于益卦六三爻辞"有孚中行，告公用圭"，虞翻注："公谓三伏阳也……三，公位。"⑧

关于巽卦上九爻辞"巽在床下"，《九家易》注："上为宗庙，礼，封赏出军，皆先告庙，然后受行。三军之命，将之所专，故曰'巽在床下'也。"⑨

汉魏时期的"爵位说"对唐代的《周易》诠释亦有影响。如，关于《周易·系辞》中"二与四同功而异位"，崔憬便从"爵位说"的角度诠释说："二主士大夫位，佐于一国；四主三孤、三公、牧伯之位，佐于天子，皆同有助理之功也……二，士大夫，位卑；四，孤、公、牧伯，位尊，故有异也。"⑩ 关于《周易·系辞》中"三与五同功而异位"，崔憬也从"爵位说"的角度诠释说："三，诸侯之位。五，

---

① [清] 马国翰《玉函山房辑佚书·周易孟氏章句》："《易》爻位，三为三公，二为卿大夫。"
② [清] 惠栋：《易汉学》卷四，郑万耕点校：《周易述（附易汉学、易例）》，中华书局，2007年，第590页。
③ [唐] 李鼎祚著，王丰先点校：《周易集解》，中华书局，2016年，第36页。
④ [唐] 李鼎祚著，王丰先点校：《周易集解》，中华书局，2016年，第70页。
⑤ [唐] 李鼎祚著，王丰先点校：《周易集解》，中华书局，2016年，第76页。
⑥ [唐] 李鼎祚著，王丰先点校：《周易集解》，中华书局，2016年，第249页。
⑦ [唐] 李鼎祚著，王丰先点校：《周易集解》，中华书局，2016年，第251页。
⑧ [唐] 李鼎祚著，王丰先点校：《周易集解》，中华书局，2016年，第260页。
⑨ [唐] 李鼎祚著，王丰先点校：《周易集解》，中华书局，2016年，第353页。
⑩ [唐] 李鼎祚著，王丰先点校：《周易集解》，中华书局，2016年，第490–491页。

天子之位。同有理人之功，而君臣之位异者也。"①

（五）爻等说

如前所述，八宫卦各有其五行属性，六十四卦各爻又可配以相应干支，京房在此基础上又提出了"爻等说"：凡爻位地支的五行属性生其所在卦的五行属性，则该爻称为"义爻"；凡爻位地支的五行属性被其所在卦的五行属性所生，则该爻称为"宝爻"；凡爻位地支的五行属性克所在卦的五行属性，则该爻称为"击爻"；凡爻位地支的五行属性被其所在卦的五行属性所克，则该爻称为"制爻"；凡爻位地支的五行属性与其所在卦的五行属性相同，则该爻称为"专爻"。

京房"爻等说"渊源于周秦时期的《灵宝经》。在《易汉学》中，惠栋引《灵宝经》（转引自《抱朴子》），对京氏"爻等说"加以考索说："《抱朴子》引《灵宝经》。谓：支干上生下曰宝日，下生上曰义日，上克下曰制日，下克上曰伐日，上下同曰专日。"②引文中"上生下"之义为：干支纪日的日干所对应的五行生日支所对应的五行，如甲午日、乙巳日，甲、乙所对应的五行是"木"，午、巳所对应的五行是"火"，木生火，故甲午日、乙巳日均为"宝日"；"下生上"之义为：干支纪日的日支所对应的五行生日干所对应的五行，如壬申日、癸酉日，壬、癸所对应的五行是"水"，申、酉所对应的五行是"金"，金生水，故壬申日、癸酉日均为"义日"；"上克下"之义为：干支纪日的日干所对应的五行克日支所对应的五行，如戊子日、己亥日，戊、己所对应的五行是"土"，子、亥所对应的五行是"水"，土克水，故戊子日、己亥日均为"制日"；"下克上"之义为：干支纪日的日支所对应的五行克日干所对应的五行，如甲申日、乙酉日，甲、乙所对应的五行是"木"，申、酉所对应的五行是"金"，金克木，故甲申日、乙酉日均为"伐日"；"上下同"之义为：干支纪日的日干所对应的五行与日支所对应的五行相同，如甲寅日、乙卯日，甲、乙所对应的五行是"木"，寅、卯所对应的五行也是"木"，故甲寅日、乙卯日均为"专日"。

这种吉凶之日的判断方法在《淮南子·天文训》中亦有记载。惠栋在《易汉学》中引《淮南子·天文训》考索说："《淮南·天文》曰：子生母曰义，母生子曰保，子母相得曰专，母胜子曰制，子胜母曰困。"③《灵宝经》中的"宝日"在《淮南子》中称"保日"，《灵宝经》中的"伐日"在《淮南子》中称"困日"，除此之外，《淮南子》所记与《灵宝经》所记完全相同，而京房"爻等说"只不过是改日为爻而已。除《灵宝经》中的"伐日"和《淮南子》中的"困日"在京房《易》中改称"击爻"，名目略有不同外，其他各爻名目完全相同，因此惠栋说：

---

① [唐] 李鼎祚著，王丰先点校：《周易集解》，中华书局，2016年，第491页。
②③ [清] 惠栋：《易汉学》卷四，郑万耕点校：《周易述（附易汉学、易例)》，中华书局，2007年，第592页。

"淮南之说与京房及灵宝经合。盖周秦以来相传之法。"①

为了证明"爻等说"合乎《周易》本义,惠栋在《易汉学》中引诸家《易》说,从"爻等"的角度,对比卦六三爻辞《象》辞和小畜卦九五《象》辞做了诠释。②

关于比卦六三爻辞"比之匪人"和《象》辞"比之匪人,不亦伤乎",惠栋引干宝之言说:"干宝曰:六三乙卯,坤之鬼吏,在比之家,有土之君也。周为木德,卯为木辰,同姓之国也。爻失其位,辰体阴贼,管蔡之象也。比建国,唯去此人。故曰:比之匪人,不亦伤王政也。"比卦是坤宫的归魂卦,比卦六三爻所对应的地支卯的五行属性是"木",比卦的五行属性是"土",木克土,依京房"爻等说",比卦六三爻为击爻,三国陆绩后,击爻被称为官鬼爻,因此干宝说"六三乙卯,坤之鬼吏"。

关于小畜卦九五《象》辞"有孚挛如,不独富也",惠栋引《九家易》诠释说:"有信,下三爻也。体巽,故挛如,如谓连接其邻,邻谓四也。五以四阴作财,与下三阳共之,故曰'不独富也'。"小畜卦是巽宫的一世卦,小畜卦六四爻所对应的地支是未,未的五行属性是"土",小畜卦的五行属性是"木",木克土,依京房"爻等说",小畜卦六四爻为制爻,三国陆绩后,制爻被称为妻财爻,因此《九家易》说"五以四阴作财"。

(六)世卦起月例

世卦起月例是根据世爻的阴阳确定八宫六十四卦各卦所主之月的一种《易》例。惠栋在《易汉学》中引元代易学家胡一桂之说对京房的世卦起月例考索说:"胡一桂《京易起月例》曰:一世卦阴主五月,一阴在午也;阳主十一月,一阳在子也。二世卦阴主六月,二阴在未也;阳主十二月,二阳在丑也。三世卦阴主七月,三阴在申也;阳主正月,三阳在寅也。四世卦阴主八月,四阴在酉也;阳主二月,四阳在卯也。五世卦阴主九月,五阴在戌也;阳主三月,五阳在辰也。八纯上世阴主十月,六阴在亥也;阳主四月,六阳在巳也。游魂四世所主与四世卦同,归魂三世与三世同。"③

八宫六十四卦中,世爻为阴的一世卦主五月,世爻为阳的一世卦主十一月;世爻为阴的二世卦主六月,世爻为阳的二世卦主十二月;世爻为阴的三世卦主七月,世爻为阳的三世卦主正月;世爻为阴的四世卦主八月,世爻为阳的四世卦主二月;世爻为阴的五世卦主九月,世爻为阳的五世卦主三月;世爻为阴的纯卦主十月,世

---

① [清] 惠栋:《易汉学》卷四,郑万耕点校:《周易述(附易汉学、易例)》,中华书局,2007年,第592页。
② [清] 惠栋:《易汉学》卷四,郑万耕点校:《周易述(附易汉学、易例)》,中华书局,2007年,第592—593页。
③ [清] 惠栋:《易汉学》卷五,郑万耕点校:《周易述(附易汉学、易例)》,中华书局,2007年,第606—607页。

爻为阳的纯卦主四月；游魂卦的四爻为世爻，故世爻为阴的游魂卦所主之月与世爻为阴的四世卦所主之月同为八月，世爻为阳的游魂卦与四爻为阳的四世卦所主之月同为二月；归魂卦的三爻为世爻，故世爻为阴的归魂卦所主之月与世爻为阴的三世卦所主之月同为七月，世爻为阳的归魂卦所主之月与世爻为阳的三世卦所主之月同为正月。

根据以上文字叙述，可以制成下表：

世卦起月例表

月次	月建	世卦	六十四卦值月	世爻阴阳
十一月	子	一世卦	复卦、贲卦、节卦、小畜卦	阳
十二月	丑	二世卦	临卦、大畜卦、解卦、鼎卦	
正月	寅	三世卦	泰卦、既济卦、恒卦、咸卦	
		归魂卦	大有卦、渐卦、蛊卦、同人卦	
二月	卯	四世卦	大壮卦、睽卦、革卦、无妄卦	
		游魂卦	晋卦、大过卦、讼卦、小过卦	
三月	辰	五世卦	夬卦、履卦、井卦、涣卦	
四月	巳	纯卦	乾卦、艮卦、巽卦、离卦	
五月	午	一世卦	姤卦、豫卦、旅卦、困卦	阴
六月	未	二世卦	遁卦、屯卦、家人卦、萃卦	
七月	申	三世卦	否卦、损卦、益卦、未济卦	
		归魂卦	随卦、师卦、比卦、归妹卦	
八月	酉	四世卦	观卦、升卦、蒙卦、蹇卦	
		游魂卦	明夷卦、中孚卦、需卦、颐卦	
九月	戌	五世卦	剥卦、丰卦、噬嗑卦、谦卦	
十月	亥	纯卦	坤卦、震卦、坎卦、兑卦	

由上表可以看出，世卦起月例是由十二消息卦说发展而来的。依十二消息卦说，复卦主十一月，世卦起月例推而广之，凡与复卦有相同特征（初爻为世爻且世爻为阳爻）的卦皆主十一月；临卦主十二月，凡与临卦有相同特征（二爻为世爻且世爻为阳爻）的卦皆主十二月；泰卦主正月，凡与泰卦有相同特征（三爻为世爻且世爻为阳爻）的卦皆主正月；大壮卦主二月，凡与大壮卦有相同特征（四爻为世爻且世爻为阳爻）的卦皆主二月；夬卦主三月，凡与夬卦有相同特征（五爻为世爻且世爻为阳爻）的卦皆主三月；乾卦主四月，凡与乾卦有相同特征（上爻为世爻且世爻为阳爻）的卦皆主四月；姤卦主五月，凡与姤卦有相同特征（初爻为世爻且世爻为阴爻）的卦皆主五月；遁卦主六月，凡与遁卦有相同特征（二爻为世爻且世爻为阴

爻）的卦皆主六月；否卦主七月，凡与否卦有相同特征（三爻为世爻且世爻为阴爻）的卦皆主七月；观卦主八月，凡与观卦有相同特征（四爻为世爻且世爻为阴爻）的卦皆主八月；剥卦主九月，凡与剥卦有相同特征（五爻为世爻且世爻为阴爻）的卦皆主九月；坤卦主十月，凡与坤卦有相同特征（上爻为世爻且世爻为阴爻）的卦皆主十月。

汉魏象数《易》家亦以世卦起月例诠释《周易》。如干宝释蒙卦时说："蒙者，离宫阴也，世在四，八月之时。"① 依八宫说，蒙卦是离宫的四世卦；依世卦起月例，蒙卦主八月。因此，干宝说："蒙者，离宫阴也，世在四，八月之时。"再如释比卦时，干宝说："比者，坤之归魂也。亦世于七月。"② 依京氏八宫说，比卦是坤宫的归魂卦；依世卦起月例，比卦主七月。因此，干宝说："比者，坤之归魂也，亦世于七月。"

第二节　郑玄和荀爽的《周易》诠释

一、郑玄的《周易》诠释

郑玄，字康成（121—200），高密（今属山东）人，是东汉时期著名经学大师。郑玄注《易》，象数、义理兼顾，而偏重于象数。以"爻辰说"解《易》是郑玄《周易》诠释最显著的特点。所谓"爻辰说"，简而言之，即以爻配辰。《左传·襄公二十七年》"辰在申"孔颖达疏："从子至亥十二者谓之辰。"③ 辰指地支，十二地支又称十二辰。以爻配辰之法，至迟可溯源于战国时期。京房"纳甲说"中的"纳支说"即可称为京房"爻辰说"。

"爻辰说"虽非郑玄独创，然而郑玄"爻辰说"却独具特色，不同于京房和《易纬·乾凿度》中的"爻辰说"。清儒惠栋认为，郑玄"爻辰说"出自《易纬·乾凿度》，因而在《易汉学》中引《易纬·乾凿度》考索郑玄"爻辰说"："乾，阳也；坤，阴也。并如而交错行。乾贞于十一月子，左行阳时六；坤贞于六月未，右行阴时六。"④

根据《易纬·乾凿度》中的这段记载，我们可以看出：乾卦自初九至上九分别对应子、寅、辰、午、申、戌（左行），坤卦自初六至上六分别对应未、巳、卯、丑、亥、酉（右行），而郑玄"爻辰说"与此并不完全一致。郑玄在《周礼·春

---

① [唐] 李鼎祚著，王丰先点校：《周易集解》，中华书局，2016年，第53页。
② [唐] 李鼎祚著，王丰先点校：《周易集解》，中华书局，2016年，第78页。
③ [晋] 杜预注、[唐] 孔颖达疏：《春秋左传注疏》卷三十八，北京大学出版社，2000年，第1228页。
④ [清] 惠栋：《易汉学》卷六，郑万耕点校：《周易述（附易汉学、易例）》，中华书局，2007年，第612页。

官·太师》注中说："黄钟，初九也，下生林钟之初六，林钟又上生太簇之九二，太簇又下生南吕之六二，南吕又上生姑洗之九三，姑洗又下生应钟之六三，应钟又上生蕤宾之九四，蕤宾又上生大吕之六四，大吕又下生夷则之九五，夷则又上生夹钟之六五，夹钟又下生无射之上九，无射又上生中吕之上六。"①

黄钟、林钟、太簇、南吕、姑洗、应钟、蕤宾、大吕、夷则、夹钟、无射、中吕是中国古代的十二律。十二律与十二月之间的对应关系是：黄钟对应十一月、林钟对应六月、太簇对应正月、南吕对应八月、姑洗对应三月、应钟对应十月，蕤宾对应五月、大吕对应十二月、夷则对应七月、夹钟对应二月、无射对应九月、中吕对应四月。十二月与十二辰（地支）之间的对应关系是：十一月对应子、六月对应未、正月对应寅、八月对应酉、三月对应辰、十月对应亥、五月对应午、十二月对应丑、七月对应申、二月对应卯、九月对应戌、四月对应巳。因此，我们可以将郑玄对《周礼·春官·太师》的这段注文简明地表示如下：

```
      乾                    坤
   ― 无射（戌）          ― ― 中吕（巳）
   ― 夷则（申）          ― ― 夹钟（卯）
   ― 蕤宾（午）          ― ― 大吕（丑）
   ― 姑洗（辰）          ― ― 应钟（亥）
   ― 太簇（寅）          ― ― 南吕（酉）
   ― 黄钟（子）          ― ― 林钟（未）
```

由上可知，乾卦六爻所对应的辰（地支）与《易纬·乾凿度》是一致的，但坤卦六爻所对应的辰（地支）与《易纬·乾凿度》相比，除初爻，余皆不同。因此，山东大学刘玉建先生曾指出，惠栋以《易纬·乾凿度》中的这段文字考索郑玄"爻辰说"，显然有所误解。②今人朱伯崑先生在《易学哲学史》中亦把郑玄"爻辰说"和《易纬·乾凿度》中的"爻辰说"视为同一学说，可能是受惠栋影响，失考所致。③其实，张惠言在《周易郑荀义》中就曾批评过惠栋将郑玄"爻辰说"和《易纬·乾凿度》中的"爻辰说"混为一谈的说法，指出《易纬·乾凿度》中的"爻辰说"是"乾坤左右行"，而郑玄"爻辰说"是"乾坤皆左行"。④朱先生当时或许没有注意到这条史料。

京房"爻辰说"主要用于占卜，而郑玄"爻辰说"则用于解经。因十二辰与四方、四时、十二月、二十四节气、十二律、十二生肖、四兽、卦气、二十八宿、五行等有着广泛的对应关系，从而为郑玄以象解《易》提供了广阔的空间。

---

① [汉]郑玄注，[唐]贾公彦疏：《周礼注疏》卷二十三，北京大学出版社，2000年，第414-715页。
② 刘玉建：《两汉象数易学研究》上册第八章第五节，广西教育出版社，1996年。
③ 朱伯崑：《易学哲学史》第一卷第三章第二、三节，昆仑出版社，2005年。
④ 张惠言：《周易郑荀义》卷上，续修四库全书本。

第一章 两汉时期的《周易》诠释

惠栋在《易汉学》中钩稽了十三条郑玄以"爻辰说"诠释《周易》的佚文，名之为"郑氏《易》"。① 兹解释说明如下：

1. 坤卦文言"阴疑于阳，必战，为其嫌于阳②也"，郑注："嫌读如群公溓之溓。古书篆作立心与水相近，读者失之，故作嫌。溓，杂也。阴谓此上六也，阳谓今消息用事乾也。上六为蛇，得乾气杂似龙。"依郑玄"爻辰说"，坤卦上六爻所纳之辰（地支）为巳，巳所对应的生肖为蛇，故郑注云"上六为蛇"。

2. 比卦初六爻辞"有孚盈缶"，郑注："爻辰在未上，值东井。井之水，人所汲用。缶，汲器。"依郑玄"爻辰说"，凡阳爻所纳之辰（地支）皆比照乾卦之例，凡阴爻所纳之辰（地支）皆比照坤卦之例，故比卦初六爻所纳之辰（地支）与坤卦初六爻所纳之辰（地支）相同，皆为未，因此郑注云"爻辰在未"。据十二辰与二十八宿的对应关系，未对应于南宫朱雀七宿中的井宿，"井之水，人所汲用"，而缶为汲器，所以爻辞说"有孚盈缶"。

3. 泰卦六五爻辞"帝乙归妹，以祉元吉"，郑注："五爻辰在卯，春为阳中，万物以生。生育者嫁娶之实；仲春之月，嫁娶男女之礼，福禄大吉。"依郑玄"爻辰说"，泰卦六五爻所纳之辰（地支）与坤卦六五爻所纳之辰（地支）相同，皆为卯，故郑注云"爻辰在卯"。据十二辰与四时、十二月的对应关系，卯对应于仲春二月。仲春二月，万物以生，有男婚女嫁之象，故爻辞曰"帝乙归妹以祉，元吉"。

4. 蛊卦上九爻辞"不事王侯，高尚其事"，郑注："上九艮爻，艮为山，辰在戌，得乾气，父老之象，是臣之致事，故不事王侯。是不得事君，君犹高尚，六所为之事。"依郑玄"爻辰说"，蛊卦上九爻所纳之辰（地支）与乾卦上九爻所纳之辰（地支）相同，皆为戌，故郑注云"辰在戌"。

5. 贲卦六四爻辞"白马翰如"，郑注："谓九三位在辰，得巽气为白马。"依郑玄"爻辰说"，贲卦九三爻所纳之辰（地支）与乾卦九三爻所纳之辰（地支）相同，皆为辰，故郑注云"九三位在辰"。

6. 大过卦郑注："大过者，巽下兑上之卦。初六在巽体，巽为木；上六位在巳，巳当巽位，巽又为木。二木在外，以夹四阳，四阳互体为二乾，乾为君、为父，二木夹君父，是棺椁之象。"依郑玄爻辰说，大过卦上六爻所纳之辰（地支）与坤卦上六爻所纳之辰（地支）相同，皆为巳，故郑注云"上六位在巳"。

7. 坎卦六四爻辞"樽酒簋贰，用缶，纳约自牖"，郑注："六四上承九五，又互体在震上，爻辰在丑，丑上值斗，可以斟之象，斗上有建星，建星之形似簋。贰，副也。建星上有弁星，弁星之形又如缶。天子大臣以王命出会诸侯，主国尊于簋副，

---

①［清］惠栋：《易汉学》卷六，郑万耕点校：《周易述（附易汉学、易例）》，中华书局，2007年，第614－617页。

②案，通行本"阳"作"无阳"。陈鼓应、赵建伟认为，"无"涉"于"音而衍（陈鼓应、赵建伟：《周易今注今译》，商务印书馆，2005年，第49页）。

29

设玄酒而用缶也。"依郑玄"爻辰说",坎卦六四爻所纳之辰（地支）与坤卦六四爻所纳之辰（地支）相同，皆为丑，故郑注云"爻辰在丑"。

8. 坎卦上六爻辞"系用徽纆"，郑注："系，拘也。爻辰在巳，巳为蛇，蛇蟠屈似徽纆也。"依郑玄"爻辰说"，坎卦上六爻所纳之辰（地支）与坤卦上六爻所纳之辰（地支）相同，皆为巳，故郑注云"爻辰在巳"。据十二辰与十二生肖的对应关系，巳对应蛇，而蛇有绳索之象，所以爻辞曰"系用徽纆"。

9. 离卦九三爻辞"不鼓缶而歌"，郑注："艮爻也①。位近丑，丑上值弁星，弁星似缶。"离卦由坤而来，离九三上邻坤六四，依郑玄"爻辰说"，坤六四纳丑，故郑注云"位近丑"。

10. 明夷卦六二爻辞"明睇于左股"②，郑注："旁视为睇。六二辰在酉，酉在西方。又下体离，离为目。九三体在震，震东方；九三又在辰，辰得巽气为股。此谓六二有明德，欲承九三，故云睇于左股。"依郑玄"爻辰说"，明夷卦六二爻所纳之辰（地支）与坤卦六二爻所纳之辰（地支）相同，皆为酉，故郑注云"六二辰在酉"；明夷卦九三爻所纳之辰（地支）与乾卦九三爻所纳之辰（地支）相同，皆为辰，故郑注云"九三又在辰"。

11. 困卦九二爻辞"困于酒食，朱绂方来，利用享祀"，郑注："二据初，辰在未，未为土，此二为大夫，有地之象；未上值天厨，酒食象。困于酒食者，采地薄不足己用也。二与日为体离为镇霍。爻四为诸侯，有明德受命当王者。离为大火色赤，四爻辰在午时，离气赤又朱也。"困卦九二爻下据初六爻，依郑玄"爻辰说"，困卦初六爻所纳之辰（地支）与坤卦初六爻所纳之辰（地支）相同，皆为未，故郑注云"二据初，辰在未"；困卦九四爻所纳之辰（地支）与乾卦九四爻所纳之辰（地支）相同，皆为午，故郑注云"四爻辰在午"。

12. 中孚卦卦辞"豚鱼吉"，郑注："三辰为亥为豕，爻失正，故变而从小名言豚耳。四辰在丑，丑为鳖蟹。鳖蟹，鱼之微者。爻得正，故变而从大名言鱼耳。"依郑玄"爻辰说"，中孚卦六三爻所纳之辰（地支）与坤卦六三爻所纳之辰（地支）相同，皆为亥，故郑注云"三辰为亥"；中孚卦六四爻所纳之辰（地支）与坤卦六四爻所纳之辰（地支）相同，皆为丑，故郑注云"四辰在丑"。

13. 《说卦》"震为大途"，郑注："国中三道曰途。震上值房、心，途而大者，取房有三途焉。"惠栋加案语说："案，震在卯，卯上值房、心。"依郑玄爻辰说，震卦六五爻所纳之辰（地支）与坤卦六五爻所纳之辰（地支）相同，皆为卯，故惠

---

①郑玄认为，凡为阳爻的初爻、四爻皆可称为震爻；凡为阴爻的初爻、四爻皆可称为巽爻；凡为阳爻的二爻、五爻皆可称为坎爻；凡为阴爻的二爻、五爻皆可称为离爻；凡为阳爻的三爻、上爻皆可称为艮爻；凡为阴爻的三爻、上爻皆可称为兑爻，因此郑注称离卦九三爻为"艮爻"。张惠言在《周易郑氏义》中将郑玄此说命名为"爻体说"。

②通行本及马王堆帛书本均作"明夷，夷于左股"。

栋案语云"震在卯"。

郑玄《易》注在南朝梁、陈时与王弼《易》注一起列于国学。南朝齐时，"唯传郑义"①。至隋，王弼《易》注盛行，郑学式微。唐李鼎祚《周易集解》非常重视郑玄《易》注，然就其中所引郑注来看，无取于"爻辰说"者。如上引比初六爻辞、泰六五爻辞、坎上六爻辞，据王应麟《周易郑康成注》，郑玄皆以爻辰解之，而李鼎祚于《周易集解》中皆舍而不取。李鼎祚的这一取舍倾向，大概是因为，李鼎祚认为，"爻辰说"有理论缺陷。在《周易集解》中，李鼎祚曾引孔颖达质疑"爻辰说"之言："先儒以为九二当太簇之月，阳气见地，则九三为建辰之月，九四为建午之月，九五为建申之月，上九为建戌之月。群阴既盛，上九不得言'与时偕极'。先儒此说，于理稍乖。"② 依"爻辰说"，乾卦九二配寅，九三配辰，九四配午，九五配申，上九配戌。据十二辰与四时的对应关系，戌对应季秋。当季秋之时，阳衰阴盛，而《文言》却说上九爻"与时偕极"，矛盾抵牾。孔颖达认为，乾初爻至上爻若配辰，当在午前，方合乎情理。

继孔颖达后，王引之在《经义述闻》中又对郑玄"爻辰说"提出种种发难。王引之认为，"爻辰说"有三大问题，因而不可取（详见第三章第五节）。

针对人们对"爻辰说"的种种质疑，道光年间的何秋涛特撰《周易爻辰申郑义》，对郑玄"爻辰说"极力维护。

据何秋涛总结，前人对郑玄"爻辰说"的质疑主要有以下六个方面：

1. 舍卦而论爻，与《说卦》之言"乾为""坤为"者异矣。
2. 律吕以阴阳相间，而乾坤之爻则六位相连，断无相间主月之理，以爻配律，斯不通之论矣。
3. 十二辟卦各主一月，爻辰则每爻各主一月，其说每多抵牾。
4. 卦之值月，各有其序，而依"爻辰说"，各爻所主之月无序。
5. 郑述爻辰，多陈天象，而"天厨""天弁"等星，《史记·天官书》中并无其名。
6. 郑以爻辰解《易》，"类多迂曲"，如解离卦九三爻辞时，舍九三爻所纳的辰宫之星，而言六四爻所纳的丑宫之星。

针对第一点质疑，何秋涛说："《说卦》取象，固以卦言，而《系辞》明言'六爻相杂，唯其时物'，又曰'杂物撰德，辨是与非，则非其中爻不备。'又云：'二多誉，四多惧，三多凶，五多功。'是爻又各有其象也。"③ 指出质疑者以八卦取象否定六爻取象，是由于拘泥于《说卦》而忽视了《系辞》的缘故。

针对第二点质疑，何秋涛说："《易》言九六，义取变化，故初九爻变则为初

---

① [唐] 魏征等撰：《隋书》卷三十二《经籍志》，中华书局，1973年，第913页。
② [唐] 李鼎祚著，王丰先点校：《周易集解》，中华书局，2016年，第21页。
③ [清] 何秋涛：《周易爻辰申郑义》，续修四库全书本。

六，相间之序，出于自然，与律吕之三分损益，隔八相生，事虽异，而理则同，互证即明，无烦疑惑。"①质疑者认为，黄钟（对应于子）律管，其长九寸，三分损一后，下生林钟（对应于未），林钟律管，其长六寸，三分益一后，上生太簇②（对应于寅），而乾之初九（所纳爻辰为子）不能下生坤之初六（所纳爻辰为未），坤之初六不能上生乾之九二（所纳爻辰为寅），因而"以爻配律，斯不通之论也"。而何秋涛指出，乾爻变则为坤，坤爻变则为乾，乾、坤六爻相变，与律吕三分损益，"事虽异，而理则同"。

针对第三点质疑，何秋涛说："十二辟卦与爻辰各为一事，亦两不相妨，卦有卦之义，爻又有爻之义，所谓事各有当者也。……岂得信其一而废其一乎？"③质疑者认为，根据十二辟卦与十二月的对应关系，乾卦对应于四月，而依"爻辰说"，乾卦初九纳子为十一月，九二纳寅为正月，九三纳辰为三月，九四纳午为五月，九五纳申为七月，上九纳戌为九月，并无四月，因而，"爻辰说"不足取。而何秋涛则认为，"十二辟卦主月说"和"爻辰说"可两说并存，不可"信其一而废其一"。案，何氏之言有理。如，据八卦生成数，乾一兑二离三震四巽五坎六艮七坤八，而据八卦九宫数，离九坎一震三兑七坤二巽四乾六艮八；据伏羲八卦方位图，乾南坤北离东坎西兑东南震东北巽西南艮西北，而据文王八卦方位图，离南坎北震东兑西巽东南艮东北坤西南乾西北；据乾坤生六子说，坎中男属阳，离中女属阴，而据八卦与天地水火的对应关系，坎水属阴，离火属阳。以上诸说，虽貌似牴牾，然而各有其理，确实可以并行不悖。

针对第四点质疑，何秋涛解释说："寒暑相推则为岁，刚柔交错则为文，子丑寅卯之迭更，亦何异九六七八之互易。……盖变动不居，《易》理固然也。"④质疑者认为，依"爻辰说"，屯卦初九爻纳子为十一月，六二爻纳未为六月，六三爻纳酉为八月，六四爻纳亥为十月，九五爻纳申为七月，上六爻纳巳为四月，忽前忽后，次序杂乱，因而不足取。而何秋涛认为，此乃"变动不居"的《易》理使然，无可置疑。

针对第五点质疑，何秋涛说："古之言天者说本繁杂，《天官书》剟取或有遗漏，不得执以相绳。……今日正可据康成所言补迁书之阙，岂得转因迁书之漏而讥康成之非哉？"⑤案，《史记·天官书》确有不少瑕疵，今人马玉山先生曾撰《〈史记·天官书〉献疑》探讨之，因而何氏之辩不为无据。⑥

针对第六点质疑，何秋涛说："缶之星象不取于辰⑦宫而取于丑宫者，以缶是所

---

①③④⑤［清］何秋涛：《周易爻辰申郑义》，续修四库全书本。
②原误作大吕。
⑥马玉山：《〈史记·天官书〉献疑》（一），《商丘师范学院学报》1996年第2期；《〈史记·天官书〉献疑》（二），《商丘师范学院学报》1997年第1期；《〈史记·天官书〉献疑》（三），《商丘师范学院学报》2002年第6期。
⑦原误作"寅"。

鼓之物，不得就本身取象，故求之于所近之宫也。此顺经文以为义，不以辰宫溷艮爻之象，正郑之善于说经也。"① 离卦九三爻辞中有"鼓缶"之文，郑玄以艮为手解"鼓"②，以九三爻之上的九四爻所纳之丑所对应的弁星解"缶"。质疑者以为"迂曲"，而何秋涛认为这正好说明郑玄"善于说经"。案，"因文为训"是我国传统训诂的一贯原则，解离卦九三爻辞，一般而言要根据九三爻所对应的物象，但在离卦特殊的语境下，则要取坤六四所对应的物象。郑玄善于"因文为训"③，注《易》亦然。何氏之辨，较有说服力。

笔者认为："爻辰说"本于音律④，而音律之学在我国源远流长，音乐史学家已将十二平均律溯源至新石器时代的贾湖文化时期⑤。在易学史界，"卦气说"曾长期被视为汉儒附会，但据刘大钧等先生考证，"卦气说"不仅在《易传》中有比较充分的反映，而且可以进一步上溯至殷商时期⑥。既如此，"爻辰说"亦未必非《易》所固有。以"爻辰说"诠释《周易》，的确有时会给人以牵强附会的感觉，但辗转牵合，正是术数思维的特点，《易》本卜筮之书，以辗转牵合的方法诠释《周易》，也许有时恰得《易》之本义。"爻辰说"是郑玄《周易》诠释的一大特色，何秋涛认为"爻辰之法，于古必有所受"，当为合理的推论。虽然"爻辰说"与其他象数诠《易》体例一样，难免有迂曲穿凿之处，但"夏鼎商彝，固不以剥泐讹阙见弃矣"。

二、荀爽的《周易》诠释

荀爽，又名荀谞，字慈明，颍阴（今河南许昌）人，生于东汉顺帝永建三年（128），卒于东汉献帝初平元年（190）。荀爽《周易》诠释的最显著的特点是其乾升坤降说。惠栋在《易汉学》中对荀爽的乾升坤降考索说："荀慈明论《易》，以阳在二者当上升坤五为君，阴在五者当降居乾二为臣。盖乾升为坎，坤降为离，成既济定则六爻得位，乾《彖》所谓'各正性命，保合太和，乃利贞'之道也。"⑦ 当二爻为阳爻时，须升至五爻以得正；当五爻为阴爻时，须降至二爻以得正。此即

---

①［清］何秋涛：《周易爻辰申郑义》，续修四库全书本。
②案，据"爻体说"，郑玄以九三爻为艮爻。"爻体说"是郑玄《易》注的另一特色。据"爻体说"，各卦初九、九四皆可称震爻，九二、九五皆可称坎爻，九三、上九皆可称艮爻，初六、六四皆可称巽爻，六二、六五皆可称坎爻，六三、上六皆可称兑爻。
③洪丽娣：《郑玄"因文为训"释词方法浅谈》，《辽宁教育学院学报》，1997年第2期，第65—67、91页。
④高怀民：《两汉易学史》第五章第一节，广西师范大学出版社，2007年。
⑤萧兴华：《中国音乐文化文明九千年——试论河南舞阳贾湖骨笛的发掘及其意义》，《音乐研究》，2000年第1期，第3—14页。
⑥刘大钧："卦气"溯源，《中国社会科学》，2000年第5期，第125—129、206页。
⑦［清］惠栋：《易汉学》卷七，郑万耕点校：《周易述（附易汉学、易例）》，中华书局，2007年，第621页。

"阳在二者当上升坤五为君，阴在五者当降居乾二为臣"之义。

关于阴阳升降的概念，早在荀爽以前就有易学家使用过。如京房注丰卦时说："阴阳升降，反归于本，变体于有无。"①《易纬·乾凿度》中也明确指出："阴阳所以进退，君臣所以升降。"② 荀爽继承了前人的思想成果，把阴阳升降概念加以规定，赋予特定的含义，系统地运用于对《周易》的诠释之中。

惠栋认为荀爽的乾升坤降说符合自古以来的《易》占之法，他引《左传》中的一段记载证明说："《左传》史墨论鲁昭公之失民，季氏之得民云：在《易》卦雷乘乾曰大壮，天之道。言九二之大夫当升五为君也。慈明之说有合于古之占法。"③

惠栋还指出王弼在诠释泰卦六四爻辞时也运用了荀爽的乾升坤降说，只不过没有明言而已。他说："王弼泰六四注云'乾乐上复，坤乐下复'。此亦升降之义，而弼不言升降。"④

接着，惠栋钩稽了十六条荀爽以乾升坤降说诠《易》的佚文。⑤

1. 《周易·文言》："水流湿，火就燥。"荀注："阳动之坤而为坎，坤者纯阴，故曰湿。阴动之乾而成离，乾者纯阳，故曰燥。"

2. 《周易·文言》："本乎天者亲上，本乎地者亲下。"荀注："谓乾九二本出于乾，故曰'本乎天'；而居坤五，故曰'亲上'。坤六五本出于坤，故曰'本乎地'；降居乾二，故曰'亲下'也。"

3. 《周易·文言》："时乘六龙以御天也。"荀注："御者，行也。阳升阴降，天道行也。"

4. 《周易·文言》："云行雨施，天下平也。"荀注："乾升于坤曰'云行'，坤降于乾曰'雨施'。乾坤二卦成雨，既济阴阳和均而得其正，故曰'天下平'。"

5. 《周易·文言》："与天地合其德。"荀注："与天合德，谓居五也；与地合德，谓居二也。"

6. 《周易·文言》："与日月合其明。"荀注："谓坤五之乾二成离，离为日；乾二之坤五成坎，坎为月。"

7. 坤卦《彖》辞："含弘光大，品物咸亨。"荀注："乾二居坤五为'含'，坤五居乾二为'弘'，坤初居乾四为'光'，乾四居坤初为'大'。天地交，万物升，

---

① 郭彧：《〈京氏易传〉导读》，齐鲁书社，2002年，第86页。
② 林忠军：《〈易纬〉导读·乾凿度卷上》，齐鲁书社，2002年，第87页。
③ [清] 惠栋：《易汉学》卷七，郑万耕点校：《周易述（附易汉学、易例）》，中华书局，2007年，第621页。
④ [清] 惠栋：《易汉学》卷七，郑万耕点校：《周易述（附易汉学、易例）》，中华书局，2007年，第621-622页。
⑤ [清] 惠栋：《易汉学》卷七，郑万耕点校：《周易述（附易汉学、易例）》，中华书局，2007年，第622-624页。

故'咸亨'。"①

8. 师卦《彖》辞:"能以众正,可以王矣。"荀注:"谓二有中和之德,而据群阴,上居五位,可以王也。"

9. 师卦六四爻辞:"师左次,无咎。"荀注:"左谓二也。阳称'左'。次,舍也。二与四同功,四承五,五无阳,故呼二舍于五,四得承之,故无咎。"

10. 师卦上六爻辞:"大君有命,开国承家。"荀注:"大君谓二。师旅已息,既上居五,当封赏有功,立国命家也。"

11. 泰卦九二爻辞:"朋亡,得尚于中行。"荀注:"朋谓坤。朋亡而下,则二得上居五,而行中和矣。"

12. 临卦九二②《象》辞:"咸临,吉,无不利,未顺命也。"荀注:"阳咸至二当升居五,群阴相承,故'无不利'也。阳当居五,阴当顺从,今尚在二,故曰'未顺命'也。"

13. 升卦《彖》辞:"巽而顺,刚中而应,是以大亨。用见大人,勿恤,有庆也。"荀注:"谓二以刚居中而来应五,故能'大亨',正居尊位也。大人,天子,谓升居五,见为大人。群阴有主,无所复忧而有庆也。"

14. 升卦九二《象》辞:"九二之孚,有喜也。"荀注:"升五得位,故有喜。"

15. 升卦六五《象》辞:"贞吉,升阶,大得志也。"荀注:"阴正居中,为阳作阶,使居立,己下降二,与阳相应,故吉而得志。"

16. 《周易·系辞上》:"天下之理得,而成位乎其中矣。"荀注:"阳位成于五,阴位成于二。五为上中,二为下中,故曰'成位乎其中'也。"

荀爽乾升坤降说的要旨是"时""中"二字,故惠栋在《易汉学》中特作"《易》尚时中说"加以阐明。③ 在"《易》尚时中说"中,惠栋开宗明义:"《易》道深矣,一言以蔽之曰:时、中。"在《松崖文钞·易论》中,惠栋通过统计指出:"孔子作《彖传》,言'时'者二十四卦,言'中'者三十六卦,《象传》言时者六卦,言'中'者三十九卦。"④

《彖传》言"时"者二十四卦如下:

1. 乾卦《彖》辞:"大明终始,六位时成,时乘六龙以御天。"
2. 蒙卦《彖》辞:"蒙,亨,以亨行时中也。"
3. 大有卦《彖》辞:"其德刚健而文明,应乎天而时行,是以元亨。"
4. 豫卦《彖》辞:"天地以顺动,故日月不过而四时不忒。……豫之时义大

---

① 惠栋于此加双行小注:"乾上居坤三亦为'含',故六三'含章可贞'。坤三居乾上亦成雨,既济也。"
② 文渊阁四库本《易汉学》"九二"误作"九三"。
③ "《易》尚时中说"复见于惠栋《松崖文抄·易论》。今人李开先生在其《惠栋评传》(南京大学出版社,1997年)中误将"《易》尚时中说"视为荀爽所作,或许是由于没有注意到《松崖文钞·易论》的缘故。
④ [清]惠栋:《松崖文钞》卷一《易论》,聚学轩丛书本。文渊阁四库全书本《易汉学》"二十四"误作"二十","三十六"误作"三十三","三十九"误作"三十"。

矣哉。"

5. 随卦《彖》辞:"大亨贞,无咎,而天下随时。随时之义大矣哉。"
6. 观卦《彖》辞:"观天之神道而四时不忒。"
7. 贲卦《彖》辞:"观乎天文以察时变。"
8. 颐卦《彖》辞:"颐之时大矣哉。"
9. 大过卦《彖》辞:"大过之时大矣哉。"
10. 坎卦《彖》辞:"险之时用大矣哉。"
11. 恒卦《彖》辞:"四时变化而能久成。"
12. 遁卦《彖》辞:"刚当位而应,与时行也。……遁之时义大矣哉。"
13. 睽卦《彖》辞:"睽之时用大矣哉。"
14. 蹇卦《彖》辞:"蹇之时用大矣哉。"
15. 解卦《彖》辞:"解之时大矣哉。"
16. 损卦《彖》辞:"损刚益柔有时,损益盈虚,与时偕行。"
17. 益卦《彖》辞:"凡益之道,与时偕行。"
18. 姤卦《彖》辞:"姤之时义大矣哉。"
19. 革卦《彖》辞:"天地革而四时成……革之时大矣哉。"
20. 艮卦《彖》辞:"时止则止,时行则行,动静不失其时。"
21. 丰卦《彖》辞:"天地盈虚,与时消息。"
22. 旅卦《彖》辞:"旅之时义大矣哉。"
23. 节卦《彖》辞:"天地节而四时成。"
24. 小过卦《彖》辞:"过以利贞,与时行也。"

《彖传》言"中"者三十六卦如下:

1. 蒙卦《彖》辞:"蒙,亨,以亨行时中也。……初筮告,以刚中也。"
2. 需卦《彖》辞:"位乎天位,以正中也。"
3. 讼卦《彖》辞:"讼,有孚,窒惕,中吉,刚来而得中也。……利见大人,尚中正也。"
4. 师卦《彖》辞:"刚中而应。"
5. 比卦《彖》辞:"原筮,元永贞,无咎,以刚中也。"
6. 小畜卦《彖》辞:"健而巽,刚中而志行,乃亨。"
7. 履卦《彖》辞:"刚中正,履帝位而不疚,光明也。"
8. 同人卦《彖》辞:"柔得位得中而应乎乾……文明以健,中正而应,君子正也。"
9. 大有卦《彖》辞:"柔得尊位,大中而上下应之。"
10. 临卦《彖》辞:"刚中而应。"
11. 观卦《彖》辞:"中正以观天下。"

12. 噬嗑卦《彖》辞："柔得中而上行，虽不当位，利用狱也。"
13. 无妄卦《彖》辞："刚中而应。"
14. 大过卦《彖》辞："刚过而中。"
15. 坎卦《彖》辞："维心亨，乃以刚中也。"
16. 离卦《彖》辞："柔丽乎中正，故亨，是以畜牝牛吉也。"
17. 睽卦《彖》辞："柔进而上行，得中而应乎刚，是以小事吉。"
18. 蹇卦《彖》辞："蹇利西南，往得中也。"
19. 解卦《彖》辞："其来复吉，乃得中也。"
20. 益卦《彖》辞："利有攸往，中正有庆。"
21. 姤卦《彖》辞："刚遇中正，天下大行也。"
22. 萃卦《彖》辞："顺以说，刚中而应，故聚也。"
23. 升卦《彖》辞："柔以时升，巽而顺，刚中而应，是以大亨。"
24. 困卦《彖》辞："贞，大人吉，以刚中也。"
25. 井卦《彖》辞："改邑不改井，乃以刚中也。"
26. 鼎卦《彖》辞："巽而耳目聪明，柔进而上行，得中而应乎刚，是以元亨。"
27. 渐卦《彖》辞："其位刚，得中也。"
28. 旅卦《彖》辞："柔得中乎外而顺乎刚，止而丽乎明，是以小亨，旅贞吉也。"
29. 巽卦《彖》辞："刚巽乎中正而志行。"
30. 兑卦《彖》辞："刚中而柔外。"
31. 涣卦《彖》辞："王假有庙，王乃在中也。"
32. 节卦《彖》辞："节，亨，刚柔分而刚得中。……说以行险，当位以节，中正以通。"
33. 中孚卦《彖》辞："中孚，柔在内而刚得中。"
34. 小过卦《彖》辞："柔得中，是以小事吉也。刚失位而不中，是以不可大事也。"
35. 既济卦《彖》辞："初吉，柔得中也。"
36. 未济卦《彖》辞："未济，亨，柔得中也。小狐汔济，未出中也。"

《象传》言"时"者六卦如下：

1. 坤卦六三《象》辞："含章可贞，以时发也。"
2. 蹇卦初六《象》辞："往蹇来誉，宜时①也。"
3. 井卦初六《象》辞："旧井无禽，时舍也。"

---

①"时"，通行本作"待"。高亨先生在《周易大传今注》（齐鲁书社，1998 年）中说："待、时二字古通用。"

4. 革卦《象》辞："君子以治历明时。"

5. 节卦九二《象》辞："不出门庭，凶，失时极也。"

6. 既济卦九五《象》辞："东邻杀牛，不如西邻之时也。"

《象传》言"中"者三十九卦如下：

1. 坤卦六五爻《象》辞："黄裳元吉，文在中也。"

2. 需卦九二爻《象》辞："需于沙，衍在中也。"九五爻《象》辞："酒食贞吉，以中正也。"

3. 讼卦九五爻《象》辞："讼元吉，以中正也。"

4. 师卦九二爻《象》辞："在师中吉，承天宠也。"六五爻《象》辞："长子帅师，以中行也。"

5. 比卦九五爻《象》辞："显比之吉，位正中也。……邑人不诫，上使中也。"

6. 小畜卦九二爻《象》辞："牵复在中，亦不自失也。"

7. 履卦九二爻《象》辞："幽人贞吉，中不自乱也。"

8. 泰卦六五爻《象》辞："以祉元吉，中以行愿也。"

9. 同人卦九五爻《象》辞："同人之先，以中直也。"

10. 大有卦九二爻《象》辞："大车以载，积中不败也。"

11. 谦卦六二爻《象》辞："鸣谦贞吉，中心得也。"

12. 豫卦六二爻《象》辞："不终日，贞吉，以中正也。"六五爻《象》辞："恒不死，中未亡也。"

13. 随卦九五爻《象》辞："孚于嘉，吉，位正中也。"

14. 蛊卦九二爻《象》辞："干母之蛊，得中道也。"

15. 临卦六五爻《象》辞："大君之宜，行中之谓也。"

16. 复卦六五爻《象》辞："敦复无悔，中以自考也。"

17. 大畜卦九二爻《象》辞："舆脱辐，中无尤也。"

18. 坎卦九二爻《象》辞："求小得，未出中也。"九五爻《象》辞："坎不盈，中未大也。"

19. 离卦六二爻《象》辞："黄离元吉，得中道也。"

20. 恒卦九二爻《象》辞："九二悔亡，能久中也。"

21. 大壮卦九二爻《象》辞："九二贞吉，以中也。"

22. 晋卦六二爻《象》辞："受兹介福，以中正也。"

23. 蹇卦九五爻《象》辞："大蹇朋来，以中节也。"

24. 解卦九二爻《象》辞："九二贞吉，得中道也。"

25. 损卦九二爻《象》辞："九二利贞，中以为志也。"

26. 夬卦九二爻《象》辞："有戎无恤，得中道也。"九五爻《象》辞："中行无咎，中未光也。"

27. 姤卦九五爻《象》辞："九五含章，中正也。"
28. 萃卦六二爻《象》辞："引吉无咎，中未变也。"
29. 困卦九二爻《象》辞："困于酒食，中有庆也。"九五爻《象》辞："乃徐有说，以中直也。"
30. 井卦九五爻《象》辞："寒泉之食，中正也。"
31. 鼎卦六五爻《象》辞："鼎黄耳，中以为实也。"
32. 震卦六五爻《象》辞："其事在中，大无丧也。"
33. 艮卦六五爻《象》辞："艮其辅，以中正也。"
34. 归妹卦六五爻《象》辞："其位在中，以贵行也。"
35. 巽卦九二爻《象》辞："纷若之吉，得中也。"九五爻《象》辞："九五之吉，位正中也。"
36. 节卦九五爻《象》辞："甘节之吉，居位中也。"
37. 中孚卦九二爻《象》辞："其子和之，中心愿也。"
38. 既济卦六二爻《象》辞："七日得，以中道也。"
39. 未济卦九二爻《象》辞："九二贞吉，中以行正也。"

《周易·系辞下》："二与四，同功而异位，其善不同，二多誉，四多惧，近也。……三与五同功而异位，三多凶，五多功，贵贱之等也。"《周易·系辞》作者认为，二之所以多誉，四之所以多惧，是由于二爻离五爻远而四爻离五爻近；三之所以多凶，五之所以多功，是由于三爻之位在下而贱，五爻之位在上而贵。但惠栋却认为，二之所以多誉，五之所以多功，是由于二爻和五爻分别居于下卦之中和上卦之中。他说："二与四同功，而二多誉；三与五同功，而五多功，以其中也。"①

《周易》泰卦九二爻辞："得尚于中行。"夬卦九五爻辞："中行无咎。"益卦六三爻辞："有孚中行，告公用圭。"六四爻辞："中行，告公从，利用为依迁国。"复卦六四爻辞："中行独复。"宋儒认为益卦六三、六四爻辞和复卦六四爻辞言"中"是由于三爻和四爻居于一卦之中的缘故。惠栋反对宋儒的这种说法。他说："周公爻辞于泰之六二②，夬之九五，皆以中行言之，而益之三、四，复之六四，亦称中行，先儒③谓一卦之中，非也。"④惠栋认为，益卦六三、六四爻辞和复卦六四爻辞所言之"中"皆指五爻。他说："窃谓益之中行，皆指九五，所谓'告公用圭'，告公，从者五告之也。古者君命臣，上命下，皆谓之'告'。三者，五所信也，故曰'有孚'。四者，五所比也，故曰'利用为依迁国'。三为三公，四为诸侯，故或称

---

①④［清］惠栋：《易汉学》卷七，郑万耕点校：《周易述（附易汉学、易例）》，中华书局，2007年，第625页。
②九二，原误作"六二"。
③惠栋于此加双行小注："先儒谓宋儒也。汉儒无此说。"

'国',或称'公'。复六四'中行独复'。《象》曰'中行独复,以从道也'。四得位应初,独得所复。四非中而称中行者,以从道也。"①

最后,惠栋总结说:"知'时中'之义,其于《易》也思过半矣。"②

案,《易传》象数易例,前人以"时、位、应、中"括之,只是权重不同。如坤卦六三爻不当位且不相应,而爻辞云:"含章可贞,或从王事,无成有终。"坤卦六五爻亦不当位且不相应,而爻辞云:"黄裳元吉。"《易传》对坤六三爻不当位且不相应而吉的解释是:"以时发也。"对坤六五爻不当位且不相应而吉的解释是:"文在中也。"可见,"时"与"中"的权重大于"位"与"应"。"时"与"中"相比,"时"的权重更大。如屯九五爻当位有应且居中,但爻辞却云"大贞凶"。屯九五爻辞之所以云"大贞凶",当从"时"的角度来理解。六十四卦每一卦都代表特定的时空背景,每一爻则代表在此特定时空背景下不同的发展阶段。屯卦代表的特定的时空背景是事物的草创时期,九五爻代表发展的第五阶段。因为已发展到第五阶段,可以小有所为,故云"小贞吉";因为尚未脱离事物的草创时期,不宜大有所为,故云"大贞凶"。

在《易汉学》中,惠栋还钩稽了九家逸象。九家据说是传习荀爽《易》的九家,所以惠栋将"九家逸象"置于"荀慈明《易》"的标题下加以考索。《周易·说卦》为了使有限的卦囊括尽可能多的事物,列举了许多八卦所象征的物象。《九家易》在《周易·说卦》的基础之上,根据《周易·系辞》"引而伸之,触类而长之"的原则,又增加了一些物象,故称"九家逸象"。惠栋对九家逸象考索说:"乾后更有四:为龙、为直、为衣、为言。坤后有八:为牝、为迷、为方、为囊、为裳、为黄、为帛、为浆。震后有三:为王、为鹄、为鼓。巽后有二:为杨、为鹳。坎后有八:为宫、为律、为可③、为栋、为丛棘、为狐、为蒺藜、为桎梏。离后有一:为牝牛。艮后有三:为鼻、为虎④、为狐。兑后有二:为常、为辅颊。"⑤

以上九家逸象,见陆德明《经典释文》⑥,且朱熹载入《周易本义》⑦。宋朱震云:"秦汉之际,易亡《说卦》。孝宣帝时,河内女子发老屋,得《说卦》、古文《老子》。至后汉荀爽《集解》,又得八卦逸象三十有一。……今考之六十四卦,其

---

①[清]惠栋:《易汉学》卷七,郑万耕点校:《周易述(附易汉学、易例)》,中华书局,2007年,第625-626页。

②[清]惠栋:《易汉学》卷七,郑万耕点校:《周易述(附易汉学、易例)》,中华书局,2007年,第626页。

③惠栋于此加双行小注:"'可'当为'河'。坎为大川,故为河。逸象出老屋,河字磨灭之余,故为可也。或云当为'坷'。《说文》曰:坷,坎坷也。古文省作可,亦通。"

④惠栋于此加案语说:"虎,当为肤(胉)字之误也。"

⑤[清]惠栋:《易汉学》卷七,郑万耕点校:《周易述(附易汉学、易例)》,中华书局,2007年,第626-627页。

⑥[唐]陆德明:《经典释文》卷二,文渊阁四库全书本。

⑦[宋]朱熹:《周易本义·说卦》,宋咸淳元年吴革刻本,全1函6册,第6册,第6-8页。

说若印圈钥合，非后儒所能增也，故校证其误而并释之，以俟后之知者。"① 对朱震此说，清儒纪磊颇不以为然。纪磊云："不知《说卦》所述八卦广象，虽若无甚次序，然乾自'为天'以至'为木果'，坤自'为地'以至'其于地也为黑'，震自'为雷'以至'其究为健，为蕃鲜'，巽自'为木'以至'其究为躁卦'，文气已足，不容更赘一辞矣。要为汉经师释《易》义训，如虞氏逸象之类。《集解》乃误入经中，朱子又从而信之，殊无谓也。"②

第三节 虞翻的《周易》诠释

虞翻（164—233），字仲翔，余姚（今属浙江）人。虞翻《周易》诠释的特点有二：其一，以"月体纳甲说"注《易》；其二，以逸象注《易》。

一、月体纳甲说

月体纳甲说是汉《易》象数体系的有机组成部分之一。其明确记载见于东汉时期③的《周易参同契》："三日出为爽，震受庚西方。八日兑受丁，上弦平如绳。十五乾体就，盛满甲东方。……七八道已讫，曲折低下降。十六转受统，巽辛见平明。艮直于丙南，下弦二十三。坤乙三十日，东方丧其明。节尽相禅与，继体复生龙。壬癸配甲乙，乾坤括始终。"④

农历初三，一轮新月于黄昏时分出现在西方，月相如震卦之象，据京氏纳甲，震卦纳庚，而庚所代表的方位为西（甲乙代表的方位为东，丙丁代表的方位为南，戊己代表的方位为中，庚辛代表的方位为西，壬癸代表的方位为北），所以说"三日出为爽，震受庚西方"。

农历初八，月上弦，于黄昏时分出现在南方，月相如兑卦之象，据京氏纳甲，兑卦纳丁，而丁所代表的方位为南，所以说"八日兑受丁，上弦平如绳"。

农历十五，一轮满月于黄昏时分出现在东方，月相如乾卦之象，据京氏纳甲，乾卦的内卦纳甲，而甲所代表的方位为东，所以说"十五乾体就，盛满甲东方"。

农历十六，月盈而亏，于黎明时分没于西方，月相如巽卦之象，据京氏纳甲，巽卦纳辛，而辛所代表的方位为西，所以说"十六转受统，巽辛见平明"。

农历二十三，月下弦，于黎明时分没于南方，月相如艮卦之象，据京氏纳甲，艮卦纳丙，而丙所代表的方位为南，所以说"艮直于丙南，下弦二十三"。

---

① [宋] 朱震：《汉上易传》卷九，文渊阁四库全书本。
② [清] 纪磊：《九家逸象辩证》（不分卷），续修四库全书本。
③ 关于《周易参同契》的作者，学界一般认为是魏伯阳，但笔者考得《周易参同契》非魏伯阳一人独著，而是徐从事、魏伯阳和淳于叔通三人共著。关于《周易参同契》的成书年代，曾有学者认为出于后世伪托，在学界有一定影响，但笔者考得，《周易参同契》确出东汉，绝非后世伪托。参见杨效雷：《〈周易参同契〉考述》，《文献》，1997年第4期，第123—133页。
④ [五代] 彭晓：《周易参同契通真义》卷上，文渊阁四库全书本。

农历三十，月晦，于黎明时分没于东方，月相如坤卦之象，据京氏纳甲，坤卦的内卦纳乙，而乙所代表的方位为东，所以说"坤乙三十日，东方丧其明"。

以离、坎代表日月，将月相与卦象联系起来，以月亮昏见晨没的方位解释京氏纳甲，这便是《周易参同契》的月体纳甲说①。乾、震、坎、艮（一父三子）所纳天干皆属奇数位天干，坤、巽、离、兑（一母三女）所纳天干皆属偶数位天干，反映了阴阳各归其类的"类族辨物"的思想。《周易参同契》的月体纳甲是用来描述丹道火候进退的，而虞翻则将月体纳甲引入了其对《周易》经传的诠释。兹将虞翻以月体纳甲说诠释《周易》的典型佚文列之于下：

1. 《周易》坤卦《彖》辞："西南得朋，乃与类行②；东北丧朋，乃终有庆③。"虞注："此指说易道阴阳消息之大要也。谓阳。月三日变而成震出庚；至月八日，成兑见丁，庚西丁南，故'西南得朋'。谓二阳为朋……二十九日，消乙入坤，灭藏于癸。乙东癸北，故'东北丧朋'。谓之以坤灭乾，坤为丧故也。"④

2. 《周易》坤卦《文言》："积善之家必有余庆，积不善之家必有余殃。"虞注："谓初乾为积善，以坤壮阳灭，出复震为余庆⑤；坤积不善，以乾通坤，极姤生巽为余殃⑥。"⑦

3. 《周易》蹇卦《彖》辞："蹇利西南，往得中也。不利东北，其道穷也。"虞注："坤西南卦，坎为月，五在坤中，月生西南，故'利西南'。'往得中'谓西南得朋也。艮，东北之卦，月消于艮，丧乙灭癸，故'不利东北'。'其道穷也'则东北丧朋矣。"⑧

4. 《周易》蹇卦《彖》辞："蹇之时用大矣哉。"虞注："谓坎月生西南而终东北，震象出庚，兑象见丁，乾象盈甲，巽象退辛，艮象消丙，坤象穷乙，丧灭于癸，终则复始，以生万物，故'用大矣'。"⑨

5. 《周易》归妹卦《彖》辞："归妹，人之终始也。"虞注："人始生乾而终于坤，故'人之终始'，《杂卦》曰：'归妹，女之终也。'谓阴终坤癸，则乾始震庚也。"⑩

---

①案，月体纳甲明确见载于《周易参同契》，但据考证，清华大学藏战国竹简《筮法》中已有月体纳甲之应用。参见刘大钧：《读清华简〈筮法〉》，《周易研究》，2015年第2期，第5—9页。
②惠栋于此加注："谓阳得其类，月朔至望，从震至乾，与时偕行，故'乃与类行'。"
③惠栋于此加注："阳丧灭坤，坤终复生，谓月三日震象出庚，故'乃终有庆'。"
④[唐]李鼎祚著，王丰先点校：《周易集解》，中华书局，2016年，第33页。
⑤惠栋于此加注："乾成于震谓月三日。"
⑥惠栋于此加注："坤生于巽谓十六日。"
⑦[清]惠栋：《易汉学》卷三，郑万耕点校：《周易述（附易汉学、易例）》，中华书局，2007年，第568页。
⑧[唐]李鼎祚著，王丰先点校：《周易集解》，中华书局，2016年，第239页。
⑨[唐]李鼎祚著，王丰先点校：《周易集解》，中华书局，2016年，第241页。
⑩[唐]李鼎祚著，王丰先点校：《周易集解》，中华书局，2016年，第330—331页。

6. 《周易·系辞上》："在天成象。"虞注："谓日月在天成八卦，震象出庚，兑象见丁，乾象盈甲，巽象伏辛，艮象消丙，坤象丧乙，坎象流戊，离象就己，故'在天成象'也。"①

7. 《周易·系辞上》："悬象著明莫大乎日月。"虞注："谓日月悬天，成八卦象。三日暮，震象出庚；八日，兑象见丁；十五日，乾象盈甲；十七日旦，巽象退辛；二十三日，艮象消丙；三十日，坤象灭乙。晦夕朔旦，坎象流戊；日中则离，离象就己。戊己土位，象见于中。"②

8. 《周易·系辞上》："四象生八卦。"虞注："乾二五之坤，则生震、坎、艮；坤二五之乾则生巽、离、兑，故'四象生八卦'。乾坤生春，艮兑生夏，震巽生秋，坎离生冬者也。"③

9. 《周易·系辞上》："天数五，地数五，五位相得而各有合。"虞注："五位谓五行之位。甲乾、乙坤相得合木，谓'天地定位'也。丙艮、丁兑相得合火，'山泽通气'也；戊坎、己离相得合土，水火相逮也；庚震、辛巽相得合金，'雷风相薄'也；天壬、地癸相得合水，言'阴阳相薄'而'战于乾'。故'五位相得而各有合'。"④

10. 《周易·系辞下》："八卦成列，象在其中矣。"虞注："象谓三才，成八卦之象。乾坤列东，艮兑列南，震巽列西，坎离在中，故'八卦成列'则'象在其中'。"⑤

11. 《周易·系辞下》："变动不居，周流六虚。"虞注："六虚，六位也。日月周流，终则复始，故'周流六虚'，谓甲子之旬辰为虚，坎戊为月，离己为日，入在中宫，其处空虚，故称'六虚'，五甲如次者也。"⑥

12. 《周易·说卦》："水火不相射。"虞注："谓坎、离。射，厌也。水火相通，坎戊离己，月三十日一会于壬，故'不相射'也。"⑦

13. 《周易·说卦》："万物出乎震。震，东方也。"虞注："出，生也。震初不见东，故不称东方卦也。"⑧

14. 《周易·说卦》："齐乎巽。巽，东南也。"虞注："巽阳隐初，又不见东南⑨，亦不称东南卦，与震同义。"⑩

15. 《周易·说卦》："离也者，明也。万物皆相见，南方之卦也。"虞注："离象三爻皆正，日中，正南方之卦也。"⑪

---

① [唐] 李鼎祚著，王丰先点校：《周易集解》，中华书局，2016年，第390页。
②③ [唐] 李鼎祚著，王丰先点校：《周易集解》，中华书局，2016年，第436—437页。
④ [唐] 李鼎祚著，王丰先点校：《周易集解》，中华书局，2016年，第421页。
⑤ [唐] 李鼎祚著，王丰先点校：《周易集解》，中华书局，2016年，第446页。
⑥ [唐] 李鼎祚著，王丰先点校：《周易集解》，中华书局，2016年，第485页。
⑦ [唐] 李鼎祚著，王丰先点校：《周易集解》，中华书局，2016年，第505页。
⑧ [唐] 李鼎祚著，王丰先点校：《周易集解》，中华书局，2016年，第508页。
⑨ 惠栋于此加注："巽在西。"
⑩⑪ [唐] 李鼎祚著，王丰先点校：《周易集解》，中华书局，2016年，第509页。

16.《周易·说卦》:"兑,正秋也。"虞注:"兑三失位不正,故言'正秋'。兑象不见西,故不言西方之卦。"①

17.《周易·说卦》:"战乎乾,乾,西北之卦也。"虞注:"乾刚正五②,月十五日,晨象西北,故'西北之卦'。"③

18.《周易·说卦》:"坎者,水也,正北方之卦也。"虞注:"坎二失位不正,故言'正北方之卦',与兑'正秋'同义。坎月夜中,故'正北方'。"④

19.《周易·说卦》:"艮,东北之卦也。万物之所成终而所成始也,故曰成言乎艮。"虞注:"万物成始乾甲,成终坤癸。艮东北是甲癸之间⑤,故'万物之所成终而成始'者也。"⑥

惠栋认为,宋人所作的纳甲图"依邵氏伪造先天图之位,错乱不可明",于是在《易汉学》卷三自作"八卦纳甲之图"(如下图所示):

八卦纳甲之图

惠栋对上图解释说:"坎离,日月也。戊己,中土也。晦夕朔旦,坎象流戊;日中则离,离象就己。三十日会于壬。三日出为庚,八日见于丁,十五日盈于甲,十六日退于辛,二十三日消于丙,二十九日穷于乙灭于癸。乾息坤成震,三日之象;兑,八日之象;⑦十五日而乾体成。坤消乾成巽,十六日也;艮,二十三日也;二十

---

①③[唐]李鼎祚著,王丰先点校:《周易集解》,中华书局,2016年,第509页。
②疑为"乾五刚正"之误。
④⑥[唐]李鼎祚著,王丰先点校:《周易集解》,中华书局,2016年,第510页。
⑤惠栋对此加案语曰:"仲翔之意,艮本东北之卦而消于丙,当在南方。乾,十五日也。坤,三十日也。艮在中,距乾坤皆八日。甲东癸北,故云'艮东北,甲癸之间'。"
⑦惠栋于此加双行小注:"震本属东方,兑本属西方,然月之生明必于庚,上弦必于乾,故震在西,兑在南。诸卦可以类推。"

九日而坤①体就。出庚见丁者,指月之盈虚而言,非八卦之定体也。② 甲乾乙坤,相得合木,故甲乙在东;丙艮丁兑,相得合火,故丙丁在南;戊坎己离,相得合土,故戊己居中;庚震辛巽,相得合金,故庚辛在西;天壬地癸,相得合水,故壬癸在北。此天地自然之理。"③

二、逸象

虞翻诠释《周易》时经常运用八卦取象,其中既有《周易·说卦》中所记载的八卦取象,又有大量《周易·说卦》中未见记载的八卦取象。《周易·说卦》中未见记载的八卦取象便被称为"虞氏逸象"。在《易汉学》中,惠栋钩稽了"虞氏逸象"。"虞氏逸象"的数量远远地超过了惠栋考索荀爽《易》时所钩稽的"九家逸象"。惠栋说:"荀九家逸象三十有一④……虞仲翔传其家五世孟氏之学,八卦取象十倍于九家。"⑤ 接着,惠栋具体钩稽了317种"虞氏逸象"(详见下表)。

虞氏逸象表

卦名	逸　象
乾	王、神、人、圣人、贤人、君子、善人、武人、物、敬、威、严、道、德、信、善、良、爱、忿、生、庆、祥、嘉、福、禄、积善、介福、先、始、知、大、盈、肥、好、施、利、清、治、高、宗、甲、老、旧、久、畏、大明、昼、远、郊、野、门、大谋、大门、车、大车、百、岁、朱、顶、圭、蓍
坤	妣、民、刑人、小人、鬼、尸、形、自、我、身、拇、至、安、康、富、财、积、重、厚、基、致、用、寡、徐、营、下、裕、虚、书、永、迩、思、默、恶(wù)、礼、义、事、类、闭、密、耻、欲、过、丑、恶(è)、怨、害、终、丧、杀、乱、丧期、积恶、冥、晦、夜、暑、乙、年、十年、盍、户、阖户、庶政、大业、土、田、国、邑、邦、大邦、鬼方、器、缶、辐、虎、黄牛
震	帝、主、诸侯、人、行人、上、兄、夫、元夫、行、征、出、逐、作、兴、奔、奔走、警卫、百、言、讲、议、问、语、告、响、音、应、交、惩、反、后、后世、从、守、左、生、缓、宽仁、乐、笑、大笑、陵、祭、邑、草莽、百谷、麋鹿、筐、趾

---

①坤,原误作"乾"。
②惠栋于此加双行小注:"乾盈于甲,行至辛而始退。震为始生,巽为始退,而皆在西。兑上弦,艮下弦,而皆在南。乾满于甲,坤穷于乙,而皆在东。此以月(原误作'日')所行之道言之,而纳甲(原误作'坤')由是生焉。
③[清] 惠栋:《易汉学》卷三,郑万耕点校:《周易述(附易汉学、易例)》,中华书局,2007年,第556—557页。
④文渊阁四库本《易汉学》误作"五十有一"。
⑤[清] 惠栋:《易汉学》卷三,郑万耕点校:《周易述(附易汉学、易例)》,中华书局,2007年,第568页。

续表

卦名	逸象
坎	云、玄云、大川、志、谋、惕、疑、恤、逖、悔、涕洟、疾、失、破、罪、悖、欲、淫、狱、暴、毒、虚、渎、孚、平、则、经、法、丛、聚、习、美、役、纳、臀、腰、膏、阴夜、岁、三岁、酒、鬼、校、弧、弓弹
艮	弟、小子、贤人、童、僮仆、官、友、道、时、小狐、猿、硕、硕果、慎、顺、待、执、多、厚、节、求、笃实、穴居、城、宫官、庭、庐、牖、居、舍、家庙、社稷、星、斗、沫、肱、背、尾、皮
巽	命、诰、号、随、利、同、交、白茅、草莽、草木、薪、帛、床、桑、蛇、鱼
离	黄、见、飞、明、光、甲、孕、戎、刀、斧、资斧、矢、黄矢、网、鹤、鸟、飞鸟、瓮、瓶
兑	友、朋、刑人、小、折、密、刑、见、右、少

以上据文渊阁四库全书本《易汉学》统计，乾卦逸象61种，坤卦逸象77种，震卦逸象50种，坎卦逸象45种，艮卦逸象39种，巽卦逸象16种，离卦逸象19种，兑卦逸象10种，共计317种。① 以天津师范大学馆藏清乾隆镇洋毕氏经训堂刻本《易汉学》校之，关于乾卦逸象，尚有乾为行人、为性、为古②，然无乾为车、为大车③，库本《易汉学》中的"大门"，经训堂本作"道门"④。关于坤卦逸象，尚有坤为姓，为躬、为聚、为包、为近、为死⑤，然无坤为拇⑥。关于震卦逸象，库

---

①文渊阁四库本《易汉学》误作"三百二十七"。

②案，李鼎祚《周易集解》在无妄卦六三爻辞（卷六）下所收录的虞注以"乾为行人"释之，在《系辞上》"成之者，性也"（卷十三）下所收录的虞注以"乾为性"释之，在《系辞下》"易之兴也，其于中古乎"（卷十六）下所收录的虞注以"乾为古"释之，故当以经训堂本为是。

③遍考虞翻《易》注，无以"乾为车""乾为大车"解《易》者，而且虞翻在注小畜卦九三爻辞（卷三）时明言："马君及俗儒皆以乾为车，非也。"盖惠栋误以马融等人的逸象为虞翻逸象。

④遍考虞翻《易》注，无以"乾为大门"解《易》者，而李鼎祚《周易集解》在《周易·系辞上》"道义之门"（卷十三）下所收录的虞注以"乾为道门"释之，故当以"道门"为是。

⑤案，李鼎祚《周易集解》在《系辞下》"百姓"（卷十六）下所收录的虞注以"坤为姓"释之，在蒙六三（卷二）、蹇六二（卷八）、震上六（卷十）下所收录的虞注以"坤为躬"释之，在萃《象》（卷九）、萃初六（卷九）、萃六三（卷九）下所收录的虞注以"坤为聚"释之，在蒙九二（卷二）下所收录的虞注以"坤为包"释之，在《系辞上》"无有远近幽深"（卷十四）、《系辞下》"远近相取"（卷十六）、《说卦》"为近利市三倍"（卷十七）下所收录的虞注以"坤为近"释之，在乾《文言》（卷一）、豫六五（卷四）、恒六五（卷七）、兑《象》（卷十一）、中孚《大象》（卷十二）下所收录的虞注以"坤为死"释之，故当以经训堂本为是。

⑥案，李鼎祚《周易集解》在咸卦初六爻辞（卷七）和解卦九四爻辞（卷八）下所收录的虞注均以"坤为拇"释之，故经训堂本无"坤为拇"，非是。坤为母，故又为拇。解卦九四爻辞"解而拇"焦循章句："拇，犹母也。"山东大学刘玉建先生《两汉象数易学研究》辑录坤卦逸象157种，亦漏收坤为拇。

本中的"上",经训堂本作"士"①;库本《易汉学》中的"后世",经训堂本作"世"②。关于坎卦逸象,尚有坎为入③,然无坎为失、为岁④;库本中的"役",经训堂本作"后"⑤;关于艮卦逸象,无艮为节⑥;库本中的"猿",经训堂本作"狼"⑦。关于兑卦逸象,无兑为折⑧。清儒纪磊《虞氏逸象考正》等皆以经训堂本为底本,然所统计之逸象总数亦有误。

虞翻逸象本之《周易·说卦》,或据《文言》引申,或据《系辞传》引申,或据《序卦传》引申,或据《彖》辞引申,或据《象》辞引申,或因卦象而引申,或因象数《易》例而引申,或因训诂而引申,辗转牵合,盖本《周易·系辞上》"引而伸之,触类而长之"之旨。⑨ 对虞氏逸象,惠栋评价说:"虽大略本于经,然其授受必有所自,非若后世向壁虚造,漫无根据者也。"⑩ 今人刘玉建先生则认为:"无论其逸象是有所授受,还是独创,有一个事实还是应当承认的,即其逸象几乎全部来自经文,可以说是持之有据。……凡是对虞氏易学有所了解有所研究者,都不会轻易地视虞氏以逸象解《易》为漫无原则的随意解经。"⑪ 惠栋和刘玉建先生之说不无道理,但把八卦取象的范围无限地扩大既无必要,又的确有随意比附之嫌。事物之间的联系是具体的、有条件的,而虞氏逸象把八卦取象的范围无限地扩大,表面上看来,似乎符合普遍联系的哲学原理,其实是将事物之间的联系绝对化,可谓差之毫厘,谬以千里。无论是卦爻象还是卦爻辞都是用来表达卦爻"意"的。在象、辞和意三者之间,"意"是主要的,象和辞都是表意的手段。"意"是内容,象和辞是形式,形式是为内容服务的。热衷于探究卦爻象与卦爻辞之间的关系,往往

---

①遍考虞翻《易》注,无以"震为上"解《易》者,而李鼎祚《周易集解》在归妹卦上六爻辞下所收录的虞注以"震为士"释之,故当以经训堂本为是。
②遍考虞翻《易》注,无以"震为世"解《易》者,而李鼎祚《周易集解》在《系辞下》"后世圣人易之以宫室"下所收录的虞注以"震为后世"释之,故当以库本为是。
③李鼎祚《周易集解》在坎卦初六《象》辞(卷六)下所收录的虞注以"坎为入"释之,故当以经训堂本为是。
④遍考虞翻《易》注,无以"坎为失"解《易》者,然李鼎祚《周易集解》在渐卦九五爻辞(卷十一)下所收录的虞注以"坎为岁"释之,故经训堂本无"坎为矢"是,而无"坎为岁"非。
⑤遍考虞翻《易》注,无以"坎为役"解《易》者,然李鼎祚《周易集解》在比卦《象》辞下所收录的虞注以"坎为后"释之,故当以经训堂本为是。
⑥李鼎祚《周易集解》在未济卦上九《象》辞(卷十二)下所收录的虞注以"艮为节"释之,故经训堂本无"艮为节",非是。
⑦遍考虞翻《易》注,无以"艮为猿"解《易》者,而李鼎祚《周易集解》在屯卦六三爻辞(卷二)和巽卦六四爻辞(卷十一)下所收录的虞注均以"艮为狼"释之,故当以"艮为狼"为是。
⑧李鼎祚《周易集解》在丰卦九三爻辞(卷十一)下所收录的虞注以"兑为折"释之,故经训堂本无"兑为折",非是。
⑨《周易·系辞下》"其取类也大",虞翻注:"谓乾阳也。为天,为父,触类而长之,故大也。"
⑩[清]惠栋:《易汉学》卷三,郑万耕点校:《周易述(附易汉学、易例)》,中华书局,2007年,第574页。
⑪刘玉建:《两汉象数易学研究》,广西教育出版社,1996年,第739页。

就忽视了对卦爻意的探讨，可以说是买椟还珠，留下了形式，而抛弃了内容。虞翻易学之弊大概正在于此吧！如果说虞翻以逸象诠释卦爻辞尚有其合理性而值得肯定的话（如坎为云，证之以《易传》"云雷屯"之语，渊源有自），那么，虞翻以逸象诠释《易传》则显得极为荒谬。《易传》解说卦爻辞，重在阐发义理。虞氏将大量的道德训诫之语离析为八卦逸象（如以"坤为作事""坎为谋""乾为始"诠释讼卦《象传》"君子以作事谋始"等），使人"逸象"障目而不见义理，无疑是一条错误的解《易》之路。

虞翻易学是两汉以来象数易学的集大成者。在中国古代易学发展史上，对虞翻易学的研究集中在清代。在清代汉《易》研究之风兴起之后，作为两汉以来象数易学集大成者的虞翻易学自然首先受到了人们的重视。清代研究虞翻易学最有名的是张惠言。张惠言在其代表易著《周易虞氏义》中大量运用了虞氏逸象。《周易虞氏义》是一部疏解、补注类的著作，其对《周易》疏解、补注的方式是：①唐李鼎祚《周易集解》中有虞翻《易》注者照录之，并对其中一些加以疏解。②唐李鼎祚《周易集解》中无虞翻《易》注者则根据其对虞翻易学的整体把握，按照虞翻的解《易》思路，加以补注。①张惠言在疏解、补注《周易》时所运用的逸象基本上是虞氏逸象或符合虞氏创立逸象的思路，说明张惠言精研虞氏《易》已到了融会贯通的程度，但百密一疏，也有一些缺失。缺失之一：误以非虞氏逸象者为虞氏逸象；缺失之二：作为以补注为主的著作，补注应力求全面，然而，有些应补且能补者，张惠言却未补。

（一）误以非虞氏逸象者为虞氏逸象

- 乾为扬

张惠言疏解大有卦《象》辞时以"乾为扬"为释。②考虞氏逸象，并无"乾为扬"之说。张惠言以乾为扬大概是根据李鼎祚在大有卦《象》辞下所收录的虞注。虞氏注大有卦《象》辞"遏恶扬善"时说："乾为扬善。"③根据虞氏此注，只宜以"乾为善"为虞氏逸象，而不宜以"乾为扬"为虞氏逸象。虞氏既以乾为善，故以此逸象解大有卦《象》辞中的"扬善"。虞氏以"乾为扬"解《易》之例，遍考现存虞注，绝无仅有。

- 坤为帛

张惠言补注坤卦六五爻辞时以"坤为帛"为释。④考虞氏逸象，无"坤为帛"之说。"坤为帛"乃九家逸象。张惠言盖误以九家逸象为虞氏逸象。

---

① 详见杨效雷：《清儒易学举隅》，香港国际学术文化信息出版公司，2003年，第123－181页。
② [清] 张惠言：《周易虞氏义》卷二，续修四库全书本。
③ [唐] 李鼎祚著，王丰先点校：《周易集解》，中华书局，2016年，第111页。
④ [清] 张惠言：《周易虞氏义》卷一，续修四库全书本。

- 坤为裕

张惠言疏解、补注晋卦初六爻辞和《象》辞时以"坤为裕"为释。①考虞氏逸象，并无"坤为裕"之说。张惠言以坤为裕大概是根据李鼎祚在晋卦初六爻辞下所收录的虞注。虞翻注晋卦初六爻辞"裕无咎"时说："坤弱为裕。"②凡此句式，只宜以"坤为弱"为虞氏逸象，不宜以"坤为裕"为虞氏逸象。虞氏只是以"坤为弱"这一逸象来解释晋卦初六爻辞中的"裕"，晋卦初六爻辞之外，未见虞氏以"坤为裕"解释其他卦爻辞。

- 震为世

张惠言补注乾卦《文言》时以"震为世"为释。③考虞氏逸象，并无"震为世"之说。张惠言以震为世大概是根据李鼎祚在《周易·系辞下》"后世圣人易之以宫室"下所收录的虞注④。虞氏以震为后，故用以解"后世"，不宜以"震为世"为逸象。

- 艮为夫

张惠言疏解比卦卦辞时以"艮为夫"为释。⑤考虞氏逸象，无"艮为夫"之说。张惠言以艮为夫乃从"震为夫"引申而来，然《周易·说卦》："震一索而得男，故谓之长男……艮三索而得男，故谓之少男。"震为长男，故可称"夫"；艮为少男，岂可称夫？

- 兑为书

张惠言补注巽卦九二爻辞时以"兑为书"为释。⑥考虞氏逸象，无"兑为书"之说。虞翻注《周易·系辞下》"后世圣人易之以书契"时说："坤为书，兑为契。"⑦因此曾钊说："张取兑为书契非是。坤为书，兑为契，兑非书也。"⑧

（二）当补且能补而未补者

- 否卦九五爻辞"系于苞桑"

考虞氏逸象，有"巽为苞""巽为桑"之说。李鼎祚在姤卦九五爻辞下所收录的虞注即以"巽为苞"为释；在无妄卦六三爻辞下所收录的虞注则以"巽为桑"为释。按照虞氏解《易》思路，此处完全可以用"巽为苞""巽为桑"为释，然而，张惠言却仅以"巽为绳"补注否卦九五爻辞中的"系"，而未以"巽为苞""巽为桑"补注否卦九五爻辞中的"苞桑"。

- 贲卦九三爻辞"贲如濡如，永贞吉"

---

① [清] 张惠言：《周易虞氏义》卷四，续修四库全书本。
② [唐] 李鼎祚著，王丰先点校：《周易集解》，中华书局，2016年，第219页。
③⑤ [清] 张惠言：《周易虞氏义》卷一，续修四库全书本。
④ [唐] 李鼎祚著，王丰先点校：《周易集解》，中华书局，2016年，第457页。
⑥ [清] 张惠言：《周易虞氏义》卷六，续修四库全书本。
⑦ [唐] 李鼎祚著，王丰先点校：《周易集解》，中华书局，2016年，第458页。
⑧ [清] 曾钊：《周易虞氏义笺》卷六，续修四库全书本。

考虞氏逸象，有"坤为永"之说。虞翻注益卦六二爻辞"永贞吉"时即以"坤为永"为释。按照虞氏解《易》思路，此处亦完全可以用"坤为永"为释，然而，张惠言却仅以"坎为濡"补注贲卦九三爻辞中的"濡"，而未以"坤为永"补注贲卦九三爻辞中的"永"。

- 困卦初六爻辞"三岁不觌"

考虞氏逸象，有"乾为岁"之说。虞翻注同人卦九三爻辞"三岁不兴"和坎卦上六爻辞"三岁不得"时皆以"乾为岁"为释。按照虞氏解《易》思路，此处亦完全可以用"乾为岁"为释，然而，张惠言却仅以"离为觌"为释，却未以"乾为岁"为释。

- 井卦九三爻辞"为我心恻"

考虞氏逸象，有"坤为我"之说。虞翻注观卦六三爻辞"观我生"、颐卦初九爻辞"观我朵颐"、益卦九五爻辞"有孚惠我德"、鼎卦九二爻辞"我仇有疾"、中孚卦九二爻辞"我有好爵"和小过卦六五爻辞"自我西郊"时，均以"坤为我"为释。按照虞氏解《易》思路，此处亦完全可以用"坤为我"为释，然而，张惠言却仅以"坎为心"为释，而未以"坤为我"为释。

第二章
魏晋至宋元时期的《周易》诠释

与汉代繁琐的《周易》象数诠释形成鲜明对比的是，魏晋至宋元时期，流行义理易学。王弼以老庄玄学解《易》，为玄学易之代表；程颐以"理"解《易》，为理学易之代表；朱熹以筮解《易》，被一些学者归于象数易学。其实，以《易》为卜筮之书，又指出筮中含理，是朱熹为《周易》诠释所开辟的新天地。在义理易学独领风骚的时代背景下，吴澄的象数易学独树一帜。其独具特色的卦统、卦主、卦变说，在《周易》诠释史上影响深远。

第一节 王弼的《周易》诠释

王弼（226—249），字辅嗣，魏山阳（今河南焦作）人。《三国志》附其传于钟会后，寥寥数语，称其"好论儒道，辞才逸辩，注《易》及《老子》，为尚书郎，年二十余，卒"。裴松之注稍详，称裴徽"一见而异之"，何晏"甚奇弼"，淮南人刘陶"每与弼语，尝屈弼"。太原王济尝云："见弼《易》注，所悟者多。"王弼之卒，晋景王闻之，"嗟叹者累日"①。王弼享寿虽仅二十四岁，然而其突出的易学成就，却使他成为易学史上具有里程碑地位的当之无愧的重要人物。

一、得意忘象

汉代象数易学名目繁多，牵强支离之弊丛生。在此背景下，王弼明确提出"得意忘象"的观点："夫象者，出意者也。言者，明象者也。尽意莫若象，尽象莫若言。言生于象，故可寻言以观象。象生于意，故可寻象以观意。意以象尽，象以言著。故言者所以明象，得象而忘言。象者，所以存意，得意而忘象。犹蹄者所以在兔，得兔而忘蹄。筌者所以在鱼，得鱼而忘筌也。"② 在这里，王弼依据《庄子·外物》"筌者所以在鱼，得鱼而忘筌。蹄者所以在兔，得兔而忘蹄。言者所以在意，得意而忘言"，明确地表达了其以义理诠《易》的方法论。

根据《周易·说卦》，乾为马，坤为牛。汉儒执泥此象，王弼深不以为然。王

---

① [晋] 陈寿著，[刘宋] 裴松之注：《三国志》卷二十八，中华书局，1959年，第795–796页。
② [魏] 王弼著，楼宇烈校释：《周易注校释》，中华书局，2012年，第284–285页。

弼说："义苟在健，何必马乎？类苟在顺，何必牛乎？爻苟合顺，何必坤乃为牛？义苟应健，何必乾乃为马？而或者定马于乾，案文责卦，有马无乾，则伪说滋漫，难可纪矣。互体不足，遂及卦变，变又不足，推致五行。一失其原，巧愈弥甚，纵复或值，而义无所取，盖存象忘意之由也。"① 如大畜九三爻辞"良马逐"，虞翻以"乾为良马"解之②，而王弼则以爻位释之："至于九三，升于上九，而上九处天衢之亨，涂径大通，进无违距，可以驰骋，故曰'良马逐'也。"③ 再如中孚卦六四爻辞"马匹亡"，虞翻注："乾、坎两马匹，初四易位，震为奔走，体遁山中，乾坎不见，故'马匹亡'。"④ 而王弼则一扫其繁琐，以义理简明释之："马匹亡者，弃群类也。"⑤ 又如离卦卦辞"畜牝牛，吉"，虞翻注："坤为牝牛；乾二五之坤成坎，体颐养象，故'畜牝牛，吉'。俗说皆以离为牝牛，失之矣。"⑥ 虞翻认为，离卦由"坤二、五之乾"变来，故以坤卦之象解离卦卦辞之"牛"。王弼则以柔中之理解之："柔处于内，而履正中，牝之善也。外强而内顺，牛之善也。离之为体，以柔顺为主者也，故不可以畜刚猛之物，而吉于畜牝牛也。"⑦

兹对比汉儒《易》注，多举例证，以凸显王弼"得意忘象"之特点。

乾卦九五爻辞"飞龙在天"，虞翻以爻变、互体、八卦逸象解之："谓四已变，则五体离，离为飞，五在天，故'飞龙在天，利见大人'也。"⑧ 四爻变后，三、四、五爻互离，离为飞，故云"飞龙"。王弼则以德位之理释之："不行不跃，而在乎天，非飞而何？故曰'飞龙'也。龙德在天，则大人之路亨也。夫位以德兴，德以位叙，以至德而处盛位，万物之睹，不亦宜乎！"⑨

坤卦六三爻辞"含章可贞，或从王事，无成有终"，虞翻以爻变、八卦逸象、互体解之："三失位，发得正，故'可贞'也。谓三已发成泰，乾为王，坤为事，震为从，故'或从王事'。"⑩ 三爻阴爻阳位不正，变而之正，故云"可贞"。初、二、三爻变后，坤变为泰，泰之下卦乾为主，泰之上卦坤为事，三、四、五爻互震，震为从，故云"或从王事"。王弼则以柔下之理释之："三，处下卦之极，而不疑于阳，应斯义者也。不为事始，须唱乃应，待命乃发，含美而可正者也，故曰'含章可贞'也。有事则从，不敢为首，故曰'或从王事'也。不为事主，顺命而终，故

---

① [魏] 王弼著，楼宇烈校释：《周易注校释》，中华书局，2012年，第285页。
② [唐] 李鼎祚著，王丰先点校：《周易集解》，中华书局，2016年，第174页。
③ [魏] 王弼著，楼宇烈校释：《周易注校释》，中华书局，2012年，第100页。
④ [唐] 李鼎祚著，王丰先点校：《周易集解》，中华书局，2016年，第371页。
⑤ [魏] 王弼著，楼宇烈校释：《周易注校释》，中华书局，2012年，第219页。
⑥ [唐] 李鼎祚著，王丰先点校：《周易集解》，中华书局，2016年，第193页。
⑦ [魏] 王弼著，楼宇烈校释：《周易注校释》，中华书局，2012年，第114页。
⑧ [唐] 李鼎祚著，王丰先点校：《周易集解》，中华书局，2016年，第4页。
⑨ [魏] 王弼著，楼宇烈校释：《周易注校释》，中华书局，2012年，第2页。
⑩ [唐] 李鼎祚著，王丰先点校：《周易集解》，中华书局，2016年，第36页。

第二章　魏晋至宋元时期的《周易》诠释

曰'无成有终'也。"①

屯卦卦辞"元亨利贞",虞翻以卦变解之:"坎二之初,刚柔交震,故'元、亨';之初得正,故'利、贞'矣。"②坎卦初、二爻互易,则坎变为屯。变前,坎卦初、二爻皆失位,变后当位,故云"利贞"。王弼则以阴阳交易之理释之:"刚柔始交,是以屯也。不交则否,故屯乃大亨也。大亨则无险,故利贞。"③

蒙卦初六爻辞"发蒙,利用刑人,用说桎梏,以往吝",虞翻以爻变、八卦逸象、互体解之:"初为蒙始,而失其位,发蒙之正以成兑,兑为刑人,坤为用,故曰'利用刑人'矣。坎为穿木,震足艮手,互与坎连,故称'桎梏'。初发成兑,兑为说,坎象毁坏,故曰'用说桎梏'。之应历险,故'以往吝'。"④初爻失位,变而之正,下卦为兑,兑为刑人,坤为用,故曰"利用刑人"。下卦坎为穿木,二、三、四爻互震,震为足,上卦艮为手,互震与坎相连,故云"桎梏"。初爻变后,下卦由坎变兑,兑为说,坎为桎梏,故云"用说桎梏"。初爻应四,须经坎,坎为险,故云"以往吝"。王弼则以"蒙发疑明""刑不可长"之理释之:"处蒙之初,二照其上,故蒙发也。蒙发疑明,刑说当也。以往,吝,刑不可长。"⑤

需卦九二爻辞"需于沙,小有言,终吉",虞翻以卦变、八卦逸象、互体、半象、爻变解之:"沙谓五……大壮震为言,兑为口,四之五,震象半见,故'小有言'。二变应之。"⑥需卦由大壮卦变来。大壮下卦震为言,三、四、五爻互兑,兑为口,四、五两爻组成半震之象,故云"小有言"。二爻失位,变而之正,上应九五,故"终吉"。王弼则以"近不逼难""远不后时""履健居中"之理释之:"转近于难,故曰'需于沙'也。不至致寇,故曰'小有言'也。近不逼难,远不后时,履健居中,以待其会,虽小有言,以吉终也。"⑦

讼卦卦辞"有孚,窒惕,中吉",虞翻以卦变解之:"遁三之二也。孚谓二。窒,塞止也。惕,惧,二也。二失位,故不言贞。遁将成否,则子弑父,臣弑君。三来之二,得中,弑不得行,故中吉也。"⑧讼由遁卦变来。遁卦二、三两爻互易,则遁卦变讼。遁卦阴消阳,再消一阳,将成否,二、三两爻互易,否卦未成,故云"中吉"。王弼则以"惕可获吉"之理释之:"皆惕,然后可以获中吉。"⑨

师卦六五爻辞"田有禽,利执言,无咎",虞翻以互体、八卦逸象、爻变解之:

---

①[魏]王弼著,楼宇烈校释:《周易注校释》,中华书局,2012,第13页。
②[唐]李鼎祚著,王丰先点校:《周易集解》,中华书局,2016年,第46页。
③[魏]王弼著,楼宇烈校释:《周易注校释》,中华书局,2012年,第17页。
④[唐]李鼎祚著,王丰先点校:《周易集解》,中华书局,2016年,第56页。
⑤[魏]王弼著,楼宇烈校释:《周易注校释》,中华书局,2012年,第22页。
⑥[唐]李鼎祚著,王丰先点校:《周易集解》,中华书局,2016年,第60页。
⑦[魏]王弼著,楼宇烈校释:《周易注校释》,中华书局,2012年,第26页。
⑧[唐]李鼎祚著,王丰先点校:《周易集解》,中华书局,2016年,第65页。
⑨[魏]王弼著,楼宇烈校释:《周易注校释》,中华书局,2012年,第28页。案,"皆"字,据孙星衍《周易集解》本当为"能"。

"震为言,五失位,变之正,艮为执,故'利执言无咎'。"① 二、三、四爻互震,震为言。五爻变后,三、四、五爻互艮,艮为执。五爻变后当位,故云"利执言无咎"。王弼则以贵柔思想释之:"处师之时,柔得尊位,阴不先唱,柔不犯物,犯而后应,往必得直,故'田有禽'也。物先犯己,故可以执言而无咎也。"②

比卦初六爻辞"有孚盈缶",虞翻以八卦逸象、爻变解之:"坤器为缶,坎水流坤,初动成屯。屯者,盈也,故'盈缶'。"③ 比下卦坤为缶,上卦坎为信,初爻变后,比变屯,屯为盈,故云"有孚盈缶"。王弼则以著信立诚之理解之:"处比之始,为比之首者也。夫以不信为比之首,则祸莫大焉,故必'有孚盈缶',然后乃得免比之咎。"④

小畜卦初九爻辞"复自道",虞翻以旁通解之:"谓从豫四之初成复卦,故'复自道'。"⑤ 小畜与豫卦旁通,豫卦初、四两爻互易后,豫变复卦,故云"复自道"。王弼则以"顺而无违"之理释之:"处乾之始,以升巽初,四为己应,不距己者也。以阳升阴,复自其道,顺而无违,何所犯咎?得义之吉。"⑥

履卦初九爻辞"素履,往无咎",虞翻以互体、八卦逸象、爻变解之:"应在巽,为白,故'素履'。四失位,变往得正,故'往无咎'。"⑦ 初九之应在九四,六三、九四、九五互巽,巽为白,故云"素履"。九四爻变,之正当位,故云"往无咎"。王弼则以质素之理释之:"处履之初,为履之始,履道恶华,故素乃无咎。处履以素,何往不从?"⑧

泰卦六四爻辞"翩翩,不富以其邻",虞翻以爻变、互体、八卦逸象解之:"二五变时,四体离飞,故'翩翩'。坤虚无阳,故'不富'。兑西震东,故称'其邻'。"⑨ 泰卦九二、六五爻变,下卦为离,二、三、四爻互离,三、四、五爻互离,离为飞,故云"翩翩"。泰上卦坤为虚,故云"不富"。泰二、三、四爻互兑,三、四、五爻互震,兑为西,震为东,故云"其邻"。王弼则以处下不争之理释之:"乾乐上复,坤乐下复。四处坤首,不固所居,见命则退,故曰'翩翩'也。坤爻皆乐下,己退则从,故不待富而用其邻也。"⑩

否卦上九爻辞"先否后喜",虞翻以爻变、互体解之:"下反于初,成益体震,

---

① [唐] 李鼎祚著,王丰先点校:《周易集解》,中华书局,2016年,第75页。
② [魏] 王弼著,楼宇烈校释:《周易注校释》,中华书局,2012年,第34页。
③ [唐] 李鼎祚著,王丰先点校:《周易集解》,中华书局,2016年,第79页。
④ [魏] 王弼著,楼宇烈校释:《周易注校释》,中华书局,2012年,第37页。
⑤ [唐] 李鼎祚著,王丰先点校:《周易集解》,中华书局,2016年,第85页。
⑥ [魏] 王弼著,楼宇烈校释:《周易注校释》,中华书局,2012年,第41页。
⑦ [唐] 李鼎祚著,王丰先点校:《周易集解》,中华书局,2016年,第90页。
⑧ [魏] 王弼著,楼宇烈校释:《周易注校释》,中华书局,2012年,第46页。
⑨ [唐] 李鼎祚著,王丰先点校:《周易集解》,中华书局,2016年,第98页。
⑩ [魏] 王弼著,楼宇烈校释:《周易注校释》,中华书局,2012年,第49页。

'民说无疆',故'后喜'。"① 否卦上九与初爻置换后,初、二、三、四、五爻互益,下卦为震,故云"先否后喜"。王弼则仅以先倾后通之理释之:"先倾后通,故后喜也。始以倾为否,后得通乃喜。"②

同人卦九五爻辞"同人,先号咷而后笑",虞翻以互体、八卦逸象、旁通解之:"应在二,巽为号咷,乾为先,故'先号咷'。师震在下,故'后笑'。震为后笑也。"③ 同人卦二、三、四爻互巽,巽为号咷,上卦为乾,乾为先,故云"先号咷"。同人与师卦旁通,师卦二、三、四爻互震,震为后,为笑,故云"后笑"。王弼则以贵柔尚中之思想释之:"体柔居中,众之所与,执刚用直,众所未从,故近隔乎二刚,未获厥志,是以先号咷也。居中处尊,战必克胜,故后笑也。"④

大有卦初九爻辞"无交害,匪咎,艰则无咎",虞翻以旁通、爻变、八卦逸象解之:"害谓四,四离火为恶人,故'无交害'。初动,震为交,比坤为害。……阳动,比初成屯,屯,难也,变得位,艰则无咎。"⑤ 大有卦初、四爻相应,应在离中,离为恶人。四爻变,三、四、五爻互震,震为交。大有与比卦旁通,比下卦坤为害。故云"无交害"。比初爻变,比变屯卦,屯为难,故云"艰则无咎"。王弼则以居安思危之理释之:"以夫刚健,为大有之始,不能履中,满而不溢,术斯以往,后害必至,其欲匪咎,艰则无咎也。"⑥

谦卦上六爻辞"鸣谦,利用行师征邑国",虞翻以互体、八卦逸象解之:"应在震,故曰'鸣谦'。体师象,震为行,坤为邑国,利五之正,已得从征,故'利用行师,征邑国'。"⑦ 谦上六、九三爻相应,九三、六四、六五爻互震,震为鸣,故云"鸣谦"。谦卦二、三、四、五、上爻互师,三、四、五爻互震,震为行,上卦为坤,坤为邑国,故云"利用行师征邑国"。王弼则以谦顺有度之理释之:"最处于外,不与内政,故有名而已,志功未得也。处外而履谦顺,可以征邑国而已。"⑧

豫卦初六爻辞"鸣豫,凶",虞翻以八卦逸象解之:"应震善鸣,失位,故'鸣豫,凶'也。"⑨ 初六应九四,九四在震卦之中,震为鸣,九四阳爻阴位不正,故云"鸣豫凶"。王弼则以"乐过则淫,志穷则凶"之理释之:"处豫之初,而特得志于上,乐过则淫,志穷则凶,豫何可鸣?"⑩

随卦六二爻辞"系小子,失丈夫",虞翻以互体、八卦逸象解之:"应在巽,巽

---

① [唐] 李鼎祚著,王丰先点校:《周易集解》,中华书局,2016年,第105页。
② [魏] 王弼著,楼宇烈校释:《周易注校释》,中华书局,2012年,第53页。
③ [唐] 李鼎祚著,王丰先点校:《周易集解》,中华书局,2016年,第110页。
④ [魏] 王弼著,楼宇烈校释:《周易注校释》,中华书局,2012年,第55页。
⑤ [唐] 李鼎祚著,王丰先点校:《周易集解》,中华书局,2016年,第112页。
⑥ [魏] 王弼著,楼宇烈校释:《周易注校释》,中华书局,2012年,第58页。
⑦ [唐] 李鼎祚著,王丰先点校:《周易集解》,中华书局,2016年,第119页。
⑧ [魏] 王弼著,楼宇烈校释:《周易注校释》,中华书局,2012年,第62页。
⑨ [唐] 李鼎祚著,王丰先点校:《周易集解》,中华书局,2016年,第123页。
⑩ [魏] 王弼著,楼宇烈校释:《周易注校释》,中华书局,2012年,第65页。

为绳,故称系。小子谓五,兑为少,故曰'小子'。丈夫谓四,体大过,老夫故称'丈夫'。"① 随卦六二应九五,六三、九四、九五爻互巽,巽为绳,九五又在兑卦之中,兑为少,故称"系小子"。三、四、五、上爻互大过,故称"失丈夫"。王弼则以"随此失彼,弗能兼与"之理释之:"阴之为物,以处随世,不能独立,必有系也。居随之时,体于柔弱,而以乘夫刚动,岂能秉志?违于所近,随此失彼,弗能兼与。五处己上,初处己下,故曰'系小子,失丈夫'也。"②

蛊卦初六爻辞"干父之蛊,有子考,无咎,厉,终吉",虞翻以卦变、八卦逸象解之:"泰乾为父,坤为事,故'干父之蛊'。初上易位,艮为子,父死大过称考,故'有子考'。变而得正,故'无咎,厉,终吉'也。"③ 蛊由泰卦变来。泰卦初、上两爻互易则成蛊卦。泰下卦乾为父,上卦坤为事,故云"干父之蛊"。泰变为蛊后,蛊上卦为艮,艮为子,泰下卦乾象不见,蛊初、二、三、四互大过,故云"有子考"。王弼则以贵柔思想释之:"处事之首,始见任者也。以柔巽之质,干父之事,能承先轨,堪其任者也。故曰'有子'也。任为事首,能堪其事,考乃无咎也,故曰'有子考无咎'也。当事之首,是以危也,能堪其事,故终吉。"④

临卦六三爻辞"甘临",虞翻以八卦逸象解之:"兑为口,坤为土,'土爰稼穑作甘',兑口衔坤,故曰'甘临'。"⑤ 临下卦兑为口,上卦坤为土,兑口衔坤土,故云"甘临"。王弼则以"履非其位而凶"之理释之:"甘者,佞邪说媚,不正之名也。履非其位,居刚长之世,而以邪说临物,宜其'无攸利'也。若能尽忧其危,改修其道,刚不害正,故咎不长。"⑥

观卦六二爻辞"窥观,利女贞",虞翻以反象、互体、八卦逸象解之:"临兑为女。窃观称窥。兑女反成巽,巽四五得正,故'利女贞'。艮为宫室,坤为阖户,小人而应五,故'窥观,女贞',利,不淫视也。"⑦ 观、临卦象相反。临下卦兑为女,观上卦巽四、五爻当位,观三、四、五爻互艮,艮为宫室,观下卦坤为阖户,故云"窥观,利女贞"。王弼则以"大观广鉴"之理释之:"处在于内,寡所鉴见,体于柔弱,从顺而已,犹有应焉,不为全蒙,所见者狭,故曰'窥观'。居内得位,柔顺寡见,故曰'利女贞',妇人之道也。处大观之时,居中得位,不能大观广鉴,窥观而已,诚可丑也。"⑧

噬嗑卦卦辞"亨,利用狱",虞翻以卦变、互体、八卦逸象解之:"否五之坤

---

① [唐] 李鼎祚著,王丰先点校:《周易集解》,中华书局,2016年,第128页。
② [魏] 王弼著,楼宇烈校释:《周易注校释》,中华书局,2012年,第68页。
③ [唐] 李鼎祚著,王丰先点校:《周易集解》,中华书局,2016年,第133页。
④ [魏] 王弼著,楼宇烈校释:《周易注校释》,中华书局,2012年,第72页。
⑤ [唐] 李鼎祚著,王丰先点校:《周易集解》,中华书局,2016年,第137页。
⑥ [魏] 王弼著,楼宇烈校释:《周易注校释》,中华书局,2012年,第74页。
⑦ [唐] 李鼎祚著,王丰先点校:《周易集解》,中华书局,2016年,第141页。
⑧ [魏] 王弼著,楼宇烈校释:《周易注校释》,中华书局,2012年,第77页。

初，坤初之五，刚柔交，故'亨'也。坎为狱，艮为手，离为明，四以不正而系于狱，上当之三，蔽四成丰，'折狱致刑'，故'利用狱'，坤为用也。"① 噬嗑由否卦变来。否卦五、初两爻互易，刚柔相交，故云"亨"。噬嗑卦三、四、五爻互坎，坎为狱，二、三、四爻互艮，艮为手，上卦离为明，否下卦坤为用，故云"利用狱"。王弼则以"刑克以通"之理释之："噬，啮也。嗑，合也。凡物之不亲，由有间也；物之不齐，由有过也。有间与过，啮而合之，所以通也。刑克以通，狱之利也。"②

贲卦六五爻辞"贲于丘园，束帛戋戋，吝，终吉"，虞翻以八卦逸象、爻变解之："艮为山，五半山，故称丘；木果曰园，故'贲于丘园'也。六五失正，动之成巽，巽为帛、为绳，艮手持，故'束帛'。以艮断巽，故'戋戋'。失位无应，故'吝'。变而得正，故'终吉'矣。"③ 贲上卦为艮，艮为山，六五爻在半山，故云"丘"。六五爻变后，上卦变巽，巽为帛，为绳，故云"束帛"。王弼则以"泰而能约"之理释之："处得尊位，为饰之主，饰之盛者也。施饰于物，其道害也。施饰丘园，盛莫大焉，故贲于束帛，丘园乃落，贲于丘园，帛乃戋戋。用莫过俭，泰而能约，故必吝焉乃得终吉也。"④

剥卦初六爻辞"剥床以足，蔑贞凶"，虞翻以卦变、八卦逸象、反象解之："此卦坤变乾也。动初成巽，巽木为床，复震在下为足，故'剥床以足'。蔑，无；贞，正也。失位无应，故'蔑贞凶'。震在阴下，《象》曰'以灭下也'。"⑤ 剥乃阴消乾而变来之卦，阴消乾初爻，乾下卦变巽，巽为床，剥、复象反，复下卦震为足，故云"剥床以足"。初六阳爻阴位，故云"蔑贞凶"。王弼则以"正削而凶来"之理释之："床者，人之所以安也。剥床以足，犹云剥床之足也。蔑，犹削也。剥床之足，灭下之道也。下道始灭，刚殒柔长，则正削而凶来也。"⑥

复卦上六爻辞"迷复，凶，有灾眚，用行师，终有大败，以其国君凶，至于十年不克征"，虞翻以八卦逸象、爻变、互体、旁通解之："坤冥为迷，高而无应，故'凶'。五变正时，坎为灾眚，故'有灾眚'也。三复位时，而体师象，故'用行师'。阴逆不顺，坤为死丧，坎流血，故'终有大败'。姤乾为君，灭藏于坤，坤为异邦，故'国君凶'矣。坤为至、为十年，阴逆坎临，故'不克征'。谓五变设险，故帅师败丧，君而无征也。"⑦ 复上卦坤为迷，故云"迷复"。五爻变后，上卦变坎，坎为灾眚，故云"有灾眚"。三爻变后，二、三、四、五、上爻互师，故云"用行

---

① [唐] 李鼎祚著，王丰先点校：《周易集解》，中华书局，2016年，第144页。
② [魏] 王弼著，楼宇烈校释：《周易注校释》，中华书局，2012年，第81页。
③ [唐] 李鼎祚著，王丰先点校：《周易集解》，中华书局，2016年，第153页。
④ [魏] 王弼著，楼宇烈校释：《周易注校释》，中华书局，2012年，第85页。
⑤ [唐] 李鼎祚著，王丰先点校：《周易集解》，中华书局，2016年，第156页。
⑥ [魏] 王弼著，楼宇烈校释：《周易注校释》，中华书局，2012年，第89页。
⑦ [唐] 李鼎祚著，王丰先点校：《周易集解》，中华书局，2016年，第165页。

师"。坤为死丧，坎为流血，故云"终有大败"。复、姤旁通。姤上卦乾为君，复上卦坤为异邦，故云"国君凶"。坤为至、为十年，故云"十年不克征"。王弼则以"以迷求复，终必大败"之理释之："最处复后，是迷者也。以迷求复，故曰'迷复'也。用之行师，难用有克也，终必大败。用之于国，则反乎君道也。大败乃复，量斯势也，虽复十年修之，犹未能征也。"①

无妄卦初九爻辞"无妄，往吉"，虞翻以爻变解之："谓应四也。四失位，故命变之正。四变得位，承五应初，故'往吉'矣。"② 无妄四爻变后，得位，承五，应初，故云"往吉"。王弼则以"以贵下贱"之理释之："体刚处下，以贵下贱，行不犯妄，故往得其志。"③

大畜卦初九爻辞"有厉"，虞翻以爻变、互体解之："谓二变正，四体坎，故称灾也。"④ 大畜九二爻阳爻阴位不正，变而之正后，二、三、四爻互坎，坎为险，故云"有厉"。而王弼则以"畜己者未可犯"之理释之："四乃畜己，未可犯也，故进则有厉，已则利也。"⑤

颐卦初九爻辞"舍尔灵龟，观我朵颐，凶"，虞翻以卦变、八卦逸象、互体解之："晋离为龟，四之初，故舍尔灵龟。坤为我，震为动，谓四失离入坤，远应多惧，故'凶'矣。"⑥ 颐由晋卦变来，晋初、四二爻互易，则成颐。晋上卦离为龟，四爻本在离内，与初爻互易，不在离内，故云"舍尔灵龟"。颐二、三、四爻互坤，三、四、五爻亦互坤，坤为我，颐下卦震为动，故云"观我朵颐"。王弼则以"守道则福至，求禄则辱来"之理释之："以阳处下，而为动始，不能令物由己养，动而求养者也。夫安身莫若不竞，修己莫若自保。守道则福至，求禄则辱来。居养贤之世，不能贞其所履，以全其德，而舍其灵龟之明兆，羡我朵颐而躁求。离其致养之至道，窥我宠禄而竞进。凶莫甚焉。"⑦

大过卦九二爻辞"枯杨生稊，老夫得其女妻"，虞翻以八卦逸象、互体解之："巽为杨，乾为老，老杨故枯……兑为雨泽，枯杨得泽复生稊。二体乾老，故称'老夫'。女妻谓上兑，兑为少女，故曰'女妻'。"⑧ 大过下卦巽为杨，二、三、四爻，三、四、五爻皆互乾，乾为老，故云"枯杨"，云"老夫"。上卦兑为雨泽，为少女，故云"生稊"，云"女妻"。王弼则以"拯弱兴衰"之理释之："以阳处阴，能过其本而救其弱者也。上无其应，心无特吝，处过以此，无衰不济也，故能令枯

---

①[魏]王弼著，楼宇烈校释：《周易注校释》，中华书局，2012年，第93页。
②[唐]李鼎祚著，王丰先点校：《周易集解》，中华书局，2016年，第169页。
③[魏]王弼著，楼宇烈校释：《周易注校释》，中华书局，2012年，第97页。
④[唐]李鼎祚著，王丰先点校：《周易集解》，中华书局，2016年，第173页。
⑤[魏]王弼著，楼宇烈校释：《周易注校释》，中华书局，2012年，第100页。
⑥[唐]李鼎祚著，王丰先点校：《周易集解》，中华书局，2016年，第179页。
⑦[魏]王弼著，楼宇烈校释：《周易注校释》，中华书局，2012年，第103页。
⑧[唐]李鼎祚著，王丰先点校：《周易集解》，中华书局，2016年，第184页。

杨更生梯，老夫更得少妻。拯弱兴衰，莫盛斯爻。"①

坎卦六四爻辞"樽酒簋贰用缶，纳约自牖，终无咎"，虞翻以互体、八卦逸象解之："震主祭器，故有'樽簋'。坎为酒。簋，黍稷器。三至五，有颐口象。震献在中，故为'簋'。坎为水，震为足，坎酒在上，樽酒之象。贰，副也。坤为缶，礼有副樽，故'贰用缶'耳。坎为纳也。四阴小，故'约'。艮为牖，坤为户，艮小，光照户牖之象。"② 坎二、三、四爻互震，上卦坎为酒，故云"樽酒"。二、三、四、五爻互颐，故云"簋"。坤为缶，故云"缶"。坎为纳，故云"纳"。三、四、五爻互艮，艮为牖，故云"牖"。王弼则以贵柔之思想释之："处重险而履正，以柔居柔，履得其位，以承于五。……处坎以斯，虽复一樽之酒，二簋之食，瓦缶之器，纳此至约，自进于牖，乃可羞之于王公，荐之于宗庙，故终无咎也。"③

离卦上九爻辞"王用出征，有嘉折首，获匪其丑，无咎"，虞翻以旁通、卦变、互体解之："王谓乾。乾二五之坤成坎，体师象，震为出，故'王用出征'。首谓坤，二、五来折乾，故'有嘉折首'。丑，类也。乾征得坤阴类，乾阳物，故'获非其丑，无咎'矣。"④ 离、坎旁通，坎初、二、三、四爻互师，二、三、四爻互震，故云"王用出征"。乾二、五之坤成坎，坤为首，故云"有嘉折首"。乾、坤异类，故云"获匪其丑"。王弼则以"除其非类，以去民害"之理释之："处离之极，离道已成，则除其非类，以去民害，王用出征之时也。故必有嘉折首，获匪其丑，乃得无咎也。"⑤

咸卦初六爻辞"咸其拇"，虞翻以八卦逸象、旁通、互体解之："拇，足大指也。艮为指，坤为拇，故'咸其拇'。"⑥ 咸下卦为艮，艮为指，咸、损旁通，损三、四、五爻互坤，坤为拇，故云"咸其拇"。王弼则以"崇静"思想释之："处咸之初，为感之始，所感在末，故有志而已。如其本实，未至伤静。"⑦

恒卦卦辞"亨，无咎，利贞"，虞翻以卦变解之："乾初之坤四，刚柔皆应，故通，'无咎，利贞'矣。"⑧ 恒由泰卦变来，泰初爻与四爻互易后，泰变恒。恒初六、九四爻相应，九二、六五爻相应，九三、上六爻相应，故云"乾初之坤四，刚柔皆应"。王弼则以"恒通利正"之理释之："恒而亨，以济三事也。恒之为道，亨乃无咎也。恒通无咎，乃利正也。"⑨

---

① [魏] 王弼著，楼宇烈校释：《周易注校释》，中华书局，2012年，第107页。
② [唐] 李鼎祚著，王丰先点校：《周易集解》，中华书局，2016年，第190－191页。
③ [魏] 王弼著，楼宇烈校释：《周易注校释》，中华书局，2012年，第111页。
④ [唐] 李鼎祚著，王丰先点校：《周易集解》，中华书局，2016年，第196－197页。
⑤ [魏] 王弼著，楼宇烈校释：《周易注校释》，中华书局，2012年，第116页。
⑥ [唐] 李鼎祚著，王丰先点校：《周易集解》，中华书局，2016年，第200页。
⑦ [魏] 王弼著，楼宇烈校释：《周易注校释》，中华书局，2012年，第118页。
⑧ [唐] 李鼎祚著，王丰先点校：《周易集解》，中华书局，2016年，第203页。
⑨ [魏] 王弼著，楼宇烈校释：《周易注校释》，中华书局，2012年，第121页。

遁卦初六爻辞"遁尾,厉,勿用有攸往",虞翻以八卦逸象、爻变解之:"艮为尾也。初失位,动而得正,故'遁尾,厉'。之应成坎为灾,在艮宜静,若不往于四,则无灾矣。"① 遁下卦为艮,艮为尾。初六、九二、九四爻变之正后,二、三、四爻互坎,坎为灾,为厉,故云"遁尾,厉,勿用有攸往"。王弼则以"逃遁之世,宜速远而居先"之理释之:"遁之为义,辟内而之外者也。尾之为物,最在体后者也。处遁之时,不往何灾?而为遁尾,祸所及也。危至而后求行,难可免乎厉,则勿用有攸往也。"②

大壮卦九二爻辞"贞吉",虞翻以爻变解之:"变得位,故贞吉。"③ 王弼则以"居中履谦"之理释之:"居得中位,以阳居阴,履谦不亢,是以贞吉。"④

晋卦初六爻辞"晋如,摧如,贞吉,罔孚,裕无咎",虞翻以八卦逸象、互体解之:"晋,进;摧,忧愁也。应在四,故'晋如'。失位,故'摧如'。动得位,故'贞吉'。应离为罔,四坎称孚,坤弱为裕,欲四之五成巽,初受其命,故'无咎'矣。"⑤ 晋初六应九四,九四在离,离为罔,又在坎(三、四、五爻互坎),坎为孚,故云"罔孚"。晋下卦坤为弱,为裕,故云"裕"。王弼则以"进明退顺"之理释之:"处顺之初,应明之始,明顺之德,于斯将隆。进明退顺,不失其正,故曰'晋如,摧如,贞吉'也。处卦之始,功业未著,物未之信,故曰'罔孚'。方践卦始,未至履位,以此为足,自丧其长者也,故必裕之然后无咎。"⑥

明夷卦六二爻辞"明夷,夷于左股,用拯马壮,吉",《九家易》以互体、八卦逸象解之:"九三体坎,坎为马也。"⑦ 明夷二、三、四爻互坎,坎为马,故云"马"。王弼则以柔中思想释之:"以柔居中,用夷其明,进不殊类,退不近难,不见疑惮,顺以则也,故可用拯马而壮吉也。"⑧

家人卦六四爻辞"富家大吉",虞翻以爻变、互体、八卦逸象解之:"三变体艮,艮为笃实,坤为大业。"⑨ 家人九三爻变后,三、四、五爻互艮,二、三、四爻互坤,艮为笃实,坤为大业,故云"富家大吉"。王弼则以贵柔思想释之:"能以其富顺而处位,故大吉也。若但能富其家,何足为大吉?体柔居巽,履得其位,明于家道,以近至尊,能富其家也。"⑩

睽卦初九爻辞"悔亡,丧马勿逐,自复",虞翻以爻变、互体、八卦逸象解之:

---

① [唐]李鼎祚著,王丰先点校:《周易集解》,中华书局,2016年,第210页。
② [魏]王弼著,楼宇烈校释:《周易注校释》,中华书局,2012年,第124页。
③ [唐]李鼎祚著,王丰先点校:《周易集解》,中华书局,2016年,第215页。
④ [魏]王弼著,楼宇烈校释:《周易注校释》,中华书局,2012年,第128页。
⑤ [唐]李鼎祚著,王丰先点校:《周易集解》,中华书局,2016年,第219页。
⑥ [魏]王弼著,楼宇烈校释:《周易注校释》,中华书局,2012年,第130–131页。
⑦ [唐]李鼎祚著,王丰先点校:《周易集解》,中华书局,2016年,第225页。
⑧ [魏]王弼著,楼宇烈校释:《周易注校释》,中华书局,2012年,第135页。
⑨ [唐]李鼎祚著,王丰先点校:《周易集解》,中华书局,2016年,第231页。
⑩ [魏]王弼著,楼宇烈校释:《周易注校释》,中华书局,2012年,第238页。

"四动得位,故'悔亡'。应在于坎,坎为马,四而失位,之正入坤,坤为丧,坎象不见,故'丧马'。震为逐,艮为止,故'勿逐'。坤为自,二至五体复象,故'自复'。四动震马来,故'勿逐,自复'也。"①睽初九、九四爻位相应,九四爻变后得位,故云"悔亡"。三、四、五爻互坎,坎为马,九四爻变后,三、四、五爻互坤,坤为丧,故云"丧马"。九四爻变后,二、三、四爻互震,四、五、上爻成艮,震为逐,艮为止。故云"勿逐"。九四爻变后,三、四、五爻互坤,坤为自,二、三、四、五互复,故云"自复"。王弼则以"逊接恶人以避咎"之理释之:"处睽之初,居下体之下,无应独立,悔也。与四合志,故得悔亡。马者,必显之物。处物之始,乖而丧其马,物莫能同,其私必相显也,故勿逐而自复也。时方乖离,而位乎穷下,上无应可援,下无欢可恃,显德自异,为恶所害,故见恶人乃得免咎也。"②

蹇卦卦辞"不利东北",虞翻以月体纳甲解之:"艮,东北之卦,月消于艮,丧乙灭癸。"③艮纳乙癸,故云"丧乙灭癸"。王弼则以"世道多难,率物以适平易"之理释之:"西南,地也。东北,山也。以难之平则难解,以难之山则道穷。"④

解卦卦辞"利西南",虞翻以卦变、八卦逸象解之:"临初之四。坤,西南卦。初之四,得坤众。"⑤解由临卦变来。临初、四两爻互易后,则成解。卦变前,上卦为坤;卦变后,上卦为震。故云"利西南"。王弼则以"解难济险,利施于众"之理释之:"西南,众也。解难济险,利施于众。遇难不困于东北,故不言不利东北也。"⑥

损卦六三爻辞"三人行,则损一人;一人行,则得其友",虞翻以卦变、八卦逸象解之:"泰乾三爻为三人,震为行,故'三人行'。损初⑦之上,故'则损一人'。一人谓泰初,之上损刚益柔,故'一人行'。兑为友,初之上,据坤应兑,故'则得其友',言致一也。"⑧损由泰卦变来。泰下卦乾三爻为三人,九三、六四、六五爻互震,震为行,故云"三人行"。泰三、上两爻互易变损,故云"损一人"。卦变后,下卦为兑,兑为友,故云"得其友"。王弼则以"天地相应"之理释之:"损之为道,损下益上,其道上行。三人谓自六三已上三阴也。三阴并行,以承于上,则上失其友,内无其主,名之曰益,其实乃损,故天地相应,乃得化醇,男女匹配,

---

① [唐] 李鼎祚著,王丰先点校:《周易集解》,中华书局,2016年,第235页。
② [魏] 王弼著,楼宇烈校释:《周易注校释》,中华书局,2012年,第140-141页。
③ [唐] 李鼎祚著,王丰先点校:《周易集解》,中华书局,2016年,第239页。
④ [魏] 王弼著,楼宇烈校释:《周易注校释》,中华书局,2012年,第144页。
⑤ [唐] 李鼎祚著,王丰先点校:《周易集解》,中华书局,2016年,第244页。
⑥ [魏] 王弼著,楼宇烈校释:《周易注校释》,中华书局,2012年,第147页。
⑦ 初,当为"三"。
⑧ [唐] 李鼎祚著,王丰先点校:《周易集解》,中华书局,2016年,第253页。

乃得化生，阴阳不对，生可得乎？故六三独行，乃得其友，二阴俱行，则必疑矣。"①

益卦六二爻辞"或益之十朋之龟，弗克违，永贞吉"，虞翻以卦变、互体、反象、八卦逸象解之："谓上从外来益也，故'或益之'。二得正远应，利三之正，己得承之。坤数十，损兑为朋，谓三变离为龟，故'十朋之龟'。坤为永，上之三②得正，故'永贞吉'。"③ 益由否卦变来，否上卦四爻与下卦初爻互易，则变益，故云"或益之"。益二、三、四爻互坤，坤为十，益、损反象，损下卦兑为朋，益三爻变后，下卦为离，三、四、五爻互离，离为龟，故云"十朋之龟"。益二、三、四爻互坤，坤为永，否上卦四爻与下卦初爻互易后，得位，故云"永贞吉"。王弼则以贵柔思想释之："以柔居中而得其位，处内履中，居益以冲。益自外来，不召自至，不先不为，则朋龟献策，同于损卦六五之位，位不当尊，故吉在永贞也。"④

夬卦卦辞"扬于王庭"，虞翻以旁通、八卦逸象解之："刚决柔，与剥旁通。乾为扬、为王，剥艮为庭，故'扬于王庭'矣。"⑤ 夬下卦乾为扬、为王，夬、剥旁通，剥上卦艮为庭，故云"扬于王庭"。王弼则以"公正而无私隐"之理释之："扬于王庭，其道公也。"⑥

姤卦初六爻辞"羸豕孚蹢躅"，虞翻以反象、八卦逸象解之："三夬之四，在夬动而体坎，坎为豕、为孚，巽绳操之，故称'羸'也。巽为舞、为进退，操而舞，故'羸豕孚蹢躅'。"⑦ 姤、夬反象，姤三爻即夬四爻，夬四爻变，上卦变坎，坎为豕、为孚，姤下卦为巽，巽为绳、为舞、为进退，故云"羸豕孚蹢躅"。王弼则以"崇静"思想释之："羸豕谓牝豕也。群豕之中，豭强而牝弱，故谓之羸豕也。孚犹务躁也。夫阴质而躁恣者，羸豕特甚焉。言以不贞之阴，失其所牵，其为淫丑，若羸豕之孚，务蹢躅也。"⑧

萃卦卦辞"亨，王假有庙"，虞翻以卦变解之："观上之四也。观乾为王。假，至也。艮为庙，体观享祀，故亨。上之四，故'假有庙，致孝享'矣。"⑨ 萃由观卦变来。观上爻与四爻互易则变萃。观上爻为乾爻，乾为王，萃二、三、四爻互艮，艮为庙，故云"王假有庙"。王弼则以"聚乃通"之理释之："聚乃通也。假，至也。王以聚至有庙也。"⑩

---

①［魏］王弼著，楼宇烈校释：《周易注校释》，中华书局，2012年，第152页。
②三，当为"初"。
③［唐］李鼎祚著，王丰先点校：《周易集解》，中华书局，2016年，第259页。
④［魏］王弼著，楼宇烈校释：《周易注校释》，中华书局，2012年，第157页。
⑤［唐］李鼎祚著，王丰先点校：《周易集解》，中华书局，2016年，第264页。
⑥［魏］王弼著，楼宇烈校释：《周易注校释》，中华书局，2012年，第161页。
⑦［唐］李鼎祚著，王丰先点校：《周易集解》，中华书局，2016年，第273页。
⑧［魏］王弼著，楼宇烈校释：《周易注校释》，中华书局，2012年，第165页。
⑨［唐］李鼎祚著，王丰先点校：《周易集解》，中华书局，2016年，第276页。
⑩［魏］王弼著，楼宇烈校释：《周易注校释》，中华书局，2012年，第168页。

升卦卦辞"元亨"，虞翻以卦变、互体解之："临初之三，又有临象，刚中而应，故'元亨'也。"① 升由临卦变来。临初爻与三爻互易，则变升。临初爻与三爻互易后，二、三、四、五、上爻互临，故云"临初之三，又有临象"。王弼则以巽顺之理释之："巽顺可以升。"②

困卦卦辞"亨"，虞翻以卦变解之："否二之上，乾坤交，故通也。"③ 困由否卦变来，否下卦之二爻与上卦之上爻互易，则变困。上下交易，故云"亨"。王弼则以"穷则变，变则通"之理释之："穷必通也，处穷而不能自通者，小人也。"④

井卦卦辞"改邑不改井"，虞翻以卦变、八卦逸象解之："泰初之五也。坤为邑，乾初之五折坤，故'改邑'。初为旧井，四应瞀之，故'不改井'。"⑤ 井由泰卦变来。泰初爻与五爻互易则变井。泰上卦坤为邑，泰变井后，坤象不见，故云"改邑"。泰初爻为旧井，井五爻即泰初爻，故云"不改井"。王弼则以"有常不变，终始无改"之理释之："井以不变为德者也。"⑥

革卦卦辞"已日乃孚，元亨利贞，悔亡"，虞翻以卦变、爻变、互体解之："悔亡，谓四也。四失正，动得位，故'悔亡'。离为日，孚谓坎，四动体离，五在坎中，故'已日乃孚'。以成既济，'乾道变化，各正性命，保合太和，乃利贞'，故'元亨，利贞，悔亡'矣。"⑦ 革九四爻变后得位，故云"悔亡"。九四爻变后，上卦为坎，二、三、四爻亦互坎，坎为孚，故云"已日乃孚"。九四爻变后，卦变既济，三、四、五、上亦互既济，故云"元亨利贞"。王弼则以"革而当，其悔乃亡"之理释之："夫民可与习常，难与适变；可与乐成，难与虑始。故革之为道，即日不孚，已日乃孚也。孚，然后乃得元亨，利贞，悔亡也。已日而不孚，革不当也。悔吝之所生，生乎变动者也。革而当，其悔乃亡也。"⑧

鼎卦九二爻辞"鼎有实，我仇有疾，不我能即，吉"，虞翻以旁通、互体、爻变解之："二为实，故'鼎有实'也。坤为我，谓四也。二据四妇，故相与为仇。谓三变时，四体坎，坎为疾，故'我仇有疾'。四之二历险，二动得正，故'不我能即，吉'。"⑨ 鼎、屯旁通，屯二、三、四爻互坤，坤为我，故云"我"。鼎九三爻变，三、四、五爻互坎，坎为疾，故云"疾"。二爻变后得位，故云"吉"。王弼则以"益之则溢，反伤其实"之理释之："以阳之质，处鼎之中，有实者也。有实

---

① [唐] 李鼎祚著，王丰先点校：《周易集解》，中华书局，2016年，第283页。
② [魏] 王弼著，楼宇烈校释：《周易注校释》，中华书局，2012年，第172页。
③ [唐] 李鼎祚著，王丰先点校：《周易集解》，中华书局，2016年，第287页。
④ [魏] 王弼著，楼宇烈校释：《周易注校释》，中华书局，2012年，第175页。
⑤ [唐] 李鼎祚著，王丰先点校：《周易集解》，中华书局，2016年，第295页。
⑥ [魏] 王弼著，楼宇烈校释：《周易注校释》，中华书局，2012年，第179页。
⑦ [唐] 李鼎祚著，王丰先点校：《周易集解》，中华书局，2016年，第301页。
⑧ [魏] 王弼著，楼宇烈校释：《周易注校释》，中华书局，2012年，第183页。
⑨ [唐] 李鼎祚著，王丰先点校：《周易集解》，中华书局，2016年，第310页。

之物，不可复加，益之则溢，反伤其实。我仇谓五也。困于乘刚之疾，不能就我，则我不溢，得全其吉也。"①

震卦卦辞"亨"，虞翻以卦变解之："临二之四，天地交，故通。"②震由临卦变来。临二爻与四爻互易，则变震。二爻在下卦，四爻在上卦，上下交易，故云"亨"。王弼则以"惧而获通"之理释之："惧以成，则是以亨。"③

艮卦卦辞"艮其背，不获其身，行其庭，不见其人，无咎"，虞翻以卦变、八卦逸象、互体解之："观五之三也。艮为多节，故称背。观坤为身，观五之三，折坤为背，故'艮其背'。坤象不见，故'不获其身'。震为行人，艮为庭，坎为隐伏，故'行其庭，不见其人'。三得正，故无咎。"④艮由观卦变来。观五爻与三爻互易，则变艮。艮为多节，故称"背"。观下卦坤为身，卦变后，下卦坤变艮，故云"艮其背"，又云"不获其身"。艮三、四、五爻互震，震为行人，上、下卦均为艮，艮为庭，故云"行其庭"。二、三、四爻互坎，坎为隐伏，故云"不见其人"。王弼则以"施止得所，则其道易也；施止不得其所，则其功难成"之理释之："凡物对面而不相通，否之道也。艮者，止而不相交通之卦也。各止而不相与，何得无咎？唯不相见，乃可也。施止于背，不隔物欲，得其所止也。背者，无见之物也。无见则自然静止，静止而无见，则不获其身矣。相背者，虽近而不相见，故'行其庭，不见其人'也。夫施止不于无见，令物自然而止，而强止之，则奸邪并兴，近而不相得，则凶。其得无咎，艮其背，不获其身，行其庭，不见其人故也。"⑤

渐卦卦辞"女归吉，利贞"，虞翻以反象解之："反成归妹，兑女归吉。"⑥渐、归妹反象，故云"兑女归吉"。王弼则以"止不为暴，巽能用谦"之理释之："以止巽为进，故'女归吉'也。"⑦

归妹卦九二爻辞"眇能视，利幽人之贞"，虞翻以互体、爻变解之："震上兑下，离目不正，故'眇能视'。幽人谓二，初动，二在坎中，故称'幽人'。变得正，震喜兑说，故'利幽人之贞'。"⑧归妹二、三、四爻互离，"离目不正"，故云"眇能视"。初爻变后，下卦为坎，故云"幽人"。二爻变后，下卦为震，震为喜，故云"利幽人之贞"。王弼则以"居内处中，能守其常"之理释之："虽失其位，而居内处中，眇犹能视，足以保常也。在内履中，而能守其常，故利幽人之贞也。"⑨

---

① [魏] 王弼著，楼宇烈校释：《周易注校释》，中华书局，2012 年，第 187 页。
② [唐] 李鼎祚著，王丰先点校：《周易集解》，中华书局，2016 年，第 314 页。
③ [魏] 王弼著，楼宇烈校释：《周易注校释》，中华书局，2012 年，第 189 页。
④ [唐] 李鼎祚著，王丰先点校：《周易集解》，中华书局，2016 年，第 319 页。
⑤ [魏] 王弼著，楼宇烈校释：《周易注校释》，中华书局，2012 年，第 193 页。
⑥ [唐] 李鼎祚著，王丰先点校：《周易集解》，中华书局，2016 年，第 323 页。案，中华书局点校本原标点误，径改。
⑦ [魏] 王弼著，楼宇烈校释：《周易注校释》，中华书局，2012 年，第 196 页。
⑧ [唐] 李鼎祚著，王丰先点校：《周易集解》，中华书局，2016 年，第 332 页。
⑨ [魏] 王弼著，楼宇烈校释：《周易注校释》，中华书局，2012 年，第 199 页。

丰卦卦辞"勿忧，宜日中"，虞翻以爻变、互体解之："五动之正，则四变成离，离日中，当五，在坎中，坎为忧，故'勿忧，宜日中'。"①丰五爻、四爻变后，三、四、五爻互离，故云"宜日中"，爻变之前，二、三、四、五爻互坎，坎为忧，故云"勿忧"。王弼则以"勿忧之德，宜照天下"之理释之："丰之为义，阐弘微细，通夫隐滞者也。为天下之主，而令微隐者不亨，忧未已也，故至丰亨，乃得勿忧也。用夫丰亨不忧之德，宜处天中以遍照者也，故曰'宜日中'也。"②

旅卦九三爻辞"旅焚其次，丧其僮仆，贞厉"，虞翻以八卦逸象、爻变解之："离为火，艮为僮仆，三动艮坏，故'焚其次'。坤为丧，三动艮灭入坤，故'丧其僮仆'。动而失正，故'贞厉'矣。"③旅上卦离为火，故云"焚"。下卦艮为僮仆，三爻变后，下卦为坤，坤为丧，故云"丧其僮仆"。三爻变后，不当位，故云"贞厉"。王弼则以"与萌侵权，主之所疑"之理释之："居下体之上，与二相得。以寄旅之身，而为施下之道，与萌侵权，主之所疑也，故次焚、仆丧而身危也。"④

巽卦卦辞"小亨，利有攸往，利见大人"，虞翻以卦变、互体解之："遁二之四，柔得位而顺五刚，故'小亨'也。大人谓五，离目为见，二失位利正，往应五，故'利有攸往，利见大人'矣。"⑤巽由遁卦变来。遁二爻与四爻互易则变巽。遁二爻与四爻互易后，巽六四得位，且上承九五。巽三、四、五爻互离，离为见，故云"利见"。王弼则以巽悌之理释之："全以巽为德，是以小亨也。上下皆巽，不违其令，命乃行也。……巽悌以行，物无距也。大人用之，道愈隆也。"⑥

兑卦九二爻辞"孚兑，吉，悔亡"，虞翻以爻变解之："孚谓五也。四已变，五在坎中，称孚。二动得位，应之，故'孚兑，吉，悔亡'矣。"⑦兑九四爻变后，上卦变坎，坎为孚。九二爻变后，得位，应五，五爻在坎，故云"孚兑，吉，悔亡"。王弼则以"说不失中"之理释之："说不失中，有孚者也。失位而说，孚吉乃悔亡也。"⑧

涣卦初六爻辞"用拯马壮，吉"，虞翻以八卦逸象、爻变、互体解之："坎为马，初失正，动体大壮，得位，故'拯马壮，吉'，悔亡之矣。"⑨涣下卦坎为马，初爻变后，初、二、三、四爻体大壮，故云"用拯马壮"。王弼则以"处散之初，乖散未甚"之理释之："涣，散也。处散之初，乖散未甚，故可以游行，得其志而

---

① [唐] 李鼎祚著，王丰先点校：《周易集解》，中华书局，2016年，第336页。
② [魏] 王弼著，楼宇烈校释：《周易注校释》，中华书局，2012年，第201页。
③ [唐] 李鼎祚著，王丰先点校：《周易集解》，中华书局，2016年，第346页。
④ [魏] 王弼著，楼宇烈校释：《周易注校释》，中华书局，2012年，第206页。
⑤ [唐] 李鼎祚著，王丰先点校：《周易集解》，中华书局，2016年，第349页。
⑥ [魏] 王弼著，楼宇烈校释：《周易注校释》，中华书局，2012年，第208页。
⑦ [唐] 李鼎祚著，王丰先点校：《周易集解》，中华书局，2016年，第356页。
⑧ [魏] 王弼著，楼宇烈校释：《周易注校释》，中华书局，2012年，第212页。
⑨ [唐] 李鼎祚著，王丰先点校：《周易集解》，中华书局，2016年，第360页。

节卦初九爻辞"不出户庭",虞翻以卦变、互体、八卦逸象解之:"泰坤为户,艮为庭,震为出。"② 节由泰卦变来。泰下卦坤为户,节三、四、五爻互艮,艮为庭,二、三、四爻互震,震为出,故云"不出户庭"。王弼则以"慎密不失"之理释之:"为节之初,将整离散而立制度者也。故明于通塞,虑于险伪,不出户庭,慎密不失,然后事济而无咎也。"③

中孚卦九二爻辞"鸣鹤在阴,其子和之,我有好爵,吾与尔靡之",虞翻以互体、八卦逸象、卦变、爻变、五行解之:"靡,共也。震为鸣,讼离为鹤,坎为阴夜,鹤知夜半,故'鸣鹤在阴'。二动成坤,体益。五艮为子,震巽同声者相应,故'其子和之'。坤为身,故称我。吾谓五也。离为爵,爵,位也。坤为邦国,五在艮,阍寺庭阙之象,故称'好爵'。五利二变之正应,以故'吾与尔靡之'矣。"④ 中孚二、三、四爻互震,震为鸣,故云"鸣"。中孚由讼卦变来,讼二、三、四爻互离,离为鹤,故云"鹤"。讼下卦为坎,坎为阴夜,故云"阴"。中孚三、四、五爻互艮,艮为子,故云"子"。中孚九二变后,上卦巽,下卦震,震、巽五行同属木,"同声者相应",故云"和之"。九二变后,三、四、五爻互坤,坤为身,故云"我"。讼二、三、四爻互离,离为爵,故云"爵"。王弼则以"履中任真"之理释之:"处内而居重阴之下,而履不失中,不徇于外,任其真者也。立诚笃志,虽在暗昧,物亦应焉,故曰'鸣鹤在阴,其子和之'也。不私权利,唯德是与,诚之至也,故曰'我有好爵',与物散之。"⑤

小过卦卦辞"飞鸟遗之音,不宜上,宜下,大吉",虞翻以卦变、八卦逸象、互体解之:"离为飞鸟,震为音,艮为止。晋上之三,离去震在,鸟飞而音止,故'飞鸟遗之音'。上阴乘阳,故'不宜上'。下阴顺阳,故'宜下,大吉'。"⑥ 小过由晋卦变来。晋上卦离为飞鸟,小过上卦震为音,下卦艮为止,晋变小过后,离象不见,唯见震、艮之象,故云"飞鸟遗之音"。王弼则以"下则得安"之理释之:"飞鸟遗其音,声哀以求处,上愈无所适,下则得安。愈上则愈穷,莫若飞鸟也。"⑦

既济卦六二爻辞"妇丧其茀,勿逐,七日得",虞翻以卦变、八卦逸象解之:"离为妇,泰坤为丧。茀发,谓鬓发也,一名妇人之首饰。坎为玄云,故称茀。《诗》曰:'鬓发如云。'乾为首,坎为美,五取乾二之坤为坎,坎为盗,故'妇丧

---

① [魏] 王弼著,楼宇烈校释:《周易注校释》,中华书局,2012 年,第 213 页。
② [唐] 李鼎祚著,王丰先点校:《周易集解》,中华书局,2016 年,第 364 页。
③ [魏] 王弼著,楼宇烈校释:《周易注校释》,中华书局,2012 年,第 216 页。
④ [唐] 李鼎祚著,王丰先点校:《周易集解》,中华书局,2016 年,第 370 页。
⑤ [魏] 王弼著,楼宇烈校释:《周易注校释》,中华书局,2012 年,第 219 页。
⑥ [唐] 李鼎祚著,王丰先点校:《周易集解》,中华书局,2016 年,第 373 页。
⑦ [魏] 王弼著,楼宇烈校释:《周易注校释》,中华书局,2012 年,第 221 页。

其茀'。"① 既济下卦离为妇,既济由泰卦变来,泰上卦坤为丧,既济二、三、四爻互坎,坎为玄云,泰下卦乾为首,既济上卦坎为美、为盗,故云"妇丧其茀"。王弼则以"处既济之时,不容邪道"之理释之:"居中履正,处文明之盛,而应乎五,阴之光盛者也。然居初、三之间,而近不相得,上不承三,下不比初。夫以光盛之阴,处于二阳之间,近而不相得,能无见侵乎?故曰'丧其茀'也。称妇者,以明自有夫而它人侵之也。茀,首饰也。夫以中道执乎贞正,而见侵者,众之所助也。处既济之时,不容邪道者也。时既明峻,众又助之,窃之者逃窜而莫之归矣。量斯势也,不过七日。不须已逐而自得也。"②

未济卦九四爻辞"贞吉,悔亡",虞翻以爻变解之:"动正得位,故吉而悔亡矣。"③ 未济九四爻变后,得位,故云"贞吉,悔亡"。王弼则以"志在乎正,则吉而悔亡"之理释之:"处未济之时,而出险难之上,居文明之初,体乎刚质,以近至尊,虽履非其位,志在乎正,则吉而悔亡矣。"④

显而易见,王弼力图摆脱汉人解《易》的象数框架,而立足于义理来诠释卦爻辞,较诸汉《易》之琐细,确有言辞简练、令人耳目一新之感。后世以程颐《伊川易传》为代表的理学易,即继承了王弼的诠释思路。王弼"得意忘象"的诠释思路得到后人的高度评价。孔颖达称王弼《易》注"独冠古今"⑤,黄宗羲称:"有魏王辅嗣出而注《易》,得意忘象,得象忘言,日时岁月,五气相推,悉皆摈落,多所不关,庶几潦水尽而寒潭清矣。……其廓清之功,不可泯也!"⑥ 以上评价,良有以也。

需要指出,清《四库全书总目》经部《易》类小序称王弼"尽黜象数",未为确论。如宋儒朱震云:"王弼讥互体、卦变,然注睽六二曰:'始虽受困,终获刚助。'睽自初至五成困,此用互体也。注损九二曰:'柔不可全益,刚不可全削,下不可以无正,初九已损刚以顺柔,九二履中,而复损己以益柔,则剥道成焉。'此卦变也。"⑦ 至于王弼归本十翼,以承、乘、比、应之象数义理诠释《周易》古经之例,更是不胜枚举。因此,王弼扫象,指摒弃无益于义理探究、泥于象数的前儒诠《易》之弊,而并非无视《易》象,抛弃《易》象。《周易·系辞下》:"易者,象也。"象乃《易》所固有,言义理不可能脱离《易》象。王弼说:"夫象者,出意者也。"又说:"尽意莫若象。"这些都反映了王弼对象的重视。

---

① [唐] 李鼎祚著,王丰先点校:《周易集解》,中华书局,2016年,第380页。
② [魏] 王弼著,楼宇烈校释:《周易注校释》,中华书局,2012年,第226页。
③ [唐] 李鼎祚著,王丰先点校:《周易集解》,中华书局,2016年,第386页。
④ [魏] 王弼著,楼宇烈校释:《周易注校释》,中华书局,2012年,第230页。
⑤ 刘玉建:《〈周易正义〉导读》,齐鲁书社,2005年,第86页。
⑥ [清] 胡渭:《易图明辨》卷十《象数流弊》,中华书局,2008年,第261-262页。
⑦ [宋] 朱震:《汉上易传·丛说》,文渊阁四库全书本。

二、说以老庄

清《四库全书总目》经部《易》类小序称王弼"尽黜象数",未为确论,但称王弼注《易》"说以老庄",则十分得当。兹具体梳理相关例证,以阐明王弼"说以老庄"的特点。

(一) 以老庄"无为"思想诠《易》

老庄之基本思想曰"无为"。诠释随卦《象》辞时,王弼云:"物皆说随,可以无为,不劳明鉴。"① 诠释离卦九三爻辞时,王弼云:"明在将终,若不委之于人,养志无为,则至于耋老有嗟,凶矣。"② 诠释晋卦上九爻辞时,王弼云:"失夫道化无为之事,必须攻伐,然后服邑,危乃得吉,吉乃无咎,用斯为正,亦以贱矣。"③ 诠释革卦上六爻辞时,王弼云:"功成则事损,事损则无为,故居则得正而吉,征则躁扰而凶也。"④

无为的含义主要是不妄为。诠释乾卦《文言》时,王弼云:"龙之为德,不为妄者也。……人不妄动,则时皆可知也。"⑤ 诠释无妄卦初九爻辞时,王弼云:"体刚处下,以贵下贱,行不犯妄,故往得其志。"⑥

不妄为即因任自然而为。诠释坤卦六二爻辞时,王弼云:"任其自然而物自生,不假修营而功自成,故不习焉而无不利。"⑦ 诠释损卦《象》辞时,王弼云:"自然之质,各定其分,短者不为不足,长者不为有余,损益将何加焉?"⑧ 诠释艮卦卦辞时,王弼云:"夫施止不于无见,令物自然而止,而强止之,则奸邪并兴,近而不相得则凶。"⑨

无为应用于行政,即"不自任察""不言而教"。老子云:"圣人处无为之事,行不言之教。"⑩ 又云:"不言之教,无为之益,天下希及之。"⑪ 诠释蒙卦六五爻辞时,王弼云:"不自任察,而委于二。付物以能,不劳聪明,功斯克矣。"⑫ 诠释大有卦六五爻辞时,王弼云:"不言而教行,何为而不威如?"⑬ 诠释明夷卦《象》辞

---

① [魏] 王弼著,楼宇烈校释:《周易注校释》,中华书局,2012年,第68页。
② [魏] 王弼著,楼宇烈校释:《周易注校释》,中华书局,2012年,第115页。
③ [魏] 王弼著,楼宇烈校释:《周易注校释》,中华书局,2012年,第131页。
④ [魏] 王弼著,楼宇烈校释:《周易注校释》,中华书局,2012年,第184页。
⑤ [魏] 王弼著,楼宇烈校释:《周易注校释》,中华书局,2012年,第4页。
⑥ [魏] 王弼著,楼宇烈校释:《周易注校释》,中华书局,2012年,第97页。
⑦ [魏] 王弼著,楼宇烈校释:《周易注校释》,中华书局,2012年,第13页。
⑧ [魏] 王弼著,楼宇烈校释:《周易注校释》,中华书局,2012年,第152页。
⑨ [魏] 王弼著,楼宇烈校释:《周易注校释》,中华书局,2012年,第193页。
⑩ 陈鼓应:《老子注译及评介》,中华书局,1984年,第64页。
⑪ 陈鼓应:《老子注译及评介》,中华书局,1984年,第237页。
⑫ [魏] 王弼著,楼宇烈校释:《周易注校释》,中华书局,2012年,第23页。
⑬ [魏] 王弼著,楼宇烈校释:《周易注校释》,中华书局,2012年,第59页。

时，王弼云："莅众显明，蔽伪百姓者也，故以蒙养正，以明夷莅众。"①

无为的另一方面的含义为：心无挂碍，逍遥自在。诠释大有卦上九爻辞时，王弼云："处大有之上而不累于位……居丰有之世，而不以物累其心，高尚其志。"②诠释蛊卦上九爻辞时，王弼云："最处事上而不累于位，不事王侯，高尚其事也。"③诠释遁卦上九爻辞时，王弼云："最处外极，无应于内，超然绝志，心无疑顾，忧患不能累，缯缴不能及，是以'肥遁，无不利'也。"④诠释夬卦九三爻辞时，王弼云："君子处之，必能弃夫情累，决之不疑，故曰'夬夬'也。"⑤诠释渐卦上九爻辞时，王弼云："进处高絜，不累于位，无物可以屈其心而乱其志，峨峨清远，仪可贵也，故曰'其羽可用为仪，吉'。"⑥

（二）以老庄"处下不争"思想诠《易》

与儒家"君子恶居下流"的思想相反，道家主张"处下""不争"。王弼亦以此思想注《易》。诠释乾卦九三爻辞时，王弼云："纯修上道，则处下之礼旷。"诠释乾卦《文言》时，王弼云："以君德而处下体，资纳于物者也。"⑦诠释坤卦六三爻辞时，王弼云："不为事始，须唱乃应……有事则从，不敢为首……不为事主，顺命而终。"⑧诠释小畜卦上九《象》辞时，王弼云："夫处下可以征而无咎者，唯泰也。"⑨诠释谦卦九三爻辞时，王弼云："上承下接，劳谦匪解，是以吉也。"⑩诠释噬嗑卦六三爻辞时，王弼云："承于四而不乘刚，虽失其正，刑不侵顺，故虽遇毒，小吝无咎。"⑪诠释贲卦初九爻辞时，王弼云："在贲之始，以刚处下，居于无位，弃于不义，安夫徒步以从其志者也。"⑫诠释无妄卦初九爻辞时，王弼云："体刚处下，以贵下贱，行不犯妄，故往得其志。"⑬诠释大过卦初六爻辞时，王弼云："以柔处下，过而可以无咎，其唯慎乎！"⑭诠释损卦六五爻辞时，王弼云："以柔居尊而为损道，江海处下，百谷归之，履尊以损，则或益之矣。……阴非先唱，柔非自任，尊以自居，损以守之。故人用其力，事竭其功。智者虑能，明者虑策，弗能

---

① [魏]王弼著，楼宇烈校释：《周易注校释》，中华书局，2012年，第134页。
② [魏]王弼著，楼宇烈校释：《周易注校释》，中华书局，2012年，第59页。
③ [魏]王弼著，楼宇烈校释：《周易注校释》，中华书局，2012年，第72页。
④ [魏]王弼著，楼宇烈校释：《周易注校释》，中华书局，2012年，第125页。
⑤ [魏]王弼著，楼宇烈校释：《周易注校释》，中华书局，2012年，第162页。
⑥ [魏]王弼著，楼宇烈校释：《周易注校释》，中华书局，2012年，第197页。
⑦ [魏]王弼著，楼宇烈校释：《周易注校释》，中华书局，2012年，第1、5页。
⑧ [魏]王弼著，楼宇烈校释：《周易注校释》，中华书局，2012年，第13页。
⑨ [魏]王弼著，楼宇烈校释：《周易注校释》，中华书局，2012年，第42页。
⑩ [魏]王弼著，楼宇烈校释：《周易注校释》，中华书局，2012年，第62页。
⑪ [魏]王弼著，楼宇烈校释：《周易注校释》，中华书局，2012年，第82页。
⑫ [魏]王弼著，楼宇烈校释：《周易注校释》，中华书局，2012年，第85页。
⑬ [魏]王弼著，楼宇烈校释：《周易注校释》，中华书局，2012年，第97页。
⑭ [魏]王弼著，楼宇烈校释：《周易注校释》，中华书局，2012年，第106页。

违也，则众才之用事矣，获益而得十朋之龟，足以尽天人之助也。"[1] 诠释革卦九四爻辞时，王弼云："初九处下卦之下，九四处上卦之下，故能变也。"[2] 诠释小过卦卦辞时，王弼云："上愈无所适，下则得安。愈上则愈穷，莫若飞鸟也。"[3] 诠释未济卦初六爻辞时，王弼云："以阴处下，非为进亢，遂其志者也。困则能反，故不曰凶。"[4]

处下则不争，不争则吉。老子云："水善利万物而不争，处众人之所恶，故几于道。……夫唯不争，故无尤。"[5] 又云："夫惟不争，故天下莫能与之争。"[6] 又云："天之道，不争而善胜。"[7] 诠释谦卦上六《象》辞时，王弼云："未有居众人之所恶而为动者所害，处不竞之地而为争者所夺。"[8] 诠释蛊卦《象》辞时，王弼云："既巽又止，不竞争也。有事而无竞争之患，故可以有为也。"[9] 诠释颐卦初九爻辞时，王弼云："夫安身莫若不竞，修己莫若自保。守道则福至，求禄则辱来。"[10]

（三）以老庄"崇静"思想诠《易》

"崇静"亦为老庄思想之特质。老子云："致虚极，守静笃。万物并作，吾以观其复。夫物芸芸，各归其根。归根曰静，静曰复命，复命曰常，知常曰明。不知常，妄作凶。"[11] 又云："重为轻根，静为躁君。"[12] 又云："静胜躁，寒胜热，清静为天下正。"[13] 诠释坤卦《文言》时，王弼云："其德至静，德必方也。"[14] 诠释屯卦初九爻辞时，王弼云："夫息乱以静，守静以侯。"[15] 诠释咸卦初六爻辞时，王弼云："处咸之初，为感之始，所感在末，故有志而已。如其本实，未至伤静。"诠释咸卦六二爻辞时，王弼云："咸道转进，离拇升腓，腓体动躁者也。感物以躁，凶之道也。由躁故凶，居则吉矣。"[16] 诠释恒卦上六爻辞时，王弼云："夫静为躁君，安为动主，故安者上之所处也，静者可久之道也。"[17] 诠释革卦上六爻辞时，王弼云："居则得

---

[1] [魏] 王弼著，楼宇烈校释：《周易注校释》，中华书局，2012年，第153页。
[2] [魏] 王弼著，楼宇烈校释：《周易注校释》，中华书局，2012年，第184页。
[3] [魏] 王弼著，楼宇烈校释：《周易注校释》，中华书局，2012年，第221页。
[4] [魏] 王弼著，楼宇烈校释：《周易注校释》，中华书局，2012年，第229页。
[5] 陈鼓应：《老子注译及评介》，中华书局，1984年，第89页。
[6] 陈鼓应：《老子注译及评介》，中华书局，1984年，第154页。
[7] 陈鼓应：《老子注译及评介》，中华书局，1984年，第334页。
[8] [魏] 王弼著，楼宇烈校释：《周易注校释》，中华书局，2012年，第63页。
[9] [魏] 王弼著，楼宇烈校释：《周易注校释》，中华书局，2012年，第71页。
[10] [魏] 王弼著，楼宇烈校释：《周易注校释》，中华书局，2012年，第103页。
[11] 陈鼓应：《老子注译及评介》，中华书局，1984年，第124页。
[12] 陈鼓应：《老子注译及评介》，中华书局，1984年，第171页。
[13] 陈鼓应：《老子注译及评介》，中华书局，1984年，第241页。
[14] [魏] 王弼著，楼宇烈校释：《周易注校释》，中华书局，2012年，第14页。
[15] [魏] 王弼著，楼宇烈校释：《周易注校释》，中华书局，2012年，第18页。
[16] [魏] 王弼著，楼宇烈校释：《周易注校释》，中华书局，2012年，第118-119页。
[17] [魏] 王弼著，楼宇烈校释：《周易注校释》，中华书局，2012年，第123页。

正而吉，征则躁扰而凶也。"① 诠释艮卦初六爻辞时，王弼云："至静而定，故利永贞。"②

"崇静"与"无为"相关联，与"处下不争"亦相关联。无为，故崇静；处下不争，故崇静。老子云："我无为，而民自化；我好静，而民自正。"③ 又云："牝常以静胜牡，以静为下。"④ 诠释无妄卦上九爻辞时，王弼云："处不可妄之极，唯宜静保其身而已，故不可以行也。"⑤ 诠释颐卦初九爻辞时，王弼云："居养贤之世，不能贞其所履以全其德，而舍其灵龟之明兆，羡我朵颐而躁求，离其致养之至道，窥我宠禄而竞进，凶莫甚焉。"⑥ 诠释中孚卦《象》辞时，王弼云："柔在内，则静而顺；说而以巽，则乖争不作。如此，则物无巧竞。"⑦

复卦内震外坤，本为阳动于下之象，而王弼却以老子"崇静"思想解之。诠释复卦《彖》辞时，王弼云："复者，反本之谓也，天地以本为心者也。凡动息则静，静非对动者也。语息则默，默非对语者也。然则天地虽大，富有万物，雷动风行，运化万变，寂然至无，是其本矣。故动息地中，乃天地之心见也。"诠释复卦《象》辞时，王弼云："为复则至于寂然大静，先王则天地而行者也。动复则静，行复则止，事复则无事也。"⑧

（四）以老庄"贵柔"思想诠《易》

传统儒家思想尚刚，而传统道家思想则贵柔。老子云："天下之至柔，驰骋天下之至坚。"⑨ 又云："人之生也柔弱，其死也坚强。草木之生也柔脆，其死也枯槁。故坚强者死之徒，柔弱者生之徒。是以兵强则灭，木强则折。强大处下，柔弱处上。"⑩ 又云："天下莫柔弱于水，而攻坚强者莫之能胜，以其无以易之。弱之胜强，柔之胜刚，天下莫不知，莫能行。"⑪ 王弼以"贵柔"思想诠释《周易》之例甚多，兹择要列之于下。

诠释坤卦卦辞时，王弼云："至顺而后乃亨，故唯利于牝马之贞。"诠释坤卦《象》辞时，王弼云："地之所以得无疆者，以卑顺行之故也。"诠释坤卦初六爻辞时，王弼云："始于履霜，至于坚冰，所谓至柔而动也刚。阴之为道，本于卑弱而后积著者也。"诠释坤卦六五爻辞时，王弼云："以柔顺之德，处于盛位，任夫文理

---

① ［魏］王弼著，楼宇烈校释：《周易注校释》，中华书局，2012年，第184页。
② ［魏］王弼著，楼宇烈校释：《周易注校释》，中华书局，2012年，第194页。
③ 陈鼓应：《老子注译及评介》，中华书局，1984年，第284页。
④ 陈鼓应：《老子注译及评介》，中华书局，1984年，第301页。
⑤ ［魏］王弼著，楼宇烈校释：《周易注校释》，中华书局，2012年，第98页。
⑥ ［魏］王弼著，楼宇烈校释：《周易注校释》，中华书局，2012年，第103页。
⑦ ［魏］王弼著，楼宇烈校释：《周易注校释》，中华书局，2012年，第218页。
⑧ ［魏］王弼著，楼宇烈校释：《周易注校释》，中华书局，2012年，第92页。
⑨ 陈鼓应：《老子注译及评介》，中华书局，1984年，第237页。
⑩ 陈鼓应：《老子注译及评介》，中华书局，1984年，第342页。
⑪ 陈鼓应：《老子注译及评介》，中华书局，1984年，第350页。

者也。"诠释坤卦上六爻辞时,王弼云:"阴之为道,卑顺不盈,乃全其美。"①

诠释需卦九三爻辞时,王弼云:"以刚逼难,欲进其道,所以招寇而致敌也。"② 诠释讼卦六三爻辞时,王弼云:"体夫柔弱以顺于上……不见侵夺,保全其有,故得食其旧德而不失也。……柔体不争,系应在上,众莫能倾,故曰'终吉'。"③ 诠释师卦六五爻辞时,王弼云:"处师之时,柔得尊位,阴不先唱,柔不犯物,犯而后应,往必得直,故'田有禽'也。"④

诠释同人卦九五爻辞时,王弼云:"体柔居中,众之所与;执刚用直,众所未从。……不能使物自归而用其强直,故必须大师克之,然后相遇也。"⑤ 诠释大有卦六五爻辞时,王弼云:"君尊以柔,处大以中,无私于物,上下应之,信以发志,故其孚交如也。"诠释大有卦上九爻辞时,王弼云:"虽不能体柔,而以刚乘柔,思顺之义也。"⑥

诠释大过卦初六爻辞时,王弼云:"以柔处下,过而可以无咎,其唯慎乎!"⑦ 诠释明夷卦六二爻辞时,王弼云:"以柔居中,用夷其明,进不殊类,退不近难,不见疑惮,'顺以则'也,故可用拯马而壮吉也。"⑧ 诠释家人卦六四爻辞时,王弼云:"体柔居巽,履得其位,明于家道,以近至尊,能富其家也。"⑨ 诠释损卦六四爻辞时,王弼云:"履得其位,以柔纳刚,能损其疾也。"⑩ 诠释益卦六二爻辞时,王弼云:"以柔居中,而得其位。……六二居益之中,体柔当位,而应于巽,享帝之美,在此时也。"⑪ 诠释益卦六四爻辞时,王弼云:"居益之时,处巽之始,体柔当位……以斯告公,何有不从?以斯依迁,谁有不纳也?"⑫

诠释升卦卦辞时,王弼云:"巽顺可以升。"诠释升卦六五爻辞时,王弼云:"升得尊位,体柔而应……故得贞吉升阶而尊也。"⑬ 诠释鼎卦六五爻辞时,王弼云:"居中以柔,能以通理,纳乎刚正,故曰'黄耳金铉,利贞'也。"⑭ 诠释渐卦卦辞时,王弼云:"以止巽为进,故'女归吉'也。"⑮

---

① [魏] 王弼著,楼宇烈校释:《周易注校释》,中华书局,2012年,第13-14页。
② [魏] 王弼著,楼宇烈校释:《周易注校释》,中华书局,2012年,第26页。
③ [魏] 王弼著,楼宇烈校释:《周易注校释》,中华书局,2012年,第29页。
④ [魏] 王弼著,楼宇烈校释:《周易注校释》,中华书局,2012年,第34页。
⑤ [魏] 王弼著,楼宇烈校释:《周易注校释》,中华书局,2012年,第55页。
⑥ [魏] 王弼著,楼宇烈校释:《周易注校释》,中华书局,2012年,第59页。
⑦ [魏] 王弼著,楼宇烈校释:《周易注校释》,中华书局,2012年,第106页。
⑧ [魏] 王弼著,楼宇烈校释:《周易注校释》,中华书局,2012年,第135页。
⑨ [魏] 王弼著,楼宇烈校释:《周易注校释》,中华书局,2012年,第138页。
⑩ [魏] 王弼著,楼宇烈校释:《周易注校释》,中华书局,2012年,第153页。
⑪ [魏] 王弼著,楼宇烈校释:《周易注校释》,中华书局,2012年,第157页。
⑫ [魏] 王弼著,楼宇烈校释:《周易注校释》,中华书局,2012年,第158页。
⑬ [魏] 王弼著,楼宇烈校释:《周易注校释》,中华书局,2012年,第173页。
⑭ [魏] 王弼著,楼宇烈校释:《周易注校释》,中华书局,2012年,第187页。
⑮ [魏] 王弼著,楼宇烈校释:《周易注校释》,中华书局,2012年,第196页。

诠释旅卦六二爻辞时,王弼云:"得位居中,体柔奉上,以此寄旅,必获次舍。"① 诠释既济卦时,王弼云:"既济之要,在柔得中也。"② 诠释未济卦时,王弼云:"以柔处中,不违刚也;能纳刚健,故得亨也。"诠释未济卦九四爻辞时,王弼云:"五居尊以柔,体乎文明之盛,不夺物功者也,故以大国赏之也。"诠释未济卦六五爻辞时,王弼云:"夫以柔顺文明之质,居于尊位,付与于能,而不自役,使武以文,御刚以柔,斯诚君子之光也。付物以能,而不疑也,物则竭力,功斯克矣,故曰'有孚,吉'。"③

此外,王弼还以老子"功遂身退""抱朴""反者,道之动"等思想诠释《周易》,兹不悉举④。

汉魏之际,士人喜谈玄理,钟爱老庄。正始时期对老庄的普遍爱好已经成为文人的风尚。如裴徽"才理清明,能释玄虚,每论《易》及老庄之道,未尝不注精于严、瞿之徒也"⑤,何晏"少以才秀知名,好老庄言"⑥。裴徽、何晏都与王弼有过交往。"时裴徽为吏部郎,弼未弱冠,往造焉。徽一见而异之,问弼曰:'夫无者,诚万物之所资也,然圣人莫肯致言,而《老子》申之无已者何?'弼曰:'圣人无体,无又不可以训,故不说也。《老子》是有者也,故恒言无所不足。'……于时,何晏为吏部尚书,甚奇弼,叹之曰:'仲尼称后生可畏,若斯人者,可与言天人之际乎!'"⑦ 王弼本人"少而察惠,十余岁便好庄、老,通辩能言,为傅嘏所知。"⑧ 以上为王弼以老庄思想诠释《周易》的"先行结构"。当古人对《周易》进行理解与诠释活动时,以一系列的"先行结构"为出发点。这些"先行结构"决定了中国古代不同历史时期的《周易》诠释的特色。

洪汉鼎先生指出:"在我国有着浓厚基础的经典诠释传统中,哲学诠释学找到了进一步发展的力量,但我国的经典诠释从总的方面来说,并没有达到海德格尔那种源始的诠释学,在传统与现实、继承与创新的关系上,它不像西方经典诠释重视后者,而是更重视前者。"⑨ 这句话用来评价王弼,是得当的。王弼以老庄思想诠《易》,前人多以之为脱离本义的发挥,其实"尚柔"等思想,本来就是《易经》所固有的。如,坤卦卦辞"利牝马之贞"、大畜卦六五爻辞"豮豕之牙"、离卦卦辞

---

① [魏] 王弼著,楼宇烈校释:《周易注校释》,中华书局,2012年,第205页。
② [魏] 王弼著,楼宇烈校释:《周易注校释》,中华书局,2012年,第225页。
③ [魏] 王弼著,楼宇烈校释:《周易注校释》,中华书局,2012年,第229-230页。
④ 如,王弼注小畜卦上九爻辞:"满而又进,必失其道。"注履卦初九爻辞:"履道恶华,故素乃无咎。"注同人卦九四爻辞:"不克则反,反则得吉也。"
⑤ [晋] 陈寿著,[刘宋] 裴松之注:《三国志》卷二十九,中华书局,1959年,第819页。
⑥ [晋] 陈寿著,[刘宋] 裴松之注:《三国志》卷九,中华书局,1959年,第292页。
⑦ [晋] 陈寿著,[刘宋] 裴松之注:《三国志》卷二十八,中华书局,1959年,第795页。
⑧ [刘宋] 刘义庆著,[南梁] 刘孝标注,余嘉锡笺疏:《世说新语笺疏》卷上《文学》注引《弼别传》,中华书局,2007年,第231页。
⑨ 洪汉鼎:《诠释学与中国经典诠释问题及未来》,《武汉大学学报》,2012年第4期,第5-19页。

"畜牝牛吉"等所反映的都是《易经》所固有的"尚柔"思想，因此王弼以老庄思想诠《易》，虽受当时视域影响，但大多是符合《易经》本义的。

第二节 程颐的《周易》诠释

程颐（1033—1107），字正叔，洛阳伊川人，世称"伊川先生"，是王弼之后义理易学的集大成者。英国著名汉学家葛瑞汉认为："在新儒学复兴儒学的运动中，真正有创见的人物是程伊川……程伊川是两千年来最伟大的儒学思想家！"① 程颐继王弼之后，将义理易学推向了一个新的阶段。朱熹评论说："已前解《易》，多只说象数，自程门以后，人方都作道理说了。"② 皮锡瑞云："程子于《易》，颇推王弼，然其说理，非弼所及！且不杂以老氏之旨，尤为醇正。顾炎武谓见《易》说数十家，未见有过于《程传》者，以其说理为最精也。"③ 著名易学大家朱伯崑先生在其皇皇巨著《易学哲学史》第二卷中说："从易学史上看，流传下来的义理学派的代表著作，可以说前有王弼《周易注》，后有《程氏易传》。"④

《程氏易传》又称《伊川易传》，凝聚了程颐一生的心血，体现了程颐一生之践履。程颐弟子尹焞说："先生践履尽《易》，其作《传》只是因而写成，熟读玩味，即可见矣。"又云："先生平生用意，惟在《易传》，求先生之学者，观此足矣。"⑤ 在这里，尹焞指出，探究程颐学术，应主要依据《伊川易传》。此言对当今学人亦多有启发。观学界研究程颐诸论著，对《伊川易传》的征引，远不如对程颐其他著述的征引，是为一大缺憾。程颐本人对《伊川易传》亦非常重视⑥。程颐的易学思想，早在青年时期就已卓然成家⑦，但《伊川易传》却直至元符二年（1099），程颐67岁时方才成书。成书后，又过了7年，才出以示人。此时，程颐已是74岁高龄。次年，程颐便撒手人寰⑧。

---

①葛瑞汉：《中国的两位哲学家：二程兄弟的新儒学》，大象出版社，2004年，第32页。
②[宋]朱熹著，朱杰人等主编：《朱子全书》第16册《朱子语类》卷六十七，上海古籍出版社、安徽教育出版社，2002年，第2216页。
③皮锡瑞著，潘斌整理：《皮锡瑞儒学论集》，四川大学出版社，2010年，第60页。
④朱伯崑：《易学哲学史》第二卷，昆仑出版社，2005年，第195页。
⑤[宋]李幼武：《宋名臣言行录》外集卷三，文渊阁四库全书本。
⑥程颐说："某于《易传》，杀曾下工夫。"（《程氏外书》卷五）
⑦[宋]程颢、程颐撰，朱熹编：《程氏外书》卷十二："横渠昔在京师，坐虎皮，说《周易》，听从甚众。一夕，二程先生至，论《易》。次日，横渠撤去虎皮，曰：'吾平日为诸公说者皆乱道。有二程近见，深明《易》道，吾所弗及，汝辈可师之。'横渠乃归陕西。"
⑧朱熹在《伊川先生年谱》中说："元符二年正月（1099，程颐67岁），《易传》成而序之。……崇宁五年（1106，程颐74岁），复宣义郎，致仕。时《易传》成书已久，学者莫得传授。先生曰：'自量精力未衰，尚觊有少进耳。'其后寝疾，始以授尹焞、张绎。大观元年（1107）九月庚午，卒于家，年七十有五。"

一、以"理"诠《易》

四库馆臣在《伊川易传》的提要中说:"程子不信邵子之数,故邵子以数言《易》,而程子此传则言理。"以"理"解《易》,是程颐《周易》诠释最显著的特色。

在《伊川易传》序中,程颐说:"至微者理也,至著者象也。体用一源,显微无间。"① "理"是程颐哲学的最高范畴。程颐以"理"为本体,借诠释《周易》,确立了其系统完备的"理"学体系。"理"是自然界和社会的最高原则,是天下万物都要遵循而不可违反的永恒存在,包括事物之理、性命之理、善恶是非之理、吉凶消长之理等。君王之道和臣子之道等,都是由"理"所规定的②。在《伊川易传》中,讲到"理"的地方很多。

乾卦初九爻辞"潜龙勿用",程颐注:"理无形也,故假象以显义。"③ 一物有一物之理,所谓"理一分殊"。此处之"理"乃"乾道变化,阳气消息,圣人进退"之理。乾初九在乾卦之初,阳气方萌,若龙之潜隐,当晦养以俟时。上九爻辞"亢龙有悔",程颐注:"至于亢者,不知进退存亡得丧之理也。"④ 此处之"理"乃知进知退,知存知亡,知得知丧之理。乾卦《文言》"嘉会足以合礼",程颐注:"得会通之嘉,乃合于礼也。不合礼则非理,岂得为嘉?非理安有亨乎?"⑤ 程颐视人间的"礼"为"天理"在人间投射的映像。遵循人间的"礼",就是在遵循神圣庄严的"天理"。循理则吉,反之则凶,故曰"非理,安有亨乎"。

坤卦《象》辞"先迷失道,后顺得常",程颐注:"先唱则迷失阴道,后和则顺而得其常理。"⑥ 此处所谓"常理"指为人臣、为人妻、为人子者所应遵循之"理"。六五爻辞"黄裳元吉",程颐注:"废兴,理之常也;以阴居尊位,非常之变也。"⑦ 程颐认为,革故鼎新符合"理",而以阴居尊不符合"理"。前者反映了程颐认识的进步性,后者反映了程颐认识的历史局限性。

屯卦六二爻辞"匪寇婚媾",程颐注:"婚媾,正应也。寇,非理而至者。"⑧ 此处之"理"指婚媾之理。上六爻辞"泣血涟如",程颐注:"夫卦者事也;爻者事

---

① 梁韦弦:《〈程氏易传〉导读》,齐鲁书社,2003 年,第 49 页。
② 任继愈:《中国哲学史》第三册,人民出版社,1964 年,第 219 页。
③ 梁韦弦:《〈程氏易传〉导读》,齐鲁书社,2003 年,第 51 页。
④ 梁韦弦:《〈程氏易传〉导读》,齐鲁书社,2003 年,第 60 页。
⑤ 梁韦弦:《〈程氏易传〉导读》,齐鲁书社,2003 年,第 55 页。
⑥ 梁韦弦:《〈程氏易传〉导读》,齐鲁书社,2003 年,第 62 页。
⑦ 梁韦弦:《〈程氏易传〉导读》,齐鲁书社,2003 年,第 64 页。
⑧ 梁韦弦:《〈程氏易传〉导读》,齐鲁书社,2003 年,第 69 页。

之时也。分三而又两之，足以包括众理，引而伸之，触类而长之，天下之能事毕矣。"①一事有一事之理，一时有一时之理，程颐认为，六十四卦三百八十四爻囊括了事事时时之理。当屯之事，当上六之时，"在险之极，而无应援，居则不安，动无所之"，故而"泣血涟如"。

蒙卦卦辞"亨"，程颐注："蒙有开发之理，亨之义也。"②此处之"理"指发蒙启智之理。"匪我求童蒙，童蒙求我"，程颐注："贤者在下，岂可自进以求于君？苟自求之，必无能信用之理。"③此处之"理"指"尊德乐道"之理。程颐说："古之人所以必待人君致敬尽礼而后往者，非欲自为尊大，盖其尊德乐道，不如是不足与有为也。"④

讼卦九四爻辞"不克讼，复即命，渝，安贞，吉"，程颐注："命谓正理，失正理为方命，故以即命为复也。……若义不克讼而不讼，反就正理，变其不安贞为安贞，则吉矣。"⑤方，不顺也。不顺于命则违"理"，违"理"则凶。上九爻辞"终朝三褫之"，程颐注："人之肆其刚强，穷极于讼，取祸丧身，固其理也。"⑥此处之"理"乃争讼之理。"肆其刚强，穷极于讼"则违"理"，违"理"则凶。

履卦上卦为乾天，下卦为兑泽，程颐注："天而在上，泽而处下，上下之分，尊卑之义，理之当也。"⑦此处之"理"指上下尊卑之"礼"。履卦卦辞"履虎尾，不咥人，亨"，程颐注："天在上而泽处下，以柔履藉于刚，上下各得其义，事之至顺，理之至当也。"⑧此处之"理"亦指"上下之分，尊卑之义"。程颐认为，如果能够遵循此"理"，则"虽履至危之地，亦无所害"。履卦《象》辞"上天下泽，履"，程颐注："天在上，泽居下，上下之正理也。人之所履当如是，故取其象而为履。"⑨此处之"理"亦指"上下之分，尊卑之义"。程颐对"上下之分，尊卑之义"非常重视，以至于说："夫上下之分明，然后民志有定。民志定，然后可以言治。民志不定，天下不可得而治也。"⑩蛊卦《象》辞"刚上而柔下"，程颐注："男虽少而居上，女虽长而在下，尊卑得正，上下顺理，治蛊之道也。"⑪夬卦《象》辞"扬于王庭，柔乘五刚也"，程颐注："柔虽消矣，然居五刚之上，犹为乘陵之象。阴而乘阳，非理之甚。"⑫归妹卦《象》辞"无攸利，柔乘刚也"，程颐注："男女有尊卑之序，夫妇有唱随之礼，此常理也。"⑬此处之"理"皆指上下尊卑等序之礼。

---

① 梁韦弦：《〈程氏易传〉导读》，齐鲁书社，2003年，第71页。
②③④ 梁韦弦：《〈程氏易传〉导读》，齐鲁书社，2003年，第72-73页。
⑤⑥ 梁韦弦：《〈程氏易传〉导读》，齐鲁书社，2003年，第83页。
⑦⑧ 梁韦弦：《〈程氏易传〉导读》，齐鲁书社，2003年，第99页。
⑨⑩ 梁韦弦：《〈程氏易传〉导读》，齐鲁书社，2003年，第100页。
⑪ 梁韦弦：《〈程氏易传〉导读》，齐鲁书社，2003年，第136页。
⑫ 梁韦弦：《〈程氏易传〉导读》，齐鲁书社，2003年，第257页。
⑬ 梁韦弦：《〈程氏易传〉导读》，齐鲁书社，2003年，第312页。

荀子认为，"礼"起源于"明分使群"的需要。荀子说："礼也者，理之不可易者也。"①又说："礼之理诚深矣……其理诚大矣……其理诚高矣。"②荀子的以上言论，当为程颐纳"礼"于"理"的重要思想渊薮。

《周易·序卦》："物不可以终通，故受之以否。……物不可以久居其所，故受之以遁。……进必有所伤，故受之以明夷。……物不可以终难，故受之以解。……损而不已必益，故受之以益。益而不已必决，故受之以夬。……物不可以终动，止之。……物不可以终止，故受之以渐。"程颐将之纳入其理学思想体系，说："夫物理往来通泰之极则必否。"③又说："夫久则有去，相须之理也。……夫进之不已，必有所伤，理自然也。……物无终难之理，难极则必散。……盛衰损益如循环，损极必益，理之自然。……理无常益。"④又说："动静相因，动则有静，静则有动，物无常动之理。……止必有进，屈伸消息之理也。"⑤

泰卦九三爻辞"无平不陂，无往不复，艰贞，无咎"，程颐注："物理如循环，在下者必升，居上者必降，泰久而必否……当知天理之必然，方泰之时，不敢安逸，常艰危其思虑，正固其施为，如是则可以无咎。"⑥在诠释泰卦九三《象》辞时，程颐又进一步阐述说："阳降于下，必复于上；阴升于上，必复于下。屈伸往来之常理也。"⑦诠释泰卦六四爻辞时，程颐又说："夫阴阳之升降，乃时运之否泰，或交或散，理之常也……四已过中矣，理必变也。"⑧诠释否卦卦辞时，程颐说："消长阖辟，相因而不息。泰极则复，否终则倾，无常而不变之理。"⑨诠释否卦上九爻辞时，程颐说："物理极而必反，故泰极则否，否极则泰。"⑩诠释否卦上九《象》辞时，程颐说："否终则必倾，岂有长否之理？极而必反，理之常也。"⑪大有卦九四爻辞"匪其彭"，程颐注："贤智之人，明辨物理，当其方盛，则知咎之将至，故能损抑，不敢至于满极也。"⑫上九爻辞"自天佑之，吉无不利"，程颐注："有极而不处，则无盈满之灾，能顺乎理者也。"⑬蛊卦卦辞"元亨，利涉大川"，程颐注："既蛊则有复治之理。自古治必因乱，乱则开治，理自然也。"⑭临卦卦辞"至于八月有凶"，

---

① [清] 王先谦著，沈啸寰、王星贤点校：《荀子集解》卷十四《乐论》，中华书局，1988年，第382页。
② [清] 王先谦著，沈啸寰、王星贤点校：《荀子集解》卷十三《礼论》，中华书局，1988年，第356页。
③⑨ 梁韦弦：《〈程氏易传〉导读》，齐鲁书社，2003年，第108页。
④ 梁韦弦：《〈程氏易传〉导读》，齐鲁书社，2003年，第207、219、240、250、256页。
⑤ 梁韦弦：《〈程氏易传〉导读》，齐鲁书社，2003年，第301、306页。
⑥⑦⑧ 梁韦弦：《〈程氏易传〉导读》，齐鲁书社，2003年，第106页。
⑩⑪ 梁韦弦：《〈程氏易传〉导读》，齐鲁书社，2003年，第111页。
⑫ 梁韦弦：《〈程氏易传〉导读》，齐鲁书社，2003年，第119页。
⑬ 梁韦弦：《〈程氏易传〉导读》，齐鲁书社，2003年，第120页。
⑭ 梁韦弦：《〈程氏易传〉导读》，齐鲁书社，2003年，第135页。

程颐注:"在阴阳之气言之,则消长如循环,不可易也。以人事言之,则阳为君子,阴为小人,方君子道长之时,圣人为之诫,使知极则有凶之理而虞备之,常不至于满极,则无凶也。"① 剥卦《象》辞"君子尚消息盈虚,天行也",程颐注:"君子存心消息盈虚之理而能顺之,乃合乎天行也。"② 离卦九三爻辞"鼓缶而歌",程颐注:"以理言之,盛必有衰,始必有终,常道也。达者顺理为乐……鼓缶而歌,乐其常也。"③ 由此可见,程颐对"泰极则否,否极则泰"之"理"反复加以诠释。

"泰极则否,否极则泰"之"理"即动息相感,往来屈伸之"理"。诠释咸卦九四爻辞时,程颐说:"尺蠖之行,先屈而后信,盖不屈则无信,信而后有屈,观尺蠖则知感应之理矣。"④ 睽卦六三爻辞"无初有终",程颐注:"则睽极有终合之理。""合以正道,自无终睽之理。故贤者顺理而安行,智者知几而固守。"⑤ 上九爻辞"先张之弧,后说之弧",程颐注:"物理极而必反……大凡失道既极,则必反正理。"⑥ 困卦上六爻辞"困于葛藟,于臲卼,曰动悔,有悔,征吉",程颐说:"物极则反,事极则变。困既极矣,理当变矣。"⑦ 归妹卦《象》辞"永终知弊",程颐注:"必知其有敝坏之理而戒慎之。"⑧ 既济卦《象》辞"终止则乱",程颐注:"天下之事,不进则退,无一定之理……时极道穷,理当必变也……唯圣人为能通其变于未穷,不使至于极也。"⑨

以上之"理"皆日中而昃、月盈而亏、物壮而老、事极则反、阴阳消息、盛衰更替、吉凶转化之理。此"理"不以人的意志为转移,完全可以解释为"规律"。任继愈先生主编的《中国哲学史》中论及二程理学时说:"二程所谓'理',它不同于事物的规律。"⑩ 此论断有失偏颇。

阴阳消长之理乃自然之理(天理),人事当顺之。程颐说:"理有消衰,有息长,有盈满,有虚损,顺之则吉,逆之则凶。君子随时敦尚,所以事天也。"⑪

阴阳消长,则剥极而复。诠释剥卦上九爻辞"硕果不食,君子得舆,小人剥庐"时,程颐说:"诸阳消剥已尽,独有上九一爻尚存,如硕大之果,不见食,将见复生之理……然阳无可尽之理,变于上则生于下,无间可容息也。圣人发明此理,

---

① 梁韦弦:《〈程氏易传〉导读》,齐鲁书社,2003年,第140-141页。
② 梁韦弦:《〈程氏易传〉导读》,齐鲁书社,2003年,第159页。
③ 梁韦弦:《〈程氏易传〉导读》,齐鲁书社,2003年,第194页。
④ 梁韦弦:《〈程氏易传〉导读》,齐鲁书社,2003年,第201页。
⑤ 梁韦弦:《〈程氏易传〉导读》,齐鲁书社,2003年,第232页。
⑥ 梁韦弦:《〈程氏易传〉导读》,齐鲁书社,2003年,第234页。
⑦ 梁韦弦:《〈程氏易传〉导读》,齐鲁书社,2003年,第281页。
⑧ 梁韦弦:《〈程氏易传〉导读》,齐鲁书社,2003年,第313页。
⑨ 梁韦弦:《〈程氏易传〉导读》,齐鲁书社,2003年,第350页。
⑩ 任继愈:《中国哲学史》第三册,人民出版社,1964年,第219页。
⑪ 梁韦弦:《〈程氏易传〉导读》,齐鲁书社,2003年,第159页。

以见阳与君子之道，不可亡也……理既如是，在卦亦众阴宗阳，为共载之象。"① 诠释《周易·序卦》"穷上反下"时，程颐说："物无剥尽之理，故剥极则复来，阴极则阳生，阳剥极于上而复生于下。"② 诠释复卦《彖》辞时，程颐说："消长相因，天之理也。"③

"天之理"即"天理"。程颢曾云："吾学虽有所受，'天理'二字却是自家体贴出来。"④ 然揆诸史籍，在程颢之前，早在庄子之时，就已提出"天理"概念。《庄子·养生主》中说，庖丁解牛的诀窍在于"依乎天理"。《庄子·天运》中说："夫至乐者，先应之以人事，顺之以天理。"《庄子·刻意》中说："去知与故，循天之理。"《礼记·乐记》中亦提到"天理"："好恶无节于内，知诱于外，不能反躬，天理灭矣。夫物之感人无穷，而人之好恶无节，则是物至而人化物也。人化物也者，灭天理而穷人欲者也。"邵雍和张载也都多次提及"天理"。邵雍说："能循天理动者，造化在我也。天下言读书者不少，能读书者少，若得天理真乐，何书不可读，何坚不可破，何理不可精。得天理者，不独润身，亦能润心，不独润心，至于性命亦润……得之与否，天也；得失不动心，所以顺天也。强取必得，是逆天理也，逆天理者，患祸必至。"⑤ 张载说："处剥之时，顺上以观天理之消息盈虚。"⑥ 又说："人谋之所经画，亦莫非天理耳。"⑦ 又说："烛天理如向明，万象无所隐。"⑧ 既然"天理"概念并非由程氏首先提出，程氏为何要说"'天理'二字却是自家体贴出来"呢？笔者认为，程氏此言的确切含义并非指首先提出"天理"概念，而是指首先赋予其"礼""诚"等丰富的内涵，"把天理确立为宇宙本体和价值本体的最高范畴"⑨。

作为本体的"理"是唯一的，体现于具体事物上的"理"是千差万别的。同人卦《彖》辞"唯君子为能通天下之志"，程颐注："天下之志万殊，理则一也。君子明理，故能通天下之志。"⑩ 在这里，程颐表达了其"理一而分殊"的哲学观点。作为本体的"理"类似于一般规律，体现于具体事物上的"理"类似于特殊规律。诠释咸卦九四爻辞时，程颐又说："天下之理一也，途虽殊而其归则同，虑虽百而其致则一。虽物有万殊，事有万变，统之以一，则无能违也。"⑪ 诠释睽卦《彖》辞

---

① 梁韦弦：《〈程氏易传〉导读》，齐鲁书社，2003年，第161页。
② 梁韦弦：《〈程氏易传〉导读》，齐鲁书社，2003年，第162页。
③ 梁韦弦：《〈程氏易传〉导读》，齐鲁书社，2003年，第164页。
④ [宋] 朱熹编：《二程外书》卷十二，文渊阁四库全书本。
⑤ [宋] 邵雍：《皇极经世书》卷十四《观物外篇下》，文渊阁四库全书本。
⑥ [宋] 张载著，章锡琛点校：《张载集·横渠易说·上经》，中华书局，1978年，第111页。
⑦ [宋] 张载著，章锡琛点校：《张载集·横渠易说·系辞下》，中华书局，1978年，第232页。
⑧ [宋] 张载著，章锡琛点校：《张载集·正蒙·大心篇》，中华书局，1978年，第26页。
⑨ 余敦康：《汉宋易学解读》，华夏出版社，2006年，第404页。
⑩ 梁韦弦：《〈程氏易传〉导读》，齐鲁书社，2003年，第113页。
⑪ 梁韦弦：《〈程氏易传〉导读》，齐鲁书社，2003年，第201页。

时，程颐说："物虽异而理本同。"①体现于各种具体事物的"理"统一于作为价值本体和宇宙本体的"理"。作为价值本体和宇宙本体的"理"内在地蕴含着体现于各种具体事物的"理"。"理一"强调"同"，"分殊"强调"异"，余敦康先生认为，"'理一而分殊'这个命题，其实质性的内涵就是儒家依据三代礼乐制度所提炼而成的一种文化价值理想"②。"理一"强调"同"，"分殊"强调"异"。"同"代表和合，"异"代表秩序。《礼记·乐记》中说："乐者为同，礼者为异。"又说："乐者，天地之和也；礼者，天地之序也。"余敦康先生说："如果合同的一面强调得过头，就会上下不分，贵贱不明；反之，如果别异的一面强调得过头，就会离心离德，影响社会群体的凝聚。"③

程颐认为，君王对土地、人口的绝对拥有权也是"理"的规定。大有卦九三爻辞"公用亨于天子"，程颐注："凡土地之富，人民之众，皆王者之有也，此理之正也。"④

程颐理学体系中的"理"有时又指"自卑""自晦"之理。谦卦卦辞"亨，君子有终"，程颐注："达理，故乐天而不竞。……自卑而人益尊之，自晦而德益光显，此所谓君子有终也。"⑤益卦六二爻辞"或益之十朋之龟"，程颐注："夫满则不受，虚则来物，理自然也。"⑥此处之"理"乃"满招损，谦受益"之理。

豫卦《彖》辞"豫顺以动"，程颐注："天地之道，万物之理，唯至顺而已。"⑦上下相顺则吉，反之则凶，故程颐又说："动而上下顺从，其志得行也。"⑧"豫之时义大矣哉"，程颐注："欲人研味其理，优柔涵泳而识之也。"⑨此处之"理"即"豫顺以动"之理。

豫卦九四爻辞"大有得"，程颐注："居上位而至诚求助，理必得之。"⑩中孚卦九二爻辞"鸣鹤在阴，其子和之，我有好爵，吾与尔靡之"，程颐注："至诚感通之理，知道者为能识之。"⑪此处之"理"的具体内涵是：至诚则吉。

在《伊川易传》中，"诚"字的出现频率极高。"诚"的概念由来已久。《大学》中言"欲正其心者，先诚其意"，《中庸》中言"诚者，天之道也；诚之者，人之道也。"程颐的启蒙老师周敦颐在《通书》中说："诚，圣人之本。"又说："圣，

---

① 梁韦弦：《〈程氏易传〉导读》，齐鲁书社，2003年，第230页。
② 余敦康：《汉宋易学解读》，华夏出版社，2006年，第415页。
③ 余敦康：《汉宋易学解读》，华夏出版社，2006年，第416页。
④ 梁韦弦：《〈程氏易传〉导读》，齐鲁书社，2003年，第118页。
⑤ 梁韦弦：《〈程氏易传〉导读》，齐鲁书社，2003年，第121页。
⑥ 梁韦弦：《〈程氏易传〉导读》，齐鲁书社，2003年，第252页。案，《论语·为政》中的"君子不器"，旧注未妥。笔者认为，"不"可训"丕"，"器"可训"虚中受物"。《素问·保命全角论》"令器津泄"王冰注："凡虚中而受物者皆谓之器。"
⑦⑧⑨ 梁韦弦：《〈程氏易传〉导读》，齐鲁书社，2003年，第126页。
⑩ 梁韦弦：《〈程氏易传〉导读》，齐鲁书社，2003年，第129页。
⑪ 梁韦弦：《〈程氏易传〉导读》，齐鲁书社，2003年，第342页。

诚而已矣。""诚,五常之本,百行之源也。"①明薛文清说:"《通书》,一诚字括尽。"②清黄宗羲说:"周子之学,以诚为本。"③在周敦颐的基础之上,程颐提出:"诚者,实理也。"④将"诚"纳入其理学思想体系。姜海军说:"在程颐的思想体系中,'诚'被作为天理的根本道德属性、人伦的最高道德标准。"⑤又说:"在程颐看来,'诚'不但是人所应具有的道德质量和道德境界,也是成为贯通天人、连接物我的一个重要的哲学本体范畴。"⑥

贲卦《彖》辞"柔来而文刚,故亨;分刚上而文柔,故小利有攸往。刚柔交错,天文也,文明以止,人文也",程颐注:"质必有文,自然之理。理必有对待,生生之本也。"⑦此处之"理"指阴阳对峙之理,阴阳对立统一的矛盾运动,是"生生之本"。程颐说:"有上则有下,有此则有彼,有质则有文,一不独立,二则为文,非知道者,孰能识之?"⑧

《周易·序卦》"复则不妄矣,故受之以无妄",程颐注:"复者反于道也,既复于道,则合正理而无妄,故复之后受之以无妄也。"⑨此处之"理"的内涵是:以诚修心,以礼正身,而不为人欲所牵。程颐说:"动以天为无妄,动以人欲则妄矣。"⑩又说:"无妄者,理之正也。"⑪

能够以诚修心,以礼正身,必然"刚中而应"。诠释无妄卦《彖》辞"刚中而应"时,程颐说:"五以刚居中正,二复以中正相应,是顺理而不妄也。"⑫

无妄卦六二爻辞"不耕获,不菑畬",程颐注:"因事之当然,则是顺理应物,非妄也,获与畬是也。"⑬此处之"理"的具体内涵是:耕则必有获,菑则必有畬。程颐说:"盖耕则必有获,菑则必有畬,是事理之固然,非心意之所造作也。"⑭

咸卦《彖》辞"天地感而万物化生,圣人感人心而天下和平,观其所感,而天地万物之情可见矣",程颐注:"既言男女相感之义,复推极感道,以尽天地之理、圣人之用。"⑮此处之"理",指阴阳交感之理。程颐说:"天地二气交感而化生万物,圣人至诚以感亿兆之心而天下和平。天下之心所以和平,由圣人感之也。观天地交感化生万物之理,与圣人感人心致和平之道,则天地万物之情可见矣。感通之

---

① [宋] 周敦颐著,陈克明点校:《周敦颐集》卷二《通书·诚》,中华书局,1990年,第13、15页。
② [明] 薛瑄:《读书录》卷八,文渊阁四库全书本。
③ [清] 黄宗羲:《宋元学案》卷十二《濂溪学案》下,中华书局,1986年,第523页。
④ [宋] 杨时:《二程粹言》卷上《论道》,文渊阁四库全书本。
⑤ 姜海军:《程颐易学思想研究》,北京师范大学出版社,2010年,第187页。
⑥ 姜海军:《程颐易学思想研究》,北京师范大学出版社,2010年,第190页。
⑦⑧ 梁韦弦:《〈程氏易传〉导读》,齐鲁书社,2003年,第153页。
⑨⑩ 梁韦弦:《〈程氏易传〉导读》,齐鲁书社,2003年,第166页。
⑪ 梁韦弦:《〈程氏易传〉导读》,齐鲁书社,2003年,第168页。
⑫ 梁韦弦:《〈程氏易传〉导读》,齐鲁书社,2003年,第167页。
⑬⑭ 梁韦弦:《〈程氏易传〉导读》,齐鲁书社,2003年,第169页。
⑮ 梁韦弦:《〈程氏易传〉导读》,齐鲁书社,2003年,第198页。

理，知道者默而观之可也。"① 诠释归妹卦《彖》辞"归妹，天地之大义也"时，程颐又说："一阴一阳之谓道。阴阳交感，男女配合，天地之常理也。"② 在这里，程颐由阴阳二气之交感，引申到君民的交感，此即所谓"推天道以明人事"。四库馆臣说："邵子以数言《易》，而程子此传则言理。一阐天道，一切人事，盖古人著书，务抒所见，不妨各明一义。"③

阴阳之配合，男女之交媾，符合"理"，然欲而过度，则不符合"理"，这体现了程颐理学思想中关于"理"与"欲"的辩证关系。程颐说："夫阴阳之配合，男女之交媾，理之常也。然从欲而流放，不由义理，则淫邪无所不至，伤身败德，岂人理哉！"④

程颐注《易》，继承了王弼"卦者，时也；爻者，适时之变者也"的观点，非常重视"时"⑤。不同的"时"有不同的"理"。诠释咸卦六二爻辞"咸其腓，凶，居吉"，程颐注："唯顺理则不害。"此处之"理"的具体内涵是：在咸卦的第二阶段，"先动求君则凶，居以自守则吉"⑥。

程颐思想体系中的"理"是自然之理与社会之理的统一。恒卦上卦为震，震为动，为长男，下卦为巽，巽为顺，为长女，故程颐诠释说："男在女上，男动于外，女顺于内，人理之常，故为恒也。"⑦ 此处之"理"，指社会之理。程颐将君臣、男女之别视为人类社会的天经地义之"理"，反映了其认识的局限性。

恒卦《彖》辞"刚柔皆应"，程颐注："刚柔相应，理之常也。"⑧ 此处之"理"的具体内涵是：刚柔相应则吉。"天地之道，恒久而不已也"，程颐注："天地之所以不已，盖有恒久之道。人能恒于可恒之道，则合天地之理也。"⑨ 此处之"理"的具体内涵是：有恒则吉。

"有恒"的含义并非泥常而不动，所以诠释恒卦《彖》辞"利有攸往"时，程颐又说："天下之理，未有不动而能恒者也……凡天地所生之物，虽山岳之坚厚，未有能不变者也，故恒非一定之谓也，一定则不能恒矣。唯随时变易，乃常道也，

---

① 梁韦弦：《〈程氏易传〉导读》，齐鲁书社，2003年，第198页。
② 梁韦弦：《〈程氏易传〉导读》，齐鲁书社，2003年，第312页。
③ [清] 永瑢、纪昀等撰：《四库全书总目》卷二，中华书局，1965年，第6页下栏。
④ 梁韦弦：《〈程氏易传〉导读》，齐鲁书社，2003年，第312-313页。
⑤ 程颐主张读《易》由王弼《易》注入手。在《与金堂谢君书》中，程颐说："若欲治《易》，先寻绎令熟，只看王弼、胡先生、王介甫三家文字，令通贯，余人《易》说无取，枉费功。"（《二程文集》卷十）在《二程遗书》中又云："《易》有百余家，难为遍观。如素未读，不晓文义，且须看王弼、胡先生、荆公三家。理会得文义，且要熟读，然后却有用心处。"（《二程遗书》卷十九）但程颐以儒理注《易》与王弼以玄学注《易》不同。
⑥ 梁韦弦：《〈程氏易传〉导读》，齐鲁书社，2003年，第199页。
⑦ 梁韦弦：《〈程氏易传〉导读》，齐鲁书社，2003年，第203页。
⑧⑨ 梁韦弦：《〈程氏易传〉导读》，齐鲁书社，2003年，第204页。

故云利有攸往。明理之如是，惧人之泥于常也。"① 此处之"理"指变易之理。革卦《象》辞"泽中有火，革。君子以治历明时"，程颐注："夫变易之道，事之至大，理之至明。"② 此处之"理"亦指变易之理。

恒卦九二爻辞"悔亡"，程颐注："九阳爻，居阴位，非常理也。"③ 此处之"理"的具体内涵是：得位而吉，反之则凶。"得位"思想的合理内核是每一个人都有其位置和与之相应的规范，每一个人都应遵循与其位置所相应的规范。

大壮卦《象》辞"正大而天地之情可见矣"，程颐注："极正大之理，则天地之情可见矣。……正大之理，学者默识心通可也。"④ 此处之"理"的具体内涵是：正大则吉。

家人卦六二爻辞"无攸遂"，程颐注："人之处家，在骨肉父子之间，大率以情胜理，以恩夺义。"⑤ 在这里，"理"与"情"对称。顺私情则逆天理，顺天理必牾私情。在诠释损卦卦辞时，程颐又将"天理"与"人欲"对称："先王制其本者，天理也；后人流于末者，人欲也。损之义，损人欲以复天理而已。"⑥ 然而，天理与人欲并非绝对对立，诠释益卦上九《象》辞时，程颐说："理者天下之至公，利者众人所同欲。苟公其心，不失其正理，则与众同利，无侵于人，人亦欲与之。"⑦ 好利而不自私，自益而不损人，在程颐看来，是符合"理"的。

《周易·序卦》"家道穷必乖，故受之以睽"，程颐注："家道穷则睽乖离散，理必然也。"⑧ 此处之"理"乃家庭人伦之理。"程颢、程颐的伦理思想，是以天理论为哲学依据，以五伦为中心，从修身齐家到治国平天下为序展开的，由此形成了他们的人伦观、义利观、公私观、气节观和修养观等一整套伦理思想"⑨。

睽卦《象》辞"同而异"，程颐注："夫圣贤之处世，在人理之常，莫不大同，于世俗所同者则有时而独异，盖于秉彝则同矣，于世俗之失则异也。不能大同者，乱常咈理之人也；不能独异者，随俗习非之人也；要在同而能异耳。"⑩ 此处之"理"反映了"同"与"异"的辩证关系。《论语》中的"和而不同"，《中庸》中的"和而不流"，可为注脚。

解卦卦辞"其来复吉"，程颐注："进复先代明王之治，是来复也，谓反正理

---

① 梁韦弦：《〈程氏易传〉导读》，齐鲁书社，2003年，第204页。
② 梁韦弦：《〈程氏易传〉导读》，齐鲁书社，2003年，第287页。
③ 梁韦弦：《〈程氏易传〉导读》，齐鲁书社，2003年，第205页。
④ 梁韦弦：《〈程氏易传〉导读》，齐鲁书社，2003年，第211-212页。
⑤ 梁韦弦：《〈程氏易传〉导读》，齐鲁书社，2003年，第226页。
⑥ 梁韦弦：《〈程氏易传〉导读》，齐鲁书社，2003年，第246页。
⑦ 梁韦弦：《〈程氏易传〉导读》，齐鲁书社，2003年，第255页。
⑧ 梁韦弦：《〈程氏易传〉导读》，齐鲁书社，2003年，第229页。
⑨ 卢连章：《程颢、程颐评传》，南京大学出版社，2001年，第251页。
⑩ 梁韦弦：《〈程氏易传〉导读》，齐鲁书社，2003年，第230页。

也。"① 显然，在这里，程颐以"先代明王之治"为"正理"。

损卦卦辞"有孚，元吉，无咎，可贞，利有攸往"，程颐注："人之所损，或过，或不及，或不常，皆不合正理，非有孚也。非有孚，则无吉而有咎，非可贞之道，不可行也。"② 此处之"理"指中庸之理。震卦六五爻辞"震往来厉，亿无丧，有事"，程颐注："天下之理，莫善于中。"③ 此处之"理"亦指中庸之理。程颐说："诸卦：二五虽不当位，多以中为美；三四虽当位，或以不中为过，中常重于正也。盖中则不违于正，正不必中也。"④

"当位"和"得中"都是《易传》解《易》之例，然而孰轻孰重，《易传》之中并无明确答案。程颐在《周易》诠释史上首次提出了"中重于正"的观点。揆诸《周易》六十四卦，"得中"而不"当位"者，有乾九二、坤六五、蒙九二、蒙六五、需九二、讼九二、师九二、师六五、小畜九二、履九二、泰九二、泰六五、大有九二、大有六五、谦六五、豫六五、蛊九二、蛊六五、临九二、临六五、噬嗑六五、贲六五、剥六五、复六五、大畜九二、大畜六五、颐六五、大过九二、坎九二、离六五、恒九二、恒六五、大壮九二、大壮六五、晋六五、明夷六五、睽九二、睽六五、解九二、解六五、损九二、损六五、夬九二、姤九二、升九二、升六五、困九二、井九二、鼎九二、鼎六五、震六五、艮六五、归妹九二、归妹六五、丰六五、旅六五、巽九二、兑九二、涣九二、节九二、中孚九二、小过六五、未济九二、未济六五，共计六十四爻。其中乾九二、坤六五、蒙九二、蒙六五、需九二、讼九二、师九二、小畜九二、履九二、泰九二、泰六五、大有九二、大有六五、谦六五、豫六五、蛊六五、临九二、临六五、噬嗑六五、贲六五、剥六五、复六五、大畜六五、颐六五、大过九二、坎九二、离六五、恒九二、大壮九二、大壮六五、晋六五、明夷六五、睽九二、睽六五、解九二、解六五、损九二、损六五、夬九二、姤九二、升九二、升六五、困九二、鼎九二、鼎六五、震六五、艮六五、归妹九二、归妹六五、丰六五、旅六五、巽九二、兑九二、涣九二、中孚九二、小过六五、未济九二和六五爻辞中都有主吉之语，所占比例高达92%，所以程颐"中重于正"的观点言而有据。⑤ "中"既重于"正"，如果"中""正"兼而有之，则必吉。诠释渐卦九五爻辞"终莫之胜"时，程颐注："中正之道，有必亨之理。"⑥

夬卦初九《象》辞"不胜而往，咎也"，程颐注："理不能胜，而且往，其咎可

---

① 梁韦弦：《〈程氏易传〉导读》，齐鲁书社，2003年，第240页。
② 梁韦弦：《〈程氏易传〉导读》，齐鲁书社，2003年，第245—246页。
③④ 梁韦弦：《〈程氏易传〉导读》，齐鲁书社，2003年，第300页。
⑤ 案，蛊卦九二爻辞中的"不"未必是否定副词，而可训为语气助词。如，"水火不相射"，或作"水火相射"；"四体不勤，五谷不分"，或解作"四体是勤，五谷是分"。《诗·曹风·侯人》"维鹈在梁，不濡其翼"陈奂传疏、《小雅·宾之初筵》"彼醉不臧"马瑞辰传笺通释均曰："不，语词。"如此，爻辞"中而吉"者所占比例将更高。
⑥ 梁韦弦：《〈程氏易传〉导读》，齐鲁书社，2003年，第310页。

知。"① 姤卦九五《象》辞"志不舍命",程颐注:"命,天理也。"② 显然,这里的"理"指事物发展的必然性。

顺"理"则随"时",诠释萃卦卦辞时,程颐说:"盖随时之宜,顺理而行,故彖云顺天命也。……大凡兴工立事,贵得可为之时,萃而后用,是以动而有裕,天理然也。"③ 诠释萃卦《彖》辞时,程颐说:"物聚而力赡,乃可以有为,故利有攸往。皆天理然也,故云顺天命也。"④ 当"物聚而力赡"之时,方可有为。诠释困卦九四爻辞时,程颐说:"当困之时,上下相求,理当然也。"⑤ 艮卦《象》辞"动静不失其时",程颐注:"行止动静不以时则妄也。不失其时,则顺理而合义。"⑥

通过对程颐以"理"解《易》的文字的梳理,我们可以看到,程颐思想体系中的"理"的内涵十分丰富。只有统而观之,才能全面认识程颐思想体系中的"理",而不至于挂一漏万,以偏概全。

二、以"民生"思想诠《易》

孙中山先生尝言:"我辈之三民主义首渊源于孟子,更基于程伊川之说。孟子实为我等民主主义之鼻祖。社会改造本导于程伊川,乃民生主义之先觉。"⑦ 孙中山之所以尊孟子为"民主主义之鼻祖",大概基于孟子的以下论述:"左右皆曰贤,未可也;诸大夫皆曰贤,未可也;国人皆曰贤,然后察之,见贤焉,然后用之。左右皆曰不可,勿听;诸大夫皆曰不可,勿听;国人皆曰不可,然后察之,见不可焉,然后去之。左右皆曰可杀,勿听;诸大夫皆曰可杀,勿听;国人皆曰可杀,然后察之,见可杀焉,然后杀之。故曰,国人杀之也。"⑧ 一个人被任用、被罢免、被刑杀,最终根据国人的意见来决定。这与孙中山所提出的四大民权(选举权、罢免权、创制权、复决权)的确有极大的关联。孙中山之所以尊程颐为"民生主义之先觉",是基于程颐重民、保民的大量论述。兹列《伊川易传》中程颐以民生思想诠《易》者,作为孙中山之言的注脚,兼明程颐诠《易》特色。

师卦卦辞"贞",程颐注:"师之道,以正为本。兴师动众以毒天下,而不以正,民弗从也,强驱之耳。故师以贞为主。"⑨ 案,程颐以"正"释"贞",不得本义。据甲骨卜辞例,"贞"当训"占问"。

---

① 梁韦弦:《〈程氏易传〉导读》,齐鲁书社,2003年,第258页。
② 梁韦弦:《〈程氏易传〉导读》,齐鲁书社,2003年,第265页。
③ 梁韦弦:《〈程氏易传〉导读》,齐鲁书社,2003年,第267页。
④ 梁韦弦:《〈程氏易传〉导读》,齐鲁书社,2003年,第268页。
⑤ 梁韦弦:《〈程氏易传〉导读》》,齐鲁书社,2003年,第280页。
⑥ 梁韦弦:《〈程氏易传〉导读》,齐鲁书社,2003年,第302页。
⑦《孙中山全集》卷九《与日人某君的谈话》(1924年2月),中华书局,2011年,第532页。
⑧ 杨伯峻:《孟子译注》卷二《梁惠王章句下》,中华书局,1960年,第41页。
⑨ 梁韦弦:《〈程氏易传〉导读》,齐鲁书社,2003年,第84页。

师卦卦辞"吉无咎",程颐注:"师旅之兴,不无伤财害人,毒害天下,然而民心从之者,以其义动也。古者东征西怨,民心从也。如是故吉而无咎。"① 程颐并不绝对地反对战争,对于有利于民的仁义之战,他是支持的。这与孟子的思想相同。据《孟子·梁惠王下》记载,齐宣王曾问孟子是否应该消灭燕国,孟子回答:"取之而燕民悦,则取之。……取之而燕民不悦,则勿取。"② 可与程颐此注相发明。

师卦六五爻辞"利执言",程颐注:"师之兴,必以蛮夷猾夏,寇贼奸宄,为生民之害,不可怀来,然后奉辞以诛之。"③ 此注反映了程颐兴师以保民的思想。

比卦卦辞"不宁方来",程颐注:"民不能自保,故戴君以求宁;君不能独立,故保民以为安。不宁而来比者,上下相应也。以圣人之公言之,固至诚求天下之比,以安民也。以后王之私言之,不求下民之附,则危亡至矣。"④ 程颐认为,君民只有上下相应,国家才能长治久安。在这里,程颐更加强调君爱民。无论从公义的角度,还是从利害的角度,君都应爱民。

程颐主张君爱民,不忌讳从利害的角度宣讲,与孟子不同。据《孟子·告子下》记载,秦、楚构兵,宋牼打算去劝和,孟子问宋牼打算如何来劝,宋牼说:"我将言其不利也。"孟子却说:"先生之志则大矣,先生之号则不可。先生以利说秦楚之王,秦楚之王悦于利,以罢三军之师,是三军之士乐罢而悦于利也。为人臣者怀利以事其君,为人子者怀利以事其父,为人弟者怀利以事其兄。是君臣、父子、兄弟终去仁义,怀利以相接,然而不亡者,未之有也。先生以仁义说秦楚之王,秦楚之王悦于仁义,而罢三军之师,是三军之士乐罢而悦于仁义也。为人臣者怀仁义以事其君,为人子者怀仁义以事其父,为人弟者怀仁义以事其兄,是君臣、父子、兄弟去利,怀仁义以相接也。然而不王者,未之有也。何必曰利?"⑤ 孟子认为,宋牼应以仁义劝和,而不应以利害劝和。孟子之言虽然雄辩,但实际效果必不如在劝以仁义的同时,兼说以利害。

比卦《象》辞"建万国",程颐注:"建立万国,所以比民也。"⑥ 比卦《象》辞本义,并未言"比民",程颐以"比民"解之,是基于民本思想的发挥。

履卦《象》辞"辩上下,定民志",程颐注:"夫上下之分明,然后民志有定。民志定,然后可以言治。民志不定,天下不可得而治也。"⑦ 程颐在强调君上民下的等序的同时,也强调了安定民心的重要性。

泰卦《象》辞"左右民",程颐注:"民之生,必赖君上为之法制以教率辅翼

---

① 梁韦弦:《〈程氏易传〉导读》,齐鲁书社,2003年,第85页。
② 杨伯峻:《孟子译注》卷二《梁惠王章句下》,中华书局,1960年,第44页。
③ 梁韦弦:《〈程氏易传〉导读》,齐鲁书社,2003年,第87页。
④⑥ 梁韦弦:《〈程氏易传〉导读》,齐鲁书社,2003年,第90页。
⑤ 杨伯峻:《孟子译注》卷十二《告子章句下》,中华书局,1960年,第280页。
⑦ 梁韦弦:《〈程氏易传〉导读》,齐鲁书社,2003年,第100页。

之，乃得遂其生养，是左右之也。"① 程颐认为，以法制教导规范民众也是爱民的表现。

泰卦上六爻辞"勿用师"，程颐注："民心离散，不从其上，岂可用也？"② 此注为程颐基于民本思想的引申。朱熹从卜筮的角度对此爻的注释是："戒占者不可力争，但可自守。"③

否卦《彖》辞"上下不交而天下无邦"，程颐注："上施政以治民，民戴君而从命，上下相交，所以治安。今上下不交，是天下无邦国之道也。"④ 否卦上卦为乾，下卦为坤，乾天之气轻清而上扬，坤地之气重浊而下降，天、地之气不相交，有君、民不相交之象，故程颐以君、民关系释之。

随卦九四爻辞"有孚在道以明"，程颐注："唯孚诚积于中，动为合于道，以明哲处之，则又何咎？古之人有行之者，伊尹、周公、孔明是也，皆德及于民，而民随之。"⑤ 程颐注《易》重视人道教训，故常引史事以发明《易》理。如诠《周易·文言·乾》"见龙在田，利见大人，君德也"，引舜、禹、伊尹、傅说之史事以证之；诠坤卦六五爻辞，引后羿、王莽、女娲、武则天、汤、武之史事以证之；诠屯卦九五爻辞，引鲁昭公、高贵乡公、盘庚、周宣王、唐僖宗、唐昭宗之史事以证之；诠蒙卦上九爻辞，引舜征有苗、周公诛三监、秦皇、汉武穷兵诛伐之史事以证之；诠师卦卦辞，引司马穰苴诛庄贾、淮阴侯韩信为大将之史事以证之；诠师卦九二爻辞，引周公史事以证之；诠师卦六五爻辞，引秦皇、汉武"穷山林以索禽兽"、晋荀林父邲之战、唐郭子仪相州之败以证之；诠师卦上六爻辞，引汉英布、彭越之史事以证之；诠比卦六二《象》辞，引伊尹、武侯"必待礼至，然后出"的史事以证之；诠否卦九五爻辞，引汉王允、唐李德裕之史事以证之；诠谦卦九三爻辞，引周公"有功劳而持谦德"的史事以证之；诠豫卦六五爻辞，引汉、魏末世之君"权虽失而位未亡"的史事以证之；诠随卦九四爻辞，引伊尹、周公、孔明、唐郭子仪之史事以证之；诠蛊卦九二爻辞，引周公辅成王之史事以证之；诠蛊卦六五爻辞，引太甲、成王"以臣而用誉"的史事以证之；诠蛊卦上九爻辞，引伊尹、太公望、曾子、子思之史事以证之；诠剥卦六三《象》辞，引东汉吕强之史事以证之；诠颐卦六五爻辞，引成王"几不保于周公"之史事以证之；诠颐卦上九爻辞，引伊尹、周公"忧勤敬畏"之史事以证之；诠大过卦卦名，引尧、舜之禅让，汤、武之放伐以证之；诠坎卦六四爻辞，引"汉祖爱戚姬，将易太子"和"赵王太后爱其少子长安君，不肯使质于齐"的史事以证之；诠遁卦《彖》辞，引孔、孟、王允、谢安"知

---

① 梁韦弦：《〈程氏易传〉导读》，齐鲁书社，2003年，第104页。
② 梁韦弦：《〈程氏易传〉导读》，齐鲁书社，2003年，第107页。
③ [宋] 朱熹：《周易本义》，宋咸淳元年吴革刻本，全1函6册，第1册，第22页。
④ 梁韦弦：《〈程氏易传〉导读》，齐鲁书社，2003年，第108-109页。
⑤ 梁韦弦：《〈程氏易传〉导读》，齐鲁书社，2003年，第133页。

道之将废"而不肯"坐视其乱而不救"的史事以证之;诠遁卦九三爻辞,引"蜀先主之不忍弃士民"以证之;诠明夷卦初九爻辞,引"穆生之去楚""袁闳于党事未起之前……而独潜身土室"以证之;诠明夷卦九三爻辞和《象》辞,引"汤、武之事"以证之;诠明夷卦六五《象》辞,引扬雄逼于祸患而"失其所守"以证之;诠蹇卦九五爻辞,引"汤、武得伊、吕""刘禅之孔明、唐肃宗之郭子仪、德宗之李晟"以证"自古圣王济天下之蹇,未有不由贤圣之臣为之助者……中常之君,得刚明之臣而能济大难者则有矣";诠蹇卦九五《象》辞,引汉李固、王允,晋周顗、王导"守节秉义,而才不足以济"以证之;诠解卦卦辞,引"汤除桀之虐……武王诛纣之暴"以证之;诠解卦九二爻辞,引"桓敬之不去武三思"以证之;诠姤卦九五爻辞,引"高宗感于梦寐,文王遇于渔钓"以证之;诠革卦上六爻辞,引商辛以证"天下自弃自暴者,非必皆昏愚也,往往强戾而才力有过人者";诠兑卦九五爻辞,引"尧舜之盛,未尝无戒""四凶处尧朝,隐恶而顺命""虽舜之圣,且畏巧言令色"以证之;诠既济卦六二爻辞,引唐太宗之史事证之。尽管程颐有大量以史证《易》的诠释,但程颐并不属于两派六宗之"史事宗",而属于"儒理宗"。曾华东先生说:"《伊川易传》里面是有不少引史证《易》,但那显然不是他解《易》的主要方法。他主要是以儒理解《易》,以达到理《易》合一的地步。……朱熹的学术系统'史汇归于理'的看法,也是来自于程颐的史依理的看法。"①

蛊卦《象》辞"振民育德",程颐注:"在己则养德,于天下则济民,君子之所事,无大于此二者。"② 养德属内圣,济民属外王。儒学者,内圣外王之学也。

临卦《象》辞"教思无穷",程颐注:"君子观亲临之象,则教思无穷,亲临于民,则有教导之意思也。"③ 程颐认为,教导于民也是爱民的表现之一。

观卦九五爻辞"观我生",程颐注:"人君欲观己之施为善否,当观于民,民俗善则政化善也。"④ 朱熹将"观我生"诠释为"观己所行"⑤,而程颐根据《易传》将"观我生"诠释为"观民"。

剥卦《象》辞"上以厚下安宅",程颐注:"下者,上之本,未有基本固而能剥者也。故上之剥必自下,下剥则上危矣。为人上者,知理之如是,则安养人民,以厚其本,乃所以安其居也。"⑥ 程颐此注即《尚书·五子之歌》中"民惟邦本,本固邦宁"之义。

无妄卦《象》辞"茂对时,育万物",程颐注:"王者体天之道,养育人民,以

---

①曾华东:《以史证易——杨万里易学哲学研究》,人民出版社,2011年,第55-56页。
②梁韦弦:《〈程氏易传〉导读》,齐鲁书社,2003年,第136页。
③梁韦弦:《〈程氏易传〉导读》,齐鲁书社,2003年,第141页。
④梁韦弦:《〈程氏易传〉导读》,齐鲁书社,2003年,第147页。
⑤[宋]朱熹:《周易本义》,宋咸淳元年吴革刻本,全1函6册,第1册,第35页。
⑥梁韦弦:《〈程氏易传〉导读》,齐鲁书社,2003年,第159页。

至昆虫草木，使各得其宜，乃对时育物之道也。"① 程颐认为，为君之道，当仁爱于民，并将仁爱之心延展于自然万物。当儒家将仁爱之心延展于自然万物后，儒学便有了生态学上的意义，被称为"生态伦理学"。程颐哲学的最高范畴是"理"，"理"是自然界和社会的最高原则，为君之道是"理"的体现之一。

大畜卦六五《象》辞"六五之吉，有庆也"，程颐注："在上者不知止恶之方，严刑以敌民欲，则其伤甚而无功。若知其本，制之有道，则不劳无伤而俗革，天下之福庆也。"② 程颐认为，民有利欲之心，出乎自然，为君之道，当"修政教，使之有农桑之业"。改善民生，辅以教化，才是国泰民安的根本之计。

颐卦《象》辞"养贤以及万民"，程颐注："养贤所以养万民也。"③ 贤出于民而反哺于民。

颐卦六二爻辞"颠颐"，程颐注："天子养天下，诸侯养一国，臣食君上之禄，民赖司牧之养，皆以上养下，理之正也。"④ 程颐认为，上、下等序是"理"，上养下也是"理"。认为上、下等序是"理"，反映了程颐"视域"的局限性；认为上养下是"理"，对孙中山"民生主义"的提出确有启迪。

坎卦《象》辞"王公设险以守其国"，程颐注："观坎之象，知险之不可陵也，故设为城郭沟池之险，以守其国，保其民人。"⑤ 坎卦《象》辞原文仅有"守其国"，程颐诠释时增"保其民人"。从训诂学的角度看，属"增文为训"，不可取，然而从哲学诠释学的角度看，却是无可厚非的。

解卦《象》辞"天地解而雷雨作，雷雨作而百果草木皆甲拆"，程颐注："王者法天道，行宽宥，施恩惠，养育兆民，至于昆虫草木。"⑥ 程颐此注基于儒家推己及人以至于自然万物的仁爱观。此仁爱观是程颐诠《易》之"先行结构"。

益卦《象》辞"损上益下，民说无疆"，程颐注："损于上而益下，则民说之无疆。"⑦ 益卦由否卦而来。否卦九四来初成初九，初六往四成六四，则否卦变益卦，所以说"损上益下"。损上者，损上卦之九四爻；益下者，益下卦之初六爻。

益卦六三爻辞"益之，用凶事，无咎"，程颐注："居下当禀承于上，乃专任其事，唯救民之凶灾，拯时之艰急，则可也。乃处急难变故之权宜，故得无咎。若平时，则不可也。"⑧ 程颐认为，为"救民之凶灾"，可临时变通而"专任其事"。此注基于儒学"经权之变"的思想。"经"指原则性，"权"指灵活性。《孟子·离娄

---

① 梁韦弦：《〈程氏易传〉导读》，齐鲁书社，2003 年，第 168 页。
② 梁韦弦：《〈程氏易传〉导读》，齐鲁书社，2003 年，第 175－176 页。
③ 梁韦弦：《〈程氏易传〉导读》，齐鲁书社，2003 年，第 177 页。
④ 梁韦弦：《〈程氏易传〉导读》，齐鲁书社，2003 年，第 178 页。
⑤ 梁韦弦：《〈程氏易传〉导读》，齐鲁书社，2003 年，第 188 页。
⑥ 梁韦弦：《〈程氏易传〉导读》，齐鲁书社，2003 年，第 241 页。
⑦ 梁韦弦：《〈程氏易传〉导读》，齐鲁书社，2003 年，第 251 页。
⑧ 梁韦弦：《〈程氏易传〉导读》，齐鲁书社，2003 年，第 254 页。

上》："男女授受不亲，礼也；嫂溺援之以手者，权也。"①

益卦六四爻辞"迁国"，程颐注："自古国邑，民不安其居则迁，迁国者，顺下而动也。"② 程颐认为，为君之道，当以安民为先务。此思想源远流长。盘庚劝导臣民迁殷时，就一再表白是出于安民的目的。《尚书·盘庚中》："盘庚乃登进厥民，曰：'……古我前后，罔不惟民之承……殷降大虐，先王不怀厥攸作，视民利用迁……予若吁怀兹新邑，亦惟汝故……'"③

姤卦九四爻辞"包无鱼，起凶。"程颐注："以不中正而失其民，所以凶也。……民心既离，难将作矣。"④ 九四与初六爻位相应，却未能与初六爻相遇，有"上失下民"之象，所以《易传》曰："无鱼之凶，远民也。"程颐认为，上失下民，当归咎于上德之不修，所以程颐说："下之离，由己之失德也。"又说："下之离，由己致之。远民者，己远之也。为上者有以使之离也。"这反映了儒学"反躬自省"的思想。《论语·卫灵公》："躬自厚而薄责于人，则远怨矣。"⑤

困卦九二爻辞"困于酒食"，程颐注："君子之所欲者，泽天下之民，济天下之困也。"⑥ 程颐此注与孙中山"民生主义"的思想有极大之关联。

旅卦《象》辞"不留狱"，程颐注："狱者不得已而设，民有罪而入，岂可留滞淹久也？"⑦ 程颐此注基于儒家德治为先的思想。

兑卦《彖》辞"说以先民，民忘其劳；说以犯难，民忘其死"，程颐注："君子之道，其说于民，如天地之施，感于其心而说服无斁。"⑧ 程颐认为，为君之道，以民心悦服为本。《孟子·离娄上》："得其心，斯得民矣。"⑨

涣卦九五爻辞"涣汗其大号"，程颐注："当使号令洽于民心，如人身之汗浃于四体，则信服而从矣。"⑩ 程颐此注是基于儒家民本思想的引申发挥，未必是涣卦九五爻辞的本义。朱熹将"涣汗其大号"解释为"散其号令"⑪，高亨根据马王堆帛书本《周易》将"涣汗其大号"易为"涣其汗大号"而解释为"流其汗又大哭"⑫，皆与民本思想无关。

---

① 杨伯峻：《孟子译注》卷七《离娄章句上》，中华书局，1960 年，第 177 页。
② 梁韦弦：《〈程氏易传〉导读》，齐鲁书社，2003 年，第 254 页。
③ [汉] 孔安国注，[唐] 孔颖达疏：《尚书正义》卷八《盘庚中》，北京大学出版社，2000 年，第 279—280 页。
④ 梁韦弦：《〈程氏易传〉导读》，齐鲁书社，2003 年，第 264 页。
⑤ 杨伯峻：《论语译注》，中华书局，1980 年，第 165 页。
⑥ 梁韦弦：《〈程氏易传〉导读》，齐鲁书社，2003 年，第 278 页。
⑦ 梁韦弦：《〈程氏易传〉导读》，齐鲁书社，2003 年，第 323 页。
⑧ 梁韦弦：《〈程氏易传〉导读》，齐鲁书社，2003 年，第 330 页。
⑨ 杨伯峻：《孟子译注》卷七《离娄章句上》，中华书局，1960 年，第 171 页。
⑩ 梁韦弦：《〈程氏易传〉导读》，齐鲁书社，2003 年，第 336 页。
⑪ [宋] 朱熹：《周易本义》，宋咸淳元年吴革刻本，全 1 函 6 册，第 2 册，第 44 页。
⑫ 高亨：《周易大传今注》，齐鲁书社，1998 年，第 355 页。

第二章 魏晋至宋元时期的《周易》诠释

节卦《象》辞"节以制度，不伤财，不害民"，程颐注："人欲之无穷也，苟非节以制度，则侈肆至于伤财害民矣。"① 程颐认为，制度对人心的节制，有助于重民、保民的实施。

既济卦九三爻辞"高宗伐鬼方"，程颐注："威武可及，而以救民为心，乃王者之事也。"② 程颐此注是基于儒家民本思想的引申，爻辞本无此义。

综上所述，程颐借诠释《周易》，阐发了其重民、保民的思想。有些为《周易》所固有，有些则是基于其"先行结构"的引申发挥。程颐有关重民、保民的论述，是孙中山提出其"民生主义"的思想材料，但从历史上看，程颐谈重民、保民主要立足于稳固专制君王的统治，这与"民生主义"的立足点是大相径庭的。

三、"卦才"和"乾坤卦变"说

程颐认为，读《易》之法，当努力挖掘《易》中的义理，而不必斤斤于象数。他说："今人若不先明义理，不可治经。"③ 又说："古之学者，先由经以识义理。"④ 又说："有理而后有象，有象而后有数。《易》因象以明理，由象以知数，得其义则象数在其中矣。必欲穷象之隐微，尽数之毫忽，乃寻流逐末，术家之所尚，非儒者之所务也。"⑤

程颐诠《易》虽首重义理，但于象数《易》例，亦有贡献。如"中重于正"说、"同德相应"说⑥、"卦才"说、"乾坤卦变"说等，以下重点论述"卦才"和"乾坤卦变"说。

程颐在《伊川易传》中频繁使用"卦才"这个概念。除了上引之例，程颐在诠释蒙、需、讼、小畜、大有、临、噬嗑、复、大畜、大过、离、咸、恒、遁、家人、

---

① 梁韦弦：《〈程氏易传〉导读》，齐鲁书社，2003年，第338页。
② 梁韦弦：《〈程氏易传〉导读》，齐鲁书社，2003年，第351页。
③ [宋] 朱熹编：《二程遗书》卷二上，文渊阁四库全书本。
④ [宋] 朱熹编：《二程遗书》卷十五，文渊阁四库全书本。
⑤ [宋] 朱熹编：《二程遗书》卷二十一上，文渊阁四库全书本。
⑥ 一般来说，阳爻与阴爻相应，但有时，阳爻与阳爻，阴爻与阴爻亦相应，程颐称之为"同德相应"。如，乾卦九二与九五同为阳爻，程颐注："乾坤纯体，不分刚柔，而以同德相应。"（《伊川易传》卷一）晋卦六二与六五同为阴爻，程颐注："能守中正之道，久而必亨，况大明在上而同德，必受大福也。"（《伊川易传》卷三）睽卦初九和九四同为阳爻，程颐注："初与四虽非应，而同德相与，故相遇。"（《伊川易传》卷三）困卦九二、九五同为阳爻，程颐注："二以刚中之德困于下，上有九五刚中之君，道同德合，必来相求。……五虽在困，而有刚中之德，下有九二刚中之贤，道同德合，徐必相应而来，共济天下之困，是始困而徐有喜说也。……阴阳相应者，自然相应也，如夫妇骨肉分定也；五与二皆阳爻，以刚中之德同而相应，相求而后合者也，如君臣朋友义合也。"（《伊川易传》卷四）丰卦九四和初九皆阳爻，程颐注："初、四皆阳而居初，是其德同，又居相应之地，故为夷主。居大臣之位，而得在下之贤同德相辅，其助岂小也哉？故吉也。"（《伊川易传》卷四）小过卦六二和六五同为阴爻，程颐注："五阴而尊，祖妣之象，与二同德相应。"（《伊川易传》卷四）程颐的"同德相应"说本乎《周易·文言》："同声相应，同气相求，水流湿，火就燥，云从龙，风从虎，圣人作而万物睹，本乎天者亲上，本乎地者亲下，则各从其类也。"

睽、蹇、益、夬、萃、升、困、革、鼎、艮、渐、旅、巽、涣、节、小过、既济、未济等卦时都明确运用"卦才"概念。据笔者分析,"卦才"指由卦象、爻象引申出来的,可应用于人事的道德、才能、智能,以及社会形势、关系等。《广韵·咍韵》:"才,质也。"《尚书·咸有一德》"任官惟贤才",蔡沈《集传》:"才者,能也。"《论语·泰伯》"才难",刘宝楠《正义》:"古之所谓才,皆言人有德能治事者也。"《淮南子·主术》"任人之才",高诱注:"才,智也。"《论语·泰伯》"才难",朱熹《集注》:"才者,德之用也。"

诠释蒙卦卦辞"亨"时,程颐说:"而卦才时中,乃致亨之道。……时谓得君之应,中谓处得其中。"① 程颐认为,蒙卦卦辞之所以言"亨",是因为九二爻与六五爻相应,且居下卦之中。有此君臣相应的关系,有守"中"之智,则必然亨通。

诠释需卦卦辞"有孚,光亨,贞吉,利涉大川"时,程颐说:"以卦才言之,五居君位,为需之主,有刚健中正之德,而诚信充实于中,中实有孚也。有孚则光明而能亨通,得贞正而吉也。以此而需,何所不济?虽险无难矣,故利涉大川也。"② 程颐认为,需卦卦辞之所以言"吉",是因为九五爻有"刚健中正"之德。

诠释讼卦卦辞"中吉"时,程颐说:"又据卦才而言,九二以刚自外来而成讼,则二乃讼之主也。……二以阳刚,自外来而得中,为以刚来讼而不过之义,是以吉也。"③ 讼卦卦辞之所以言"吉",是因为讼卦九二有刚中之德。

诠释小畜卦《彖》辞"健而巽,刚中而志行,乃亨"时,程颐说:"以卦才言也。内健而外巽,健而能巽也。二五居中,刚中也。阳性上进,下复乾体,志在于行也。刚居中为刚而得中,又为中刚。言畜阳则以柔巽,言能亨则由刚中。以成卦之义言,则为阴畜阳;以卦才言,则阳为刚中。才如是,故畜虽小而能亨也。"④ 小畜卦卦辞之所以言"亨",是因为小畜卦上卦为巽顺,下卦为乾健,九二、九五刚爻而居中,有乾健、巽顺、刚中之德,则亨。

诠释大有卦卦辞"元亨"时,程颐说:"卦之才可以元亨也。凡卦德,有卦名自有其义者,如比吉,谦亨是也;有因其卦义便为训戒者,如师贞丈人吉、同人于野亨是也;有以其卦才而言者,大有元亨是也。由刚健文明,应天时行,故能元亨也。"⑤ 大有卦卦辞之所以为"元亨"是因为,大有卦上卦为离,为文明,下卦为乾,为刚健,乾又为天,离又为时,有刚健文明之德,应天时行之智,则必亨。王弼认为,"大有则必元亨"⑥,程颐驳之曰:"非大有之义便有元亨,由其才故得元

---

① 梁韦弦:《〈程氏易传〉导读》,齐鲁书社,2003年,第72页。
② 梁韦弦:《〈程氏易传〉导读》,齐鲁书社,2003年,第76页。
③ 梁韦弦:《〈程氏易传〉导读》,齐鲁书社,2003年,第80页。
④ 梁韦弦:《〈程氏易传〉导读》,齐鲁书社,2003年,第95页。
⑤ 梁韦弦:《〈程氏易传〉导读》,齐鲁书社,2003年,第116页。
⑥ 刘玉建:《〈周易正义〉导读》,齐鲁书社,2005年,第178页。

亨。大有而不善者，与不能亨者，有矣。"①

诠释临卦卦辞"元亨利贞"时，程颐说："以卦才言也。临之道，如卦之才，则大亨而正也。"②临卦上卦为坤，为顺，下卦为兑，为悦，九二刚爻居中，与六五相应，"和悦而顺"，"刚得中道而有应助"③，则必吉，故临卦卦辞言"元亨利贞"。另，临卦"二阳长于下而渐进"之象所代表的社会正邪力量对比的形式，亦属临卦卦才之范畴。

诠释噬嗑卦《彖》辞"刚柔分，动而明，雷电合而章"时，程颐说："而以卦才言也。刚爻与柔爻相间，刚柔分而不相杂，为明辨之象。明辨，察狱之本也。动而明，下震上离，其动而明也。雷电合而章，雷震而电耀，相须并见，合而章也。"④噬嗑卦上卦为离，为明、为电，下卦为震，为动、为雷。雷震而电耀，照、威并行，用狱之道也，故噬嗑卦卦辞言"利用狱"。

诠释复卦卦辞"出入无疾"时，程颐说："而卦之才有无疾之义，乃复道之善也。"⑤复卦上卦为坤，为顺，下卦为震，为动，"下动而上顺，是动而以顺行也"。一阳始生，至微，"必待诸阳之来，然后能生物之功而无差忒"，故复卦卦辞曰"出入无疾"。

诠释大畜卦《彖》辞"刚健、笃实、辉光，日新其德"时，程颐说："以卦之才德而言也。乾体刚健，艮体笃实。人之才刚健笃实，则所畜能大，充实而有辉光；畜之不已，则其德日新也。"⑥大畜卦上卦为艮，为笃实，下卦为乾，为刚健，"刚健笃实，则所畜能大"，故大畜卦卦辞曰"利"曰"吉"。另，六五下应乾之中爻，亦属大畜卦卦才之范畴。

诠释大过卦《彖》辞"刚过而中，巽而说行"时，程颐说："言卦才之善也。刚虽过，而二五皆得中，是处不失中道也。下巽上兑，是以巽顺和说之道而行也。"⑦大过卦上卦为兑，为悦，下卦为巽，为顺，九二、九五"处不失中道"，能"以巽顺和说之道而行"，故大过卦卦辞曰"利有攸往，亨"。

诠释离卦《彖》辞"重明以丽乎正，乃化成天下"时，程颐说："以卦才言也。上下皆离，重明也。五二皆处中正，丽乎正也。君臣上下皆有明德，而处中正，可以化天下，成文明之俗也。"⑧离卦上、下体皆离，六二、六五得中，"君臣上下皆有明德，而处中正⑨，可以化天下，成文明之俗"，故离卦卦辞曰"亨"曰"吉"。

---

①梁韦弦：《〈程氏易传〉导读》，齐鲁书社，2003年，第116页。
②③梁韦弦：《〈程氏易传〉导读》，齐鲁书社，2003年，第140页。
④梁韦弦：《〈程氏易传〉导读》，齐鲁书社，2003年，第149页。
⑤梁韦弦：《〈程氏易传〉导读》，齐鲁书社，2003年，第163页。
⑥梁韦弦：《〈程氏易传〉导读》，齐鲁书社，2003年，第172页。
⑦梁韦弦：《〈程氏易传〉导读》，齐鲁书社，2003年，第183页。
⑧梁韦弦：《〈程氏易传〉导读》，齐鲁书社，2003年，第192-193页。
⑨六二阴爻处阴位，固可曰"中正"，六五阴爻处阳位，何曰"中正"，盖当离之时，阴处阳位，有"以柔顺丽于中正"之义。程颐说："学者知时义而不失轻重，则可以言《易》矣。"

诠释咸卦卦辞"取女吉"时，程颐说："以卦才言也。卦有柔上刚下，二气感应，相与止而说，男下女之义。以此义取女，则得正而吉也。"① 咸卦上卦为兑，为柔，下卦为艮，为刚，刚阳往上，柔阴往下，阴阳二气"感应以相与"。另，咸上体兑为悦，为少女，下体艮为止，为少男，悦而知止，以男下女，故卦辞曰"取女吉"。

诠释恒卦《彖》辞"刚上而柔下，雷风相与，巽而动，刚柔皆应，恒"时，程颐说："卦才有此四者，成恒之义也。"② 恒卦上卦为震，为刚，下卦为巽，为柔，"刚处上而柔居下，乃恒道也"；上卦震为雷，为动，下卦巽为风，为顺，"雷震则风发"，巽顺而动，"天地造化，恒久不已者，顺动而已。巽而动，常久之道也"；恒卦初与四、二与五、三与上皆刚柔相应，"刚柔相应，理之常也"。有"刚上柔下"之秩，有"巽而动"之智，有"刚柔皆应"之势，故恒卦卦辞曰"亨"。

诠释遁卦《彖》辞"刚当位而应，与时行也"时，程颐说："虽遁之时，君子处之，未有必遁之义。五以刚阳之德，处中正之位，又下与六二以中正相应，虽阴长之时，如卦之才，尚当随时消息，苟可以致其力，无不至诚自尽以扶持其道，未必于遁藏而不为，故曰与时行也。"③ 遁卦九五爻刚爻居中得正，下与六二相应，有此刚阳中正之德，又下有应助之势，故遁卦卦辞曰"亨"。

诠释家人卦《彖》辞"女正位乎内，男正位乎外，男女正，天地之大义也"时，程颐说："彖以卦才而言。阳居五，在外也；阴居二，处内也。男女各得其正位也。尊卑内外之道正，合天地阴阳之大义也。"④ 家人卦九五阳爻在外卦，六二阴爻在内卦，代表"女正位乎内，男正位乎外"的社会关系。程颐认为，阳居五、阴居二，代表"男女各得其正位"，故家人卦卦辞曰"利女贞"。

诠释睽卦卦辞"小事吉"时，程颐说："以卦才之善，虽处睽时，而小事吉也。"⑤ 以睽卦卦名之义，卦辞当言"凶"，而睽卦卦辞却云"小事吉"。程颐认为，这是由于卦才的缘故。睽卦上卦为离，为明，下卦为兑，为悦，"说顺而附丽于明"；六五爻以柔道居于尊位，得中而下与九二爻相应。卦才"说而丽乎明，柔进而上行，得中而应乎刚"，故卦辞曰"小事吉"。

诠释蹇卦《彖》辞"见险而能止，知矣哉"时，程颐说："以卦才言处蹇之道也。上险而下止，见险而能止也。犯险而进，则有悔咎，故美其能止为知也。"⑥ 蹇卦上卦为坎，为险，下卦为艮，为止，有见险而能止之智，则吉，故蹇卦卦辞曰"吉"。另，蹇卦六爻，除了初爻外，余皆得位，这也是蹇卦卦辞曰"吉"的原因之

---

① 梁韦弦：《〈程氏易传〉导读》，齐鲁书社，2003年，第198页。
② 梁韦弦：《〈程氏易传〉导读》，齐鲁书社，2003年，第203页。
③ 梁韦弦：《〈程氏易传〉导读》，齐鲁书社，2003年，第208页。
④ 梁韦弦：《〈程氏易传〉导读》，齐鲁书社，2003年，第225页。
⑤ 梁韦弦：《〈程氏易传〉导读》，齐鲁书社，2003年，第229页。
⑥ 梁韦弦：《〈程氏易传〉导读》，齐鲁书社，2003年，第235页。

一。程颐认为,蹇卦初爻亦得位。其言曰:"初六虽以阴居阳而处下,亦阴之正也。"① 阴爻居阳位,阳爻居阴位,程颐因"时"而释,或以"吉"论之,亦为程颐对象数《易》例的创发。

诠释益卦《彖》辞"动而巽,日进无疆"时,程颐说:"又以二体言卦才。下动而上巽,动而巽也。为益之道,其动巽顺于理,则其益日进,广大无有疆限也。动而不顺于理,岂能成大益也?"② 益卦下体为震,为动,上体为巽,为顺。"其动巽顺于理,则其益日进,广大无有疆限也",故益卦卦辞曰"利有攸往,利涉大川"。

诠释夬卦《彖》辞"健而说,决而和"时,程颐说:"健而说,决而和,以二体言卦才也。下健而上说,是健而能说,决而能和,决之至善也。兑说为和。"③ 夬卦下卦为乾,为健,上卦为兑,为悦,为决,"健而能说,决而能和",故夬卦卦辞曰"利有攸往"。

诠释萃卦《彖》辞"顺以说,刚中而应,故聚也"时,程颐说:"顺以说,以卦才言也。上说而下顺,为上以说道使民,而顺于人心;下说上之政令,而顺从于上。既上下顺说,又阳刚处中正之位,而下有应助,如此故能聚也。欲天下之萃,才非如是不能也。"④ 萃卦下卦为坤,为顺,上卦为兑,为悦,九五爻刚爻居中得正,下与六二爻相应。卦有"上悦而下顺""刚健中正而有应助"之才,故萃卦卦辞曰"利有攸往"。

诠释升卦卦辞"元亨"时,程颐说:"升进则有亨义,而以卦才之善,故元亨也。"⑤ 升卦上卦为坤,下卦为巽,皆为顺,代表顺时而升;九二爻刚爻居中,上与六五相应。卦有此"才",故卦辞曰"亨"曰"吉"。

诠释困卦时,程颐说:"如卦之才,则困而能亨。"⑥ 困卦上卦为兑,为悦,下卦为坎,为险,"下险而上说,为处险而能说,虽在困穷艰险之中,乐天安义,自得其说乐也",卦有此"才",故卦辞曰"亨"。

诠释革卦《彖》辞"文明以说,大亨以正"时,程颐说:"以卦才言革之道也。离为文明,兑为说。文明则理无不尽,事无不察;说则人心和顺。革而能照察事理,和顺人心,可致大亨,而得贞正。"⑦ 革卦下卦为离,为文明,上卦为兑,为悦,

---

① 梁韦弦:《〈程氏易传〉导读》,齐鲁书社,2003年,第236页。
② 梁韦弦:《〈程氏易传〉导读》,齐鲁书社,2003年,第251页。
③ 梁韦弦:《〈程氏易传〉导读》,齐鲁书社,2003年,第257页。
④ 梁韦弦:《〈程氏易传〉导读》,齐鲁书社,2003年,第267页。
⑤ 梁韦弦:《〈程氏易传〉导读》,齐鲁书社,2003年,第272页。案,此条注文可证,"卦才"不包括卦名之义。
⑥ 梁韦弦:《〈程氏易传〉导读》,齐鲁书社,2003年,第276页。
⑦ 梁韦弦:《〈程氏易传〉导读》,齐鲁书社,2003年,第287页。

"文明则理无不尽,事无不察,说则人心和顺",卦有此"才",故革卦卦辞曰"元亨"。

诠释鼎卦卦辞"元吉亨"时,程颐说:"以卦才言也。如卦之才,可以致元亨也。"① 鼎卦下卦为巽,代表"巽顺于理",上卦为离,代表"中虚于上",六五爻居中而以柔应刚,卦有此"才",故卦辞曰"元吉亨"。②

诠释艮卦《彖》辞"上下敌应,不相与也"时,程颐说:"以卦才言也。上下二体,以敌相应,无相与之义。阴阳相应则情通而相与,乃以其敌,故不相与也。不相与,则相背,为艮其背,止之义也。"③ 艮卦六爻皆不相应,故卦辞曰"艮其背"。

诠释渐卦卦辞"女归吉,利贞"时,程颐说:"以卦才兼渐义而言也。乾坤之变为巽艮,巽艮重而为渐。在渐体而言,中二爻交也。由二爻之交,然后男女各得正位。初终二爻,虽不当位,亦阳上阴下,得尊卑之正。男女各得其正,亦得位也。与归妹正相对。女之归,能如是之正,则吉也。"④ 渐卦除了初、上二爻,中间四爻皆得位,卦有此"才",故卦辞曰"女归吉,利贞"。其中以"阳上阴下"论初、上爻位,有助于辩证认识象数《易》例中的"当位说"。

诠释旅卦卦辞"小亨"时,程颐说:"以卦才言也。如卦之才,可以小亨。"⑤ 旅卦六五以柔中之道顺乎上下之阳爻,下卦为艮,为止,上卦为离,为明,"所止能丽于明"。卦有此"才",故卦辞曰"小亨,旅,贞吉"。

诠释巽卦卦辞"小亨,利有攸往,利见大人"时,程颐说:"卦之才可以小亨,利有攸往,利见大人也。"⑥ 巽卦九五阳刚居巽而得中正,代表"巽顺于中正之道",上、下卦之柔爻皆巽顺于刚爻,卦"才"如是,故卦辞曰"小亨,利有攸往,利见大人"。

诠释涣卦《彖》辞"涣,亨,刚来而不穷,柔得位乎外而上同"时,程颐说:"涣之能亨者,以卦才如是也。涣之成涣,由九来居二,六上居四也。刚阳之来,则不穷极于下而处得其中;柔之往,则得正位于外而上同于五之中。巽顺于五,乃上同也。四、五,君臣之位。当涣而比,其义相通,同五乃从中也。当涣之时而守

---

①梁韦弦:《〈程氏易传〉导读》,齐鲁书社,2003年,第292页。
②程颐以为"元吉亨"之"吉"为衍文,说:"止当云元亨,文羡'吉'字。"丁四新校注鼎卦时说:"彖辞句首,今本作'鼎元吉亨'四字。检图版,帛本仅残三字位置。"(《楚竹书与汉帛书周易校注》,上海古籍出版社,2011年,第459页)故程颐之说是。
③梁韦弦:《〈程氏易传〉导读》,齐鲁书社,2003年,第303页。
④梁韦弦:《〈程氏易传〉导读》,齐鲁书社,2003年,第306页。
⑤梁韦弦:《〈程氏易传〉导读》,齐鲁书社,2003年,第322页。
⑥梁韦弦:《〈程氏易传〉导读》,齐鲁书社,2003年,第326页。

其中，则不至于离散，故能亨也。"① 涣卦九二"处得其中"，六四"得正位于外而上同于五之中"，卦有此"才"，故卦辞曰"亨"。

涣卦初六爻辞"用拯马壮，吉"，程颐注："二有刚中之才，初阴柔顺，两皆无应，无应则亲比相求。初之柔顺，而托于刚中之才，以拯其涣，如得壮马以致远，必有济矣，故吉也。"② 程颐认为，涣卦初六爻辞之所以言"吉"，是因为初六能承顺于九二，而九二刚爻居中，有刚中之才。案，此注暗含程颐的卦主思想。涣卦以九二爻为卦主。

诠释节卦《彖》辞时，程颐说："以卦才言也。内兑外坎，说以行险也。人于所说则不知已，遇艰险则思止。方说而止，为节之义。当位以节，五居尊当位也，在泽上，有节也。当位而以节，主节者也。处得中正，节而能通也。中正则通，过则苦矣。"③ 节卦卦辞之所以言"亨"，主要是因为节卦有"方悦而止"之才智。

诠释小过卦《彖》辞时，程颐说："而彖以卦才言吉义。柔得中，二五居中也。阴柔得位，能致小事吉耳，不能济大事也。刚失位而不中，是以不可大事，大事非刚阳之才不能济，三不中，四失位，是以不可大事。"④ 程颐认为，小过卦卦辞之所以说"可小事"，是因为小过卦有"柔得中"之才，之所以不可大事，是因为"刚失位而不中"。

诠释既济卦《彖》辞时，程颐说："卦才刚柔正当其位，当位者其常也，乃正固之义，利于如是之贞也。阴阳各得正位，所以为既济也。"⑤ 既济卦六爻皆当位，卦有此"才"，故卦辞言"吉"。

诠释未济卦《彖》辞时，程颐说："以卦才言也。所以能亨者，以柔得中也。五以柔居尊位，居刚而应刚，得柔之中也。刚柔得中，处未济之时，可以亨也。"⑥ 程颐认为，未济卦卦辞之所以言"亨"，是因为"柔得中"之卦才。

"卦才"是与"卦义"相对的概念。如诠释谦卦卦辞时，程颐说："人以谦巽自处，何往而不亨乎?"⑦ 此纯从"卦义"角度论卦辞之"亨"。诠释节卦卦辞时，程颐说："节之道，自有亨义，事有节则能亨也。又卦之才，刚柔分处，刚得中而不过，亦所以为节，所以能亨也。"⑧ 此兼从"卦义"和"卦才"两方面论卦辞之"亨"。诠释小过卦时，程颐也从"卦义"和"卦才"两方面，论卦辞之"亨"。从卦义的角度，程颐认为，"事固有待过而后能亨者，过之所以能亨也"，从卦才的角

---

① 梁韦弦:《〈程氏易传〉导读》，齐鲁书社，2003年，第334页。
② 梁韦弦:《〈程氏易传〉导读》，齐鲁书社，2003年，第335页。
③ 梁韦弦:《〈程氏易传〉导读》，齐鲁书社，2003年，第338页。
④ 梁韦弦:《〈程氏易传〉导读》，齐鲁书社，2003年，第345页。
⑤ 梁韦弦:《〈程氏易传〉导读》，齐鲁书社，2003年，第349页。
⑥ 梁韦弦:《〈程氏易传〉导读》，齐鲁书社，2003年，第353页。
⑦ 梁韦弦:《〈程氏易传〉导读》，齐鲁书社，2003年，第121页。
⑧ 梁韦弦:《〈程氏易传〉导读》，齐鲁书社，2003年，第337页。

度，程颐认为，小过卦之"亨"是由于"柔得中"。① 王弼诠释大有卦卦辞时说："大有则必元亨矣。"程颐认为，王弼的诠释忽视了卦才，故云："非大有之义便有元亨，由其才，故得元亨。"②

程颐卦才说本于《易传·彖》，然《彖》无"卦才"概念。余敦康先生说："一卦六爻在特定时限内所形成的组合关系谓之卦体，其总体特征与基本性质谓之卦义，也叫做卦德，六爻在此组合关系中所具有的功能谓之卦用，也叫做卦才。"③基于对《伊川易传》中"卦才说"的梳理，笔者认为，余老先生对"卦才"的定义，不甚妥帖。如诠释大有卦时，程颐说："卦之德，内刚健而外文明，六五之君应于乾之九二，五之性柔顺而明，能顺应乎二，二，乾之主也，是应乎乾也，顺应乾行，顺乎天时也，故曰'应乎天而时行'。其德如此，是以元亨也。"同时又说："非大有之义便有元亨，由其才，故得元亨。"并说："凡卦德，有卦名自有其义者，如比吉、谦亨，是也；有因其卦义便为训戒者，如师贞丈人吉、同人于野亨是也；有以其卦才而言者，大有元亨是也。由刚健文明，应天时行，故能元亨也。"④ 大有卦下卦为乾，为刚健，上卦为离，为文明，大有六五，应于下卦九二，"二，乾之主也"，代表天时，故大有卦有"刚健文明，应天时行"之卦才。可见，"卦德"是一个包括"卦义"和"卦才"的大概念。

卦变说在易学史上一直是众说纷纭的话题，不但象数派讲卦变，义理派也讲卦变，即使是王弼，在个别卦的诠释中也运用了此说⑤，而后世程颐、朱熹等更是明确地运用卦变说来诠释《周易》。

"卦变的概念，有其特定的内涵，指在一卦之中，由于阴、阳爻位置的变化，导致一卦变为另一卦。"⑥"卦变"说符合《周易》的变易之道，可溯源于《易传》。

讼卦《彖》辞"刚来而得中也"，蜀才曰："此本遁卦。案：二进居三，三降居二，是'刚来而得中也'。"⑦ 遁䷠九三与六二换位后，遁九三变讼九二。由上降下为"来"，遁九三刚爻降下二位而成讼九二，得讼下卦之中，故曰"刚来而得中"。

随卦《彖》辞"刚来而下柔"，虞翻曰："否乾上来之坤初，故'刚来而下柔'。"⑧ 否䷋上九与初六换位后，否上九变随初九。否上九降下初位而成随初九，

---

① 梁韦弦：《〈程氏易传〉导读》，齐鲁书社，2003年，第345页。
② 梁韦弦：《〈程氏易传〉导读》，齐鲁书社，2003年，第116页。
③ 余敦康：《汉宋易学解读》，华夏出版社，2006年，第427页。
④ 梁韦弦：《〈程氏易传〉导读》，齐鲁书社，2003年，第116页。
⑤ 如，贲《彖》"柔来而文刚，故亨；分刚上而文柔，故小利有攸往"，王弼注："刚柔不分，文何由生，故坤之上六来居二位，柔来文刚之义也。柔来文刚，居位得中，是以亨。乾之九二分居上位，分刚上而文柔之义也。刚上文柔，不得中位，不若柔来文刚，故小利有攸往。"泰上、二换位成贲。王弼之注显然据此而发。林忠军先生曾认为，王弼视卦变为伪说而尽扫之。（林忠军：《象数易学发展史》第一卷，齐鲁书社，1994年，第192页）。此论断稍显绝对。
⑥ 林忠军：《象数易学发展史》第一卷，齐鲁书社，1994年，第191页。
⑦ [唐]李鼎祚著，王丰先点校：《周易集解》，中华书局，2016年，第65页。
⑧ [唐]李鼎祚著，王丰先点校：《周易集解》，中华书局，2016年，第127页。

在六二、六三二柔爻之下，故曰"刚来而下柔"。

蛊卦《彖》辞"刚上而柔下"，虞翻曰："泰初之上，故'刚上'；坤上之初，故'柔下'。"① 泰☷初、上换位后，泰初九变蛊上九，泰上六变蛊初六。泰初九刚爻往上，故曰"刚上"；泰上六柔爻来下，故曰"柔下"。

噬嗑卦《彖》辞"刚柔分"，卢氏曰："此本否卦。乾之九五分降坤初，坤之初六分升乾五，是'刚柔分'也。"② 否☷五、初换位后，否九五变噬嗑初九，否初六变噬嗑六五。否上卦乾分九五刚爻来下，否下卦坤分初六柔爻往上，故曰"刚柔分"。

贲卦《彖》辞"柔来而文刚……分刚上而文柔"，荀爽曰："此本泰卦。谓阴从上来，居乾之中，文饰刚道，交于中和，故'亨'也。分乾之二，居坤之上，上饰柔道，兼据二阴，故'小利，有攸往'矣。"③ 泰☷二、上换位后，泰上六变贲六二，泰九二变贲上九。泰上六柔爻降下乾刚之中，泰下卦乾分九二刚爻升至坤柔爻之上，故曰"柔来而文刚……分刚上而文柔"。

无妄卦《彖》辞"刚自外来"，蜀才曰："此本遁卦。案：刚自上降，为主于初。"④ 遁☷二、初换位后，遁九三变无妄初九。遁刚爻自上来下，故曰"刚自外来"。案，此条注文反映了蜀才的"卦主"思想。无妄卦以初爻为卦主。

大畜卦《彖》辞"刚上"，蜀才曰："此本大壮卦。"⑤ 大壮☷四、上换位后，大壮九四变大畜上九。九四刚爻往上，故曰"刚上"。

咸卦《彖》辞"柔上而刚下，二气感应以相与"，蜀才曰："此本否卦。案：六三升上，上九降三，是'柔上而刚下，二气感应以相与'也。"⑥ 否☷三、上换位后，否六三变咸上六，否上九变咸九三。否六三柔爻往上，否上九刚爻来下，故曰"柔上而刚下"。

损卦《彖》辞"损下益上……损刚益柔"，蜀才曰："此本泰卦。案：坤之上六下处乾三，乾之九三上升坤六，损下益上者也。"⑦ 泰☷三、上换位后，泰九三变损上九，泰上六变损六三。损乾之九三刚爻以益坤上之柔，故曰"损下益上"。

益卦《彖》辞"损上益下……自上下下"，蜀才曰："此本否卦。案：乾之上九⑧下处坤初，坤之初六上升乾四，'损上益下'者也。"⑨ 否☷四、初换位后，否九四变益初九，否初六变益六四。损否上卦之九四，以益下卦之初，故曰"损上益

---

① [唐] 李鼎祚著，王丰先点校：《周易集解》，中华书局，2016年，第132页。
② [唐] 李鼎祚著，王丰先点校：《周易集解》，中华书局，2016年，第145页。
③ [唐] 李鼎祚著，王丰先点校：《周易集解》，中华书局，2016年，第150页。
④ [唐] 李鼎祚著，王丰先点校：《周易集解》，中华书局，2016年，第167页。
⑤ [唐] 李鼎祚著，王丰先点校：《周易集解》，中华书局，2016年，第172页。
⑥ [唐] 李鼎祚著，王丰先点校：《周易集解》，中华书局，2016年，第199页。
⑦ [唐] 李鼎祚著，王丰先点校：《周易集解》，中华书局，2016年，第250页。
⑧ 上九，当为"九四"。
⑨ [唐] 李鼎祚著，王丰先点校：《周易集解》，中华书局，2016年，第257页。

下……自上下下"。

涣卦《彖》辞"刚来而不穷,柔得位乎外而上同",卢氏曰:"此本否卦。乾之九四,来居坤中,刚来成坎,水流而不穷也。坤之六二,上升乾四,柔得位乎外,上承贵王,与上同也。"① 否䷋四、二换位后,否九四变涣九二,否六二变涣六四。否九四刚爻降下,下卦成坎水,水流不穷,故曰"刚来而不穷";否六二柔爻升为六四,得位于外卦而上承九五,故曰"柔得位乎外而上同"。

节卦《彖》辞"刚柔分而刚得中",卢氏曰:"此本泰卦。分乾九三升坤五,分坤六五下处乾三,是'刚柔分而刚得中'也。"② 泰䷊五、三换位后,泰六五变节六三,泰九三变节九五。分泰上卦六五柔爻来下,分泰下卦九三刚爻往上而得上卦之中爻,故曰"刚柔分而刚得中"。

王弼对"卦变"说明黜暗用,而程颐则明确提出自己的卦变说。朱伯崑先生称之为"乾坤卦变"说。③ 诠释贲卦《彖》辞时,程颐说:"卦之变,皆自乾、坤,先儒不达,故谓贲本是泰卦,岂有乾坤重而为泰,又由泰而变之理?下离,本乾中爻变而成离;上艮,本坤上爻变而成艮。离在内,故云柔来,艮在上,故云刚上,非自下体而上也。乾坤变而为六子,八卦重而为六十四,皆由乾坤之变也。"④ 在这里,程颐对前儒的卦变说提出批评,认为《彖》传中的"上下往来"并非指卦中诸爻的升降换位。以贲《彖》为例,"柔来而文刚……分刚上而文柔",并非指泰上降二、二升上,而是指贲六二由乾九二变来,贲上九由坤上六变来。程颐认为六十四卦都是由乾、坤两卦变化而来。所谓"柔来",是指乾卦中任意一阳爻变成阴爻而形成三女之卦(巽、离、兑);所谓"刚来",是指坤卦中任意一阴爻变为阳爻而形成三男之卦(震、坎、艮)。

程颐此说本于《说卦》:"乾,天也,故称父;坤,地也,故称母。震一索而得男,故谓之长男;巽一索而得女,故谓之长女;坎再索而得男,故谓之中男;离再索而得女,故谓之中女;艮三索而得男,故谓之少男;兑三索而得女,故谓之少女。"不过,如此一来,程颐所说的"卦变"已不是林忠军先生所定义的"卦变",而是元吴澄所说的"变卦"了。"卦变"与"变卦"的区别是:某卦因阴、阳爻位置变换而形成另一卦,称"卦变"。某卦因阴、阳爻性质变化而形成另一卦,称"变卦"。

有学者认为:"如果所谓的升降往来是就卦中诸爻而言,那么此说对于讼卦《彖》辞的'刚来而得中'以及无妄卦《彖》辞的'刚自外来而主于内'就无法皆作解释。讼卦上乾下坎,'刚来得中'是指处于内坎之九二,如果说此刚爻是移而至内,那么外卦应该有阴爻,但此卦上为乾,三爻皆阳。无妄卦上乾下震,'刚自

---

① [唐]李鼎祚著,王丰先点校:《周易集解》,中华书局,2016年,第359页。
② [唐]李鼎祚著,王丰先点校:《周易集解》,中华书局,2016年,第363页。
③ 朱伯崑:《易学哲学史》第二卷,昆仑出版社,2005年,第203页。
④ 梁韦弦:《〈程氏易传〉导读》,齐鲁书社,2003年,第154页。

外来而为主于内'是指处于下震之初九，同样，若说此刚爻自外卦而来，那么外卦也当有阴爻，但乾体纯阳。这是主张由卦内诸爻升降而形成新卦的卦变说者所不能解释的。"① 此段论述，显然是由于对前人卦变说有所误解。讼《彖》"刚来而得中"指遁䷠九三来二，无妄"刚自外来而为主于内"指遁䷠九三来初，并非不能解释。

程颐在诠释贲卦《彖》辞时，虽然明确提出了其"乾坤卦变"说，但在诠释随、恒、益、涣等卦时，却又不自觉地运用了他所批驳的前人的"卦变"说。如，诠释随卦时，程颐说："又以卦变言之，乾之上来居坤之下，坤之初往居乾之上。"② 此注很难用"乾坤卦变"说来解释，而只能理解为，随卦由否卦而来，否卦上、初换位，上九来下，变随初九，初六往上，变随上六。再如，诠释恒卦《彖》辞时，程颐说："刚上而柔下，谓乾之初上居于四，坤之初下居于初。"③ 此注宜理解为，泰初、四换位，初九往上成恒九四，六四来下成恒初六。又如，诠释益卦《彖》辞时，程颐说："阳下居初，阴上居四，为自上下下之义。"④ 此注宜理解为：否初、四换位，否九四来下变益初九，否初六往上变益六四。诠释涣卦《彖》辞时，程颐说："涣之成涣，由九来居二，六上居四也。"⑤ 此注宜理解为：否二、四换位，否九四来下变涣九二，否六二往上变涣六四。

第三节　朱熹的《周易》诠释

朱熹（1130—1200），字符晦，一字仲晦，号晦庵、晦翁，祖籍徽州婺源（今属江西），出生于福建尤溪。"十一岁，受学于家庭"。幼颖悟，父尝指天示之曰："天也。"熹问："天之上何物？"其父异之。群儿戏沙上，熹独端坐，而以指画沙。视之，八卦也⑥。父临终前，嘱熹往事武夷三先生（胡宪、刘勉之、刘子翚）。武夷三先生皆治《易》，刘勉之受《易》于蜀人谯定，胡宪除了受《易》于谯氏外，又受到大易学家朱震的影响，而刘子翚则自称于《易》得入德之门。朱熹《周易》诠释的特点主要有二：其一，以筮解《易》；其二，以图解《易》。

一、以筮诠《易》

朱熹之时，绝大多数易学家都不以卜筮之书来判定《周易》古经的性质。在他们的心目中，《周易》古经是法天地以设政教的王者之书，是"极天地之渊蕴，尽

---

① 杨东：《王弼易学与程颐易学的比较研究》，四川社会科学院硕士学位论文，2002年。
② 梁韦弦：《〈程氏易传〉导读》，齐鲁书社，2003年，第130-131页。
③ 梁韦弦：《〈程氏易传〉导读》，齐鲁书社，2003年，第203页。
④ 梁韦弦：《〈程氏易传〉导读》，齐鲁书社，2003年，第251页。
⑤ 梁韦弦：《〈程氏易传〉导读》，齐鲁书社，2003年，第334页。
⑥ [元] 脱脱等：《宋史》卷四百二十九《道学三·朱熹、张栻》，中华书局，1977年，第12751页。

人事之终始"的圣学经典。而朱熹则明确指出:《易》本为卜筮而作。

乾道七年（1171），朱熹对蔡季通说:"此书（《易》）近细读之，恐程《传》得之已多，但不合全说作义理，不就卜筮上看，故其说有无顿著处耳。"① 此时，朱熹已认识到，纯以义理解《易》，恐不得《周易》古经之本义。淳熙二年（1175），朱熹从文本性质上断定，《易》就是卜筮之书。他对张栻说:"近又读《易》见一意思。圣人作《易》本是使人卜筮，以决所行之可否，而因之以教人为善。如严君平所谓与人子言依于孝，与人臣言依于忠者。故卦爻之辞，只是因依象类，虚设于此，以待扣而决者，使以所值之辞决所疑之事，似若假之神明，而亦必有是理而后有是辞，但理无不正，故其丁宁告戒之词，皆依于正。天下之动，所以正夫一，而不缪于所也。以此意读之，以觉卦爻、十翼指意通畅，但文意字义，犹时有窒碍。盖亦合纯作义理说者，所以强通而不觉其碍者也。今亦录首篇二卦拜呈。此说乍闻之必未以为然，然且置之，勿以示人，时时虚心略赐省阅，久之或信其不妄耳。"②

朱熹主张"《易》本为卜筮而作"，一基于史实考辨，二基于逻辑质疑，三基于《周易》古经文本分析，四基于《易传》。

基于史实考辨，朱熹说:"《易》只是为卜筮而作，故《周礼》分明言太卜掌三《易》:《连山》《归藏》《周易》。古人于卜筮之官立之凡数人。秦去古未远，故《周易》亦以卜筮得不焚。"③ 又说:"《易》自是别是一个道理，不是教人底书。故《记》中只说先王崇四术，顺诗、书、礼、乐以造士，不说《易》也。《语》《孟》中亦不说《易》，至《左传》《国语》方说，然亦只是卜筮尔。"④

基于逻辑质疑，朱熹说:"圣人要说理，何不就理上直剖判说? 何故恁地回互假托，教人不可晓? 又何不别作一书? 何故要假卜筮说? 又何故说许多吉凶悔吝?"⑤ 又说:"若果为义理作时，何不直述一件文字?"⑥

基于《周易》古经文本分析，朱熹说:"《易》本为卜筮设。如曰'利涉大川'，是利于行舟也；'利有攸往'，是利于起行也。"⑦ 又说:"如'利用祭祀''利

---

① [宋] 朱熹著，朱杰人等主编:《朱子全书》第22册《文集》卷四十四《答蔡季通》，上海古籍出版社、安徽教育出版社，2002年，第1992页。
② [宋] 朱熹著，朱杰人等主编:《朱子全书》第21册《文集》卷三十一《答张敬夫》，上海古籍出版社、安徽教育出版社，2002年，第1350页。
③ [宋] 朱熹著，朱杰人等主编:《朱子全书》第16册《朱子语类》卷一百〇五，上海古籍出版社、安徽教育出版社，2002年，第2625页。
④ [宋] 朱熹著，朱杰人等主编:《朱子全书》第15册《朱子语类》卷六十七，上海古籍出版社、安徽教育出版社，2002年，第1658页。
⑤ [宋] 朱熹著，朱杰人等主编:《朱子全书》第15册《朱子语类》卷六十六，上海古籍出版社、安徽教育出版社，2002年，第1623页。
⑥ [宋] 朱熹著，朱杰人等主编:《朱子全书》第15册《朱子语类》卷六十六，上海古籍出版社、安徽教育出版社，2002年，第1622页。
⑦ [宋] 朱熹著，朱杰人等主编:《朱子全书》第15册《朱子语类》卷六十六，上海古籍出版社、安徽教育出版社，2002年，第1633页。

用享祀'，只是卜祭则吉；'田获三孤''田获三品'，只是卜田则吉；'公用享于天子'，只是卜朝觐则吉；'利建侯'，只是卜立君则吉；'利用为依迁国'，只是卜迁国则吉；'利用侵伐'，只是卜侵伐则吉之类，但推之于事，或有如此说者耳。"① 又说："何以见得《易》专为占筮之用，如'王用亨于岐山''于西山'，皆是'享'字，古字多通用。若卜人君欲祭祀山，占得此即吉。'公用享于天子'，若诸侯占得此卦，自利于近天子耳。"②

基于《易传》，朱熹说："且如《易》之作，本之为卜筮。如'极数知来之谓占''莫大乎蓍龟''是兴神物以前民用''动则观其变而玩其占'等语，皆见得是占筮之意。"③ 又说："圣人分明说：'昔者圣人之作《易》也，观象设卦，系辞焉而明吉凶。'几多分晓！某所以说《易》只是卜筮书者，此类可见。"④ 又说："看《系辞》须先看其自"大衍之数"以下，皆是说卜筮。若不是卜筮，却是说一无底物。"⑤

对《易经》性质的不同认定，会导致不同的诠释路向，进而形成不同的诠释特点。朱熹既认定《周易》古经本为卜筮而作，故主张在卜筮的语境下诠释卦爻辞。朱熹把卦爻辞分为象辞、占辞和象占相浑之辞三类。他说："《易》有象辞，有占辞，有象占相浑之辞。"⑥ 象辞是对卦爻象的文字表达，占辞是吉凶悔吝之类的断语。如乾卦九二爻辞"见龙在田，利见大人"，朱熹说："其象为见龙在田，其占为利见大人。"⑦ "见龙在田"是象辞，"利见大人"是占辞。有些卦爻辞无吉凶悔吝之类的断语，而吉凶悔吝之意寓于其中，是为"象占相浑之辞"。如蛊卦上九爻辞"不事王侯，高尚其事"，朱熹说："刚阳居上，在事之外，故为此象，而占与戒皆在其中矣。"⑧ 这就是象占相浑之辞。

朱熹认为，卦爻辞由卦爻象而来。如泰卦上六爻辞"城覆于隍，勿用师，自邑告命，贞吝"，朱熹说："须有这个城底象，隍底象，邑底象。城、隍、邑皆土地，

---

① [宋] 朱熹著，朱杰人等主编：《朱子全书》第 21 册，《文集》卷三十三《答吕伯恭》，上海古籍出版社、安徽教育出版社，2002 年，第 1465 页。
② [宋] 朱熹著，朱杰人等主编：《朱子全书》第 16 册《朱子语类》卷七十三，上海古籍出版社、安徽教育出版社，2002 年，第 1853 页。
③ [宋] 朱熹著，朱杰人等主编：《朱子全书》第 15 册《朱子语类》卷六十六，上海古籍出版社、安徽教育出版社，2002 年，第 1621 页。
④ [宋] 朱熹著，朱杰人等主编：《朱子全书》第 15 册《朱子语类》卷六十六，上海古籍出版社、安徽教育出版社，2002 年，第 1629 页。
⑤ [宋] 朱熹著，朱杰人等主编：《朱子全书》第 15 册《朱子语类》卷六十六，上海古籍出版社、安徽教育出版社，2002 年，第 1627 页。
⑥ [宋] 朱熹著，朱杰人等主编：《朱子全书》第 15 册《朱子语类》卷六十七，上海古籍出版社、安徽教育出版社，2002 年，第 1669 页。
⑦ [宋] 朱熹：《周易本义》，宋咸淳元年吴革刻本，全 1 函 6 册，第 1 册，第 2 页。
⑧ [宋] 朱熹：《周易本义》，宋咸淳元年吴革刻本，全 1 函 6 册，第 1 册，第 33 页。

在坤爻中自有此象。"① 虽然卦爻辞与卦爻象之间有必然的关联,但不可讳言,由于时移事异,有些关联,难以考见。朱熹说:"诸爻之象,圣人必有所据,非是白撰,但今不可考耳。"② 如屯卦六二爻辞"十年乃字",朱熹说:"《易》中此等取象不可晓。如说'十年''七日''八月'等处,必有所指,但今不可穿凿,姑阙之可也。"③

由于卦爻辞与卦爻象之间的有些关联,难以考见,所以不必如汉儒那样"附会穿凿"以求解。朱熹批评汉儒说:"汉儒求之《说卦》而不得,则遂相与创为互体、卦变、五行、纳甲、飞伏之法,参互以求,而幸其偶合,其说虽详,然其不可通者终不可通,其可通者又皆附会穿凿,而非有自然之势。唯其一二之适然无待于巧说者,为若可信。然上无关于义理之本原,下无所资于人事之训戒,则又何必苦心极力以求于此,而欲必得之哉!"④

朱熹虽反对汉儒泥象,但也不赞许王弼以来忘象的解《易》思路。他说:"《易》之有象,其取之有所从,其推之有所用,非苟为寓言也。然两汉诸儒必欲究其所从,则既滞泥而不通。王弼以来,直欲推其所用,则又疏略而无据。二者皆失之一偏而不能阙其所疑之过也。"⑤ 因此,朱熹诠《易》,重象而不泥象,十分简明。赵子钦评其"《本义》太略",朱熹解释说:"《易》中取象,有生得极细巧底,有生得粗拙突兀底。赵子钦云'《本义》太略',此譬如烛笼,添了一条竹片,便障却一路明,尽撤去了使它通体光明,岂不更好!盖是著不得详说,如此看来,到取象处,如何拘得。"⑥ 又说:"古人取象,也只看大意略如此仿佛,不能端的。若要解到亲切处,便都没法去处了。"⑦ 又说:"圣人取象,亦只是个大概仿佛意思如此。若著言语穷他,便有说不去时。"⑧

说"《易》本为卜筮而作",又承认《易》为圣人所作,就需要回答:圣人卜筮,用意何在?朱熹认为,圣人卜筮,乃因卜筮而设教。朱熹说:"古人淳朴,不

---

① [宋] 朱熹著,朱杰人等主编:《朱子全书》第 15 册《朱子语类》卷七十,上海古籍出版社、安徽教育出版社,2002 年,第 1761 页。
② [宋] 朱熹著,朱杰人等主编:《朱子全书》第 16 册《朱子语类》卷七十五,上海古籍出版社、安徽教育出版社,2002 年,第 1915 页。
③ [宋] 朱熹著,朱杰人等主编:《朱子全书》第 15 册《朱子语类》卷七十,上海古籍出版社、安徽教育出版社,2002 年,第 1744 页。案,在《周易本义》中,朱熹对"十年""七日""八月"皆有解。
④ [宋] 朱熹著,朱杰人等主编:《朱子全书》第 23 册《文集》卷六十七《易象说》,上海古籍出版社、安徽教育出版社,2002 年,第 3255 页。案,在《周易本义》中,朱熹亦以卦变说解《易》。
⑤ [宋] 朱熹著,朱杰人等主编:《朱子全书》第 23 册《文集》卷六十七《易象说》,上海古籍出版社、安徽教育出版社,2002 年,第 3255 页。
⑥ [宋] 朱鉴编:《文公易说》卷八,文渊阁四库全书本。
⑦ [宋] 朱熹著,朱杰人等主编:《朱子全书》第 15 册《朱子语类》卷七十,上海古籍出版社、安徽教育出版社,2002 年,第 1746 页。
⑧ [宋] 朱熹著,朱杰人等主编:《朱子全书》第 15 册《朱子语类》卷七十二,上海古籍出版社、安徽教育出版社,2002 年,第 1833 页。

似后世机智，事事理会得，于事既不能无疑，即须来占方知吉凶，圣人就上为之戒，便是'开物成务'之道。若不以卜筮言之，则开物成务何所措？'动则观其变而玩其占''极数知来之谓占'，此即是《易》之用。使人占决于《易》，便是圣人家至户到以教之也。"① 又说："圣人作《易》，本是使人卜筮，以决所行之可否，而因之以教人为善。如严君平所谓，与人子言依于孝，与人臣言依于忠者。"②

朱熹认为，卦爻辞中的吉凶悔吝，包含了是非善恶的价值判断。朱熹说："《易》中都是'贞吉'，不曾有不贞吉；都是'利贞'，不曾说利不贞。"③ 又说："如占得乾，此卦固是吉辞，曰'元亨'，元亨，大亨也。卦固是大亨，然下即云利正。是虽大亨，正即利，而不正即不利也。使天下因是事而占，因占而得其吉。而至理之权舆，圣人之至教，寓于其间矣。"④ 因此，朱熹在《周易本义》中每卦均注以"因卜筮而设教"之意。

乾卦卦辞"元亨利贞"，朱熹注："元，大也；亨，通也；利，宜也；贞，正而固也。文王以为乾道大通而至正，故筮得此卦而六爻皆不变者言其占当得大通，而必利在正固，然后可以保其终也。此圣人所以作《易》教人卜筮而可以开物成务之精意。余卦放此。"⑤

坤卦卦辞"元亨，利牝马之贞。君子有攸往，先迷后得，主利，西南得朋，东北丧朋，安贞吉"，朱熹注："遇此卦者，其占为大亨，而利以顺健为正，如有所往，则先迷后得而主于利，往西南则得朋，往东北则丧朋，大抵能安于正则吉也。"⑥

屯卦卦辞"元亨利贞，勿用利攸往，利建侯"，朱熹注："震动在下，坎险在上，是能动乎险中。能动虽可亨，而在险则宜守正而未可遽进，故筮得之者，其占为大亨而利于正，但未可遽有所往耳。又，初九阳居阴下而为成卦之主，是能以贤下人，得民而可君之象，故筮立君者，遇之则吉也。"⑦

蒙卦卦辞"亨，匪我求童蒙，童蒙求我，初筮告，再三渎，渎则不告，利贞"，朱熹注："亨以下，占辞也。九二，内卦之主，以刚居中，能发人之蒙者，而与六五阴阳相应，故遇此卦者，有亨道也。我，二也；童蒙，幼稚而蒙昧，谓五也。筮者明，则人当求我而其亨在人；筮者昧，则我当求人而亨在我。人求我者，当视其可否而应之；我求人者，当致其精一而扣之。而明者之养蒙与蒙者之自养，又皆利

---

① [宋] 朱鉴编：《文公易说》卷二十一，文渊阁四库全书本。
② [宋] 朱熹著，朱杰人等主编：《朱子全书》第21册《文集》卷三十一《答张敬夫》，上海古籍出版社、安徽教育出版社，2002年，第1350页。
③ [元] 董真卿：《周易会通》卷首《朱子说易纲领》，文渊阁四库全书本。
④ [宋] 朱鉴编：《文公易说》卷二十一，文渊阁四库全书本。
⑤ [宋] 朱熹：《周易本义》，宋咸淳元年吴革刻本，全1函6册，第1册，第2页。
⑥ [宋] 朱熹：《周易本义》，宋咸淳元年吴革刻本，全1函6册，第1册，第5页。
⑦ [宋] 朱熹：《周易本义》，宋咸淳元年吴革刻本，全1函6册，第1册，第7页。

于以正也。"①

需卦卦辞"有孚光亨，贞吉，利涉大川"，朱熹注："其卦九五以坎体中实，阳刚中正，而居尊位，为有孚得正之象。坎水在前，乾健临之，将涉水而不轻进之象。故占者为有所待而能有信则光亨矣。若又得正，则吉而利涉大川。正固无所不利，而涉川尤贵于能待，则不欲速而犯难也。"②

讼卦卦辞"有孚，窒惕，中吉，终凶，利见大人，不利涉大川"，朱熹注："九二中实，上无应与，又为加忧，且以卦变自遁而来，为刚来居二，而当下卦之中，有有孚而见窒，能惧而得中之象。上九过刚，居讼之极，有终极其讼之象。九五刚健中正，以居尊位，有大人之象。以刚乘险，以实履陷，有不利涉大川之象。故戒占者必有争辩之事而随其所处为吉凶也。"③

师卦卦辞"贞，丈人吉，无咎"，朱熹注："丈人，长老之称。用师之道，利于得正，而任老成之人，乃得吉而无咎。戒占者亦必如是也。"④

比卦卦辞"吉，原筮，元永贞，无咎，不宁方来，后夫凶"，朱熹注："九五以阳刚居上之中而得其正，上下五阴比而从之，以一人而抚万邦，以四海而仰一人之象，故筮者得之，则当为人所亲辅，然必再筮以自审，有元善长永正固之德，然后可以当众之归而无咎。其未比而有所不安者，亦将皆来归之。若又迟而后至，则此交已固，彼来已晚，而得凶矣。若欲比人，则亦以是而反观之耳。"⑤

小畜卦辞"亨，密云不雨，自我西郊"，朱熹注："内健外巽，二五皆阳，各居一卦之中而用事，能刚而能中，其志得行之象，故其占当得亨通。然畜未极而施未行，故有'密云不雨，自我西郊'之象。盖密云，阴物；西郊，阴方。我者，文王自我也。文王演易于羑里，视岐周为西方，正小畜之时也⑥。筮者得之，则占亦如其象云。"⑦

履卦卦辞"履虎尾，不咥人，亨"，朱熹注："以兑遇乾，和说以蹑刚强之后，有履虎尾而不见伤之象，故其卦为履，而占如是也。人能如是，则处危而不伤矣。"⑧

泰卦卦辞"小往大来，吉亨"，朱熹注："小谓阴，大谓阳，言坤往居外，乾来居内。又自归妹来，则六往居四，九来居三也。占者有刚阳之德，则吉而亨矣。"⑨

---

①[宋] 朱熹：《周易本义》，宋咸淳元年吴革刻本，全1函6册，第1册，第9－10页。
②[宋] 朱熹：《周易本义》，宋咸淳元年吴革刻本，全1函6册，第1册，第11页。
③[宋] 朱熹：《周易本义》，宋咸淳元年吴革刻本，全1函6册，第1册，第13页。
④[宋] 朱熹：《周易本义》，宋咸淳元年吴革刻本，全1函6册，第1册，第15页。
⑤[宋] 朱熹：《周易本义》，宋咸淳元年吴革刻本，全1函6册，第1册，第16页。
⑥案，朱熹认为，《周易》中所说具体事件，如"帝乙归妹""箕子明夷""高宗伐鬼方"之类，"疑皆当时帝乙、高宗、箕子曾占得此爻，故后人因而记之，而圣人以入爻也"。(《朱子语类》卷六十六)
⑦[宋] 朱熹：《周易本义》，宋咸淳元年吴革刻本，全1函6册，第1册，第18页。
⑧[宋] 朱熹：《周易本义》，宋咸淳元年吴革刻本，全1函6册，第1册，第20页。
⑨[宋] 朱熹：《周易本义》，宋咸淳元年吴革刻本，全1函6册，第1册，第21页。

第二章　魏晋至宋元时期的《周易》诠释

否卦卦辞"否之匪人，不利君子贞，大往小来"，朱熹注："正与泰反，故曰匪人，谓非人道也。其占不利于君子之正道。盖乾往居外，坤来居内，又自渐卦而来，则九往居四，六来居三也。"①

同人卦辞"同人于野，亨，利涉大川，利君子贞"，朱熹注："为卦内文明而外刚健，六二中正而有应，则君子之道也。占者能如是，则亨而又可涉险。然必其所同合于君子之道，乃为利也。"②

大有卦辞"元亨"，朱熹注："乾健离明，居尊应天，有亨之道。占者有其德，则大善而亨也。"③

谦卦卦辞"亨，君子有终"，朱熹注："山至高而地至卑，乃屈而止于其下，谦之象也。占者如是，则亨通而有终矣。"④

豫卦卦辞"利建侯行师"，朱熹注："九四一阳，上下应之，其志得行，又以坤遇震，为顺以动，故其卦为豫，而其占利以立君用师也。"⑤

随卦卦辞"元亨利贞，无咎"，朱熹注："己能随物，物来随己，彼此相从，其通易矣，故其占为元亨，然必利于正，乃得无咎。若所随不正，则虽大亨，而不免于有咎矣。《春秋传》穆姜曰：'有是四德，随而无咎，我皆无之，岂随也哉？'今案，四德虽非本义，然其下云云，深得占法之意。"⑥

蛊卦卦辞"元亨，利涉大川，先甲三日，后甲三日"，朱熹注："蛊坏之极，乱当复治，故其占为元亨而利涉大川。甲，日之始，事之端也。先甲三日，辛也；后甲三日，丁也。前事过中而将坏，则可自新为后事之端而不使至于大坏；后事方始而尚新，然便当致其丁宁之意，以监前事之失而不使至于速坏。圣人之深戒也。"⑦

临卦卦辞"元亨利贞，至于八月有凶"，朱熹注："其为卦，下兑说，上坤顺，九二以刚居中，上应六五，故占者大亨而利于正，然至于八月当有凶也。八月，谓自复卦一阳之月至于遁卦二阴之月，阴长阳遁之时也。或曰，八月谓夏正八月，于卦为观，亦临之反对也。又因占而戒之。"⑧

观卦卦辞"盥而不荐，有孚颙若"，朱熹注："盥，将祭而洁手也。荐，奉酒食以祭也。颙然，尊严之貌，言致其洁清而不轻于用，则其孚信在中，而颙然可仰。戒占者宜如是也。"⑨

---

① [宋] 朱熹：《周易本义》，宋咸淳元年吴革刻本，全1函6册，第1册，第22-23页。
② [宋] 朱熹：《周易本义》，宋咸淳元年吴革刻本，全1函6册，第1册，第24页。
③ [宋] 朱熹：《周易本义》，宋咸淳元年吴革刻本，全1函6册，第1册，第25页。
④ [宋] 朱熹：《周易本义》，宋咸淳元年吴革刻本，全1函6册，第1册，第27页。
⑤ [宋] 朱熹：《周易本义》，宋咸淳元年吴革刻本，全1函6册，第1册，第28页。
⑥ [宋] 朱熹：《周易本义》，宋咸淳元年吴革刻本，全1函6册，第1册，第30页。
⑦ [宋] 朱熹：《周易本义》，宋咸淳元年吴革刻本，全1函6册，第1册，第31-32页。
⑧ [宋] 朱熹：《周易本义》，宋咸淳元年吴革刻本，全1函6册，第1册，第33页。
⑨ [宋] 朱熹：《周易本义》，宋咸淳元年吴革刻本，全1函6册，第1册，第34页。

噬嗑卦辞"亨,利用狱",朱熹注:"其占当得亨通者,有间故不通,啮之而合,则亨通矣。又三阴三阳,刚柔中半,下动上明,下雷上电,本自益卦六四之柔上行以至于五而得其中,是以以阴居阳,虽不当位,而利用狱,盖治狱之道,惟威与明,而得中之为贵,故筮得之者,有其德则可应其所占也。"①

贲卦卦辞"亨,小利有攸往",朱熹注:"内离而外艮,有文明而各得其分之象,故为贲。占者以其柔来文刚,阳得阴助,而离明于内,故为亨;以其刚上文柔,而艮止于外,故小利有攸往。"②

剥卦卦辞"不利有攸往",朱熹注:"阴盛阳衰,小人壮而君子病。又内坤外艮,有顺时而止之象。故占得之者,不可有所往也。"③

复卦卦辞"亨,出入无疾,朋来无咎,反复其道,七日来复,利有攸往",朱熹注:"以其阳既往而复反,故有亨通。又内震外坤,有阳动于下而以顺上行之象,故其占又为己之出入既得无疾,朋类之来亦得无咎。又自五月姤卦一阴始生,至此七爻而一阳来复,乃天运之自然,故其占又为反复其道,至于七日当得来复。又以刚德方长,故其占又为利有攸往也。"④

无妄卦卦辞"元亨利贞,其匪正,有眚,不利有攸往",朱熹注:"二体震动而乾健,九五刚中而应六二,故其占大亨,而利于正,若其不正,则有眚而不利有所往也。"⑤

大畜卦卦辞"利贞,不家食吉,利涉大川",朱熹注:"内乾刚健,外艮笃实辉光,是以能日新其德,而为畜之大也。以卦变言,此卦自需而来,九五而上;以卦体言,六五尊而尚之;以卦德言,又能止健。皆非大正不能。故其占为利正而不家食吉也。又六五下应于乾,为应乎天,故其占又为利涉大川也。"⑥

颐卦卦辞"贞吉,观颐,自求口实",朱熹注:"贞吉者,占者得正则吉。观颐,谓观其所养之道。自求口实,谓观其所以养身之术。皆得正则吉也。"⑦

大过卦辞"栋挠,利有攸往,亨",朱熹注:"四阳虽过而二五得中,内巽外兑,有可行之道,故利有所往而得亨也。"⑧

坎卦卦辞"有孚,维心亨,行有尚",朱熹注:"中实为有孚心亨之象,以是而行,必有功矣,故其象占如此。"⑨

---

①[宋]朱熹:《周易本义》,宋咸淳元年吴革刻本,全1函6册,第1册,第36页。
②[宋]朱熹:《周易本义》,宋咸淳元年吴革刻本,全1函6册,第1册,第37页。
③[宋]朱熹:《周易本义》,宋咸淳元年吴革刻本,全1函6册,第1册,第38–39页。
④[宋]朱熹:《周易本义》,宋咸淳元年吴革刻本,全1函6册,第1册,第40页。
⑤[宋]朱熹:《周易本义》,宋咸淳元年吴革刻本,全1函6册,第1册,第41页。
⑥[宋]朱熹:《周易本义》,宋咸淳元年吴革刻本,全1函6册,第1册,第43页。
⑦[宋]朱熹:《周易本义》,宋咸淳元年吴革刻本,全1函6册,第1册,第44页。
⑧[宋]朱熹:《周易本义》,宋咸淳元年吴革刻本,全1函6册,第1册,第45页。
⑨[宋]朱熹:《周易本义》,宋咸淳元年吴革刻本,全1函6册,第1册,第47页。

离卦卦辞"利贞,亨,畜牝牛吉",朱熹注:"物之所丽,贵乎得正。牝牛,柔顺之物,故占者能正则亨,而畜牝牛则吉也。"①

咸卦卦辞"亨,利贞,取女吉",朱熹注:"其占亨而利正,取女则吉,盖感有必通之理,然不以正,则失其亨,而所为皆凶矣。"②

恒卦卦辞"亨,无咎,利贞,利有攸往",朱熹注:"其占为能久于其道则亨而无咎,然又必利于守正,则乃为得所常之道,而利有所往也。"③

遯卦卦辞"亨,小利贞",朱熹注:"其占为君子能遯则身虽退而道亨,小人则利以守正,不可以浸长之故而遂侵迫于阳也。"④

大壮卦卦辞"利贞",朱熹注:"阳壮,则占者吉亨不假言,但利在正固而已。"⑤

晋卦卦辞"康侯用锡马蕃庶,昼日三接",朱熹注:"其为卦,上离下坤,有日出地上之象,顺而丽乎大明之德。又其变自观而来,为六四之柔进而上行以至于五。占者有是三者,则亦当有是宠也。"⑥

明夷卦卦辞"利艰贞",朱熹注:"为卦下离上坤,日入地中,明而见伤之象,故为明夷。又其上六为暗之主,六五近之。故占者利于艰难以守正,而自晦其明也。"⑦

家人卦辞"利女贞",朱熹注:"利女贞者,欲先正乎内也。内正,则外无不正矣。"⑧

睽卦卦辞"小事吉",朱熹注:"以卦德言之,内说而外明;以卦变言之,则自离来者柔进居三,自中孚来者柔进居五,自家人来者兼之;以卦体言之,则六五得中而下应九二之刚。是以其占不可大事,而小事尚有吉之道也。"⑨(案,此注本乎《彖》辞)

蹇卦卦辞"利西南,不利东北,利见大人,贞吉",朱熹注:"当蹇之时,必见大人,然后可以济难,又必守正,然后得吉,而卦之九五,刚健中正,有大人之象,自二以上五爻,皆得正位,则又贞之义也,故其占又曰'利见大人,贞吉'。盖见险者,贵于能止,而又不可终于止。处险者,利于进而不可失其正也。"⑩ 此注在《彖辞》基础之上进一步阐发,反映了重"时"的思想。

解卦卦辞"利西南,无所往,其来复吉,有攸往,夙吉",朱熹注:"难之既

---

① [宋] 朱熹:《周易本义》,宋咸淳元年吴革刻本,全1函6册,第1册,第48页。
② [宋] 朱熹:《周易本义》,宋咸淳元年吴革刻本,全1函6册,第2册,第1页。
③ [宋] 朱熹:《周易本义》,宋咸淳元年吴革刻本,全1函6册,第2册,第2页。
④ [宋] 朱熹:《周易本义》,宋咸淳元年吴革刻本,全1函6册,第2册,第4页。
⑤ [宋] 朱熹:《周易本义》,宋咸淳元年吴革刻本,全1函6册,第2册,第5页。
⑥ [宋] 朱熹:《周易本义》,宋咸淳元年吴革刻本,全1函6册,第2册,第7页。
⑦ [宋] 朱熹:《周易本义》,宋咸淳元年吴革刻本,全1函6册,第2册,第8页。
⑧ [宋] 朱熹:《周易本义》,宋咸淳元年吴革刻本,全1函6册,第2册,第10页。
⑨ [宋] 朱熹:《周易本义》,宋咸淳元年吴革刻本,全1函6册,第2册,第11页。
⑩ [宋] 朱熹:《周易本义》,宋咸淳元年吴革刻本,全1函6册,第2册,第13页。

解，利于平易安静，不欲久为烦扰。"①

损卦卦辞"有孚，元吉，无咎，可贞，利有攸往，曷之用？二簋可用享"，朱熹注："损所当损，而有孚信，则其占当有此下四者之应矣。"②

益卦卦辞"利有攸往，利涉大川"，朱熹注："卦之九五、六二，皆得中正。下震、上巽，皆木之象。故其占利有所往，而利涉大川也。"③

夬卦卦辞"扬于王庭，孚号有厉，告自邑，不利即戎，利有攸往"，朱熹注："以五阳去一阴，决之而已，然其决之也，必正名其罪，而尽诚以呼号其众，相与合力，然亦尚有危厉，不可安肆，又当先治其私，而不可专尚威武，则利有所往也。皆戒之之辞。"④（案，此注不同于《彖》辞）

姤卦卦辞"女壮，勿用取女"，朱熹注："遇已非正，又一阴而遇五阳，则女德不贞而壮之甚也，取以自配，必害乎阳，故其象占如此。"⑤

萃卦卦辞"亨，王假有庙，利见大人，亨，利贞，用大牲吉，利有攸往"，朱熹注："庙所以聚祖考之精神，又人必能聚己之精神，则可以至于庙而承祖考也。物既聚则必见大人，而后可以得亨，然又必利于正。所聚不正，则亦不能亨也。大牲必聚而后有，聚则可以有所往。皆占吉而有戒之辞。"⑥

升卦卦辞"元亨，用见大人，勿恤，南征吉"，朱熹注："内巽外顺，九二刚中而五应之，是以其占如此。"⑦

困卦卦辞"亨，贞大人吉，无咎，有言不信，"朱熹注："坎险兑说，处险而说，是身虽困而道则亨也。二、五刚中，又有大人之象，占者处困能亨，则得其正矣。非大人其孰能之？故曰'贞'。又曰'大人'者，明不正之小人不能当也。有言不信，又戒以当务晦默，不可尚口，益取穷困。"⑧

井卦卦辞"改邑不改井，无丧无得，往来井井，汔至，亦未繘井，羸其瓶，凶"，朱熹注："其占为事仍旧，无得丧，而又当敬勉，不可几成而败也。"⑨

革卦卦辞"已日乃孚，元亨利贞，悔亡"，朱熹注："以其内有文明之德，而外有和说之气，故其占为有所更革皆大亨而得其正。所革皆当，而所革之悔亡也，一有不正，则其所革不信不通，而反有悔矣。"⑩

---

① [宋] 朱熹：《周易本义》，宋咸淳元年吴革刻本，全1函6册，第2册，第14页。
② [宋] 朱熹：《周易本义》，宋咸淳元年吴革刻本，全1函6册，第2册，第15页。
③ [宋] 朱熹：《周易本义》，宋咸淳元年吴革刻本，全1函6册，第2册，第17页。
④ [宋] 朱熹：《周易本义》，宋咸淳元年吴革刻本，全1函6册，第2册，第19页。
⑤ [宋] 朱熹：《周易本义》，宋咸淳元年吴革刻本，全1函6册，第2册，第20页。
⑥ [宋] 朱熹：《周易本义》，宋咸淳元年吴革刻本，全1函6册，第2册，第22页。
⑦ [宋] 朱熹：《周易本义》，宋咸淳元年吴革刻本，全1函6册，第2册，第24页。
⑧ [宋] 朱熹：《周易本义》，宋咸淳元年吴革刻本，全1函6册，第2册，第25页。
⑨ [宋] 朱熹：《周易本义》，宋咸淳元年吴革刻本，全1函6册，第2册，第27页。
⑩ [宋] 朱熹：《周易本义》，宋咸淳元年吴革刻本，全1函6册，第2册，第28页。

鼎卦卦辞"元吉，亨"，朱熹注："有内巽顺而外聪明之象。卦自巽来，阴进居五，而下应九二之阳，故其占曰元亨。"①

震卦卦辞"亨，震来虩虩，笑言哑哑，震惊百里，不丧匕鬯"，朱熹注："此卦之占，为能恐惧则致福，而不失其所主之重。"②

艮卦卦辞"艮其背，不获其身；行其庭，不见其人。无咎"，朱熹注："艮其背，则止于所当止也。止于所当止，则不随身而动矣，是不有其身也。如是，则虽行于庭除有人之地而亦不见其人矣。盖艮其背而不获其身者，止而止也；行其庭而不见其人者，行而止也。动静各止其所而皆主夫静焉，所以得无咎也。"③

渐卦卦辞"女归吉，利贞"，朱熹注："为卦止于下而巽于上，为不进之义，有女归之象焉。又自二至五，位皆得正，故其占为女归吉，而又戒以利贞也。"④

归妹卦卦辞"征凶，无攸利"，朱熹注："卦之诸爻，自二至五，皆不得正。三、五又皆以柔乘刚。故其占征凶而无所利也。"⑤

丰卦卦辞"亨，王假之，勿忧，宜日中"，朱熹注："王者至此，盛极当衰，则又有忧道焉。圣人以为徒忧无益，但能守常不至于过盛则可矣，故戒'勿忧，宜日中'也。"⑥

旅卦卦辞"小亨，旅贞吉"，朱熹注："旅非常居，若可苟者，然道无不在，故自有其正而不可须臾离也。"⑦

巽卦卦辞"小亨，利有攸往，利见大人"，朱熹注："阴为主，故其占为'小亨'。以阴从阳，故又'利有攸往'。然必知所从，乃得其正，故又曰'利见大人'也。"⑧

兑卦卦辞"亨，利贞"，朱熹注："盖说有亨道，而其妄说不可以不戒，故其占如此。"⑨

涣卦卦辞"亨，王假有庙，利涉大川，利贞"，朱熹注："其曰利贞，则占者之深戒也。"⑩

节卦卦辞"亨，苦节，不可贞"，朱熹注："节固自有亨道矣。又其体阴阳各

---

①［宋］朱熹：《周易本义》，宋咸淳元年吴革刻本，全1函6册，第2册，第30页。
②［宋］朱熹：《周易本义》，宋咸淳元年吴革刻本，全1函6册，第2册，第32页。
③［宋］朱熹：《周易本义》，宋咸淳元年吴革刻本，全1函6册，第2册，第33－34页。
④［宋］朱熹：《周易本义》，宋咸淳元年吴革刻本，全1函6册，第2册，第35页。
⑤［宋］朱熹：《周易本义》，宋咸淳元年吴革刻本，全1函6册，第2册，第36页。
⑥［宋］朱熹：《周易本义》，宋咸淳元年吴革刻本，全1函6册，第2册，第38页。
⑦［宋］朱熹：《周易本义》，宋咸淳元年吴革刻本，全1函6册，第2册，第39页。
⑧［宋］朱熹：《周易本义》，宋咸淳元年吴革刻本，全1函6册，第2册，第40－41页。
⑨［宋］朱熹：《周易本义》，宋咸淳元年吴革刻本，全1函6册，第2册，第42页。
⑩［宋］朱熹：《周易本义》，宋咸淳元年吴革刻本，全1函6册，第2册，第43页。

半，而二、五皆阳，故其占得亨。然至于太甚，则苦矣，故又戒以不可守以为正也。"①

中孚卦卦辞"豚鱼吉，利涉大川，利贞"，朱熹注："至信可感，豚鱼涉险难，而不可以失其正，故占者能致豚鱼之应则吉而利涉大川，又必利于正也。"②

小过卦卦辞"亨，利贞，可小事，不可大事，飞鸟遗之音，不宜上，宜下，大吉"，朱熹注："既过于阳，可以亨矣，然必利于守正，则又不可不戒也。"③

既济卦卦辞"亨，小利贞，初吉，终乱"，朱熹注："大抵此卦及六爻占辞皆有警戒之意，时当然也。"④

未济卦卦辞"亨，小狐汔济，濡其尾，无攸利"，朱熹注："几济而濡尾，犹未济也。占者如此，何所利也哉？"⑤

以《易》为卜筮之书，又指出筮中含理，是朱熹为《周易》诠释所开辟的新天地。朱熹说："今人只见说《易》为卜筮书，便群起而争之，不知圣人乃是因此立教。"⑥ 又说："今人说《易》，所以不将卜筮为主者，只是嫌怕少却这道理，故凭虚失实，茫昧臆度而已。殊不知由卜筮而推，则上通鬼神，下通事物，精极于无形，粗极于有象，如包罩在此，随取随得。"⑦ 可见，朱熹以《易》为卜筮之书，与前人以《易》为圣人传道明理之书，并非绝对对立。朱熹以《易》为卜筮之书的观点，可涵摄于其理学思想体系之中。

二、以图诠《易》

顺着"《易》乃卜筮之书"的看法，朱熹提出了伏羲、文王（周公）、孔子分开来看的"三圣《易》"说。他说："今人读《易》，当分为三等：伏羲自是伏羲之《易》，文王自是文王之《易》，孔子自是孔子之《易》。"⑧ 伏羲之《易》"只是要作卜筮用"，文王之《易》"早不是伏羲之《易》，已是文王、周公自说他一般道理了"，孔子之《易》"又非文王之《易》矣"，"到得孔子，尽是说道理"⑨。

---

① [宋] 朱熹：《周易本义》，宋咸淳元年吴革刻本，全1函6册，第2册，第45页。
② [宋] 朱熹：《周易本义》，宋咸淳元年吴革刻本，全1函6册，第2册，第46页。
③ [宋] 朱熹：《周易本义》，宋咸淳元年吴革刻本，全1函6册，第2册，第47-48页。
④ [宋] 朱熹：《周易本义》，宋咸淳元年吴革刻本，全1函6册，第2册，第49页。
⑤ [宋] 朱熹：《周易本义》，宋咸淳元年吴革刻本，全1函6册，第2册，第51页。
⑥ [宋] 朱熹著，朱杰人等主编：《朱子全书》第15册《朱子语类》卷六十六，上海古籍出版社、安徽教育出版社，2002年，第1627页。
⑦ [宋] 朱熹著，朱杰人等主编：《朱子全书》第16册《朱子语类》卷七十五，上海古籍出版社、安徽教育出版社，2002年，第1924页。
⑧ [宋] 朱熹著，朱杰人等主编：《朱子全书》第15册《朱子语类》卷六十六，上海古籍出版社、安徽教育出版社，2002年，第1629页。
⑨ [宋] 朱熹著，朱杰人等主编：《朱子全书》第15册《朱子语类》卷六十六，上海古籍出版社、安徽教育出版社，2002年，第1630页。

在朱熹以前，人们普遍认为经传同体无异，因此以传解经也就成了自然而然的事情。朱熹的"三圣《易》"说提出后，"经传分观"说开始与传统的"以传解经"说分庭抗礼，堪称《周易》诠释史上的革命性事件。

为纠正传统"以传解经"之偏颇，朱熹《周易本义》改用吕祖谦编订的经传分编本。其云："熹尝以谓《易经》本为卜筮而作，皆因吉凶以示训戒，故其言虽约，而所包甚广。夫子作传，亦略举其一端，以见凡例而已。然自诸儒分经合传之后，学者便文取义，往往未及玩心全经，而遂执传之一端以为定说。于是，一卦一爻仅为一事，而《易》之为用反有所局，而无以通乎天下之故。若是者，熹盖病之。"①

《周易》经、传古本，分编不相杂属，费直以《彖》《象》《文言》解经，然并未附传于经，郑玄附《彖》《象》于卦、爻辞后，王弼又附《文言》于乾、坤之后，这便是流行至今的《周易》经、传合编本。②朱熹认为，《周易》古经是一"空的物事""其言虽约，而所包甚广"，经、传合编本会误导学者以传之诠释为经之唯一义，不利于经、传分观，故采用经、传不相杂属的古本。

朱熹说："卦爻之辞，只是因依象类，虚设于此，以待扣而决者。"③又说："《易》是虚设之辞，不可以实迹论。"④又说："其它经，先因其事，方有其文。……若《易》，只则是个空底物事，未有是事，预先说是理，故包得尽许多道理，看甚人做事，皆撞著他。"⑤又说："圣人一部《易》，皆是假借虚设之辞。盖缘天下之理若正说出，便只作一件用。唯以象言，则当卜筮之时，看是甚事，都应得。"⑥又说："《易》如一个镜相似，看甚物来都照得。"⑦

朱熹关于《周易》诠释的这一重要思想，被冯友兰先生所继承。冯友兰说："每一卦都代表一个范畴，每一条卦、爻辞都代表一个公式，每一个公式都表示一个或许多关于自然界或社会的原则。"⑧又说："《易经》可以说是一部事物规律的

---

①［宋］朱熹著，朱杰人等主编：《朱子全书》第24册《文集》卷八十二《书临漳所刻四经后·易》，上海古籍出版社、安徽教育出版社，2002年，第3889－3890页。
②案，此前流行附传于经的经传合编本。《四库全书总目·周易注》："自郑玄传费直之学，始析《易传》以附经，至弼又更定之。"［宋］朱震："康成始以《彖》《象》连经文，……魏王弼又以《文言》附乾坤二卦。"（《汉上易传·丛说》）
③［宋］朱熹著，朱杰人等主编：《朱子全书》第21册《文集》卷三十一《答张敬夫》，上海古籍出版社、安徽教育出版社，2002年，第1350页。
④［宋］朱鉴编：《文公易说》卷十八，文渊阁四库全书本。
⑤［宋］朱熹著，朱杰人等主编：《朱子全书》第15册《朱子语类》卷六十六，上海古籍出版社、安徽教育出版社，2002年，第1631页。
⑥［宋］朱熹著，朱杰人等主编：《朱子全书》第15册《朱子语类》卷六十七，上海古籍出版社、安徽教育出版社，2002年，第1656页。
⑦［宋］朱熹著，朱杰人等主编：《朱子全书》第15册《朱子语类》卷六十七，上海古籍出版社、安徽教育出版社，2002年，第1647页。
⑧冯友兰：《中国哲学史新编》，人民出版社，1998年，第647页。

'代数学'。……六十四卦,三百八十四爻及其卦辞、爻辞可以代入事物的一切规律。"①《周易》古经包含宇宙万物之理,随占而应,因感而通,具有广泛的适应性,针对不同的卜筮诉求,都各有其指导意义。

朱熹将伏羲《易》、文王《易》、孔子《易》区别对待,卦爻辞反映了文王《易》,十翼反映了孔子《易》,《周易本义》九图中的先天四图,则反映了伏羲之《易》。朱熹说:"伏羲之《易》,初无文字,只有一图以寓其象数,而天地万物之理、阴阳始终之变具焉。"认为如不推本伏羲作《易》画卦之所由,则"学者必将误认文王所演之《易》便为伏羲始画之《易》,只从中半说起,不识向上根原矣。……必欲知圣人作《易》之本,则当考伏羲之画;若只欲知今《易》书文义,则但求之文王之经、孔子之传足矣。"② 先天四图包括伏羲八卦次序图、伏羲八卦方位图、伏羲六十四卦次序图和伏羲六十四卦方位图。

"先天"二字,出自《周易·文言·乾》:"夫大人者,与天地合其德,与日月合其明,与四时合其序,与鬼神合其吉凶,先天而天弗违,后天而奉天时。"其中的"先天",指在天时之先。而先天学之"先天"则是"出于自然、不用安排"③的意思。朱熹认为,先天之学,"康节自思量出来"④。程颢也以为邵雍"所自得者多"⑤。邵雍之所自得,盖受扬雄《太玄》启发。朱熹说:"康节之学似扬子云。"⑥李光地云:"扬雄作《太玄》,其法始于三方,重于九洲,又重于二十七部,又重于八十一家,则与先天极、仪、象、卦加倍之法相似也。流行之序,始于中羨从,中于更睟廓,终于减沈成,则与先天始复终乾、始姤终坤之序相似也。首用九九,策用六六,则与先天卦用八八、策用七七之数相似也。意者康节读扬雄之书,而心悟作《易》之本与?……故康节深服《太玄》,以为见天地之心,盖其学所启发得力处也。"⑦

《周易·系辞上》:"易有太极,是生两仪,两仪生四象,四象生八卦。"朱熹引邵雍之言,以伏羲先天八卦次序图解之云:"邵子曰:一分为二,二分为四,四分

---

① 冯友兰:《中国哲学史新编》,人民出版社,1998年,第652页。
② [宋] 朱熹著,朱杰人等主编:《朱子全书》第21册《文集》卷三十八《答袁机仲》,上海古籍出版社、安徽教育出版社,2002年,第1665页。
③ [宋] 朱熹著,朱杰人等主编:《朱子全书》第16册《朱子语类》卷一百,上海古籍出版社、安徽教育出版社,2002年,第2552页。
④ [宋] 朱熹著,朱杰人等主编:《朱子全书》第15册《朱子语类》卷六十五,上海古籍出版社、安徽教育出版社,2002年,第1618页。
⑤ [宋] 朱熹著,朱杰人等主编:《朱子全书》第12册《伊洛渊源录》卷五,上海古籍出版社、安徽教育出版社,2002年,第985页。
⑥ [宋] 朱熹著,朱杰人等主编:《朱子全书》第16册《朱子语类》卷一百,上海古籍出版社、安徽教育出版社,2002年,第2545页。
⑦ [清] 李光地等:《周易折中》卷十九《启蒙上》,巴蜀书社,1998年,第1080页。

为八也。"①

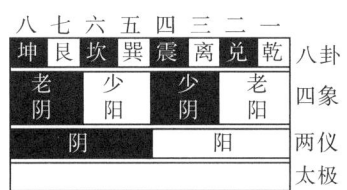

伏羲八卦次序图

上图最下行为太极,"一分为二"则为阴、阳。以阳为基,上加一阳,则为老阳;上加一阴,则为少阴。以阴为基,上加一阳,则为少阳;上加一阴,则为老阴。老阳、少阴、少阳、老阴,是为四象,即邵子所云"二分为四"。以老阳为基,上加一阳,则为乾;上加一阴,则为兑。以少阴为基,上加一阳,则为离;上加一阴,则为震。以少阳为基,上加一阳,则为巽;上加一阴,则为坎。以老阴为基,上加一阳,则为艮;上加一阴,则为坤。乾、兑、离、震、巽、坎、艮、坤,是为八卦。此即邵子所云"四分为八"。依此八卦生成次序,由右而左,分别是乾、兑、离、震、巽、坎、艮、坤。故朱熹又引邵雍之言,解《周易·说卦》"易,逆数也":"邵子曰:乾一、兑二、离三、震四、巽五、坎六、艮七、坤八,自乾至坤皆得未生之卦,若逆推四时之比也。"②

在伏羲八卦次序图的基础上,依次往上加一阳或加一阴,就成为六十四卦。这便是伏羲六十四卦次序图:

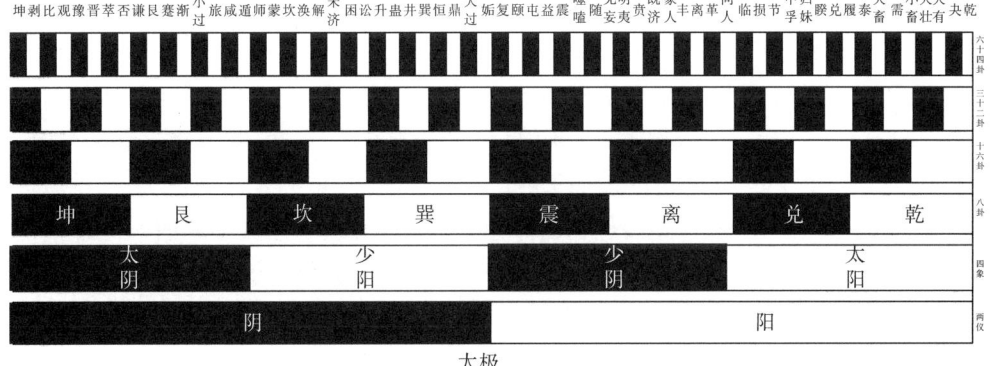

伏羲六十四卦次序图

朱熹说:"前八卦次序图即《系辞传》所谓'八卦成列'者,此图即所谓'因而重之'者也,故下三画即前图之八卦,上三画则各以其序重之,而下卦因亦各衍

---

①②[宋]朱熹:《周易本义》,宋咸淳元年吴革刻本,全1函6册,第3册,第3页。

而为八也。若逐爻渐生，则邵子所谓'八分为十六''十六分为三十二''三十二分为六十四'者，尤见法象自然之妙也。"① 以乾为基，往上渐次增一阳，或增一阴，则生成乾、夬、大有、大壮、小畜、需、大畜、泰；以兑为基，往上渐次增一阳，或增一阴，则生成履、兑、睽、归妹、中孚、节、损、临；以离为基，往上渐次增一阳，或增一阴，则生成同人、革、离、丰、家人、既济、贲、明夷；以震为基，往上渐次增一阳，或增一阴，则生成无妄、随、噬嗑、震、益、屯、颐、复；以巽为基，往上渐次增一阳，或增一阴，则生成姤、大过、鼎、恒、巽、井、蛊、升；以坎为基，往上渐次增一阳，或增一阴，则生成讼、困、未济、解、涣、坎、蒙、师；以艮为基，往上渐次增一阳，或增一阴，则生成遁、咸、旅、小过、渐、蹇、艮、谦；以坤为基，往上渐次增一阳，或增一阴，则生成否、萃、晋、豫、观、比、剥、坤。以乾为基所生成之八卦，下卦皆为乾，上卦依次是乾、兑、离、震、巽、坎、艮、坤；以兑为基所生成之八卦，下卦皆为兑，上卦依次是乾、兑、离、震、巽、坎、艮、坤；以离为基所生成之八卦，下卦皆为离，上卦依次是乾、兑、离、震、巽、坎、艮、坤；以震为基所生成之八卦，下卦皆为震，上卦依次是乾、兑、离、震、巽、坎、艮、坤；以巽为基所生成之八卦，下卦皆为巽，上卦依次是乾、兑、离、震、巽、坎、艮、坤；以坎为基所生成之八卦，下卦皆为坎，上卦依次是乾、兑、离、震、巽、坎、艮、坤；以艮为基所生成之八卦，下卦皆为艮，上卦依次是乾、兑、离、震、巽、坎、艮、坤；以坤为基所生成之八卦，下卦皆为坤，上卦依次是乾、兑、离、震、巽、坎、艮、坤。如以"1"表示阳爻，"0"表示阴爻，则最右列之乾可用 111111 表示。将 111111 转换为十进制数，则为 63（$1×2^0+1×2^1+1×2^2+1×2^3+1×2^4+1×2^5$）。乾左列之夬可用 011111 表示。将 011111 转换为十进制数，则为 62（$0×2^0+1×2^1+1×2^2+1×2^3+1×2^4+1×2^5$）。夬左列之大有可用 101111 表示。将 101111 转换为十进制数，则为 61（$1×2^0+0×2^1+1×2^2+1×2^3+1×2^4+1×2^5$）。依次类推，伏羲六十四卦次序图，由右而左，依次对应于六十四个自然数（63 至 0）。的确如朱熹所言："尤见法象自然之妙也！"

《周易·说卦传》："天地定位，山泽通气，雷风相薄，水火不相射，八卦相错。数往者顺，知来者逆。"朱熹引邵雍之言，以伏羲八卦方位图解之云："邵子曰：乾南，坤北，离东，坎西，震东北，兑东南，巽西南，艮西北。自震至乾为顺，自巽至坤为逆。"②

---

① [宋] 朱熹：《周易本义》，宋咸淳元年吴革刻本，全1函6册，第3册，第7页。
② [宋] 朱熹：《周易本义》，宋咸淳元年吴革刻本，全1函6册，第3册，第4页。

伏羲八卦方位图

上图中，震一阳，离、兑二阳，乾三阳，巽一阴，坎、艮二阴，坤三阴，反映了阴阳消长之意。朱熹认为，此图"虽似稍涉安排，然亦莫非自然之理"①。

伏羲先天八卦方位图扩而充之，则为伏羲六十四卦方位图：

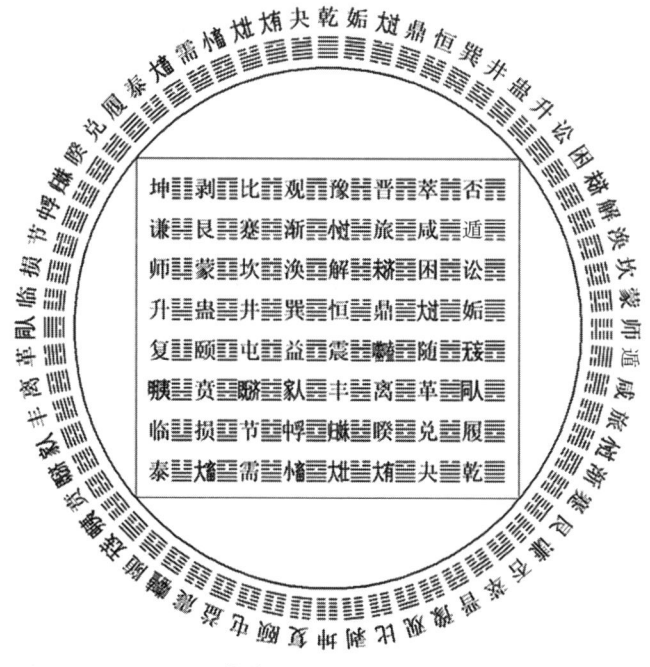

伏羲六十四卦方位图

上图中，阴阳对峙，呈均衡之势。朱熹引邵雍之言云："复至乾，凡百一十有二阳；姤至坤，凡八十阳。姤至坤，凡百一十有二阴；复至乾，凡八十阴。"② 又

---

① [宋] 朱熹著，朱杰人等主编：《朱子全书》第25册《别集》卷六《答黄商伯》，上海古籍出版社、安徽教育出版社，2002年，第4963页。
② [清] 李光地等：《周易折中》卷十九《启蒙上》，巴蜀书社，1998年，第1079页。

云:"易是互相博易之义,观先天图便可见。东边一画阴,便对西边一画阳。盖东一边本皆是阳,西一边本皆是阴。东边阴画,皆是自西边来;西边阳画,都是自东边来。姤在西,是自东边五画阳过;复在东,是西边五画阴过。"① 圆图"其阳在南,其阴在北",方图"其阳在北,其阴在南",也反映了阴阳对峙之意。朱熹说:"此图圆布者,乾尽午中,坤尽子中,离尽卯中,坎尽酉中。阳生于子中,极于午中;阴生于午中,极于子中。其阳在南,其阴在北。方布者乾始于西北,坤尽于东南,其阳在北,其阴在南。此二者,阴阳对峙之数。圆于外者为阳,方于中者为阴。圆者动而为天,方者静而为地者也。"②

伏羲先天四图中,伏羲八卦次序图为关键,其余三图(伏羲六十四卦次序图、伏羲八卦方位图、伏羲六十四卦方位图)皆由伏羲八卦次序图而来。朱熹认为,伏羲八卦次序图所反映的生化模式是"易学纲领,开卷第一义"。他说:"'易有太极,是生两仪'者,一理之判,始生一奇一偶,而为一画者二也。'两仪生四象'者,两仪之上各生一奇一偶,而为二画者四也。'四象生八卦'者,四象之上各生一奇一偶,而为三画者八也。爻之所以有奇有偶,卦之所以三画而成者,以此而已,是皆自然流出,不假安排。圣人又已分明说破,亦不待更著言语,别立议论而后明也。此乃易学纲领,开卷第一义。"③

易乃阴阳之变,太极乃阴阳之理。阴阳是形而下者,太极是形而上者。朱熹说:"所谓太极者,便只是在阴阳里。所谓阴阳者,便只是在太极里。而今人说,阴阳上别有一个无形无影底是太极,非也。"④ 又说:"天下未有无理之气,亦未有无气之理。"⑤ 许多学者据此认为,朱熹的理气论是理气合一论。萧汉明先生指出:"这个见解原则上并无不妥,但欠周全。"⑥ 这句话不无道理。或问:先有理,抑先有气?朱熹曰:"理未尝离乎气,然理,形而上者;气,形而下者。自形而上下言,岂无先后?"⑦ 可见,简单地谈理气合一,缺乏辩证。因此,萧汉明先生提出了朱熹理气论上的"本原""禀赋"二重观:"从形上、形下的意义上看理气,是他在理气关系上的本原论,而从理气的实存状态上看理气,则是他在理气关系上的禀赋论。"⑧ 朱熹答赵致道云:"若论本原,即有理然后有气,故理不可以偏全论;若论

---

①[宋]朱熹著,朱杰人等主编:《朱子全书》第15册《朱子语类》卷六十五,上海古籍出版社、安徽教育出版社,2002年,第1614页。

②[宋]朱熹:《周易本义》,宋咸淳元年吴革刻本,全1函6册,第3册,第9页。

③[宋]朱熹著,朱杰人等主编:《朱子全书》第22册《文集》卷四十五《答虞士朋》,上海古籍出版社、安徽教育出版社,2002年,第2057页。

④[宋]周敦颐:《元公周先生濂溪集》卷二《晦庵文集并语录问答》,岳麓书社,2006年,第22页。

⑤[宋]朱熹著,朱杰人等主编:《朱子全书》第14册《朱子语类》卷一,上海古籍出版社、安徽教育出版社,2002年,第114页。

⑥萧汉明:《〈周易本义〉导读》,齐鲁书社,2003年,第36页。

⑦[宋]朱熹著,朱杰人等主编:《朱子全书》第14册《朱子语类》卷一,上海古籍出版社、安徽教育出版社,2002年,第115页。

⑧萧汉明:《〈周易本义〉导读》,齐鲁书社,2003年,第36-37页。

禀赋，则有是气而后理随以具，故有是气则有是理，无是气则无是理。"① 答黄道夫云："天地之间，有理有气。理也者，形而上之道也，生物之本也；气也者，形而下之器也，生物之具也。是以人物之生，必禀此理，然后有性；必禀此气，然后有形。"② 朱熹所言"太极生阴阳，理生气也。阴阳既生，则太极在其中，理复在其内"③ 可能比较贴切地反映了朱熹的理气观。

与伏羲先天四图对应的是后天文王八卦次序图和方位图。"先天者，伏羲所画之《易》也；后天者，文王所演之《易》也。"④《周易·说卦》："乾，天也，故称乎父。坤，地也，故称乎母。震，一索而得男，故谓之长男。巽，一索而得女，故谓之长女。坎，再索而得男，故谓之中男。离，再索而得女，故谓之中女。艮，三索而得男，故谓之少男。兑，三索而得女，故谓之少女。"朱熹初以"揲蓍求爻"解之⑤，后修正此观点⑥，而以文王八卦次序图诠释之：

坤母	乾父
兑 ▬▬ ▬▬ 离 ▬▬ ▬▬ 巽 ▬▬▬▬	▬▬▬▬ 艮 ▬▬▬▬ 坎 ▬▬▬▬ 震
☱ ☲ ☴ ☶ ☵ ☳
兑为少女得坤上爻	离为中女得坤中爻	巽为长女得坤初爻	艮为少男得乾上爻	坎为中男得乾中爻	震为长男得乾初爻

文王八卦次序图

上图之所以被称为后天图，盖"初间画卦时，也不是恁地。只是画成八卦后，

---

① 朱熹著，朱杰人等主编：《朱子全书》第 23 册《朱子语类》卷五十八，上海古籍出版社、安徽教育出版社，2002 年，第 2863 页。
② 朱熹著，朱杰人等主编：《朱子全书》第 23 册《晦庵先生朱文公文集》卷五十八，上海古籍出版社、安徽教育出版社，2002 年，第 2755 页。
③ [明] 吕柟：《朱子抄释》卷二，文渊阁四库全书本。
④ [宋] 朱熹著，朱杰人等主编：《朱子全书》第 21 册《文集》卷三十八《答袁机仲》，上海古籍出版社、安徽教育出版社，2002 年，第 1665 页。
⑤ 案，"索，求也，谓揲蓍以求爻也。"见朱熹《周易本义》，宋咸淳元年吴革刻本，全 1 函 6 册，第 6 册，第 5 页。
⑥ [宋] 黎靖德编《朱子语类》卷七十七："'震一索而得男'一段，看来不当作揲蓍看。揲蓍有不依这序时，便说不通。大概只是乾求于坤而得震、坎、艮，坤求于乾而得巽、离、兑。一、二、三者，以其画卦之次序言也。"

便见有此象耳"①。朱熹说："八卦次序是伏羲底,此时未有文王次序。三索而为六子,这是文王底。各自有个道理。"② 文王八卦次序所含有之"道理",即胡方平所说"阴阳互根"之义："三男,阳也,乾之似也,乃归之于坤求而后得;三女,阴也,坤之似也,乃归之于乾求而后得。何也?盖三男本坤体,各得乾一阳而成,此阳根于阴,故归之坤也;三女本乾体,各得坤一阴而成,此阴根于阳,故归之乾也。邵子曰:'母孕长男而为复,父生长女而为姤。'阴阳互根之义,可见矣。"③

需要指出,朱熹在《易学启蒙》中的说法不同于在《语类》中的说法。在《易学启蒙》中,朱熹说："坤求于乾,得其初九而为震,故曰'一索而得男';乾求于坤,得其初六,而为巽,故曰'一索而得女'。坤再求而得乾之九二,以为坎,故曰'再索而得男';乾再求而得坤之六二,以为离,故曰'再索而得女'。坤三求而得乾之九三,以为艮,故曰'三索而得男';乾三求而得坤之六三,以为兑,故'三索而得女'。"④ 此段文字与《语类》卷七十七"乾求于坤而得震、坎、艮,坤求于乾而得巽、离、兑"的说法,表面上看来,似乎是矛盾的。其实,两皆可通。正如张栻所说："老阳为父,故乾为父;老阴为母,故坤为母。老阳能变,故自下而索,震为长男;自中而索,坎为中男;自上而索,艮为少男。老阴能变,故自下而索,巽为长女;自中而索,离为中女;自上而索,兑为少女。"⑤ 税与权《易学启蒙小传》亦以"乾索坤生三男""坤索乾生三女"为说。⑥ 有学者认为,"《语类》所言,当属一时之误记",恐不可取。

《周易·说卦》："帝出乎震,齐乎巽,相见乎离,致役乎坤,说言乎兑,战乎乾,劳乎坎,成言乎艮。万物出乎震,震,东方也。齐乎巽,巽,东南也。齐也者,言万物之絜齐也。离也者,明也,万物皆相见,南方之卦也。圣人南面而听天下,向明而治,盖取诸此也。坤也者,地也,万物皆致养焉,故曰致役乎坤。兑,正秋也,万物之所说也,故曰说言乎兑。战乎乾,乾,西北之卦也,言阴阳相薄也。坎者,水也,正北方之卦也,劳卦也,万物之所归也,故曰劳乎坎。艮,东北之卦也,万物之所成终而所成始也,故曰成言乎艮。神也者,妙万物而为言者也。动万物者,莫疾乎雷,挠万物者莫疾乎风,燥万物者莫熯乎火,说万物者莫说乎泽,润万物者莫润乎水,终万物始万物者莫盛乎艮。故水火相逮,雷风不相悖,山泽通气,然后

---

①[宋]朱熹著,朱杰人等主编:《朱子全书》第15册《朱子语类》卷六十五,上海古籍出版社、安徽教育出版社,2002年,第1605页。
②[宋]朱熹著,朱杰人等主编:《朱子全书》第16册《朱子语类》卷七十七,上海古籍出版社、安徽教育出版社,2002年,第1974页。
③[宋]胡方平:《易学启蒙通释》卷上,文渊阁四库全书本。
④[宋]朱熹著,朱杰人等主编:《朱子全书》第1册《启蒙·原卦画》,上海古籍出版社、安徽教育出版社,2002年,第244页。
⑤[宋]张栻:《南轩易说》卷三《说卦》,文渊阁四库全书本。
⑥[宋]税与权:《易学启蒙小传》,文渊阁四库全书本。

能变化既成万物也。"

朱熹以文王八卦方位图诠释之：

文王八卦方位图

上图中，震卦居东，于时为春，万物生发，故曰"万物出乎震"；巽卦东南，时当春夏之交，万物生长齐整，故曰"齐乎巽"；离卦居南，于时为夏，万物竞相显现，故曰"万物皆相见"；坤卦西南，时当夏秋之交，万物致养之时，故曰"万物皆致养也"；兑卦居西，于时为秋，万物无不欣悦，故曰"万物之所说也"；乾卦西北，时当秋冬之交，阴、阳交战，故曰"战乎乾""阴阳相薄"；坎卦居北，于时为冬，万物劳倦而归藏，故曰"劳卦也，万物之所归也"；艮卦东北，时当冬春之交，旧岁将终，新岁将始，故曰"万物之所成终而所成始也"。

伏羲八卦方位图，乾南坤北；文王八卦方位图，乾西北，坤西南。对于乾、坤方位移转的原因，朱熹的解释是："乾坤之交者，自其所已成而反其所由生也。故再变则乾退乎西北，坤退乎西南也。"①乾成于南（午位），而生于北（子位）；坤成于北（子位），而生于南（午位）。此即朱子所云"自其所已成而反其所由生也"。至于何以"再变"而"乾退乎西北，坤退乎西南"，朱熹没有解释，清儒李光地的解释可取："阳自静以之动，故气肇于子。然自亥月而已朕兆胚胎，故古人以亥月为阳月，言天道于是始也。阴自动以之静，故功著于午。然至未以后育养蕃庶，故古人以未为中央，言土德于是王也。"②

伏羲八卦方位图，离东坎西；文王八卦方位图，离南坎北。离、坎方位移转的原因，朱熹的解释是："坎离之变者，东自上而西，西自下而东也。故乾、坤既退，则离得乾位，而坎得坤位也。"③至于离何以得乾位而居南，坎何以得坤位而居北，朱熹也没有解释。李光地解释说："若乃火虽始于东，而盛于南；水虽始于西，而盛于北。"④此解释与邵雍所言"乾生于子，坤生于午"的思路大致相仿，较为

---

① ③ [宋]朱熹著，朱杰人等主编：《朱子全书》第1册，《启蒙·原卦画》，上海古籍出版社、安徽教育出版社，2002年，第243页。
② ④ [清]李光地等：《周易折中》卷十九《启蒙上》，巴蜀书社，1998年，第1082页。

可取。

伏羲八卦方位图，震东南、兑东北；文王八卦方位图，震东、兑西。震、兑方位移转的原因，朱熹的解释是："震用事者发生于东方，巽代母者长养于东南也。"① 李光地的解释是："雷霆之气，虽动于寅，而发声于卯；膏泽之润，虽畅于巳，而收功于酉。"②

伏羲八卦方位图，巽西南、艮西北；文王八卦方位图，巽东南、艮东北。巽、艮方位移转的原因，朱熹的解释是："艮东北、巽东南者，少男进之后，而长女退之先。"③ 艮属阳，巽属阴，阳进而阴退，故艮由先天卦位（西南）顺行而至后天卦位（东北），巽由先天卦位（西北）逆行而至后天卦位（东南）。此说较为牵强，不如李光地的解释贴切："风在西南，则凉风也，成万物者也，故《春秋传》曰'风落山'；在东南，则和风也，生万物者也，故《熏风之操》曰"可以阜吾民之财"。艮在西北，则动极而静者也，故《大传》曰'艮以止之'；在东北，则静极复动者也，故《大传》曰'万物之所成终而所成始也'。凡此，皆先天、后天相为发明之妙。要之，无非造化之所以流行而发育者。"④

《周易本义》中尚列有"卦变图"。朱熹认为，卦变属后天之学。他说："《象传》或以卦变为说，今作图以明之。盖《易》中之一义，非画卦作《易》之本指也。"⑤ 又说："今所谓'卦变'者，亦是有卦之后，圣人见得有此象，故发于《象》辞……若论先天，一卦亦无。既画之后，乾一兑二，离三震四，至坤居末，又安得有乾坤而变为六子之理？凡今《易》中所言，皆是后天之易。且以此见得康节先天后天之说最为有功。"⑥

依朱熹"卦变图"，凡一阴一阳之卦，皆从复、姤而来；凡二阴二阳之卦，皆从临、遁而来；凡三阴三阳之卦，皆从泰、否而来；凡四阴四阳之卦，皆从大壮、观而来；凡五阴五阳之卦，皆从剥、夬而来。（如下图所示）

---

①③［宋］朱熹著，朱杰人等主编：《朱子全书》第1册《启蒙·原卦画》，上海古籍出版社、安徽教育出版社，2002年，第243页。
②［清］李光地等：《周易折中》卷十九《启蒙上》，巴蜀书社，1998年，第1082页。
④［清］李光地等：《周易折中》卷十九《启蒙上》，巴蜀书社，1998年，第1082-1083页。
⑤［宋］朱熹：《周易本义》，宋咸淳元年吴革刻本，全1函6册，第3册，第12页。
⑥［宋］朱熹著，朱杰人等主编：《朱子全书》第15册《朱子语类》卷六十七，上海古籍出版社、安徽教育出版社，2002年，第1667页。

凡一阴一阳之卦各六皆自复姤而来

夬　剥　比　豫　谦
大有　小畜　履　同人　师
姤　复

凡二阴二阳之卦各十有五皆自临遁而来

观　晋　艮　蒙　颐
萃　蹇　坎　屯　震
　　小过　解　明夷　升
　　　　　　　　　临

大壮　需　兑　革　大过
大畜　睽　离　鼎　巽　讼
　　　中孚　家人　无妄　遁

凡三阴三阳之卦各二十皆自泰否而来

泰　归妹　节　丰　既济　随　恒　井　困　咸　否　渐　旅　涣　未济　蛊　益　噬嗑　贲　损
损　贲　噬嗑　丰　未济　蛊　涣　旅　咸　困　井　恒　随　既济　节　归妹　泰
　　　　　益　　　　　　　　　　渐　否

凡四阴四阳之卦各十有五皆自大壮观而来

临　明夷　震　屯　升　解　坎　小过　蹇　萃　遁　讼　巽　鼎　无妄　家人　离　中孚　睽　大畜
　　　　　颐　蒙　　艮　晋　　　　大过　革　　　兑　　需　大壮
　　　　　　　　　　　　　　　　观

复 师 谦 豫 比　　姤 同人 履 小畜 大有　　凡五阴五阳之卦各六皆自剥夬而来

剥　　　　　　　　　夬

朱熹卦变图

由上图可见，各组诸卦，下卦均依乾一、兑二、离三、震四、巽五、坎六、艮七、坤八的先天卦序顺逆推排，下卦相同者，其上卦亦依先天卦序顺逆推排。"卦变说在朱熹那里属于后天之学，但他却以先天卦序作为其卦变图的排列原则，这显然是朱熹对先天为体、后天为用思想的运用和落实"①。

朱熹《周易本义》中尚有"河图""洛书"，然所谓"河图"实则为"大衍图"，所谓"洛书"实则为"九宫图"，参见附录一，兹不赘论。

第四节　吴澄的《周易》诠释

吴澄（1249—1333），字幼清，晚字伯清，学者称草庐先生，杭州崇仁（今属江西）人。吴澄是元代中期最有声望的学者之一，与元初许衡并称。吴澄死后，揭傒斯奉诏撰写的《神道碑》称："皇元受命，天降真儒，北有许衡，南有吴澄，所以恢宏至道，润色鸿业，有以知斯文未丧，景运方兴。"②《宋元学案》也肯定许、吴是元代为数不多的大学者："有元之学者，鲁斋（许衡）、静修（刘因）、草庐（吴澄）三人耳。"③ 许衡、刘因、吴澄三人相比，若论易学贡献，当首推吴澄。四库馆臣称吴澄"在元人说《易》诸家，固终为巨擘焉"④。

元代是象数易学进入成熟稳定阶段的重要时期。在这一时期，元代易学家们一方面对前代的易学成就进行总结、归纳、梳理，对象数易学进行理论定位，另一方面，又在前代的基础上，对象数易学的体例进行积极的创新和改良，从而完善了象数之学⑤。其中，吴澄的成就尤为突出。四库馆臣说："自唐定《正义》，《易》遂

---

① 张克宾：《朱熹易学思想研究》，人民出版社，2015年，第206页。
② [元] 吴澄：《吴文正集·附录》，文渊阁四库全书本。
③ [清] 黄宗羲辑：《宋元学案》卷九十一《静修学案》，《黄宗羲全集》第6册，浙江古籍出版社，1999年，第555页。
④ [清] 永瑢、纪昀等撰：《四库全书总目》卷四，中华书局，1965年，第22页下栏。
⑤ 谢辉：《元代象数易学的成就》，《历史文献研究》第29辑，华东师范大学出版社，2010年，第234页。

以王弼为宗，象数之学，久置不讲，澄为《纂言》，一决于象，史谓其能尽破传注之穿凿，故言《易》者多宗之。"①

四库馆臣此言，稍显绝对，因吴澄诠释《周易》，在注重象数的同时，也从理气观、心性论等方面对《易》做了义理阐发，而且与此前诸家传注比较，吴澄之言，亦未必尽妥，但吴澄在以象解《易》方面的成就，的确是毋庸置疑的。吴澄以象解《易》的成就，主要体现于其卦统说、卦主说和卦变说。②

一、卦统说

所谓"卦统"，即"以八经卦之纯体、合体者为经，六十四卦之杂体者为纬"③。六十四卦中，乾、坤、坎、离、震、巽、艮、兑八个纯卦，乾坤、坎离、震巽、艮兑相合而成的泰、否、既济、未济、咸、恒、损、益八个"对体相重"之卦为经卦，其余四十八个卦为纬卦。乾、坤为父、母之纯卦，统屯、蒙、需、讼、师、比、小畜、履八个纬卦；泰、否为父、母之合卦，统同人、大有、谦、豫、随、蛊、临、观、噬嗑、贲、剥、复、无妄、大畜、颐、大过十六个纬卦；坎、离为中男、中女之纯卦，作为上篇之终；咸、恒为少男与少女、长男与长女之合卦，统遁、大壮、晋、明夷、家人、睽、蹇、解八个纬卦；损、益为少男与少女、长男与长女之合卦，统夬、姤、萃、升、困、井、革、鼎八个纬卦；震、艮为长男、少男之纯卦，统渐、归妹、丰、旅四个纬卦；巽、兑为长女、少女之纯卦，统涣、节、中孚、小过四个纬卦；既济、未济为中男、中女之合卦，作为下篇之终。④

要而言之，上篇始于乾坤父母之纯卦，次以乾坤父母之合卦，而终之以坎离中男中女之纯卦；下篇始于兑艮少女少男、震巽长男长女之合卦，次以震艮长男少男、巽兑长女少女之纯卦，而终之以离坎中女中男之合卦。反映了尚中、尚阳、尚礼的思想。中男、中女之纯居上篇之终，中男、中女之合居下篇之终，尚中也；长男、少男在前，长女、少女在后，尚阳也；长男在前，少男在后，长女在前，少女在后，尚礼也。

颐与大过、中孚与小过，两两之间正对（相错）而不反易（相综），如同乾与坤、坎与离，故颐与大过于上篇纬卦之后而附坎、离纯体之前，中孚与小过则置于下篇纬卦之后而附坎、离合体之前。

上篇之卦始纯次合而终于纯，下篇之卦始合次纯而终于合。纯体统卦八而合体所统倍之。

---

①③〔清〕永瑢、纪昀等撰：《四库全书总目》卷四，中华书局，1965年，第23页上栏。
②本文各部分对吴澄思想之概述，参见其《易纂言外翼》。于此统一交代，后不一一注明。
④皮锡瑞在《经学历史》中说："若元人则株守宋儒之说，而于注疏所得甚浅。"今人梁韦弦《宋易在元代的发展》（《周易研究》1992年第3期，第22－27页）一文中说："元代《易》学是对宋代《易》学的继承，元人研究《周易》的方法和内容基本不出宋人的范围。"通过对吴澄《易》学著作的研读，笔者认为，以上评价都有商榷余地。

纬卦中，少、长相合正对（相错）者有四卦（颐与大过、中孚与小过），少、长相合反易（相综）者有四卦（随与蛊、渐与归妹）。在此八卦中，凡内长外少（长男、长女为内卦）者则居上篇，凡内少外长（少女、少男为内卦）者则居下篇。

纬卦中，二阳四阴、二阴四阳反易（相综）者有四卦（临与观、遁与大壮），一阳五阴、一阴五阳反易（相综）者有四卦（剥与复、夬与姤）。在此八卦中，凡二阳者，居上篇；凡二阴者，居下篇；凡一阳者，居上篇；凡一阴者，居下篇。

纬卦中，中男合乾父、中女合坤母反易（相综）者有四卦（需与讼、晋与明夷），少、长二男合乾父，少、长二女合坤母，反易（相综）者有四卦（无妄与大畜、萃与升）。在此八卦中，凡男合父者，居上篇；凡女合母者，居下篇。

纬卦中，少、长二男合中男，少、长二女合中女，反易（相综）者有四卦（屯与蒙、革与鼎）。在此四卦中，少、长二男合中男者，居上篇；少、长二女合中女者，居下篇。

纬卦中，少、长二男合中女，少、长二女合中男，反易（相综）者有四卦（噬嗑与贲、困与井）。在此四卦中，少、长二男合中女者，居上篇；少、长二女合中男者，居下篇。

纬卦中，三男、三女从父、母之卦，凡男从母、女从父，各异其类者，除夬、姤外，皆居上篇（因夬、姤已归于一阴五阳类卦，故例外）。

纬卦中，三男三女自相从之卦，凡内少外长，各逆其次者，皆居下篇。如家人卦的内卦为中女而外卦为长女，睽卦的内卦为少女而外卦为中女，蹇卦的内卦为少男而外卦为中男，解卦的内卦为中男而外卦为长男，这些卦都属于"内少外长，各逆其次"者。

兹据吴澄《易纂言外翼》列六十四卦卦统表于下：

六十四卦卦统表

卦　名	类　　型	分篇之由
乾、坤	经卦	
屯、蒙	少长二男合中男、少长二女合中女，反易（相综）之卦	男合男[①]
需、讼	中男合父、中女合母反易（相综）之卦	男合父[②]
师、比	三男、三女从父、母之卦	各异其类[③]
小畜、履	三男、三女从父、母之卦	各异其类
泰、否	经卦	

[①] 案，男合男者居上经，女合女者居下经，反映了"尚阳"之思想。
[②] 案，男合父者居上经，女合母者居下经，亦反映了"尚阳"之思想。
[③] 案，各异其类者居上经，各同其类者居下经，反映了阴阳交易之思想。

续表

卦名	类　　型	分篇之由
同人、大有	三男、三女从父、母之卦	各异其类
谦、豫	三男、三女从父、母之卦	各异其类
随、蛊	少长相合反易（相综）之卦	内长外少①
临、观	二阳四阴、二阴四阳反易（相综）之卦	二阳②
噬嗑、贲	少长二男合中女、少长二女合中男，反易（相综）之卦	少长二男合中女③
剥、复	一阳五阴、一阴五阳反易（相综）之卦	一阳④
无妄、大畜	少长二男合父，少长二女合母，反易（相综）之卦	男合父
颐、大过	少长相合正对（相错）之卦	内长外少
坎、离	经卦	
咸、恒	经卦	
遁、大壮	二阳四阴、二阴四阳反易（相综）之卦	二阴
晋、明夷	中男合父、中女合母反易（相综）之卦	女合母（各同其类）
家人、睽	三男三女自相从之卦	内少外长
蹇、解	三男三女自相从之卦	内少外长
损、益	经卦	
夬、姤	一阳五阴、一阴五阳反易（相综）之卦	一阴
萃、升	少长二男合父，少长二女合母，反易（相综）之卦	女合母（各同其类）
困、井	少长二男合中女、少长二女合中男，反易（相综）之卦	少长二女合中男
革、鼎	少长二男合中男、少长二女合中女，反易（相综）之卦	女合女
震、艮	经卦	
渐、归妹	少长相合反易（相综）之卦	内少外长
丰、旅	三男三女自相从之卦	内少外长
巽、兑	经卦	
涣、节	三男三女自相从之卦	内少外长
中孚、小过	少长相合正对（相错）之卦	内少外长
既济、未济	经卦	

---

①案，内长外少者居上经，内少外长者居下经，反映了"尚礼"之思想。
②案，二阳者居上经，二阴者居下经，反映了"尚阳"之思想。
③案，少、长二男合中女者居上经，少、长二女合中男者居下经，或亦有"尚阳"思想隐寓其中。（离日在上，坎月在下。）
④案，一阳者居上经，一阴者居下经，亦反映了"尚阳"之思想。

吴澄"卦统说"反映了尚阳、尚礼、阴阳交易等思想，可以比较理想地解释《周易》古经卦序和上、下分篇之由的象数依据，是吴澄在《周易》诠释史上的重要贡献之一。吴澄"卦统说"对后世影响深远，如沈有鼎先生的"主卦、散（从）卦"说，即源于吴澄的"经卦、纬卦"说。卦序研究的集大成者李尚信先生认为，吴澄"对经卦排列规律的认识应该说是很正确的，但他对纬卦排列规律的认识却相当牵强繁琐"。① 笔者通过对吴澄"卦统说"的分类排比研究，对尚信先生的这一论断持保留意见。

二、卦主说

吴澄认为，六十四卦别卦中每一卦都以内卦或外卦为主，而八经卦中每一卦都以某爻为主，所以六十四别卦中每一卦都有一个主爻。此即其不同于前人的卦主说。

《周易·说卦》："乾，天也，故称乎父；坤，地也，故称乎母。震一索而得男，故谓之长男；巽一索而得女，故谓之长女；坎再索而得男，故谓之中男；离再索而得女，故谓之中女；艮三索而得男，故谓之少男；兑三索而得女，故谓之少女。"

乾为父，坤为母。乾初交坤为震，坤初交乾为巽，乾二交坤为坎，坤二交乾为离，乾三交坤为艮，坤三交乾为兑。所以，吴澄认为，小成之卦（三爻经卦）中，震卦和巽卦以初爻为卦主，坎卦和离卦以中爻为卦主，艮卦和兑卦以上爻为卦主。此因乾坤交易而定。

由震而兑而乾，阳渐增，由巽而艮而坤，阴渐增，故吴澄又根据阴阳消息而认定：震卦和巽卦以初爻为卦主，兑卦和艮卦以中爻为卦主，乾卦和坤卦以上爻为卦主。

艮卦和兑卦的卦主从乾坤交易的角度来看，为上爻；从阴阳消息的角度来看，为中爻。十二消息卦的卦主的认定，须根据艮、兑之中爻；其余各卦卦主的认定，则须根据艮、兑之上爻。

十二消息卦中，复卦一阳、姤卦一阴，以初爻为卦主；临卦二阳、遁卦二阴，以二爻为卦主；泰卦三阳，否卦三阴，以三爻为卦主；大壮卦四阳，观卦四阴，以四爻为卦主；夬卦五阳、剥卦五阴，以五爻为卦主；乾卦六阳、坤卦六阴，以上爻为卦主。

十二消息卦的卦主，无论根据阴阳消息之理来定，还是根据小成之卦（三爻经卦）来定，结果是完全统一的。

大成之卦（六爻别卦）中，乾、坤、否、泰四卦据小成之卦（三爻经卦）中的乾☰、坤☷定其卦主。"重者悔为主，合者贞为主"，② 故乾卦和坤卦以上爻为卦主，否卦和泰卦以三爻为卦主。

---

① 李尚信：《卦序与解卦理路》，巴蜀书社，2008年，第7页。
② [元] 吴澄：《易纂言外翼》卷一，文渊阁四库全书本。

大成之卦（六爻别卦）中，坎、离、屯、鼎、需、晋、比、大有、蹇、睽、井、噬嗑、节、旅、蒙、革、讼、明夷、师、同人、解、家人、困、贲、涣、丰、未济、既济二十八卦据小成之卦（三爻经卦）中的坎、离定其卦主。其中前十四卦，上卦皆为坎☵或离☲，故以五爻定卦主；后十四卦，下卦皆为坎☵或离☲，故以二爻定卦主。

大成之卦（六爻别卦）中，震、巽、大壮、观、小过、中孚、豫、小畜、复、姤、无妄、升、益、恒、随、蛊十六卦据小成之卦（三爻经卦）中的震、巽定其卦主。其中前八卦，上卦皆为震☳或巽☴，故以四爻定卦主；后八卦，下卦皆为震☳或巽☴，故以初爻定卦主。

大成之卦（六爻别卦）中，艮、兑、颐、大过、大畜、萃、谦、履、咸、损、渐、归妹、遁、临、剥、夬十六卦据小成之卦（三爻经卦）中的艮、兑定其卦主。其中前六卦，上卦皆为艮☶或兑☱，故以上爻定卦主；中六卦，下卦皆为艮☶或兑☱，故以三爻定卦主。后四卦为十二消息卦，遁二阴、临二阳，故以二爻定卦主；剥五阴、夬五阳，故以五爻定卦主。

出于"贵中"的考虑，卦中有坎卦和离卦，则以坎、离定卦主，卦中无坎卦和离卦，方以震、巽、艮、兑定卦主。吴澄说："坎、离得乾、坤中画，自主其重卦、合卦，而又各主十二卦。所主倍于震、巽、艮、兑四卦者，贵中也。故卦之有坎、离者，必以坎、离为主，惟无坎、离者，然后震、巽、艮、兑为主也。"

至于乾坤只主四卦（乾、坤、否、泰），吴澄解释说："乾坤，父母也，其尊无上，故自主其重卦、合卦，而不复为他卦主者，犹黄钟、大吕二律之独尊，但自为宫，而不复为他卦役也。"①

吴澄在诠释《周易》文本时，在每卦之后都标注卦主。兹据《易纂言》列表于下：

六十四卦卦主表

卦名	卦主	定卦主的依据
乾	上九	以上卦之乾定卦主（重者悔为主）
坤	上六	以上卦之坤定卦主（重者悔为主）
屯	九五	以上卦之坎定卦主
蒙	九二	以下卦之坎定卦主
需	九五	以上卦之坎定卦主
讼	九二	以下卦之坎定卦主
师	九二	以下卦之坎定卦主

---

①［元］吴澄：《易纂言外翼》卷一，文渊阁四库全书本。案，据《太乙数统宗大全》，太乙十二运之第一运含乾、坤、否、泰四卦。吴澄"卦主说"与之相合。

续表

卦名	卦主	定卦主的依据
比	九五	以上卦之坎定卦主
小畜	六四	以上卦之巽定卦主
履	六三	以下卦之兑定卦主
泰	九三	以下卦之乾定卦主（合者贞为主）
否	六三	以下卦之坤定卦主（合者贞为主）
同人	六二	以下卦之离定卦主
大有	六五	以上卦之离定卦主
谦	九三	以下卦之艮定卦主
豫	九四	以上卦之震定卦主
随	初九	以下卦之震定卦主（合者贞为主）
蛊	初六	以下卦之巽定卦主（合者贞为主）
临	九二	以下卦之兑定卦主（阴阳消息兑主中）
观	六四	以上卦之巽定卦主
噬嗑	六五	以上卦之离定卦主
贲	六二	以下卦之离定卦主
剥	六五	以上卦之艮定卦主（阴阳消息艮主中）
复	初九	以下卦之震定卦主
无妄	初九	以下卦之震定卦主
大畜	上九	以上卦之艮定卦主
颐	上九	以上卦之艮定卦主①
大过	上六	以上卦之兑定卦主
坎	九五	以上卦之坎定卦主（重者悔为主）
离	六五	以上卦之离定卦主（重者悔为主）
咸	九三	以下卦之艮定卦主（合者贞为主）
恒	初六	以下卦之巽定卦主（合者贞为主）
遁	六二	以下卦之艮定卦主（阴阳消息艮主中）
大壮	九四	以上卦之震定卦主

①颐上卦艮，下卦震，之所以用艮定卦主，而不用震定卦主，是因为颐与大过正对（相错）而不反易（相综）。凡正对而不反易者以外卦定卦主。吴澄在《易纂言外翼》卷一中说："颐、大过、中孚、小过、随、蛊、渐、归妹，雷、风、山、泽之互相合者。四卦无反对，四卦有反对。四卦无反对者，悔为主；四卦有反对者，贞为主也。"（案，文渊阁四库本《易纂言外翼》有脱文。下加横线者为笔者所补。）

续表

卦名	卦主	定卦主的依据
晋	六五	以上卦之离定卦主
明夷	六二	以下卦之离定卦主
家人	六二	以下卦之离定卦主
睽	六五	以上卦之离定卦主
蹇	九五	以上卦之坎定卦主
解	九二	以下卦之坎定卦主
损	六三	以下卦之兑定卦主（合者贞为主）
益	初九	以下卦之震定卦主（合者贞为主）
夬	九五	以上卦之兑定卦主（阴阳消息兑主中）
姤	初六	以下卦之巽定卦主
萃	上六	以上卦之兑定卦主
升	初六	以下卦之巽定卦主
困	九二	以下卦之坎定卦主
井	九五	以上卦之坎定卦主
革	六二	以下卦之离定卦主
鼎	六五	以上卦之离定卦主
震	九四	以上卦之震定卦主（重者悔为主）
艮	上九	以上卦之艮定卦主（重者悔为主）
渐	九三	以下卦之艮定卦主（合者贞为主）
归妹	六三	以下卦之兑定卦主（合者贞为主）
丰	六二	以下卦之离定卦主
旅	六五	以上卦之离定卦主
巽	六四	以上卦之巽定卦主（重者悔为主）
兑	上六	以上卦之兑定卦主（重者悔为主）
涣	九二	以下卦之坎定卦主
节	九五	以上卦之坎定卦主
中孚	六四	以上卦之巽定卦主（正对而不反易者悔为主）
小过	九四	以上卦之震定卦主（正对而不反易者悔为主）
既济	六二	以下卦之离定卦主（合者贞为主）
未济	九二	以下卦之坎定卦主（合者贞为主）

由上可见，吴澄的"卦主"说，逻辑推理十分严密。乾、坤、否、泰四卦之外，先看是否有坎、离。有坎、离，则以坎、离定卦主；无坎、离，再看震、巽、艮、兑。卦中有艮、兑，先看是否属十二消息卦。如属十二消息卦，则艮、兑以中爻为主；如非十二消息卦，则艮、兑以上爻为主。震、巽、艮、兑自相重之卦，以上卦定卦主；震、巽、艮、兑互相合之卦，除颐、大过、中孚、小过外，皆以下卦定卦主。

卦主思想在《易传》中已见其端倪。《周易·系辞下》："阳卦多阴，阴卦多阳。"阴爻多、阳爻少者，以阳爻为卦主；阳爻多、阴爻少者，以阴爻为卦主。吴澄对小成之卦（三爻经卦）卦主的认定基本上根据这一理论，而又根据月体纳甲之说，以兑、艮主中，乾、坤主上。在吴澄之前，京房、王弼等都曾以卦主解《易》，吴澄"卦主说"充分吸收了前人成果而更加系统完备。

吴澄"卦主说"体现于具体的爻辞诠释中。如诠释坤卦上六爻辞云："坤之六阴皆民也，上六化阳，象龙，临于五民之上，则民而为君矣。"①坤以上六为卦主，故云"民而为君"。再如诠释屯卦九五爻辞云："筮得此爻者，若所遇之时与象相类，在下卑小之人主事可吉，在上尊大之人主事则凶也。"②屯以九五为卦主，故云"在上尊大之人"。又如诠释蒙卦九二爻辞云："二刚而得中，能包裹群蒙者。"③蒙以九二为卦主，故云"能包裹群蒙"④。吴澄以"卦主说"诠释《周易》古经爻辞，不可尽以为据。如剥卦一阳五阴，据阳卦多阴的原则，宜以上九爻为卦主。剥六三与卦主上九相应，故爻辞曰"无咎"；六五承卦主上九，故爻辞曰"无不利"；其余各爻（初六、六二、六四）与卦主上九无承应关系，故爻辞皆曰"凶"。从爻辞的吉凶来分析，亦宜以上九爻为卦主。然而，依吴澄"卦主说"，剥卦的卦主却是六五，难以使人认同。

三、卦变说

吴澄在《易纂言外翼》的自序中说："羲皇生卦，奇偶之上生奇偶而已。卦体既成，而推其用则无穷焉。乾坤变而为六子、十辟，六子、十辟变而为四十六卦。"

可见吴澄的卦变说是以乾、坤为诸卦之源，由乾、坤而生震、巽、坎、离、艮、兑六子和复、临、泰、大壮、夬、姤、遁、否、观、剥十辟卦，进而由六子卦和十辟卦变生其余四十六卦。遗憾的是，《易纂言外翼》中关于吴澄的卦变说仅存其目，具体内容不得而详，但明朱升《周易旁注前图》中所载卦变图，出自吴澄⑤，故可据以探究吴澄的卦变说。

---

① 王新春等：《〈易纂言〉导读》，齐鲁书社，2006 年，第 85 页。
② 王新春等：《〈易纂言〉导读》，齐鲁书社，2006 年，第 89 页。
③④ 王新春等：《〈易纂言〉导读》，齐鲁书社，2006 年，第 92 页。
⑤ [清] 黄宗羲《宋元学案》卷九十二《草庐学案》引谢山之言云："世所传朱枫林卦变图以十辟、六子为例，实则本诸草庐云。"

根据朱升《周易旁注前图》（续修四库全书本）中所载卦变图，凡一阳之卦，皆自复、剥而变。一阳在内体者，自复变；一阳在外体者，自剥变。凡一阴之卦自姤、夬变。一阴在内体者，自姤变；一阴在外体者，自夬变。凡二阳之卦，皆自临、观而变。二阳在内体者，自临变；二阳在外体者，自观变。凡二阴之卦皆自遁、大壮而变。二阴在内体者，自遁变；二阴在外体者，自大壮变。凡三阳三阴之卦，皆自泰、否而变。二阳在内体，一阳在外体者，自泰变；二阴在内体，一阴在外体者，自否变。以上为十辟卦的变卦原则。

二阳、二阴之卦，其二阳、二阴专在内体，或专在外体者，自临、观、遁、大壮而变，其分在内、外两体者，自六子卦而变。凡二阳分别在内、外两体者，自三男卦变。二阳在二、上或三、五（坎、艮之位），自震变；二阳在初、上或三、四（震、艮之位），自坎变；二阳在初、五或二、四（震、坎之位），自艮变。凡二阴分别在内、外两体者，自三女卦变。二阴在二、上或三、五（离、兑之位），自巽变；二阴在初、上或三、四（巽、兑之位），自离变；二阴在初、五或二、四（巽、离之位），自兑变。

吴澄在诠释《周易》时，于八纯卦、十辟卦以外的每卦之后，都标注卦变。兹据《易纂言》，结合朱升《周易旁注前图》，列表于下：

卦变表

卦 名	类 型	从何卦变	判定依据
屯	二阳之卦，二阳分在内外	自艮变	二阳在震、坎之位
蒙	二阳之卦，二阳分在内外	自震变	二阳在坎、艮之位
需	二阴之卦	自大壮变	二阴在外
讼	二阴之卦	自遁变	二阴在内
师	一阳之卦	自复变	一阳在内
比	一阳之卦	自剥变	一阳在外
小畜	一阴之卦	自夬变	一阴在外
履	一阴之卦	自姤变	一阴在内
同人	一阴之卦	自姤变	一阴在内
大有	一阴之卦	自夬变	一阴在外
谦	一阳之卦	自复变	一阳在内
豫	一阳之卦	自剥变	一阳在外

续表

卦　名	类　型	从何卦变	判定依据
随	三阳三阴之卦	自否变	二阴在内，一阴在外
蛊	三阳三阴之卦	自泰变	二阳在内，一阳在外
噬嗑	三阳三阴之卦	自否变	二阴在内，一阴在外
贲	三阳三阴之卦	自泰变	二阳在内，一阳在外
无妄	二阴之卦	自遁变	二阴在内
大畜	二阴之卦	自大壮变	二阴在外
颐	二阳之卦，二阳分在内外	自坎变	二阳在震、艮之位
大过	二阴之卦，二阴分在内外	自离变	二阴在巽、兑之位
咸	三阳三阴之卦	自否变	二阴在内，一阴在外
恒	三阳三阴之卦	自泰变	二阳在内，一阳在外
晋	二阳之卦	自观变	二阳在外
明夷	二阳之卦	自临变	二阳在内
家人	二阴之卦，二阴分在内外	自兑变	二阴在巽、离之位
睽	二阴之卦，二阴分在内外	自巽变	二阴在离、兑之位
蹇	二阳之卦，二阳分在内外	自震变	二阳在坎、艮之位
解	二阳之卦，二阳分在内外	自艮变	二阳在震、坎之位
损	三阳三阴之卦	自泰变	二阳在内，一阳在外
益	三阳三阴之卦	自否变	二阴在内，一阴在外
萃	二阳之卦	自观变	二阳在外
升	二阳之卦	自临变	二阳在内
困	三阳三阴之卦	自否变	二阴在内，一阴在外
井	三阳三阴之卦	自泰变	二阳在内，一阳在外
革	二阴之卦，二阴分在内外	自巽变	二阴在离、兑之位

续表

卦名	类型	从何卦变	判定依据
鼎	二阴之卦，二阴分在内外	自兑变	二阴在巽、离之位
渐	三阳三阴之卦	自否变	二阴在内，一阴在外
归妹	三阳三阴之卦	自泰变	二阳在内，一阳在外
丰	三阳三阴之卦	自泰变	二阳在内，一阳在外
旅	三阳三阴之卦	自否变	二阴在内，一阴在外
涣	三阳三阴之卦	自否变	二阴在内，一阴在外
节	三阳三阴之卦	自泰变	二阳在内，一阳在外
中孚	二阴之卦，二阴分在内外	自离变	二阴在巽、兑之位
小过	二阳之卦，二阳分在内外	自坎变	二阳在震、艮之位
既济	三阳三阴之卦	自泰变	二阳在内，一阳在外
未济	三阳三阴之卦	自否变	二阴在内，一阴在外

吴澄"卦变说"充分反映了中国传统的模拟逻辑思维。如，凡与复卦有着同样的类属性（一阳在内）的卦皆由复卦变来，凡与剥卦有着同样的类属性（一阳在外）的卦皆由剥卦变来，凡与姤卦有着同样的类属性（一阴在内）的卦皆由姤卦变来，等等。周山先生说："西方文化注重演绎，东方文化注重模拟。文化类型的差异，形成了逻辑类型的差异。"① 此论十分得当。

林忠军先生指出："吴澄建立一个卦变说的体系，其目的是为注经。"② 与此前虞翻、朱熹等人的"卦变说"相比，吴澄"卦变说"的卦变来源更加整齐划一，能够更好地满足诠释卦爻辞的需要。吴澄诠释屯卦卦辞、泰卦六五爻辞、同人卦初九爻辞、随卦上六爻辞、复卦卦辞、无妄卦六三爻辞、颐卦六五爻辞、恒卦卦辞和初六、九四爻辞、明夷卦九三爻辞、蹇卦卦辞、解卦九四爻辞、损卦卦辞、升卦卦辞、困卦九二爻辞、井卦卦辞、革卦九四爻辞、旅卦六五爻辞时都运用了"卦变说"。如诠释屯卦卦辞"勿用有攸往"云："卦变艮三往五，阳陷于二阴之中，故勿宜用之有所往。"③ 诠释泰卦六五爻辞"帝乙归妹"云："泰卦互体及卦变皆成归妹卦，

---

① 周山主编：《中国传统模拟推理系统研究》，上海辞书出版社，2011 年，第 1 页。
② 林忠军：《象数易学发展史》（第二卷），齐鲁书社，1998 年，第 512 页。
③ 王新春等：《〈易纂言〉导读》，齐鲁书社，2006 年，第 86 页。

故以归妹为辞。"① 诠释同人卦初九爻辞"同人于门"云:"同人自姤而变,六二自初往二,犹自门而出外也。"②

对卦爻辞中的重文,吴澄有时也从卦变说的角度解释。如丰卦六二和九四爻辞中都有"日中见斗"之文,吴澄解释说:"卦因二、四相易而成此二象,故二爻之辞同。"③ 丰䷶由泰䷊变来。泰卦二爻往四,四爻来二,则泰变丰,此即吴澄所说"卦因二、四相易而成此二象"。

历来持"卦变说"者,皆以《周易·彖》辞为据。吴澄亦以"卦变说"诠释《周易·彖》辞。如讼卦《彖》辞"刚来而得中",吴澄注:"此以卦变言。……以九二之刚自三来二而得下卦之中也。"④ 讼䷅由遁䷠变来。讼卦卦主九二由遁卦九三而来,故云"九二之刚自三来二"。再如履卦《彖》辞"履,柔履刚也",吴澄注:"以卦变释卦名。"⑤ 履䷉由姤䷫变来,姤卦初六本在刚爻之下,往三成履,在二刚爻之上,故曰"柔履刚"。又如,升卦《彖》辞"南征吉",吴澄注:"九三自初而升三。"⑥ 升䷭由临䷒变来。临初九往上与三爻互易而成升。三,南。⑦ 故曰"南征吉"。

《周易·系辞下》中的"变动不居,周流六虚,上下无常,刚柔相易,不可为典要,唯变所适",吴澄亦从卦变说的角度加以诠释,认为"唯变所适"指卦变之互易其位,而非爻变之变化其画:"变动,谓卦画更变移动,两易其位也;不居,不止定在一处也;周流,周遍流行也;六虚,卦之六位。在上位者或降而下,在下位者或升而上,无有常处者,以刚柔二画之互相易也。典要,典籍中之契要,常而不可易者也;不可为典要,谓其易而不可常也,唯其变画之所之适在何位尔。"⑧

以上诠释皆可备一说。

吴澄以朱熹之后"道统"的接续者自居。吴澄曾言:"道之大原出于天,神圣继之。尧舜而上,道之元也;尧舜而下,其亨也;洙泗邹鲁,其利也;濂洛关闽,其贞也。分而言之,上古则羲黄其元,尧舜其亨,禹汤其利,文、武、周公其贞乎?中古之统,仲尼其元,颜、曾其亨乎?子思其利,孟子其贞乎?近古之统,周子其元,程、张其亨也,朱子其利也,孰为今日之贞乎?未之有也。然则可以终无所归哉?"⑨

---

① 王新春等:《〈易纂言〉导读》,齐鲁书社,2006年,第118页。
② 王新春等:《〈易纂言〉导读》,齐鲁书社,2006年,第123页。
③ 王新春等:《〈易纂言〉导读》,齐鲁书社,2006年,第283页。
④ 王新春等:《〈易纂言〉导读》,齐鲁书社,2006年,第319页。
⑤ 王新春等:《〈易纂言〉导读》,齐鲁书社,2006年,第322页。
⑥ 王新春等:《〈易纂言〉导读》,齐鲁书社,2006年,第348页。
⑦ 吴澄认为:"以六画之位而论,初,东;三,南;四,西;上,北;二、五,中也。"(《易纂言外翼》卷四)
⑧ 王新春等:《〈易纂言〉导读》,齐鲁书社,2006年,第481-482页。
⑨ [明] 宋濂等:《元史》卷一百七十一《吴澄传》,中华书局,1976年,第4013页。

在近古之统中，吴澄把朱熹放在"利"的位置，而认为"贞"的阶段尚无人可继，表明了欲继朱熹接续道统的学术自许。这样的学术自许，使他力求提出一套不同于前人的系统完备的象数解《易》体例。吴澄所提出的象数解《易》体例，虽未必尽合《周易》本义，但其学术追求，无疑值得称许，其结论，总体而言，亦足成一家之说。因此，皮锡瑞等先生对元代易学的宏观评价，有商榷之余地。

第三章
明清时期的《周易》诠释

明清时期，义理层面的《周易》诠释以王夫之和李塨为代表。王夫之借《易》发挥其"气本论"的哲学思想，李塨则以颜李学派思想为指导，对《易》做了多种义理阐发。象数层面的《周易》诠释以来知德和焦循为代表。在《周易》诠释史上，自王弼扫象后，忽视象、辞之间关系的探讨，渐成学界主流。代表明代官方易学的胡广奉敕编修的《周易传义大全》亦未脱此窠臼。在此时代背景下，来知德明确提出"不知其象，《易》不注可也"的观点，难能可贵。焦循于《周易》诠释的突出贡献是提出了一套独特的易学构架。自宋明理学家多以哲学思辨的方法释《易》，特别是发挥《易传》中的重要观念，易学主流遂以义理发明为主，关于《易经》字词古义的训释、六十四卦卦爻辞的整体架构，颇遭忽略。清初易学的发展，沿着回归经典、尊史崇古的学术发展大势，学者渐知重视本经及古义。但吴派由钩沉汉《易》而走到了迷信汉《易》的极端，而皖派虽亦重视汉《易》，但却认识到汉《易》非尽得《易》之本义，因而信其所当信，而疑其所可疑，是其所是，非其所非。皖派的释经方法，至高邮王念孙、王引之父子而益精。高邮王氏父子在《经义述闻》一书中对汉《易》的辩驳，充分反映了皖派诠释经典的特色。

第一节　来知德的《周易》诠释

来知德（1526—1604），字矣鲜，号瞿塘，夔州梁山（今四川梁平县）人①。嘉靖三十一年（1552）壬子科乡试第五名②。后四上礼闱不第，以亲疾，遂不就铨③。父母相继去世后，庐墓六年，不饮酒茹荤，服除，伤不及禄养，终身麻衣蔬食，誓不见有司。自言学莫邃于《易》，于是先后隐居釜山和求溪山中，精研覃思二十九年，撰成《周易集注》十六卷。万历三十年（1602），总督王象乾、巡抚郭子章合词论荐，特授翰林待诏。来知德力辞不就。诏以所授官致仕，有司月给米三石终其

---

①［清］黄宗羲：《明儒学案》卷五十三，中华书局，1986年，第1285页。
②《四川通志》卷四十三，文渊阁四库全书本。
③《四川通志》卷十上，文渊阁四库全书本。

身①。年迈八十卒②。墓在梁山县西十里③。入祀文庙④。

明代易学家中可称道者，首推巴蜀隐士来知德。来氏以象解《易》的体例足以彰显其易学成就，凸现其易学特点。

一、不知其象，《易》不注可也

来知德隐居深山数十年，潜心探究辞、象之间的关联，将卦爻辞与卦爻象之间的关联，归结为以下十种情况：

1. 自卦情而取象。如根据《周易·说卦》，乾为马，但乾卦爻辞不言马而多称龙。来知德认为，这是因为"乾道变化"，而龙乃变化之物，故以龙言之。据《朱子语类》，有人向朱熹请教辞、象之间的关联问题，朱熹回答："《易》之象理会不得，如乾为马，而乾之卦却专说龙，如此之类，皆不通。"⑤ 朱熹之所以如此回答，是由于其"不知以卦情立象也"。

2. 自卦画而取象。如剥卦爻辞之所以言"宅"、言"床"、言"庐"，是因为剥卦的卦画"五阴在下，列于两旁，一阳覆于其上，如宅，如床，如庐"。

3. 自卦体而取象。凡阳在上者皆象艮、巽，阳在下者皆象震、兑，阳在上下者皆象离，阴在上下者皆象坎。如据《周易·说卦》，离为龟，因益卦卦体阳在上下，象离，故益卦六二爻辞言"或益之十朋之龟"。

4. 自中爻而取象。中爻即汉儒所言互卦，二、三、四爻组成下互卦，三、四、五爻组成上互卦。来知德据《周易·系辞下》"若夫杂物撰德，辨是与非，则非其中爻不备"，立中爻之名。渐卦二、三、四爻组成坎卦中满之象，所以渐卦九三爻辞言"妇孕不育"；渐卦三、四、五爻组成离卦中虚之象，所以渐卦九五爻辞言"妇三岁不孕"。此皆自中爻而取象的例证。

5. 自错卦、综卦而取象。错卦即孔颖达所言反卦，综卦即孔颖达所言覆卦。来知德据《周易·系辞上》"参伍以变，错综其数"之文而立错卦、综卦之名。据《周易·说卦》，乾为马，因坤卦的错卦为乾卦，所以坤卦卦辞言"利牝马之贞"。损卦和益卦互为综卦，损卦六五爻即益卦六二爻，所以损卦六五和益卦六二的爻辞皆言"或益之十朋之龟"。此皆自错卦、综卦而取象也。

6. 即阴阳而取象。如据《周易·说卦》，坤为牛，而离卦卦辞言"畜牝牛"，

---

① [清] 张廷玉等：《明史》卷二百八十三《来知德传》，中华书局，1974年，第7291页。
② 《四川通志》卷十上，文渊阁四库全书本。
③ 《大清一统志》卷三百一十六，文渊阁四库全书本。
④ 梁平县政协文史委员会：《梁平县文史资料》第五辑，1999年，第38页。
⑤ [宋] 朱熹著，朱杰人等主编：《朱子全书》第16册《朱子语类》卷六十六，上海古籍出版社、安徽教育出版社，2002年，第2205页。

盖因"离得坤之一画"。此属即阴阳而取象。

7. 相因而取象。如革卦九五爻辞言"大人虎变"，上六爻辞则言"君子豹变"，"豹次于虎，故相因而言豹也"。

8. 自变爻而取象。如师卦上六爻辞变后，上卦变艮，据《周易·说卦》，艮为门阙，家之象也，所以师卦上六爻辞言"承家"，又，据《周易·说卦》，艮，止也，所以师卦上六爻辞又言"勿用"。此皆自变爻而取象。

9. 自爻位而取象。《周易·系辞下》："二与四同功而异位，其善不同，二多誉，四多惧，近也。柔之为道，不利远者，其要无咎，其用柔中也；三与五同功而异位，三多凶，五多功，贵贱之等也。其柔危，其刚胜邪？"来氏诠《易》，据此而取象。如诠释随卦初九爻辞时，来氏说："二多誉，功之象也。"① 诠释履卦九四爻辞时，来氏说："四多惧，愬愬之象也。"②

10. 自上下相易之卦而取象。如诠释履卦九五爻辞"夬履"时，来氏说："夬与履皆乾、兑上下相易之卦。"③

二、以象诠《易》的意义

来知德对辞、象之间关联的系统总结，虽未必尽合于《周易》作者之本意，但未必不合于《易》之本义。如小畜卦卦辞中的"云"，非以中爻离之错卦坎卦解之，不明其所自来；小畜卦卦辞中的"西"，非以中爻兑卦之象解之，亦不明其所自来；泰卦九三爻辞中的"食"，只有以变爻之象兑卦解之，才能使其象数依据昭然若揭。

来知德以中爻、变爻之象解《易》，也得到了《易传·小象》的印证。如来氏解蒙卦六五爻辞曰："盖中爻为坤顺，五变为巽，有此顺巽之德，所以专心资刚明之贤也。"④ 蒙卦上卦为艮，下卦为坎，《易传·小象》不说"险以止"，而说"顺以巽也"，盖蒙卦三、四、五爻组成坤卦（据《周易·说卦》，坤，顺也），又，五爻变后，蒙卦上卦变为巽卦。此例说明，"去古未远"的《易传·小象》的作者也以中爻、变爻之象诠释《周易》经文。

不同版本的《易经》，文字多有歧义，判定孰是孰非，颇为不易。来氏以象诠《易》，有助于解决这一问题。如屯卦六三爻辞中的"鹿"，一本作"麓"，来知德据屯卦之象说："鹿当作'麓'为是，旧注亦有作'麓'者，盖此卦有麓之象，故

---

① 周立升：《〈易经集注〉导读》，齐鲁书社，2009 年，第 209 页。
② 周立升：《〈易经集注〉导读》，齐鲁书社，2009 年，第 180 页。
③ 周立升：《〈易经集注〉导读》，齐鲁书社，2009 年，第 181 页。
④ 周立升：《〈易经集注〉导读》，齐鲁书社，2009 年，第 154 页。

当作麓，非无据也，中爻艮为山，山足曰麓，三居中爻，艮之足，麓之象也。"① 通行本《周易》屯卦六三爻辞中的"鹿"，王肃本作"麓"，来氏认为，当以"麓"为是。其理由是：屯卦三、四、五爻组成艮卦之象，据《周易·说卦》，艮为山，三爻居于山足，故爻辞言"麓"。董恩林先生主编之《中国传统文献学概论》论及校勘的基本方法时，于对校、本校、他校、理校之外另立"音校"一目②，若"音校"之法可别立一目的话，则来氏的这种校勘方法，亦可立一新目，可命名为"象校法"。

由于语言文字的多义性，古今学者对同一卦爻辞的诠释，异说纷呈，那么，哪种诠释更加逼近《周易》古经的本义呢？需要本之象数。如需卦九二爻辞中的"言"，陈鼓应、赵建伟先生在《周易今注今译》中以"愆"解之③，而来氏从象数角度诠释时说："中爻为兑，口舌小言之象也。"④ 需卦二、三、四爻组成兑卦之象，根据《周易·说卦》，兑为口，所以需卦九二爻辞中的"言"不宜以"愆"解之。

来氏以象解《易》，往往能对《周易》卦爻辞做出崭新的诠释。如对泰卦九二爻辞"包荒，用冯河，不遐遗，朋亡，得尚于中行"，程颐完全从义理的角度诠释说："包荒、用冯河、不遐遗、朋亡，四者处泰之道也。人情安肆则政舒缓而法度废弛，庶事无节。治之之道，必有包含荒秽之量，则其施为宽裕详密，弊革事理而人安之。若无含弘之度，有忿疾之心，则无深远之虑，有暴扰之患，深弊未去，而近患已生矣，故在包荒也。用冯河：泰宁之世，人情习于久安，安于守常，惰于因循，惮于更变，非有冯河之勇，不能有为于斯时也。冯河，谓其刚果足以济深越险也。自古泰治之世，必渐至于衰替，盖由狃习安逸，因循而然。自非刚断之君，英烈之辅，不能挺特奋发以革其弊也，故曰'用冯河'。或疑上云'包荒'则是包含宽容，此云'用冯河'则是奋发改革，似相反也。不知以含容之量施刚果之用乃圣贤之为也。不遐遗：泰宁之时，人心狃于泰则苟安逸而已，恶能复深思远虑及于遐远之事哉？治夫泰者，当周及庶事，虽遐远不可遗。若事之微隐，贤才之在僻陋，皆遐远者也，时泰则固遗之矣。朋亡：夫时之既泰，则人习于安，其情肆而失节，将约而正之，非绝去其朋与之私，则不能也，故云'朋亡'。自古立法制事，牵于人情卒不能行者多矣。若夫禁奢侈则害于近戚，限田产则妨于贵家，如此之类，既不能断以大公而必行，则是牵于朋比也。治泰不能朋亡，则为之难矣。治泰之道，有此四者，则能合于九二之德，故曰得尚于中行，言能配合中行之义也。"⑤ 朱熹也从义理角度诠释说："占者能包容荒秽而果断刚决，不遗遐远而不昵朋比，则合乎

---

① 周立升：《〈易经集注〉导读》，齐鲁书社，2009年，第149页。
② 董恩林：《中国传统文献学概论》，华中师范大学出版社，2008年，第94页。
③ 陈鼓应，赵建伟：《周易今注今译》，商务印书馆，2005年，第73页。
④ 周立升：《〈易经集注〉导读》，齐鲁书社，2009年，第157页。
⑤ 梁韦弦：《〈程氏易传〉导读》，齐鲁书社，2003年，第105页。

此爻中行之道矣。"① 而来氏则从象数层面诠释说："包荒者，包乎初也。初为草茅，荒秽之象也。因本卦小往大来，阳来乎下，故包初。冯河者，二变则中爻成坎水矣，河之象也。河水在前，乾健利涉大川，冯之象也。用冯河者，用冯河之勇往也。二居柔位，故教之以勇。二变与五隔河，若冯河而往，则能就乎五矣。二与初为迩，隔三、四与五为遐，不遐遗者，不遗乎五也。朋者，初也，三阳同体牵连而进，二居其中，朋之象也，故咸卦中爻成乾，四居乾之中，亦曰朋从。朋亡者，亡乎初而事五也。尚者，尚往而事五也。中行指六五。六五小象曰'中以行愿'是也。卦以上下交为泰，故以'尚中行'为辞。曰'得尚'者，庆幸之辞也。若惟知包乎荒，则必不能冯河而就五矣，必遐遗乎五矣，必不能亡朋矣。'用冯河'以下，圣人教占者之辞。阳来居内，不向乎外，有惟知包乎内卦之初，遐遗乎外卦君上之象，故圣人于初教之以征，于二教之以尚。"② 泰卦九二爻变后，二、三、四爻组成坎卦之象，坎为河，所以九二爻辞中有"河"；九二爻与六五爻隔河相望，需渡河方得见，所以九二爻辞中有"用冯河"；九二与初九相比为朋，与九五隔河为遐，"不遐遗"的意思是不遗乎六五，"得尚于中行"的意思是得尚于六五。来氏的诠释与程颐、朱熹的诠释相比，最大的不同是将"不遐遗"理解为不遗乎六五，将"得尚于中行"理解为得尚于六五。来氏的诠释有咸卦和六五小象的旁证，似比程、朱之解更为可取。对此，来氏不无自豪地说："旧注不识象，所以失此爻之旨。"来氏此评，恰如其分。

来氏诠《易》，喜究诸卦之间的关联，以论证自己以象诠《易》的体例并非个人虚构，而是《易》所固有。如大有卦初九爻辞"无交害"，来氏认为其象数依据为离。为印证此解的正确性，他征引睽卦初九爻辞说："睽卦离在前，亦曰见恶人。"③ 再如谦卦上六爻辞"征邑国"，来氏认为其象数依据为坤。为印证此解，他征引升卦九三爻辞、晋卦上九爻辞、泰卦上六爻辞、师卦上六爻辞、复卦上六爻辞、讼卦六二爻辞、益卦六四爻辞、夬卦卦辞、涣卦九五爻辞说："升卦坤在外，故曰'升虚邑'；晋卦坤在内，故曰'维用伐邑'；泰之上六曰'自邑告命'；师上六曰'开国承家'；复之上六曰'以其国君凶'；讼六二变坤曰'邑人三百户'；益之中爻坤，曰'为依迁国'；夬下体错坤，曰'告自邑'；涣九五变坤，曰'涣王居'……皆因坤土也。"④ 升卦上卦为坤，故其九三爻辞说"升虚邑"；晋卦下卦为坤，故其上九爻辞说"维用伐邑"；泰卦上卦为坤，故其上六爻辞说"自邑告命"；师卦上卦为坤，故其上六爻辞说"开国承家"；复卦上卦为坤，故其上六爻辞说"以其国君凶"；讼卦六二爻变后，下卦变坤，故其六二爻辞说"邑人三百户"；益卦二、

---

① [宋] 朱熹：《周易本义》，宋咸淳元年吴革刻本，全1函6册，第1册，第21页。
② 周立升：《〈易经集注〉导读》，齐鲁书社，2009年，第183-184页。
③ 周立升：《〈易经集注〉导读》，齐鲁书社，2009年，第198页。
④ 周立升：《〈易经集注〉导读》，齐鲁书社，2009年，第203页。

三、四爻组成坤卦，故其六四爻辞说"为依迁国"；夬卦的下卦的错卦为坤，故其卦辞说"告自邑"；涣卦九五爻变后，三、四、五组成坤卦之象，故其九五爻辞说"涣王居"。最后，来氏得出结论说："凡《易》中言'邑国'者，皆坤土也。"此结论基于全面系统的梳理统计，得当可靠。

三、以象诠《易》的弊病

读《周易》古经，重在得其义。卦爻象和卦爻辞都是明义的工具，而非目的。苟明其义，不必拘泥于象、辞之间的关联。如果对卦爻辞中的每一个字都斤斤于寻其象数依据，则难免支离、繁琐，甚至于牵强、错误。来氏以象诠《易》，亦难免此弊。如，诠释讼卦九二爻辞时，来氏不仅以本卦之象为"逋"寻找依据，而且以中爻和错卦之象为"三百"寻找依据。以本卦之象为"逋"寻找依据可取①，而以中爻和错卦之象为"三百"寻找依据则未必。上海博物馆馆藏楚简《周易》讼卦九二爻辞作"其邑人三四户无眚"。若"四"字不讹，则来氏以中爻和错卦之象为"三百"寻找象数依据的努力实为徒劳，其结论亦不可靠。诚如朱熹所言："卦中要看得亲切，须是兼象看，但象不传了。"②象、辞之间必有关联，但时移事异，有些关联，今日已隐晦难见，因此，我们也不必强见之，否则，反倒流于附会。

来氏《周易集注》重在探讨卦爻辞的象数依据，而未能将各卦六爻之辞作为彼此联系的统一整体来疏解其义，亦为来氏《易》注的一大不足。如诠释蒙卦时，来氏综合运用本卦之象、中爻之象、变爻之象和错卦之象，解释了蒙卦卦爻辞中的"桎梏""纳妇""取女""童蒙""击蒙"等，而对六爻辞之间的关系却缺乏清晰的揭示。其实，蒙卦六爻之辞分别代表蒙卦的六个发展阶段，在第一阶段宜小惩大戒，在第二阶段宜包容，在第三阶段宜不为外界所惑，在第四阶段宜廓清迷惑，在第五阶段宜保持童心，在第六阶段宜保持清醒冷静。诚如王弼所言："夫卦者，时也。爻者，适时之变者也。"③

来氏注《易》的用心不是从整体上疏解六十四卦之义，因而虽在以象解《易》方面做出了超越前人的突出贡献，但对一些卦爻辞的义理阐发却不到位，甚至于不正确。如随卦六二爻辞"系小子，失丈夫"，据程颐《伊川易传》，小子指初九爻，丈夫指九五爻，六二爻与九五爻是正应，但六二爻距初九爻近，而距九五爻远，所以《周易》爻辞的作者告诫人们，若系小子，则失丈夫，若系于初九，就会失去九五。程颐阐发其义理说："人之所随，得正则远邪，从非则失是，无两从之理。"④

---

①来氏以讼卦下卦坎为"逋"之象数依据，固无不可，但笔者认为，亦可以变爻之象坤为"逋"之象数依据。九二爻变后，下卦为坤，坤阴主伏藏。
②[宋]朱熹著，朱杰人等主编：《朱子全书》第16册《朱子语类》卷六十六，上海古籍出版社、安徽教育出版社，2002年，第2207页。
③[魏]王弼著，楼宇烈校释：《周易注校释》，中华书局，2012年，第280页。
④梁韦弦：《〈程氏易传〉导读》，齐鲁书社，2003年，第132页。

东汉时马援告诫其兄子严敦不要效法"清浊无所失"的杜季良，亦本"系小子，失丈夫"之理。程颐对"系小子，失丈夫"的诠释，证之以《易传·小象》，当契合于《周易》爻辞作者之本意。其义理阐发也十分到位。比较而言，来氏在诠释随卦六二爻辞时，仅着意于"系""小子""丈夫"的象数依据的分析，而对"系小子，失丈夫"所蕴含的义理的阐发，颇有隔靴搔痒之感。其以"小子"指六三，"丈夫"指初九之论，也有拘泥于象、胶柱鼓瑟之嫌。总之，在《周易》诠释史的长河中，程颐言理甚备而析象不足，来知德则正好相反。

来氏以象诠《易》，自成一说，当时推为绝学。来氏《易》注问世以后，宗法承述其说者颇多，而攻其说者亦不少。

第二节　王夫之的《周易》诠释

王夫之（1619—1692），字而农，号姜斋，又号夕堂，湖广衡州府衡阳县（今属湖南）人，王夫之是明末清初的著名思想家，许多学者指出：他将中国古代朴素唯物主义和辩证法推到了最高峰，因此，中华人民共和国成立以来，研究王夫之哲学思想的论著甚多。本节拟在前人研究成果的基础之上，以王夫之的哲学思想为纲，从《周易》诠释的角度，探讨王夫之如何以其哲学思想丰富与发展《周易》的哲学内涵。需要指出，阐发义理时是否以探求《易》卦本义为目的，是否密切结合《易》卦，是宋学《易》和汉学《易》的分水岭。王夫之是宋学《易》的代表，其对《周易》的哲学发挥大多游离于《易》卦之外，脱离了《易》之本义。王夫之之所以能在易学上占有一席之地主要是由于其基于"求用"的对《周易》的哲学发挥，而不是由于其基于"求真"的对《周易》本义的考实，故本节在诠释学的视角下考察王夫之的易学，不以结合《易》卦为切入点。

一、以唯物主义自然观诠《易》

物质世界究竟是客观的存在还是主观的幻化？唯物主义和唯心主义有不同的认识。唯物主义自然观认为，客观世界是物质的真实存在。唯心主义自然观认为客观世界是人们主观的"心"的外现，是虚妄的存在。王夫之的自然观是唯物主义的自然观。王夫之坚信整个世界是"实有"的，反对将客观世界的"实有"视为"虚幻"。诠释大有卦时，王夫之说："有者信也，无者疑也。昉我之生，泊我之亡，祖祢而上，子孙而下，观变于天地而见其生，有何一之可疑者哉？桐非梓，梓非桐；狐非狸，狸非狐。天地以为数，圣人以为名。冬不可使炎，夏不可使寒；参不可使杀，砒不可使活；此春之芽絜彼春之茁，而不见其或贸。"[①] 诠释《周易·说卦》时，他又明确指出："实有无疑。"[①]

[①]［清］王夫之：《周易外传》卷二，中华书局，1977年，第37页。

诠释《周易·说卦》时，王夫之将客观存在分为四种情况加以论证。①无论何时何地都能够被感觉到的客观存在。王夫之以天地为例，说："是故寥然虚清，确然凝立，无所不在，迎目而觉，游心而不能越，是天地也。"②②此地感觉不到，但彼地却能感觉到的客观存在。王夫之以山、泽为例，说："舟居而渔者，穷年见泽而不见山；岩栖而锄者，穷年见山而不见泽。乃苟见之，则一如天地之固然，峙于前而不移也。"③③此时感觉不到，但彼时却能感觉到的客观存在。王夫之说："抑有不可期而自有期者，遇之而知其有，未遇而不知其何所藏也。……历时而知之，始若可惊，继乃知其亦固然也。"④④无论何时何地都感觉不到，然而依理推之，应当存在。王夫之说："其盈也，人不得而缩之；其缩也，人不得而盈之。为功于万物，而万物不得执之以为用。若夫阳燧可致，钻木可取，方诸可聚，引渠可通，炀之瀹之而盛，扑之陧之而衰，虽阴阳之固然，而非但以目遇，以心觉也。"⑤

为了进一步论证客观世界的真实存在性，王夫之又从人们在日常生活中必须依于物的事实进行阐述。诠释无妄卦时，王夫之说："既已为人矣，非蚁之仰行，则依地住，非蚓之穴壤，则依空住，非蜀山之雪蛆不求暖，则依火住，非火山之鼠不求润，则依水住，以至依粟已饥，依浆已渴，其不然而已于饥渴者，则非人矣。"⑥人依地而行，依空而生，依火而求暖，依水而求润，依粟而解饥，依浆而解渴。地、空、火、水、粟、浆都是人们生存所必需的客观存在，不可谓之虚妄。王夫之又说："粟依土长，浆依水成，依种而生，依器而挹。"⑦粮食的生长离不开土壤和种子，制作酒浆离不开水，挹酉酒浆离不开器，土壤、种子、水和器也都是真实存在的，否则粮食何以生长，酒浆何以制作和挹酉？"物质世界的客观实在性不仅在于它可以为人的意识所复写、摄影、反映，更在于它能够为人类的生活和实践所确证。"⑧

诠释《周易》大有卦时，王夫之还通过对中国哲学基本问题之一——"体用"关系的分析，论证客观世界的真实存在性。王夫之说："天下之用，皆其有者也。吾从其用而知其体之有，岂待疑哉？"⑨各种事物的实体是否真实存在，只要从它们的功效去观察，就可以证实。"由物之用而知物皆实有，由此而确认在人的意识之外存在着一个以'实有'为本质属性的客观的物质世界……这在如今看来似乎是一个不证自明的公理，但在哲学认识的发展史上，却是一条不知经历了多少争论才确定的公理。"⑩王夫之对客观世界真实性的论证方法，类似于"通过不断地否定达到对

---

① [清] 王夫之：《周易外传》卷七，中华书局，1977年，第263页。
② [清] 王夫之：《周易外传》卷七，中华书局，1977年，第250页。
③④⑤ [清] 王夫之：《周易外传》卷七，中华书局，1977年，第251页。
⑥⑦ [清] 王夫之：《周易外传》卷二，中华书局，1977年，第62页。
⑧ 萧萐父、许苏民：《王夫之评传》，南京大学出版社，2007年，第96页。
⑨ [清] 王夫之：《周易外传》卷二，中华书局，1977年，第37页。
⑩ 萧萐父、许苏民：《王夫之评传》，南京大学出版社，2007年，第93页。

事物本来面目的真实展示"①的佛教中重要的思维方法——遮诠法。

二、以"理气"观诠《易》

"理"和"气"的关系,是隶属于自然观的中国哲学史上长期争执的问题之一。老子认为,"道"是先于天地而存在的,万物是由"道"所派生的。他说:"有物混成,先天地生。"②又说:"道生一,一生二,二生三,三生万物。"③老子的这一思想对宋代理学影响很大。宋代理学的开山祖师周敦颐将老子的"道生天地"表述为"太极生阴阳"。他说:"太极动而生阳,动极而静,静而生阴。"④朱熹承周敦颐之衣钵,将"太极生阴阳"解释为"理生气"。他说:"总天地万物之理,便是太极。"⑤又说:"太极生阴阳,理生气也。"⑥在理、气关系上,朱熹反复强调:"有是理,后生是气。"⑦又说:"气是依傍这理行。"⑧甚至说"未有天地之先,毕竟也只是理。有此理,便有此天地。若无此理,便亦无天地"⑨。

针对老子的"道生天地"说,诠释乾卦时,王夫之批驳说:"然则老子之言信乎?曰:非也。道者,天地精粹之用,与天地并行,而未有先后者也。使先天地以生,则有有道而无天地之日矣,彼何寓哉?而谁得'字之曰道'?"⑩针对周敦颐的"太极动而生阳,静而生阴",诠释《周易·系辞上》第五章时,王夫之批驳说:"动静者,阴阳交感之几也。……其谓动属阳,静属阴者,以其性之所利而用之所著者言之尔,非动之外无阳之实体,静之外无阴之实体,因动静而始有阴阳也。"⑪"太极"本来就包含阴阳二气⑫,动静是阴阳二气的运动。没有阴阳二气,何来阴阳二气的运动?所以阴阳二气原本存在,并非由太极的动与静而产生。王夫之在《周易内传·发例》中又说:"今有物于此,运而用之则曰动,置而安处之则曰静,然必有物以效乎动静。太极无阴阳之实体,则抑何所运而何所置耶?"⑬

---

①姚卫群:《佛教中重要的思维方法——遮诠法》,《光明日报》,2014年7月14日,第16版。
②陈鼓应:《老子注译及评介》,中华书局,1984年,第163页。
③陈鼓应:《老子注译及评介》,中华书局,1984年,第232页。
④[宋]周敦颐著,陈克明点校:《周敦颐集》卷一《太极图说》,中华书局,1990年,第4页。
⑤[宋]朱熹著,朱杰人等主编:《朱子全书》第17册《朱子语类》卷九十四,上海古籍出版社、安徽教育出版社,2002年,第3127-3128页。
⑥[明]吕柟:《朱子抄释》卷二,文渊阁四库全书本。
⑦⑨[宋]朱熹著,朱杰人等主编:《朱子全书》第14册《朱子语类》卷一,上海古籍出版社、安徽教育出版社,2002年,第114页。
⑧[宋]朱熹著,朱杰人等主编:《朱子全书》第14册《朱子语类》卷一,上海古籍出版社、安徽教育出版社,2002年,第116页。
⑩[清]王夫之:《周易外传》卷一,中华书局,1977年,第2页。
⑪[清]王夫之:《周易内传》卷五,续修四库全书本。
⑫王夫之说:"阴阳之本体,氤氲相得,和同而化,充塞于两间,此所谓太极也。"(《周易内传》卷五)又说:"太极不可与阴阳析处而并列也。"(《周易外传》卷五)
⑬[清]王夫之:《周易内传》卷末,续修四库全书本。

与朱熹"理本"观点针锋相对，王夫之认为，"气"是"理"的物质始基，"理"是"气"所表现的规律。理与气同时存在，不可分离，无所谓先后。诠释震卦时，王夫之说："夫理以充气，而气以充理，理气交充而互相持。"①

王夫之对"理"与"气"关系的论证，更为辩证。正如萧萐父所说："说气是第一，就意味着有无理之气；说理是第一，就意味着有无气之理。这两种说法在事实上是讲不通的，在逻辑上是不严谨的。王夫之不是这样。他有一种在确认世界的物质统一性前提下论定理气关系的更为准确的说法。"②

三、以"道器"观诠《易》

"理"与"气"的关系在中国哲学史上有时又被表述为"道"与"器"的关系。"道""器"这一对范畴本出于《周易》。《周易·系辞上》第十二章："形而上者谓之道，形而下者谓之器。"朱熹将"形而上"的"道"理解为独立于具体事物之外且主宰着具体事物的"理"。他说："天地之间，有理有气。理也者，形而上之道也，生物之本也；气也者，形而下之器也，生物之具也。"③ 王夫之则认为，"形而上者谓之道，形而下者谓之器"不能拘滞地理解。诠释《周易·系辞上》第十二章时，他说："形而上者，非无形之谓，既有形矣，有形而后有形而上。"④ 在这里，王夫之彻底否定了有脱离具体事物而独立存在的道。诠释咸卦时，王夫之又说："道以阴阳为体，阴阳以道为体，交与为体，终无有虚悬孤致之道。"⑤

王夫之认为，形而上的"道"与形而下的"器"之间并没有截然的界限，"道"与"器"是处于同一"形"中的。⑥诠释咸卦时，他说："器道相须而大成。"⑦诠释《周易·系辞上》第十二章时，他说："上下无殊畛，而道器无易体。"又说："上之名立，而下之名亦立焉。上下皆名也。非有涯量之可别者也。"⑧在这里，王夫之明确地指出，"道"和"器"作为一对高度抽象的哲学范畴，有差别，是对立的，但是这种差别和对立是有联系的统一体中的对立。

王夫之强调"道""器"不可分离，"道"在"器"中。诠释大有卦时，他说：

---

① [清] 王夫之：《周易外传》卷四，中华书局，1977年，第121页。
② 萧萐父、许苏民：《王夫之评传》，南京大学出版社，2007年，第109页。
③ [宋] 朱熹著，朱杰人等主编：《朱子全书》第23册《晦庵先生朱文公文集》卷五十八，上海古籍出版社、安徽教育出版社，2002年，第2755页。
④⑧ [清] 王夫之：《周易外传》卷五，中华书局，1977年，第203页。
⑤ [清] 王夫之：《周易外传》卷三，中华书局，1977年，第77页。
⑥ 关于道、器、形三者之间的关系，王夫之在《读四书大全说》中有一段精辟的论述。他说："形而下者，可见可闻者也；形而上者，弗见弗闻者也。如一株柳，其枝为叶可见矣，其生而非死亦可见矣，所以体之而使枝为枝、叶为叶，如此而生、如彼而死者，夫岂可得而见闻者哉？物之体则是形，所以体夫物者则分明是形以上那一层事，故曰'形而上'。"
⑦ [清] 王夫之：《周易外传》卷三，中华书局，1977年，第79页。

"据器而道存，离器而道毁。"①诠释《周易·系辞上》第十二章时，他说："天下唯器而已矣。道者器之道，器者不可谓之道之器也……无其器则无其道，人鲜能言之，而固其诚然者也……未有弓矢而无射道，未有车马而无御道，未有牢醴璧币、钟磬管弦而无礼乐之道，则未有子而无父道，未有弟而无兄道……故无其器则无其道，诚然之言也，而人特未之察耳……老氏瞀于此，而曰道在虚。虚亦器之虚也；释氏瞀于此，而曰道在寂。寂亦器之寂也。淫词炙輠而不能离乎器，然且标离器之名以自神，将谁欺乎？"②在这里，王夫之以"未有弓矢而无射道，未有车马而无御道，未有牢醴璧币、钟磬管弦而无礼乐之道"等人们耳熟能详的例子，论证了"道"以"器"为本，"道"依存于"器"，没有"器"则不会有"道"，从而鲜明地揭示了有某种事物才有某种事物的规律的观点。郑万耕先生说："王夫之作为古代易学的集大成者，对易学史上的道器之辨也作了一次总结，比较正确地解决了道与器的关系问题……从而在易学和哲学史上作出了重要贡献。"③

从"无其器则无其道"的观点出发，王夫之进而表达了其发展变化的历史观。诠释《周易·系辞上》第十二章时，他说："洪荒无揖让之道，唐虞无吊伐之道，汉唐无今日之道，则今日无他年之道者多矣。"④社会历史在不断地前进，"器"在不断地发生变化，寄寓于"器"的"道"也将随之发生变化。从"洪荒"到"唐虞"再到"汉唐"，"道"在不断地发展演变，今日的"道"不可能始终不变。因此，诠释《周易·系辞下》第五章时，王夫之说："今日之日月非用昨日之明也，今岁之寒暑非用昔岁之气也。"⑤诠释《周易·杂卦》时，他又说："道因时而万殊。"⑥

王夫之在论证"器"和"道"的关系时，接触到了"个别"与"一般"的哲学问题。"器"是个别，"道"是一般。王夫之所说的"无其器则无其道"⑦，即没有"个别"就没有"一般"之意。只有充分地研究了"个别"，才能透彻地理解"一般"。一般寓于个别之中，一般只有通过个别才能体现出来。世界上不可能有脱离个别而独立存在的一般。诠释《周易·系辞上》第十二章时，王夫之又说："人或昧于其道者，其器不成。"⑧意即，个别不能脱离一般，人们只有用一般来研究个别，才能获得成功。

王夫之力主在遵循客观规律的情况下"治器"，并在"治器"的具体过程中求"道"，对能够"作器""述器"和"神明其器"的人，充分加以肯定。诠释《周易·系辞上》第十二章时，他说："治器者则谓之'道'，道得则谓之'德'，器成

---

① [清] 王夫之：《周易外传》卷二，中华书局，1977年，第37页。
② [清] 王夫之：《周易外传》卷五，中华书局，1977年，第203—204页。
③ 郑万耕：《〈周易〉文化对中国哲学的贡献》，《中国哲学史》，2013年第4期，第50—54页。
④⑦⑧ [清] 王夫之：《周易外传》卷五，中华书局，1977年，第203页。
⑤ [清] 王夫之：《周易外传》卷六，中华书局，1977年，第218页。
⑥ [清] 王夫之：《周易外传》卷七，中华书局，1977年，第285页。

则谓之'行',器用之广则谓之'变通',器效之著则谓之'事业'。"又说:"'作者之谓圣',作器也;'述者之谓明',述器也;'神而明之,存乎其人',神明其器也。识其品式,辨其条理,善其用,定其体,则'默而成之,不言而信',皆有成器之在心而据之为德也。"又说:"君子之道,尽夫器而已矣。辞,所以显器,而鼓天下之动,使勉于治器也。"① 王夫之鼓励人们积极行动起来,致力于"治器",乃是鉴于明末士子空谈心性之弊。王夫之通过对"道""器"问题的论述,表达了他热切希望人们务实的思想。

从"道""器"关系出发,王夫之于易学虽属义理派,然而对象数亦非常重视,反对脱离象数谈义理。诠释《周易·系辞下》第三章时,他说:"天下无象外之道……欲详道而略象,奚可哉?……故吉凶悔吝舍象而无所征。"② 进而,王夫之对"泥象"和"废象"两种错误观点批驳说:"汉儒泥象,多取附会。流及于虞翻,而约象、互体、半象、变爻,曲以象物者,繁杂琐屈,不可胜纪。王弼反其道而废之,曰'得意而忘言,得言而忘象'……然则汇象以成《易》,举《易》而皆象,象即《易》也。何居乎以为兔之蹄、鱼之筌也……舍筌、蹄而别有得鱼得兔之理……舍象而别有得《易》之涂邪……若彼泥象忘理以支离附会者,亦观象以正之而精意自显,亦何必忘之而始免于小言破道之咎乎?"③ 又说:"'得言忘象,得意忘言',以辨虞翻之固陋则可矣,而于道则愈远矣。"④

四、以阴阳对立统一的矛盾观诠《易》

王夫之的哲学理论里,包含了相当丰富的朴素辩证法思想。王夫之1646年后长期研究《周易》⑤,依据《易传》中的"乾坤其《易》之蕴耶"和"乾坤毁,无以见《易》"的思想,提出了"乾坤并建"说。他说:"《周易》之书,乾坤并建以为首,《易》之体也。"⑥ 又说:"乾坤并建而统《易》。"⑦ 又说:"《周易》首乾坤,而非首乾也。"⑧

王夫之的"乾坤并建"说,被视为王夫之易学思想之主干。如朱伯崑先生说:"由于王夫之主'《易》之全体在象',视卦象为其占学的依据,他进而探讨了八卦和六十四卦卦象的逻辑结构以及六十四卦象形成的法则,提出'乾坤并建'说,作为其易学及其哲学的纲领。"⑨ 廖名春先生说:"乾坤并建统宗全《易》,是船山易学

---

① [清] 王夫之:《周易外传》卷五,中华书局,1977年,第203、204页。
② [清] 王夫之:《周易外传》卷六,中华书局,1977年,第212–213页。
③ [清] 王夫之:《周易外传》卷六,中华书局,1977年,第212–214页。
④ [清] 王夫之:《周易外传》卷五,中华书局,1977年,第204页。
⑤ [清] 王夫之:《周易内传发例》:"夫之自隆武丙戌始有志于读《易》。"
⑥ [清] 王夫之:《周易内传》卷一,续修四库全书本。
⑦ [清] 王夫之:《周易内传》卷五,续修四库全书本。
⑧ [清] 王夫之:《周易外传》卷七,中华书局,1977年,第270页。
⑨ 朱伯崑:《易学哲学史》第四卷,昆仑出版社,2005年,第68–69页。

的出发点与归宿点，在他全部有关著作中，他始终坚持把这一理论作为自己解《易》的最基本原则，并对之进行了反复详尽的解说与阐发。"①

有学者认为，王夫之提出"乾坤并建"是为了反对"阳尊阴卑""阳主阴从"的说教。其实不然。易学阴阳观由三部分有机组成：阴阳交易观、阴阳分判观、尊阳抑阴观。"乾坤并建"属阴阳交易观。提出"乾坤并建"并不意味着否定"尊乾阳，抑坤阴"。宋儒朱熹说："虽是一阴一阳，《易》中之辞，大抵阳吉而阴凶。"②又说："《易》则是个尊阳抑阴，进君子而退小人，明消长盈虚之理。"③ 关于易学"尊阳抑阴"观，王夫之与朱熹的认识并无二致。如诠释乾卦时，王夫之说："阳贵阴贱。"诠释坤卦时，他说："以阴柔为先，则欲胜理，物丧志，而迷；以阴柔为后，得阳刚为主而从之，则合义而利。"④ 诠释归妹卦时，他说："阳不为阴屈，天经地义，垂之万世。"诠释旅卦时，他说："阳倡则阴必随。"诠释涣卦时，他说："阳为主于阴，争息而血去矣。"诠释小过卦时，他说："阴之为道，柔弱曲谨而不能胜大任，故可小而不可大，乃圣人于此寓扶阳抑阴之深意。"⑤ 诠释《周易·系辞》时，他说："乾者，阳气之舒，天之所以运行。坤者，阴气之凝，地之所以禽受……惟其（指乾）健，故浑沦无际，函地于中而统之，虽至清至虚，而有形有质者皆其所役使，是以尊而无尚。惟其（指坤）顺，故虽坚凝而有实体之可凭，而静听无形之搏挽，不自擅而惟其所变化，是以卑而不违。"⑥ 可见，王夫之也是主张"阳尊阴卑""阳主阴从"的。

"乾坤并建"是阴阳对立统一的矛盾观。同一性和斗争性是矛盾的二重性。同一性首先表现为：矛盾双方是相互依存的，矛盾双方中的任何一方都不能脱离对方而独立存在。诠释萃卦时，王夫之说："在天则有阳而必有阴，在地则有刚而必有柔，在人则有君子而必有小人，有中国而必有夷狄。"⑦ 诠释《周易·系辞上》时，他说："无有阴而无阳，无有阳而无阴，两相倚而不离也。"⑧ 诠释《周易·系辞下》时，他说："阳合于阴，阴体乃成；阴合于阳，阳体乃成。"⑨ 诠释《周易·说卦》时，他说："呼之必有吸，吸之必有呼……呼而不吸，则不成乎呼；吸而不呼，则不成乎吸。"又说："阖辟者疑相敌也，往来者疑相反也，然而以阖故辟，无阖则何

---

① 廖名春、康学伟、梁韦弦：《周易研究史》，湖南出版社，1991年，第333页。
② [宋] 朱熹著，朱杰人等主编：《朱子全书》第16册《朱子语类》卷六十五，上海古籍出版社、安徽教育出版社，2002年，第2162页。
③ [宋] 朱熹著，朱杰人等主编：《朱子全书》第16册《朱子语类》卷六十七，上海古籍出版社、安徽教育出版社，2002年，第2227页。
④ [清] 王夫之：《周易内传》卷一，续修四库全书本。
⑤ [清] 王夫之：《周易内传》卷四，续修四库全书本。
⑥⑧ [清] 王夫之：《周易内传》卷五，续修四库全书本。
⑦ [清] 王夫之：《周易内传》卷三，续修四库全书本。
⑨ [清] 王夫之：《周易外传》卷六，中华书局，1977年，第228页。

辟？以辟故阖，无辟则何阖？"又说："阴阳不孤行于天地之间。"① 诠释《周易·序卦》时，他说："乾不孤施，阴不独与。"② 诠释《周易·杂卦》时，他说："一阴而不善，一阳而不善……其善者，则一阴一阳之道也。"③

矛盾的同一性其次表现为：矛盾双方互相贯通。诠释颐卦时，王夫之说："天包地外而入于地中，无形而成用；地处天中而受天之持，有形而结体。"④ 诠释《周易·系辞上》时，他说："雷风不相薄，水火不相射，男女不相配，自有天地以来，未有能为尔者也。"⑤ 诠释《周易·系辞下》时，他说："乾可以有坤，坤可以有乾。"⑥ 诠释《周易·说卦》时，他说："陟山而知地之固不绝于天，临泽而知天之固不绝于地，非截然分疆而不相出入也。"⑦ 诠释《周易·序卦》时，他说："阴阳合德，水火相入。"⑧

针对《礼记·月令》中"春夏为阳，秋冬为阴"的说法，王夫之说："春夏为阳，秋冬为阴，非必有截然分界之期而不相为通。"⑨ 诠释《周易·系辞上》时，他又说："以为分析而各一之者……阴归于阴，阳归于阳……则阴阳瓦解而道有余地矣。"又说："若守其一隅，准诸一切，则天理不相掩，而人事相违，又恶足以经纬乎两间哉……乃为《月令》之说者曰：'春夏阳，秋冬阴，王者继天而为之子，春夏用赏，秋冬用刑。'是春夏废阴，而秋冬废阳也。"⑩

矛盾的同一性还表现为：矛盾双方在一定条件下可以互相转化。诠释大壮卦时，王夫之说："阳化阴，则阴效阳为；阴化阳，则阳从阴志。"⑪ 诠释困卦时，他说："流行而相嬗以化，则初无垠鄂之画绝矣。"⑫ 诠释《周易·系辞上》时，他说："阳之变，阴之化，皆自然必有之功效。"⑬ 诠释《周易·系辞下》时，他说："往固可以复来。"⑭ 诠释《周易·说卦》时，他说："金炀则液，水冻则坚，一刚柔之无畛也。"⑮

从"矛盾转化"的观点出发，王夫之对生死问题做了精辟的论证。诠释无妄卦

---

① [清] 王夫之：《周易外传》卷七，中华书局，1977年，第248、256、263页。
② [清] 王夫之：《周易外传》卷七，中华书局，1977年，第269页。
③ [清] 王夫之：《周易外传》卷七，中华书局，1977年，第286页。
④ [清] 王夫之：《周易外传》卷二，中华书局，1977年，第68页。
⑤ [清] 王夫之：《周易外传》卷五，中华书局，1977年，第163页。
⑥ [清] 王夫之：《周易外传》卷六，中华书局，1977年，第244页。
⑦ [清] 王夫之：《周易外传》卷七，中华书局，1977年，第251页。
⑧ [清] 王夫之：《周易外传》卷七，中华书局，1977年，第273页。
⑨ [清] 王夫之：《周易内传》卷三，续修四库全书本。
⑩ [清] 王夫之：《周易外传》卷五，中华书局，1977年，第177、185页。
⑪ [清] 王夫之：《周易外传》卷三，中华书局，1977年，第83页。
⑫ [清] 王夫之：《周易外传》卷三，中华书局，1977年，第108页。
⑬ [清] 王夫之：《周易内传》卷五，续修四库全书本。
⑭ [清] 王夫之：《周易外传》卷六，中华书局，1977年，第217页。
⑮ [清] 王夫之：《周易外传》卷七，中华书局，1977年，第248页。

时，他说："由致新而言之，则死亦生之大造矣。"① 诠释《周易·系辞上》时，他说："人物之生，一源于二气至足之化。其死也，反于絪缊之和，以待时而复，特变不测而不仍其故尔。生非创有，死非消灭，阴阳自然之理也。"② 又说："阴阳之盈虚往来，有变易而无生灭，有幽明而无有无。"③ 人与物的生，源于阴阳二气对立统一的运动变化；人与物的死是回归阴阳二气的絪缊和合状态。处于和合状态的阴阳二气继续其对立统一的运动变化，当条件成熟时，又会重新由"死"而"生"。在这里，王夫之还接触到了物质不灭和能量守恒定律。

对于割裂矛盾双方，将矛盾双方截然对立的错误观点，诠释《周易·文言》时，王夫之批评说："天地、水火、男女、血气可分阴阳而不可执，道之自然者类如此。泥于象迹名言者将使天地相为冰炭，官骸相为仇敌，沟划而界分之，亦恶足以知道哉？"④诠释《周易·说卦》时，他又说："天下有截然分析而必相对峙之物乎？求之于天地，无有此也；求之于万物，无有此也；反而求之于心，抑未谂其必然也。"又说："今夫审声者，辨之于五音，而还相为宫，不相夺矣。成文者，辨之于五色，而相得益彰，不相掩矣。别味者，辨之于五味，而参调已和，不相乱矣。使必一宫一商，一徵一羽，序而间之，则音必暗；一赤一玄，一青一白，列而纬之，则色必黯；一苦一咸，一酸一辛，等而均之，则味必恶。取人禽鱼兽之身，而判其血气魂魄以各归，则其生必死；取草木谷果之材，而齐其多少华实以均用，则其效不成。"⑤

王夫之在注重矛盾同一性的同时，也承认矛盾的斗争性。诠释同人卦时，王夫之说："同人者，争战之府也。"⑥诠释井卦时，他说："君子小人各有界画，类聚群分，古今不易。"又说："不明于往来清浊之定分，则以败国亡家而有余。"⑦诠释革卦时，他说："当泽火相接之际，不能无争。"诠释艮卦时，他说："于相与并行之中，即有相制之用。"⑧诠释未济卦时，他说："若夫水火，吾未见其可共而处也，抑又未见其处而不争也。"⑨诠释《周易·系辞》时，他说："（阴阳）判然各为一物，其性情、才质、功效皆不可强之而同。"⑩诠释《周易·说卦》时，他说："夫疏理其义而别之，有截然者矣。"⑪

王夫之虽然承认矛盾的斗争性，但是，从理论倾向上，更强调矛盾的同一性。

---

①［清］王夫之：《周易外传》卷二，中华书局，1977年，第63页。
②③⑩［清］王夫之：《周易内传》卷五，续修四库全书本。
④［清］王夫之：《周易内传》卷一，续修四库全书本。
⑤［清］王夫之：《周易外传》卷七，中华书局，1977年，第247、249页。
⑥［清］王夫之：《周易外传》卷二，中华书局，1977年，第35页。
⑦［清］王夫之：《周易内传》卷三，续修四库全书本。
⑧［清］王夫之：《周易内传》卷四，续修四库全书本。
⑨［清］王夫之：《周易外传》卷四，中华书局，1977年，第155页。
⑪［清］王夫之：《周易外传》卷七，中华书局，1977年，第248页。

诠释坤卦时,他说:"合异于同而经纬备。"① 诠释同人卦时,他说:"一阴固愿同于众阳……众阳亦欲同于一阴。"② 诠释解卦时,他说:"虽杂处而不争……阴阳交战之患息矣。"③ 诠释萃卦时,他说:"阴阳之用,以和而相互为功。"④ 诠释革卦时,他说:"两间固有之水火,日流行而不相悖害。"诠释震卦时,他说:"和则为祥。"⑤ 诠释未济卦时,他说:"其异焉者,中固有同然者。"⑥ 诠释《周易·系辞上》时,他说:"夫天下之赜,天下之动,事业之广,物宜之繁,典礼之别,分为阴,分为阳,表里相待而二,二异致而一。"⑦ 诠释《周易·系辞下》时,他说:"道之流行于人也,始于合,中于分,终于合。"⑧ 诠释《周易·说卦》时,他说:"天地以和顺而为命,万物以和顺而为性。"又说:"盖阴阳者,终不如斧之斯薪,已分而不可合。"又说:"和顺因其自然,而不可限以截然分析之位者也。"⑨ 诠释《周易·杂卦》时,他说:"相反而固其会通。"又说:"反者有不反者存。"⑩

王夫之更加强调矛盾的同一性,反映了中国传统的"和合"思想。中国人民大学张立文先生说:"和合的现代意义是指自然、社会、人际、心灵、文明间诸多形相、无形相冲突融合,与在冲突融合的动态变化过程中诸多形相、无形相和合为新事物、新生命的总和。"又说:"和合是中华优秀传统文化的思想精华,是中华民族人文精神的基本理念与首要价值,是中华文化的时代精神与生命智慧,她是中华心、民族魂的体现,是当代核心价值观的重要源泉。"⑪ 关于和合文化的系统论述,详见附录二。

矛盾具有普遍性和绝对性,世界上的各种事物,都由既对立而又不可分离的"阴阳"组成。任何事物都是矛盾的统一体,各种事物都存在着阴阳,阴阳二气对立统一的矛盾运动无处不在。诠释咸卦时,王夫之说:"阴阳之变化为两间必有之理数。"⑫ 诠释《周易·系辞上》第五章时,他说:"阴阳充满乎两间,而盈天地之间,惟阴阳而已矣。"又说:"阴阳交易之理流行于日用而不可离。"又说:"一阴一阳之道流行于两间,充周于万物。"⑬ 阴阳二气对立统一的矛盾运动不仅无处不在,

---

① [清] 王夫之:《周易内传》卷一,续修四库全书本。
② [清] 王夫之:《周易内传》卷二,续修四库全书本。
③ [清] 王夫之:《周易内传》卷三,续修四库全书本。
④ [清] 王夫之:《周易外传》卷七,中华书局,1977年,第105页。
⑤ [清] 王夫之:《周易内传》卷四,续修四库全书本。
⑥ [清] 王夫之:《周易外传》卷四,中华书局,1977年,第155页。
⑦ [清] 王夫之:《周易外传》卷五,中华书局,1977年,第202页。
⑧ [清] 王夫之:《周易外传》卷六,中华书局,1977年,第215页。
⑨ [清] 王夫之:《周易外传》卷七,中华书局,1977年,第248、249、250页。
⑩ [清] 王夫之:《周易外传》卷七,中华书局,1977年,第286、287页。
⑪ 张立文:《涵养社会主义核心价值观的重要源泉(下)——崇正义·尚和合·求大同》,《光明日报》,2014年7月29日第16版。
⑫ [清] 王夫之:《周易内传》卷三,续修四库全书本。
⑬ [清] 王夫之:《周易内传》卷五,续修四库全书本。

而且无时不在。诠释《周易·系辞上》第十一章时，他说："哀哉！其日习于太极而不察也。"①

阴阳二气对立统一的矛盾运动是事物发生发展变化的内在动因。诠释无妄卦时，王夫之说："道有阴阳，阴阳生群有。"②诠释咸卦时，他说："阴阳一相接而万物怒生。"③诠释《周易·系辞上》第五章时，他说："未有之先此以生，已有之后此以成。"④诠释《周易·系辞上》第八章时，他说："物之生，气之成，气化之消长，世运之治乱，人事之顺逆，学术事功之得失，皆一阴一阳之错综所就。"⑤诠释《周易·系辞上》第九章时，他说："天下之物与事莫非一阴一阳交错所成。"⑥诠释《周易·序卦》时，他说："一阴一阳者，群所大因也。"又说："众变而不舍乾坤之大宗，阖于此阖，辟于此辟。"又说："乾坤首建，极阴阳之至盛，以为变化之由。"⑦《周易》正是按照这种阴阳"动静"的"条理"来揭示宇宙生成论的。乾象为天，坤象为地。天的"阳"性和地的"阴"性两种对立势力的互相"摩荡"，使事物孳生、发展，从而产生了世界上的形形色色的事物。万事万物都是由"乾之六阳"与"坤之六阴"相摩相荡而成。其所以如此，决定于乾坤的"相峙以并立"。只有乾坤"相峙以并立"，才能"互相推移"而发生变化。"纯乾纯坤"是不可能具有这种作用的。因此，王夫之断言："《周易》并建乾坤，为诸卦之统宗，不孤立也。"⑧

总之，王夫之通过对"阴阳并建"命题的阐述，对矛盾双方的相互对立斗争、相互依存、贯通和相互转化的关系做了相当深刻的论述，在当时来说，达到了朴素辩证法所可能达到的高峰。

五、以动静对立统一的运动观诠《易》

王夫之由肯定阴阳的对立统一，进而探讨"动"与"静"的问题。动静问题是中国哲学史上自先秦以来一直争论不休的问题之一。或"贵动"，或"主静"；或根本否认静止，或承认相对静止的重大作用。王夫之在前人认识成果的基础上，进一步对动静之间的辩证关系做了全面、系统的深入探讨。

首先，他认为运动和物质不可分。王夫之通过对中国哲学史上传统的"主静"派哲学的考察，敏锐地意识到，他们都是脱离物质实体谈动静。王夫之则着重论证了物质实体与动静，即阴阳二气与动静的关系。诠释《周易·系辞上》第五章时，

---

① ［清］王夫之：《周易外传》卷五，中华书局，1977年，第200页。
② ［清］王夫之：《周易外传》卷二，中华书局，1977年，第61页。
③ ［清］王夫之：《周易内传》卷三，续修四库全书本。
④ ［清］王夫之：《周易外传》卷五，中华书局，1977年，第180页。
⑤⑥［清］王夫之：《周易内传》卷五，续修四库全书本。
⑦ ［清］王夫之：《周易外传》卷七，中华书局，1977年，第266、268、271页。
⑧ ［清］王夫之：《周易内传》卷一，续修四库全书本。

他说:"动者,阴阳之动;静者,阴阳之静。"① 这样,王夫之就把运动和物质的气结合了起来。

其次,王夫之肯定运动是绝对的,静止是相对的。哲学史上主静派强调静止是事物的本质,认为静止是绝对的,而运动只不过是静止的表现形式。王夫之则认为,"动"和"静"不能割裂,只有双方既对立又共居,才能相互作用。诠释豫卦时,他说:"静函动之理。"又说:"动而无静之体,非善动也;静而无动之理,非善静也。"② 诠释震卦时,他说:"动静互涵,以为万变之宗。"③ 诠释艮卦时,他说:"动静相函,静以养动之才,则动不失静之体。"④ 诠释《周易·系辞上》第二章时,他说:"动不可静,则气浮而丧其心之所守;静不能动,则心放而气与俱馁。"⑤

对有静而无动的观点,王夫之批驳说:"所贵于静者,以动之已亟则流于偏而忘其全,故不如息动而使不流,而动岂可终息也哉?"⑥ 诠释艮卦时,他又说:"万缘息而一念不兴,专气凝而守静以笃,异端固有用是道者,而不能无咎,惟不知动之不可已。"⑦ 诠释《周易·系辞下》时,他说:"且夫欲禁天下之动,则亦恶从而禁之?"⑧ 王夫之动静不可割裂的观点,可涵摄于其"乾坤并建"的易学思想体系。

基于易学"乾坤并建"观,王夫之反对把运动和静止割裂开来的观点;基于易学"尊阳抑阴"观,王夫之更强调动。诠释乾卦时,王夫之说:"运动而不息。"⑨ 又说:"行,则周乎地外、入乎地中而皆行矣。"⑩ 诠释临卦时,他说:"乾曰不息,坤曰时行,非有间断也。"⑪ 诠释复卦时,他说:"夫天地之所以行四时、生百物,亘古今而不息者,皆此动之一几相续不舍,而非窅然而清、块然而宁之为天地也,审矣。"又说:"天地之心无一息而不动,无一息而非复。"⑫ 诠释咸卦时,他说:"天地之情不倦于屈伸。"⑬ 诠释无妄卦时,他说:"不动之常惟以动验,既动之常不待反推。是静因动而得常,动不因静而载一。"⑭ 诠释震卦时,他说:"天下亦变矣。"又说:"动者不借于静,不亦谂乎?"又说:"夫才以用而日生,思以引而不竭。"⑮ 诠释《周易·系辞上》第十章时,他说:"变者,尽乎万殊之理而无所滞也。"⑯ 诠释《周易·系辞下》第五章时,他说:"天地之间流行不息,皆其生焉者也。"又说:"太虚者,本动者也。动以入动,不息不滞。"又说:"天地之间大矣,其始终亦不

---

① ⑤ ⑯ [清] 王夫之:《周易内传》卷五,续修四库全书本。
② ⑥ ⑪ ⑫ [清] 王夫之:《周易内传》卷二,续修四库全书本。
③ [清] 王夫之:《周易外传》卷四,中华书局,1977 年,第 122 页。
④ ⑦ [清] 王夫之:《周易内传》卷四,续修四库全书本。
⑧ [清] 王夫之:《周易外传》卷六,中华书局,1977 年,第 206 页。
⑨ [清] 王夫之:《周易内传》卷一,续修四库全书本。
⑩ [清] 王夫之:《周易外传》卷一,中华书局,1977 年,第 1 页。
⑬ [清] 王夫之:《周易内传》卷三,续修四库全书本。
⑭ [清] 王夫之:《周易外传》卷二,中华书局,1977 年,第 63 页。
⑮ [清] 王夫之:《周易外传》卷四,中华书局,1977 年,第 120、121 页。

息矣。"①

众所周知，老子崇静。老子说："致虚极，守静笃，万物并作，吾以观复。"② 魏晋玄风大畅，崇尚老庄。王弼诠释复卦《彖》辞"复，其见天地之心乎"时说："天地以本为心者也，凡动息则静……寂然至无，是其本矣。"孔颖达认为"天地以本为心"中的"本"指"静"。③ 周敦颐亦以静诠《易》。诠释《周易·系辞下》"吉凶悔吝者，生乎动者也"时，周敦颐说："吉一而已，动不可不慎乎！"④ 王夫之极力反对以"静"诠《易》之说。诠释复卦《彖》辞"复，其见天地之心乎"时，王夫之说："乃异端执天地之体以为心，见其窅然而空，块然而静，谓之自然，谓之虚静，谓之常寂光，谓之大圆镜，则是执一嗒然交丧、顽而不灵之体以为天地之心而欲效法之。……异端之愚，莫甚于此。……程子曰：'先儒皆以静为见天地之心，不知动之端乃天地之心，非知道者孰能识之。'卓哉，其言之乎！"⑤ 诠释《周易·系辞下》"吉凶悔吝者，生乎动者也"时，王夫之说："吉凶悔吝，辞之所著也。爻动则时位与事相值，而四者之占应之。此以申明动在其中之意，而言发动之爻为所动之得失。昧者不察，乃谓因动而生四者，吉一而凶三，欲人之一于静以远离害。此老庄之余演毁健顺以戕生理，而贼名教者也。"⑥ 在这里，王夫之指出，运动是物质的本性，静止只是暂时的、相对的。

王夫之根据事物的运动变化原理，进而提出变化日新的观点。诠释无妄卦时，他说："推故而别致其新。"⑦ 诠释《周易·系辞上》时，他说："新故相资而新其故。"⑧ 诠释《周易·系辞下》时，他说："天下日动，而君子日生；天下日生，而君子日动。动者，道之枢，德之牖也。"⑨

王夫之还认识到事物的绝对运动和相对静止的出现都不是偶然的，而是一种符合规律的现象。诠释乾卦时，他说："动静各有其时，一动一静各有其纪，如是者乃谓之道。"⑩ 诠释《周易·系辞上》时，他说："动因道以动，静因道以静。"⑪ 这里所说的"各有其时""各有其纪"和"因道"，都是说事物的动静具有客观规律性。

---

① [清] 王夫之：《周易外传》卷六，中华书局，1977年，第217、219、224页。
② 陈鼓应：《老子注译及评介》，中华书局，1984年，第124页。
③ 刘玉建：《〈周易正义〉导读》，齐鲁书社，2005年，第214页。
④ [宋] 周敦颐著，陈克明点校：《周敦颐集》卷二《通书·乾损益动》，中华书局，1990年，第38页。
⑤ [清] 王夫之：《周易内传》卷二，续修四库全书本。
⑥ [清] 王夫之：《周易内传》卷六，续修四库全书本。
⑦ [清] 王夫之：《周易外传》卷二，中华书局，1977年，第63页。
⑧ [清] 王夫之：《周易外传》卷五，中华书局，1977年，第183页。
⑨ [清] 王夫之：《周易外传》卷六，中华书局，1977年，第207页。
⑩ [清] 王夫之：《周易外传》卷一，中华书局，1977年，第3页。
⑪ [清] 王夫之：《周易外传》卷五，中华书局，1977年，第179页。

六、以"常""变"对立统一的变化观诠《易》

王夫之在其易学著作中经常以"常""变"对立统一的变化观对《周易》加以诠释发挥。"常"与"变"在王夫之的不同著作的不同论述中往往有不同的含义。学者对"常"与"变"的理解也很不统一。"常"与"变"如果用现代哲学语言来表述,基本上相当于"必然性"与"偶然性"。当然,王夫之有时将三纲五常之类的封建礼法也视之为"常",这是由王夫之的时代和阶级局限性所决定的。阶级与时代局限性属《周易》诠释的视域局限。此局限不仅体现于王夫之的《周易》诠释中,亦体现于李塨等其他古代学者的《周易》诠释中。略述于此,以例其余。"历史的分析方法"和"阶级的分析方法"是重要的传统史学方法论①。前些年,因滥用这两种方法而导致历史研究的程序化,固然不足取,但将这两种方法彻底抛弃,亦不足取。

"常"与"变"的关系,亦即必然性与偶然性的关系,是我国哲学史上的一对古老范畴。在中国哲学史上,或夸大必然性而否认偶然性,或夸大偶然性而忽视必然性。王夫之克服以上两种片面性,认为观察事物的变化,既要重视偶然性,也要坚信必然性,把二者统一起来,才符合客观实际。王夫之将这一思想贯穿渗透于他对《周易》的诠释之中。

诠释无妄卦时,王夫之说:"盖天地之大命,有千百年之大化,有数十年之时化,有一时之偶化;有六合之大化,有中土之时化,有一人一事之偶化。通而计之皆无妄,就一时一事而言之,则无妄者固有妄也。"②此段引文中的"无妄"指事物发展变化过程中的必然性,"有妄"指事物发展变化过程中的偶然性。"无妄者固有妄"这一哲学观点,正确地表述了"必然"与"偶然"的辩证统一。从阶段和局部来看,变化是偶然的;从全过程和整体来看,变化是必然的。

诠释《周易·系辞上》第四章时,王夫之说:"道,非无定则以为物依,非有成心以为期于物。予物有则,象数非因其适然;授物无心,象数亦非有其必然矣。"③此段引文中的"非无定则"和"予物有则"指事物发生发展变化过程中的必然性,"非有成心""授物无心"指事物发生发展变化过程中的偶然性。王夫之又说:"夫有则者,因器而无定则;无心者,万物皆见其心。"④事物的发生发展变化虽然是必然的,然而表现于具体事物,则是偶然的;虽然表面上看,事物发生发展的变化是偶然的,然而从本质上看,其中却寓藏着事物发生发展变化的必然性。

诠释《周易·系辞上》第六章时,王夫之说:"天之运也,地之游也,日月之

---

① 赵吉惠:《历史学方法论》,四川人民出版社,1987年,第89-102页,第128-145页。
② [清] 王夫之:《周易内传》卷二,续修四库全书本。
③ [清] 王夫之:《周易外传》卷五,中华书局,1977年,第172页。
④ [清] 王夫之:《周易外传》卷五,中华书局,1977年,第176页。

行也，寒暑气候之节也，莫不各因其情以为量，出入相互，往来相遇，无一定之度数，杂然各致，而推荡以合符焉。"① 此段引文中的"无一定之度数"指在事物的变化过程中有偶然因素在起作用。"推荡以合符"指纵观全过程，变化不离常规，必然性寓于其中。

诠释《周易·系辞下》第八章时，王夫之说："阴阳之气，絪缊而化醇，虽有大成之序，而实无序。以天化言之，寒暑之变有定矣，而由寒之暑，由暑之寒，风雨阴晴，递变其间，非日日渐寒，日日渐暑，刻期不爽也。以人物言之，少老之变有定矣，而修短无期，衰旺无恒，其间血气之消长，非王（旺）之中无偶衰，衰之后不再王（旺），渐王（旺）渐衰以趋于消灭，可刻期而数也。"② 阴阳之气的变化，有必然性（大成之序），也有偶然性（无序）。以气候的寒暑变迁为例，总的变化趋势是确定的，这是气候变迁的必然性，但在具体的变化过程中，何日风雨，何日阴晴，又是偶然的。以人物由少而老的变化为例，总的趋势是必然的，但在具体的变化过程中，或寿或夭，或衰或旺，却又是偶然的。在这里，王夫之扬弃了"执常而弃变"和"执变而弃常"两种形而上学的观点，揭示了"常""变"统一的朴素辩证法思想。

王夫之还从筮法的角度对必然性与偶然性加以诠释。诠释《周易·系辞上》第二章时，他说："有定者何也？非其七、九，则其六、八也，非其七、八，则其九、六也。"③ 诠释《周易·系辞上》第四章时，他说："夫数之有七、八、九、六也，乾坤之有奇偶也，分二、挂一、揲四、归奇之各有象也，四营之积一三二二，十有八变之乘三六以备阴阳也，三百六十、万一千五百二十之各有当也，六变而七、九化而八之以往来为昼夜也，象数昭垂，鬼不得私，而任谋于人。五十而用四十有九也，分而为二，用其偶然而非有多寡之成数也，幽明互用，人不得测，而听谋于鬼。"又说："夫不见七、八、九、六之成于无心以分二，而无心所分之二受则于七、八、九、六而不过也乎？"④ 诠释《周易·系辞上》第九章时，他说："故自此而七、八、九、六，合符而不爽，岂非其固然者哉？"又说："自挂一象三以后，及于万一千五百二十之象万物，皆有成则之可法；分而为两，无成数而托于无心者，神之所为无心而成化也。"又说："乃若四营、十八变之数有则者，亦与无心者相间。"又说："三变之数，中分无心。"⑤ 诠释《周易·系辞下》第八章时，他说："四营十八变之无心，人自循其常耳。"⑥

根据《周易·系辞》中所记载的传统的筮法，经过四营、十八变后，余数或为

---

① ［清］王夫之：《周易外传》卷五，中华书局，1977年，第185页。
② ［清］王夫之：《周易内传》卷六，续修四库全书本。
③ ［清］王夫之：《周易外传》卷五，中华书局，1977年，第168页。
④ ［清］王夫之：《周易外传》卷五，中华书局，1977年，第175、176页。
⑤ ［清］王夫之：《周易外传》卷五，中华书局，1977年，第194、195页。
⑥ ［清］王夫之：《周易外传》卷六，中华书局，1977年，第234页。

二十八（4×7），或为三十六（4×9），或为二十四（4×6），或为三十二（4×8）。只有这四种可能。这是体现于筮法中的必然性。分二、挂一、揲四、归奇，每次所得数目各不相同，这是体现于筮法中的偶然性。因此，王夫之得出结论说："待谋于人而有则，则非适然之无端；听谋于鬼而无心，则非必然之有畛。"① 七、八、九、六之成数是必然的，分二、挂一、揲四、归奇的过程是偶然的，必然寓于偶然之中，偶然之中体现着必然。

王夫之肯定事物的变化有必然性，也有偶然性，从而在阴阳对立统一的矛盾观和动静对立统一的运动观的基础上，建立了"常""变"对立统一的变化观。诠释乾卦时，他说："蹈常处变。"② 诠释恒卦时，他说："天地风雷之变而不失其常。"③ 诠释震卦时，他说："变而非能改其常。" 又说："天下亦变矣，所以变者亦常矣。"④ 诠释《周易·系辞上》第二章时，他说："君子常其所常，变其所变，则位安矣；常以治变，变以贞常，则功起矣。" 又说："合其象数，贞其常变，而《易》以兴矣。"⑤ 诠释《周易·系辞上》第九章时，他说："君子贞其常以听变。"⑥ 诠释《周易·系辞下》第七章时，他说："故圣人于常治变，于变有常。" 又说："常亦在变之中。"⑦ 诠释《周易·系辞下》第八章时，他说："执常以迎变，要变以知常。" 又说："于变以得常……取常以推变。"⑧ 诠释《周易·系辞下》第十章时，他说："变而不失其常之谓常，变而失其常，非常矣。"⑨ 诠释《周易·说卦》时，他说："是故圣人之教，有常有变。"⑩ 诠释《周易·杂卦》时，他说："变而不失其常，而后大常贞。" 又说："变不失常……奉常以处变。"⑪

王夫之论述必然性与偶然性的辩证关系时，有时侧重于偶然性。如诠释复卦时，他说："天地无心而成化。" 诠释无妄卦时，他说："天道有恒而命无恒。"⑫ 诠释咸卦时，他说："天地有偶然之施生。"⑬ 诠释渐卦时，他说："否有定数而无定气。密迁以就其和，则寒暑非有不可变之势，亦足见阴阳之于冲和，夹辅流行，非必于卯酉之仲、春秋之分，刻限以求和于定时矣。"⑭ 诠释《周易·系辞上》第三章时，他

---

① [清] 王夫之：《周易外传》卷五，中华书局，1977年，第176页。
② [清] 王夫之：《周易内传》卷一，续修四库全书本。
③ [清] 王夫之：《周易内传》卷三，续修四库全书本。
④ [清] 王夫之：《周易外传》卷四，中华书局，1977年，第120页。
⑤ [清] 王夫之：《周易外传》卷五，中华书局，1977年，第168、169页。
⑥ [清] 王夫之：《周易外传》卷五，中华书局，1977年，第196页。
⑦ [清] 王夫之：《周易外传》卷六，中华书局，1977年，第231、233页。
⑧ [清] 王夫之：《周易外传》卷六，中华书局，1977年，第234页。
⑨ [清] 王夫之：《周易外传》卷六，中华书局，1977年，第240页。
⑩ [清] 王夫之：《周易外传》卷七，中华书局，1977年，第263页。
⑪ [清] 王夫之：《周易外传》卷七，中华书局，1977年，第286页。
⑫ [清] 王夫之：《周易内传》卷二，续修四库全书本。
⑬ [清] 王夫之：《周易内传》卷三，续修四库全书本。
⑭ [清] 王夫之：《周易外传》卷四，中华书局，1977年，第130页。

说:"阴阳之险易,亦岂有恒哉?"① 诠释《周易·系辞上》第四章时,他说:"《易》之或九或六,结而成乎卦体,出于无心之分合。"② 诠释《周易·系辞上》第九章时,王夫之说:"铢铢而期之,节节而肖之,是阴阳无往来,而吉凶无险阻矣。"③ 诠释《周易·系辞下》第八章时,他说:"六位无常,刚柔相易,其变亦大矣。"又说:"《易》以无心之变为其生生。"④ 诠释《周易·系辞下》第九章时,他说:"位岂有定,而应岂有准哉?"⑤ 诠释《周易·系辞下》第十章时,他说:"神而明之,通人于天地,非有定也。"⑥ 诠释《周易·说卦》时,他说:"序之以天时人事之一定,则有不周矣。"⑦ 诠释《周易·序卦》时,他说:"交无适交,变无定变。"又说:"规规然求诸名象以刻画天地,不已固乎?"又说:"在天有不测之神,在人有不滞之理,夫岂求秩叙于名义,以限天人之必循此以为津涂哉?"⑧

王夫之进而以此观点考察人类社会发展的历史,指出人类社会进化的必然性也是在种种偶然性的历史事件中体现的。诠释《周易·说卦》时,他说:"帝之所临,初无必然之衰王;神之所集,何有一定之险夷?故冀、代之士马,或以强,或以弱;三涂四岳之形胜,或以兴,或以亡。"⑨ 对于看不到事物发生发展变化的偶然性的错误观点,王夫之批评说:"不得已而有言,则溯而上之,顺而下之,神明而随遇之,皆无不可,而何执一必然之序,檃栝大化于区区之局格乎?"⑩

王夫之肯定万物皆变,万变难免偶然,进而着重探讨偶然变化中的必然性。他在《周易内传》开篇即言:"七、八、九、六无心之动,终合揆于两仪之象数。"⑪ 诠释噬嗑卦时,他说:"阴阳之合离也有数,而其由离以合也有道。"⑫ 诠释复卦时,他说:"爻见于位者皆反其故居,而非无端之忽至矣。"诠释无妄卦时,他说:"日月运行自有恒度。"又说:"天命自成其一治一乱之恒数。"⑬ 诠释《周易·系辞上》第四章时,他说:"吉凶之几一聚一散,变化无穷而吉凶不爽,以此知鬼神之情状无心而自有恒度。"⑭ 诠释《周易·系辞下》第七章时,他说:"天地必有纪,阴阳必有序。数虽至变,无有天下地上、夏寒冬暑之日也。圣人敦其至常而不忧……亦

---

① [清] 王夫之:《周易外传》卷五,中华书局,1977年,第171—172页。
②⑭ [清] 王夫之:《周易内传》卷五,续修四库全书本。
③ [清] 王夫之:《周易外传》卷五,中华书局,1977年,第196页。
④ [清] 王夫之:《周易外传》卷六,中华书局,1977年,第234、235页。
⑤ [清] 王夫之:《周易外传》卷六,中华书局,1977年,第236页。
⑥ [清] 王夫之:《周易外传》卷六,中华书局,1977年,第239页。
⑦⑨ [清] 王夫之:《周易外传》卷七,中华书局,1977年,第259页。
⑧ [清] 王夫之:《周易外传》卷七,中华书局,1977年,第269、285页。
⑩ [清] 王夫之:《周易外传》卷七,中华书局,1977年,第253页。
⑪ [清] 王夫之:《周易内传》卷一,续修四库全书本。
⑫ [清] 王夫之:《周易外传》卷二,中华书局,1977年,第49页。
⑬ [清] 王夫之:《周易内传》卷二,续修四库全书本。

因乎理之有定者焉尔。"①

王夫之坚信"有物必有则",主张通过"无常"之变去把握"不爽"之则。诠释乾卦时,他说:"自有生物以来,迄于终古,荣枯生死、屈伸变化之无常而不爽其则,有物必有则也。"②《诗经》中有"天生蒸民,有物有则"③的名言,荀子中有"天行有常,不为尧存,不为桀亡"④的哲理。王夫之继承并发展了这些优秀思想传统,做出了"变化之无常而不爽其则"的精辟论断。这一科学命题把必然性和偶然性辩证地统一了起来。"变化之无常"强调事物变化过程中的偶然性,"不爽其则"强调事物变化过程中的必然性。诠释乾卦《象》辞时,王夫之又说:事物之所以"善动而不息",是由于"理为之也"。⑤这里的"理"和"不爽其则"中的"则"指的都是事物发展过程中客观存在的必然规律。

认识到了必然性与偶然性的辩证关系,就会做到"尽人而俟天"⑥。"尽人"指发挥人的主观能动性,"俟天"指尊重客观规律。认识到了事物发生发展变化的必然性,就会尊重客观规律;认识到了事物发生发展变化的偶然性,就会发挥人的主观能动性。诠释否卦时,王夫之说:"虽有不忍万物之志,亦听其自为生死。"⑦诠释《周易·系辞下》第九章时,他说:"故君子以人合天,而不强天以从人,则奈何舍所效之材,以惟意是徇邪?"⑧诠释《周易·序卦》时,他说:"《易》本天以治人,而不强天以从人。"⑨反映了王夫之"事物发展变化的必然性非人为所可逆挽"的尊重客观规律的实事求是的观点。诠释丰卦时,王夫之说:"其不然者,人之必消,听之气数而非已之任;鬼神之必息,亦何依以责既屈之知能而致其戒哉?"⑩诠释《周易·系辞上》第九章时,他说:"非然,则吉凶仰成于必至,谁与为'震无咎'之功,谁与为'忧悔吝'之几也哉?"⑪诠释《周易·系辞下》第十章时,他说:"非在天有一定之吉凶,人不得而与也。"⑫诠释《周易·序卦》时,他说:"消长无渐,故不以无心待天佑之自至。"⑬反映了王夫之"只有认识到了偶然性,才能发挥人的主观能动性"的观点。尊重客观规律叫"以天治人",发挥人的主观能动性叫

---

① [清] 王夫之:《周易外传》卷六,中华书局,1977 年,第 233 页。
②⑤ [清] 王夫之:《周易内传》卷一,续修四库全书本。
③ [汉] 毛亨传,[汉] 郑玄笺,[唐] 孔颖达疏:《毛诗正义》卷十八《蒸民》,北京大学出版社,2000 年,第 1432 页。
④ [清] 王先谦著,沈啸寰、王星贤点校:《荀子集解》卷十一《天论》,中华书局,1988 年,第 306—307 页。
⑥ [清] 王夫之:《周易外传》卷一,中华书局,1977 年,第 10 页。
⑦ [清] 王夫之:《周易外传》卷一,中华书局,1977 年,第 33 页。
⑧ [清] 王夫之:《周易外传》卷六,中华书局,1977 年,第 236 页。
⑨ [清] 王夫之:《周易外传》卷七,中华书局,1977 年,第 270 页。
⑩ [清] 王夫之:《周易外传》卷四,中华书局,1977 年,第 133—134 页。
⑪ [清] 王夫之:《周易外传》卷五,中华书局,1977 年,第 194 页。
⑫ [清] 王夫之:《周易内传》卷六,续修四库全书本。
⑬ [清] 王夫之:《周易外传》卷七,中华书局,1977 年,第 268 页。

"以人造天"。诠释《周易·系辞上》第九章时，王夫之说："以天治人而知者不忧，以人造天而仁者能爱，而后为功于天地之事毕矣。"①

七、以其他思想诠《易》

王夫之在其易学著作中还从注重实践的认识论、"理欲"观和民本思想等诸多方面对《周易》做了诠释发挥。

（一）以注重实践的认识论诠《易》

王夫之的认识论是注重实践的唯物主义的认识论。诠释《周易·系辞上》第一章时，他说："以人之知言之，闻见之知不如心之所喻，心之所喻不如身之所亲行焉。"② 在这里，王夫之指出，感性认识不如理性认识深刻，而停止于理性认识也是不够的，必须亲自去实践，才能收到预期的效果。

实践是人们有意识地认识世界和改造世界的活动。认识世界的活动是"知"，改造世界的活动是"能"。诠释《周易·系辞上》第一章时，王夫之说："夫天下之大用二，知、能是也。"又说："知、能同功而成德业。"③ 对于轻视人们认识世界和改造世界的实践活动的观点，王夫之批评说："夫能有迹，知无迹，故知可诡，能不可诡。异端者于此，以知为首，尊知而贱能，则能废。知无迹，能者知之迹也。废其能，则知非其知，而知亦废。于是异端者欲并废之。故老氏曰'善行无辙迹'，则能废矣；曰'涤除玄览'，则知废矣。释氏曰'应无所住而生其心'，则能废矣；曰'知见立知即无明本'，则知废矣。知、能废，则乾坤毁。"④

在王夫之的易学著作中，"知"有时指认识活动，有时指认识成果。"知"对"能"具有指导作用，先有正确的"知"，后有正确的"能"。诠释坎卦时，王夫之说："知以为始，能以为成。"⑤

王夫之认为，致知是没有止境的，力行也是没有止境的。诠释谦卦时，他说："道之在天下也，岂有穷哉？以一人之身貌然孤处于天地万物之中，虽圣人而不能知不能行者多矣。……君子知此，念道之无穷，而知、能之有限。"⑥ 诠释《周易·系辞下》第二章时，他说："县（悬）日月星辰于上，而人有不可法之知；奠海岳丘原于下，而人有不可效之能。"⑦ 在这里，王夫之接触到了真理的无限性和人类认识、实践的相对性。世界上只有暂时认识不到的真理，而没有永远认识不到的真理，因此，诠释《周易·系辞上》第十章时，王夫之又说："天下之事无不可为，天下

---

① [清] 王夫之：《周易外传》卷五，中华书局，1977年，第194页。
② [清] 王夫之：《周易内传》卷五，续修四库全书本。
③ [清] 王夫之：《周易外传》卷五，中华书局，1977年，第157、164页。
④ [清] 王夫之：《周易外传》卷五，中华书局，1977年，第164页。
⑤ [清] 王夫之：《周易外传》卷二，中华书局，1977年，第73页。
⑥ [清] 王夫之：《周易内传》卷二，续修四库全书本。
⑦ [清] 王夫之：《周易外传》卷六，中华书局，1977年，第210－211页。

之物无不可用。"① 诠释《周易·杂卦》时,他则说:"无不可见之天心,无不可合之道符也。"②

(二) 以"理欲"观诠《易》

在天理与人欲的问题上,王夫之认为,理和欲虽有区别,但它们关系密切,不可偏废,离开欲而存理,或离开理而纵欲都是不对的。诠释震卦时,他说:"天理原不舍人欲而别为体,则当其始而遽为禁抑,则且绝人情而未得天理之正,必有非所止而强止之患。"又说:"其在人心,震动之后,天理仍与人情而相得,则日用饮食、声色臭味还得其所欲,而非终于枵寂,以远乎人情。"③ 诠释归妹卦时,他说:"圣人不轻绝人之情。"④ 诠释《周易·系辞上》时,他又说:"无理则欲滥,无欲则理亦废。"⑤ 人们的物质生活欲望是自然而然的,是合理的。诠释艮卦时,王夫之说:"夫功名之与情欲,毋亦去其不正者而止,岂必夐然高蹈,并其得正者而拒之哉?"⑥ 又说:"人之有情有欲,亦莫非天理之宜然者。"⑦ 人们的物质生活欲望只要不超过限度,就是"善"的,如果"不择其善不善而止之,则矫拂人情,虽被裁抑而听其强禁,安能无怼心哉?"⑧ 这种"怼心"的发展会使社会矛盾激化,因此,王夫之指出,脱离"理"而禁"欲"是"危道"。⑨

承认"欲"的合理性,并不意味着纵欲,因此,诠释否卦时,王夫之说:"欲不可纵。"⑩ "理"与"欲"虽然不可分,然而比较而言,"理"重而"欲"轻。诠释乾卦时,王夫之说:"惟嗜欲薄而心牖开。"又说:"吾惧夫执此说者之始于义而终于利也。"⑪ 诠释剥卦时,他说:"情欲节于礼义之防而乱自息。"⑫ 诠释颐卦时,他说:"鄙夫之动于欲者,不足道已。"⑬ 诠释大壮卦时,他说:"欲戕理,浊溷清,而天地之情晦蒙而不著。"⑭ 诠释晋卦时,他说:"明德者,无私无欲可大白于天下之德也。"⑮ 诠释震卦时,他说:"惟恐理不胜欲,义不胜利。"⑯ 诠释艮卦时,他说:"不见可欲,使心不动,而后可以无咎矣。"⑰ 诠释归妹卦时,他说:"无欲而清。"⑱ 诠释兑卦时,他说:"夫耳目不纷,嗜好不起,崒然以绝非正之感者,类有余地以自息。其息于余地矣,耳目无所交,嗜好无所授,山之椒、水之涘可以乐饥而忘年,而天下且荣之曰'不淄'。"⑲ 诠释《周易·系辞下》第五章时,他说:"浊为食色,清为仁义。"⑳ 诠释《周易·说卦》时,他说:"其不善者,则饮食男女以为之端,名

---

① ⑤ [清] 王夫之:《周易内传》卷五,续修四库全书本。
② [清] 王夫之:《周易外传》卷七,中华书局,1977年,第286页。
③ ④ ⑦ ⑧ ⑯ ⑰ ⑱ [清] 王夫之:《周易内传》卷四,续修四库全书本。
⑥ [清] 王夫之:《周易外传》卷四,中华书局,1977年,第124页。
⑨ ⑭ ⑮ [清] 王夫之:《周易内传》卷三,续修四库全书本。
⑩ [清] 王夫之:《周易外传》卷一,中华书局,1977年,第31页。
⑪ [清] 王夫之:《周易外传》卷一,中华书局,1977年,第5、6页。
⑫ [清] 王夫之:《周易外传》卷二,中华书局,1977年,第55页。
⑬ [清] 王夫之:《周易外传》卷二,中华书局,1977年,第69页。
⑲ [清] 王夫之:《周易外传》卷四,中华书局,1977年,第139页。
⑳ [清] 王夫之:《周易外传》卷六,中华书局,1977年,第218页。

利以为之缘。"诠释《周易·序卦》时，他说："人以天之理为理，而天非以人之理为理者也。"①

朱熹贬"霸道"为"人欲"，而褒"王道"为天理。王夫之则认为，"王道"非如朱熹所说绝对排斥"霸道"，而是可以容纳"霸者之术"，结合实际情况，讲究"事功"。诠释《周易·系辞上》第一章时，他说："霸者之术，亦王者之所知，而王道规其全，则时出为事功而无损于王者之业。"② 王夫之的这一观点，较之朱熹的"王霸之辨"前进了一大步。

（三）以民本思想诠《易》

民本思想指被统治的庶人是立国兴邦的根本所在。中国的民本思想源远流长。《尚书》中有"民惟邦本，本固邦宁"③的记载；《礼记》中有"君以民存，亦以民亡"④的记载；《管子》中有"政之所兴在顺民心，政之所废在逆民心"⑤的记载；《墨子》中有"上之为政，得下之情则治，不得下之情则乱"⑥的记载；《左传》中有"国之兴也，视民如伤，是其福也；其亡，以民如土芥，是其祸也"⑦的记载；《国语》中有"王天下者必先诸民"⑧的记载；《孟子》中有"得其民，斯得天下矣"⑨的记载；《荀子》中有"用国者，得百姓之力者富，得百姓之死者强，得百姓之誉者荣"⑩的记载；《吕氏春秋》中有"宗庙之本在于民"⑪的记载；《战国策》中有"苟无民，何以有君"⑫和"制国有常，而利民为本"⑬的记载；《淮南子》中有"为治之本，务在宁民"⑭的记载；《春秋繁露》中有"其德足以安乐民者，天予之；其恶足以贼害民者，天夺之"⑮的记载；王符《潜夫论》中有"天以民为

---

①［清］王夫之：《周易外传》卷七，中华书局，1977年，第270页。
②［清］王夫之：《周易外传》卷五，中华书局，1977年，第162页。
③［汉］孔安国注，［唐］孔颖达疏：《尚书注疏》卷七《五子之歌》，北京大学出版社，2000年，第212页。
④［汉］郑玄注，［唐］孔颖达疏：《礼记正义》卷五十五《缁衣》，北京大学出版社，2000年，第1767页。
⑤黎翔凤著，梁运华整理：《管子校注》卷一《牧民》，中华书局，2004年，第13页。
⑥［清］孙诒让著，孙启治点校：《墨子间诂》卷三《尚同下》，中华书局，2001年，第90页。
⑦［晋］杜预注，［唐］孔颖达疏：《春秋左氏传注疏》卷五十七《哀公元年》，北京大学出版社，2000年，第1857页。
⑧徐元诰著，王树民、沈长云点校：《国语集解》卷二《周语中》，中华书局，2002年，第75页。
⑨杨伯峻：《孟子译注》卷七《离娄章句上》，中华书局，1960年，第171页。
⑩［清］王先谦著，沈啸寰、王星贤点校：《荀子集解》卷七《王霸》，中华书局，1988年，第224页。
⑪许维遹著，梁运华整理：《吕氏春秋集释》卷十三《务本》，中华书局，2009年，第198页。
⑫诸祖耿编著：《战国策集注汇考》卷十一《齐策》，凤凰出版社，2008年，第620-621页。
⑬诸祖耿编著：《战国策集注汇考》卷十九《赵策》，凤凰出版社，2008年，第966页。
⑭何宁：《淮南子集释》卷二十《泰族训》，中华书局，1998年，第1413页。
⑮［汉］董仲舒：《春秋繁露》，中华书局，1975年，第273页。

心，民安乐则天心顺，民愁苦则天心逆"① 和 "国以民为基……民危而国安者，谁也"② 的记载；《贾谊集》中有 "夫民者，万世之本也"③ 的记载；吴兢《贞观政要》中有 "为君之道，必须先存百姓，若损百姓以奉其身，犹割股以啖腹，腹饱而身毙"④ 的记载；《包拯集》中有 "民者，国之本也，才用所出，安危所系，当务安之为急"⑤ 的记载；《二程集》中有 "为政之道以顺民心为本，以厚民生为本"⑥ 的记载；《朱文公文集》中有 "天下国家之大务莫大于恤民"⑦ 的记载；吕祖谦《东莱别集》中有 "国以民为本，无民安得有国乎？重社稷必爱百姓也"⑧ 的记载；丘浚《大学衍义补》中有 "国之所以为国者，民而已，无民则无以为国矣"⑨ 的记载；《王文成公全书》中有 "政在亲民"⑩ 的记载；《张文忠公全集》中有 "唯百姓安乐，家给人足，则虽有外患，而邦本深固，自可无虞"⑪ 的记载；李贽《焚书》中有 "至人之治，因乎人者也……因乎人者，恒顺于民"⑫ 的记载；魏象枢《寒松堂集》中有 "民者，国之元气也"⑬ 和 "治国以安民为本"⑭ 等记载。

以上论述反复说明：民心向背是国家安危所系，国君要把自身的利害放在这一前提下来考虑。王夫之继承了这一源远流长的思想文化传统。王夫之认为，封建政权必须以人民的支持为基础，这正如高大的建筑物，只有栋梁植立于稳固之地，才不会倒塌。诠释大过卦时，他说："君以民为基……无民而君不立……故高居荣观者，鳞甍翼阁，示雄伟之观，而栋则托址于卑下。挠其卑下，则危其崇高，未有能安者也。"⑮ 诠释鼎卦时，他说："病民者，病国者也。民贫而贪不止，污秽露著，所谓'害于尔国，凶于尔家'者也。"⑯ 治国者如欲使百姓心悦诚服，必须首先远斥邪佞之徒。诠释兑卦时，王夫之说："说（悦）民之道莫先于远邪佞之小人。奸佞不黜，则虽未有惠泽及人之事，而天下已说（悦）服之。"⑰ 中国传统民本思想的实

---

① [汉] 王符：《潜夫论》，上海古籍出版社，1978年，第101页。
② [汉] 王符：《潜夫论》，上海古籍出版社，1978年，第323页。
③ 《贾谊集》，上海人民出版社，1976年，第152页。
④ [唐] 吴兢：《贞观政要》，上海古籍出版社，1979年，第1页。
⑤ 《包拯集》，中华书局，1963年，第85页。
⑥ 《包拯集》，中华书局，1963年，第531页。
⑦ [宋] 朱熹著，朱杰人等主编：《朱子全书》第20册《晦庵先生朱文公文集》卷十一《庚子应诏封事》，上海古籍出版社、安徽教育出版社，2002年，第581页。
⑧ [宋] 吕祖谦：《东莱别集》卷一，续修四库全书本。
⑨ [明] 丘浚：《大学衍义补》卷十三，续修四库全书本。
⑩ [明] 王守仁：《王文成公全书》卷七，四部丛刊本。
⑪ [明] 张居正《张文忠公全集》奏疏一《陈六事疏》，清光绪二十七年重刊本。
⑫ [明] 李贽：《焚书》卷三《论政》，中华书局，1974年，第243页。
⑬ [清] 魏象枢：《寒松堂集》卷二，丛书集成初编本。
⑭ [清] 魏象枢：《寒松堂集》卷三，丛书集成初编本。
⑮ [清] 王夫之：《周易外传》卷二，中华书局，1977年，第71页。
⑯⑰ [清] 王夫之：《周易内传》卷四，续修四库全书本。

质是立足于君王，与西方近代的民主思想虽不可同日而语，然而，在当时的历史条件下，民本思想对社会的进步与发展，是具有积极的促进作用的。

王夫之对于解释儒家经典，主张不斤斤于其中的某些字句，而应阐幽入微，力求创新，因此，王夫之于易学虽撰有《周易稗疏》这样的考实求真之类的著作，但其易学贡献却不在于此。王夫之的易学贡献主要体现于他对《周易》的哲学发挥。纵观古今《易》学，不出两途。一曰考实求真，一曰引申发挥。仅考实求真而无引申发挥者，失之于"陋"；仅引申发挥而无考实求真者，失之于"肆"。毋庸讳言，王夫之对《周易》的哲学发挥大多不是《周易》的本义，然而《易》道广大，原赖发挥。史学理论家章学诚说："就经传而作训诂，虽许、郑大儒不能无强求失实之弊；离经传而说大义，虽诸子百家未尝无精微神妙之解。"① 今人冯天瑜先生说："确认文本本义，追求文本本来面目的恢复，对阐释者来说，是一种历史的客观的工作，提供了原典研究的基础；而发挥原典引申义，对原典做现代化的价值评估和阐释者主观意图的申述，则是一种现实的主观的工作，能使原典之树保持长青。这两种努力应该是双向同构的，分则两伤，合则双美。"② 德国诠释哲学家伽达默尔说："文本的意义超越它的作者，这并不是暂时的，而是永远如此的，因此理解就不只是一种复制的行为，而始终是一种创造的行为。"③ 从这个角度讲，王夫之在易学史上的地位似亦不容抹杀。但是，"就历史研究而言，无论出于什么目的，处于什么条件之下，对真实的追求是绝对的、无条件的；而在运用研究成果时，可以有所选择或取舍，但还是必须以不违背真实性为前提。"④ 因此，对王夫之易学成就的低调处理也是有道理的。朱伯崑先生说："中国人的理论思维水平，在同西方的哲学接触以前，主要是通过对《周易》的研究，得到锻炼和提高的。"⑤ 王夫之的哲学思想正是在对《周易》的诠释过程中逐渐成熟的。《周易》文化对中国古代哲学的深刻影响于此可见一斑。

第三节 李塨的《周易》诠释

李塨（1659—1733），字刚主，号恕谷，河北蠡县人，康熙二十九年（1690）举人，师从颜元，是清初颜李学派的代表人物之一。其哲学思想以实践实证、实学实用为要旨。其易学思想既为其哲学思想中不可割裂的部分，又自有其在《周易》诠释史上不可磨灭的成就。然而，二百余年以降，学者鲜有论及，或所论泛泛，不

---

① [清]章学诚：《章氏遗书》卷十三，民国二十五年（1936）商务印书馆排印本。
② 冯天瑜：《人文论衡》，武汉出版社，1997年，第187页。
③ 洪鼎汉：《诠释学——它的历史和当代发展》，人民出版社，2001年，第2页。
④ 葛剑雄、周筱赟：《历史学是什么》，北京大学出版社，2002年，第214页。
⑤ 朱伯崑：《易学哲学史》第一卷，昆仑出版社，2005年，第40页。

足以彰显李塨易学的特点及其价值。有鉴于此，笔者系统梳理李塨《易》注，条贯探究，详加论述，以使学者对李塨易学有更为充分的认识。

一、"专明人事，切于实用"的易学观

自晋王弼注《易》以来，易学逐渐引入了佛道思想。及至宋代，学者多借易学谈"心""理""性""天道"等形而上的问题上，蔚为一时之风气。杨万里看到了这种风气的流弊，因而在《诚斋易传》中多引史事以解《周易》，认为《周易》本为人事而作，其中很多卦爻辞皆谈为人处世之道，而时人借以谈玄虚之学，背离了《周易》本旨。杨氏遂正之以人事①。及清初，孙奇逢著《读易大旨》，亦谈及《易》为人事而作②。至乾隆年间，王心敬在《丰川易说》中，也提出了"《易》是道人事之书"的看法③。居于孙奇逢和王心敬之间的李塨，则全面论证了"《易》为人事而作"的观点。通观李塨所著《周易传注》，可以说，李塨易学的最大特色就在于其"专明人事"的易学观。朱伯崑先生在其皇皇巨著《易学哲学史》第四卷论及李塨易学时说："'专明人事'的易学观，是李氏易学的一大特色。"④ 然而未展开论述，笔者试补此缺。

《周易》兼言天道、人事，这已经成为学者的共识。对此，李塨认为，《周易》虽然谈及天道，但其宗旨是言人事。他说："《易》为人事而作也。孔子于大象如天地健顺、云雷屯难而必曰'君子以之'，又曰'《易》道有四，以言，以动，以制器，以卜筮'，又曰'百物不废，惧以终始'，皆人事也。"又说："圣人之作《易》专为人事而已矣。何以明其然也？乾坤索而为雷风水火山泽，本天道也。伏羲因而重之，何不皆言天道，而蒙、需、讼、师、谦、履等卦即属人事。文王彖辞于乾，系以'元亨利贞'，犹天道、人事兼言也，至坤'牝马之贞''君子攸往'等辞，专言人事，周公象辞则'勿用''利见大人''朝乾夕惕'，无非人事者。以下六十二卦言人事者勿论。如复、姤、泰、否明属天道，而'利有攸往''勿用取女''小人''大人'必归人事，乃知教人下学，不言性天，不惟孔门教法也，自伏羲、文王、周公以来皆然。"⑤

在《周易传注·凡例》中，李塨再次阐述了其"《易》之大旨乃言人事"的观点。他说："圣教罕言性天，观《易》亦可见。乾坤四德，必归人事。以下屯'建侯'、蒙'初筮'，每卦皆言人事。至于大传'乾大始''坤成物'合以贤人德业，阴阳性道归之仁知，君子'鼓万物而不与圣人同忧'以明圣人之崇德广业有忧患焉。其余专明人事。此《易》之大旨也。"⑥

---

① 杨万里：《诚斋易传》，文渊阁四库全书本。
② 孙奇逢：《读易大旨》，文渊阁四库全书本。
③ 王心敬：《丰川易说》，文渊阁四库全书本。
④ 朱伯崑：《易学哲学史》第四卷，昆仑出版社，2005 年，第 308 页。
⑤［清］李塨：《周易传注》原序，文渊阁四库全书本。
⑥［清］李塨：《周易传注》凡例，文渊阁四库全书本。

为进一步强调《周易》对人事的关注，诠释比卦上六爻辞后，李塨又说："圣人于人事，欲其行而进故为之计者四卦，履、晋、升、渐是也；欲其亲附为之计者五卦，比、同人、随、萃、中孚是也；事必济险为之计者四卦，屯、蹇、涣、解是也；事成宜保为之计者四卦，泰、大壮、大有、丰是也；而其事始于夫妇为之计者六卦，姤、渐、归妹、咸、恒、家人是也。其余多一事一卦矣。"①

李塨重视人事，并不意味着忽视天道。相反，李塨认为天道正是人事的形而上的依据。他在《周易传注》自序中说："人，天所生也。人之事，即天道也。"诠释《系辞上》时，他又说："是则天设位于上，地设位于下，而一阴一阳生生之易行乎其中，人得之而为知礼。"②

在极言人事本于天道的同时，李塨认为，天道虽然不可忽视，但士人更应关注现实，关怀人生，而不应将过多的时间精力用于不切实用的形而上的问题上。李塨以一个非常形象的比喻表述了他的这一观点。他说："子，父母所出也，然有子于此，问其温清定省不尽，问其继志述事不能，而专思父母如何有身，如何坐蓐以有吾身，人且以妄骇目之矣，而谓之孝乎？"③

在这种认识的基础上，李塨指出，天道虽然是人事的形而上的依据，但是天道与人事毕竟不同，天道在上主化育，人事在下主经纶，人事与天道互相依倚而又各自独立，天道是人事的依据，人事是天道的体现，人当顺天立命，以求得亨通。他说："况天与人亦各有其事。天之事在化育，人之事在经纶。天而不为天之事而欲代人经纶，则天工废；人而不为人之事而专测天化育，则人绩荒。天工废则乾坤毁，人绩荒则宇宙乱，故天地人交相为赞而亦各不相能。三极之道也。"④

阐发义理，俾有益于人事经纶是李塨《周易传注》的主导思想，因此，李塨对汉《易》五行胜负、分卦直日等说一概芟除不录。他自述其如此处理的理由时说："伏羲画卦而后，文、周、孔子赞《易》皆以成己成物为世道人心计也。若于三圣所言之外再出枝节，非小道术数，则曲说纤巧，《易》之亡晦，皆以此也。故于五行胜负、分卦直日及京房一世、二世、三世、四世、游魂、归魂诸说，俱不入。"⑤

李塨认为，《中庸》"举性天而归诸人事"是"引而近之"，程颐、杨时"举道行而归诸性天"是"推而远之"。究竟是"引而近之"还是"推而远之"，是学术世运的分水岭。他说："《中庸》曰'天命谓性，率性谓道，修道谓教'，此《易》教也，举性天而归诸人事也，引而近之也；程子曰'儒道本天，释道本心'，杨氏曰'教人以性为先'，此非《易》教也，举道行而归诸性天也，推而远之也。其言似同，其旨乃异。毫厘之差，千里之谬，学术世运于此分，不可不察也。"⑥

---

① [清] 李塨：《周易传注》卷一，文渊阁四库全书本。
② [清] 李塨：《周易传注》卷五，文渊阁四库全书本。
③④⑥ [清] 李塨：《周易传注》原序，文渊阁四库全书本。
⑤ [清] 李塨：《周易传注》凡例，文渊阁四库全书本。

李塨主张实用的易学观深得四库馆臣赏识。四库馆臣在对《周易传注》所作的提要中说："其自序排击诸儒虽未免过激，然自明隆、万以后，言理者以心学窜入易学，率持禅偈以诂经；言数者奇偶黑白递相推衍，图日积而日多，反置象占辞变吉凶悔吝于不问。其蠹蚀经术，实弊不胜穷。塨引而归之人事，深得圣人垂教之旨。其矫枉过直、惩羹而吹齑者，分别观之，不以辞害意可矣。"并称李塨的《周易传注》"颇为明切质实，不涉支离恍惚之谈"①。

李塨不主张奢谈"理气心性"等形而上的问题，以之为"虚"，而主张多谈"仁知孝弟礼乐"等现实问题，以之为"实"。诠释乾卦《文言》"潜龙勿用，阳气潜藏"时，他说："理气心性，后儒之习谈也。《易》则不多言气……《论语》以仁知孝弟礼乐为道，偶一及心一及性而无言理者……与后儒虚实大有分矣。"②

李塨20岁受学于颜元，颜元"不言《易》，惟以人事为教"。后来，李塨"归而玩《易》"，才发现颜元虽然没有给他讲《周易》，但传授给他的正是《易》道。他感慨地说："习斋先生不言《易》，而教我《易》者至矣！"于是，李塨开始根据颜元的思想注释《周易》，"日注一卦，骎然若解"。康熙四十二年（1703），也就是李塨45岁的时候，李塨注释《周易》至观卦。次年春，李塨注完了《周易》经文及《文言》《彖》辞和《象》辞。同年秋，李塨开始将已完成的部分修订一遍。康熙四十五年（1706），李塨开始注释其余部分（《系辞》《说卦》《序卦》和《杂卦》）。康熙五十一年（1712）腊月，《系辞》《说卦》《序卦》和《杂卦》也注释完毕。李塨将《周易》经传统一重新修订一遍后，全书最终完工。李塨在自序中指出，《周易传注》的写作目的是与仁人君子"共期寡过，共立经纶"。他说："夫天下万世犹吾身也，意欲订校以公之斯世，以共期寡过，共立经纶，或亦仁人君子之所许也。"③

从《周易传注》的成书过程，我们可以看出，李塨写作《周易传注》带有强烈的实用目的，是借诠释《周易》阐发他从颜元那里接受的思想。在这种强烈的实用目的的作用下，李塨对《周易》义理的阐发，有些是《周易》固有的义理，有些则是李塨自己的发挥。李塨可能也意识到，别人会以其诠释未必尽合《周易》本义而贬斥之，因此，他在《周易传注·凡例》中说："《易》道广大，原赖发挥也。"又说："即象玩义，非谓象解必合圣心，不可更移。如此活看，庶几观象玩辞之道也。"④

李塨《周易传注》的主旨虽然是阐发其义理，然而受清代易学氛围影响，李塨亦非常注重对卦爻象的探究。在《周易传注》中，李塨"以象解《易》"亦运用得

---

① [清]永瑢、纪昀等撰：《四库全书总目》卷六，中华书局，1965年，第40页下栏。
② [清]李塨：《周易传注》卷一，文渊阁四库全书本。
③ [清]李塨：《周易传注》原序，文渊阁四库全书本。
④ [清]李塨：《周易传注》凡例，文渊阁四库全书本。

非常普遍。《四库全书总目》称其"大抵以观象为主,而亦并用互体,于古人多采李鼎祚《集解》。"① 李塨《周易集解》在易学史上的主要功绩是保存了大量的"以象解《易》"的旧说,李塨"于古人多采李鼎祚《集解》"是对王弼、韩康伯扫象的极端做法的否定。在《周易传注·凡例》中,他说:"《易》有道,有数,有象,有占,然《系辞传》曰'《易》者,象也',道寓象中,数、占即象而见。一言象,而《易》尽矣。六十四卦,六十四象也;三百八十四爻,三百八十四象也,而每爻中复具数象,则象不可胜穷,皆画虚象以待实征,所以能近天下之变也。王弼、韩康伯不知象而扫之,不足道。"②

李塨诠释《周易》时,既注重对《周易》义理的阐发,又不废象数,这是非常值得提倡的正确的解《易》思路。这一正确的解《易》思路,与顺治时期"御纂"《易经通注》所确立的"斟酌乎象数、义理,折以大中"③ 的编纂宗旨当不无关联。"斟酌乎象数、义理,折以大中"的编纂宗旨是清代四部"御纂"易著所共同体现出来的易学指导思想。康熙时期"御纂"《日讲易经解义》明言"于观象之中,深明经世之道"④,御纂《周易折中》则将"兼收并采,不病异同"⑤ 定为编纂原则,乾隆时期"御纂"《周易述义》更是明确指出:"于宋《易》、汉《易》酌取其平。"⑥ 马克思和恩格斯在《德意志意识形态》中说:"统治阶级的思想在每一时代都是占统治地位的思想。"⑦ 因此,清统治者所提倡的易学思想对有清一代易学的影响不可低估。

二、为人处世之见解和主张的渗入

李塨诠释《周易》,经常不失时机地表达自己为人处世的见解和主张,既可宣扬儒家的安身立命之道,又借以申明其"专主人事"的易学观。

诠释需卦九三爻辞时,李塨说:"为九三计,必乾乾惕若,乃可出险不败耳。"⑧ 诠释离卦初九爻辞时,他说:"小心翼翼,无事不敬,虽有咎,亦辟而免矣。"⑨ 诠释姤卦九三爻辞时,他说:"惕厉以处,自鲜大咎。"⑩ 在这里,李塨阐明了唯有勤勉谨慎才能逢凶化吉,立于不败之地的为人处世之道。

诠释复卦初六爻辞时,李塨说:"颜子有不善未尝不知,是悔也;知之未尝复

---

① [清] 永瑢、纪昀等撰:《四库全书总目》卷六,中华书局,1965年,第40页下栏。
② [清] 李塨:《周易传注》凡例,文渊阁四库全书本。
③ [清] 永瑢、纪昀等撰:《四库全书总目》卷六,中华书局,1965年,第34页中栏。
④ [清] 永瑢、纪昀等撰:《四库全书总目》卷六,中华书局,1965年,第34页下栏。
⑤ [清] 永瑢、纪昀等撰:《四库全书总目》卷六,中华书局,1965年,第35页上栏。
⑥ [清] 永瑢、纪昀等撰:《四库全书总目》卷六,中华书局,1965年,第35页中栏。
⑦《马克思恩格斯选集》第一卷,人民出版社,1995年,第98页。
⑧ [清] 李塨:《周易传注》卷一,文渊阁四库全书本。
⑨ [清] 李塨:《周易传注》卷二,文渊阁四库全书本。
⑩ [清] 李塨:《周易传注》卷三,文渊阁四库全书本。

行,是不远复也;未尝复行,则不但知而悔矣。以之修身,大吉之道也。"① 诠释困卦上六爻辞时,他说:"果有悔也,则征行而吉矣。"② 诠释鼎卦九三爻辞时,他说:"悔而思变,终获其吉矣。"③ 在这里,李塨以颜回为榜样,劝喻世人应及时悔过且不"复行"其过,"以之修身,大吉之道也",否则容易遭遇凶咎。

诠释履卦卦辞"履虎尾,不咥人,亨"时,李塨说:"涉危地而逊以行礼,万全之道也,亨可知矣。"④ 诠释同人卦初九爻辞"无咎"时,他说:"卑以自牧,又谁咎?"⑤ 诠释豫卦初六爻辞"鸣豫,凶"时,他说:"初六之豫,岂不鄙哉!身居卑贱,遇九四尊富,稍一借手,便沾沾得志,在九四本震,尚不自鸣,而遥借震势者,反鼓舞歌呼,色飞声王。鸣呼!负贩之子,偶附人舆,遂若登天,已乐极而穷矣,欲不凶,得乎?"⑥ 在这里,李塨认为,谦逊而守礼是为人处世的"万全之道",行之则"亨可知矣";狂妄而骄逸,则会"乐极而穷矣"。

诠释乾卦九四《象》辞"或跃在渊,进无咎也"时,李塨说:"量可而进。"⑦ 诠释师卦六四爻辞"师左次无咎"时,他说:"兵法知难而退,常道也。"⑧ 诠释巽卦时,他说:"用退为进而尚往,利见二、五之大人也。"⑨ 在这里,李塨强调,为人处世当讲求谋略,审时度势,随机应变,"量可而进","知难而退",有时还须"用退为进",以求吉免凶,趋利避害。

李塨的人生经验与智慧时时体现于其对《周易》的诠释之中。如诠释涣卦初六爻辞时,他说:"于此顺其势而转移之。"⑩ 反映了李塨"因势利导"的人生经验与智慧。诠释大有卦初九爻辞时,他说:"苟自艰难其志,则无咎。不然,易心一生,咎可免耶?"⑪ 反映了李塨"生于忧患,死于安乐"的人生经验与智慧。诠释明夷卦九三爻辞时,他说:"韬光之极,遂兴大事。"⑫ 反映了李塨"韬光养晦"的人生经验与智慧。诠释噬嗑卦上九爻辞时,他说:"初起可悛,终成难挽也。"⑬ 反映了李塨"防微杜渐"的人生经验与智慧。诠释无妄卦九五爻辞时,他说:"无病服药,药即为疾。"⑭ 反映了李塨"备有未至而设之,有至而后救之……可先而不备谓之怠,可后而先之谓之召灾"的人生经验与智慧。诠释大过卦九三爻辞时,他说:"九三以刚居刚,方以为盛,威势而谁何,然而千钧中压,初弱难支,即欲辅之,而其愎悍不可辅也。"⑮ 反映了李塨"刚愎蛮横则凶"的人生经验与智慧。诠释坎卦六三爻辞时,他说:"姑且安枕待之,虽则无功,不至于凶。"⑯ 反映了李塨"静观其变"的人生经验与智慧。诠释恒卦初六爻辞时,他说:"居于恒始,当悠裕以处之,久自有成。"⑰ 反映了李塨"勿急于求成"的人生经验与智慧。诠释遁卦九三爻辞时,他说:"夫系恋不决,一为阴胜,必致成否,岂不有疾?岂不可危?……以此系恋者

---

①⑤⑥⑧⑪⑬⑭⑮⑯[清] 李塨:《周易传注》卷二,文渊阁四库全书本。
②⑫⑰[清] 李塨:《周易传注》卷三,文渊阁四库全书本。
③⑨⑩[清] 李塨:《周易传注》卷四,文渊阁四库全书本。
④⑦[清] 李塨:《周易传注》卷一,文渊阁四库全书本。

而图大事，则终不可耳。"①反映了李塨"优柔寡断则凶"的人生经验与智慧。诠释益卦六三爻辞时，他说："救荒以孚以中，尤贵以豫（预）委积。"②反映了李塨"宜未雨而绸缪，勿临渴而掘井"的人生经验与智慧。诠释鼎卦九三爻辞时，他说："夫耳必虚而后可贯以铉而扛近食前。今耳改而塞，则行亦塞，失鼎之义矣。"③反映了李塨"虚心听取意见则吉"的人生经验与智慧。诠释丰卦六二爻辞时，他说："天下惟丰难居。"④反映了李塨"富贵者往往难以自守"的人生经验与智慧。诠释节卦九二爻辞时，他说："以刚居柔，过于退伏……欲辞凶而凶至矣。"⑤反映了李塨"勿过于退伏"的人生经验与智慧。诠释小过卦九三爻辞时，他说："九三当艮止以防之，若纵而不防，则或且戕之，凶可量耶？"⑥反映了李塨"对小人宜防而勿纵"的人生经验与智慧。诠释既济卦上九爻辞时，他说："乃自足自玩，不觉沉溺坎陷而濡其首矣。"⑦反映了李塨"沉溺于玩乐享受则凶"的人生经验与智慧。诠释未济卦六三爻辞时，他说："六三以柔处刚，若不知其不当，以为位既刚壮，一往征进，不其凶乎？"⑧反映了李塨"不能清醒认识自我则凶"的人生经验与智慧。诠释《系辞上》时，他说："人能如天地之易简，则执简御繁，天下之条理皆得。"⑨反映了李塨"执简御繁"的人生经验与智慧。

三、《周易传注》中所见李塨的哲学思想

李塨对《周易》经传的诠释反映了其朴素的辩证法思想。如诠释蛊卦初六爻辞时，他说："蛊非一朝夕之故也，故原之于父。"⑩反映了李塨对量变积累而发生质变的质量互变规律的直观、朦胧的认识。诠释《系辞上》时，他说："阳化阴，阴化阳，化而裁之谓之变。"⑪反映了李塨对矛盾的对立面在一定条件下会互相转化的直观、朦胧的认识。诠释噬嗑卦时，他说："观其卦位，刚柔各分，不噬何嗑？"⑫反映了李塨对"没有矛盾的对立性，就没有矛盾的统一性"的直观、朦胧的认识。诠释剥卦《彖》辞时，李塨说："有消有息，有盈有虚，造化固然。"⑬反映了他对矛盾普遍性的直观、朦胧的认识。诠释剥卦《彖》辞时，李塨说："消者安必不息，盈者安必不虚。"⑭反映了他对相对静止的直观、朦胧的认识。

李塨的历史观是变化发展的历史观。诠释革卦时，他说："天下之事，革旧则新，理有固然。"⑮诠释《系辞下》时，他说："不尊古者，妄也；执古者，愚也。乌足以知《易》之穷变通久哉？乌足以知圣人之通变神化哉？"⑯李塨认为，《易》之宗旨是运动变化，然而引起变化的原因则是亘古不变的。他说："易，变也。然

---

①②［清］李塨：《周易传注》卷三，文渊阁四库全书本。
③④⑤⑥⑦⑧⑮［清］李塨：《周易传注》卷四，文渊阁四库全书本。
⑨⑪⑰［清］李塨：《周易传注》卷五，文渊阁四库全书本。
⑩⑫⑬⑭［清］李塨：《周易传注》卷二，文渊阁四库全书本。
⑯［清］李塨：《周易传注》卷六，文渊阁四库全书本。

必有不变者而变者以生。"① 又说:"然不可为典要者,亦有典要焉。……变易之中有不易者在矣。"② "变易之中有不易者在矣"可以使人联系到佛教三法印之"诸行无常"和"涅槃寂静"。诸行无常者,变易也;涅槃寂静者,不易也。

在认识论上,李塨坚持从物质到意识的认识路线,把实践提到第一的地位。诠释乾卦《文言》"或跃在渊,自试也"时,他说:"必试而后知其可也。"③ 在《论语》中,孔子说:"诵《诗》三百,授之以政,不达;使于四方,不能专对;虽多,亦奚以为?"④李塨继承了孔子的这一思想,认为读《周易》一定要学以致用,否则读之无益。他说:"六十四卦、三百八十四爻,天时人事之列像也。读之而不能身心洞彻世事,弗知经济过误,虽读《易》,亦奚以为?"⑤ 在义理易学史上,王弼、韩康伯多以道家思想注《易》,程颐、朱熹多以理学注《易》,而李塨则常以颜李学派的思想注《易》,故李塨《易》注多与王、韩、程、朱之《易》注不同。

以提倡实践、注重实用为特征的清初颜元、李塨师生合创的颜李学派主张功利主义,这与南宋时期的陈亮与叶适的观点十分相似。李塨既唾弃置仁义道德于不顾的唯利是图的小人,又反对把仁义与功利绝对对立起来的程朱理学。与其师颜元一样,李塨认为仁义与功利并非水火不兼容的一对范畴,而是完全可以共存于一个矛盾的统一体中,君子正其谊,亦应谋其利。诠释小畜卦九五爻辞时,李塨说:"君子非财无以转移小人。"⑥

在天命与人事的关系上,李塨主张既要尊重天命,又要充分发挥人的主观能动性。首先,李塨认为,社会历史的发展具有不以人的意志为转移的客观必然性。诠释无妄卦时,他说:"天命不助,虽欲行,行之哉?"⑦其次,李塨认为,在尊重天命的同时,一定要充分发挥人的主观能动性。诠释无妄卦六二爻辞时,他说:"不知人事既亡,天佑安至?"⑧由于天命不可人为,所以李塨认为,一个人的失败如果是由于客观原因所造成的,而不是由于主观原因,那么,虽凶而无咎。诠释困卦九二爻辞时,他说:"时势至此,于己何咎?"⑨

四、阐发政治伦理

政治是十分重要的现实。以经邦济世为己任的儒学,对政治的关怀更是无微不

---

①[清] 李塨:《周易传注》卷五,文渊阁四库全书本。
②[清] 李塨:《周易传注》卷六,文渊阁四库全书本。
③⑥[清] 李塨:《周易传注》卷一,文渊阁四库全书本。
④杨伯峻:《论语译注》,中华书局,1980年,第135页。
⑤[清] 李塨:《周易传注》凡例,文渊阁四库全书本。
⑦[清] 李塨:《周易传注》卷二。天命是中国哲学史上的一个重要范畴。对"天命"的认识,历来众说不一。笔者倾向于认为,承认"天命"并不意味着否认人的主观能动性。在充分发挥人的主观能动性的基础上,能够尊重"天命"是一种达观的心态和唯物主义的历史观。
⑧[清] 李塨:《周易传注》卷二,文渊阁四库全书本。
⑨[清] 李塨:《周易传注》卷三,文渊阁四库全书本。

至。因此，与政治伦理密切相连，便成为儒家文化乃至中国传统哲学的最显著的一大特征。李塨在诠释《周易》时，非常注重对政治伦理的阐发。

在中国封建社会，由于君主的专制特权，导致了其清明或昏聩对国家的治乱兴衰起着十分重要的，甚至在某种程度上，可以说是决定性的作用。因此，历代士人都非常重视对"君道"的论述。李塨亦然。

李塨认为，为君之道须以爱民为务，以修德行仁为本。诠释观卦九五爻辞时，他说："观我生者，自观其身也。然身何以观？观民之从违厚薄而身可知矣。"① 诠释夬卦时，他说："休兵养锐，勿轻即戎，而修吾德政，行仁益强。"② 君王不应损民以益己，而应当损己以益民。诠释损卦时，李塨说："民不可损，损下以益上，下损而上亦将受其损。……损上以益下，下益而上亦将受其益。"③ 为君之道应本着"赋民而民不困，役民而民不劳"的原则，爱惜民力，使民以时，使百姓自觉自愿地纳税服役。诠释损卦《象》辞时，李塨说："布缕米粟力役，可用可缓，皆时也。"诠释损卦初九爻辞时，他说："民可愿损，上不可过损也。务斟酌以损之，乃为得耳。"诠释兑卦时，他说："民欢然自劝而忘其劳与死。夫民劝与劝民，远矣。"④

国家欲长治久安、繁荣昌盛，识见高远、切于实用的政令制度的制定和贯彻是至关紧要的，而能否实现此目标，其关键在于用人。倘若用非其人，出色的政令制度也往往会徒具虚文而落空。因此，李塨认为，君王为政之要，在于用得其人。诠释师卦六五爻辞时，他说："使人可不当哉？"⑤ 诠释蹇卦九五爻辞时，他说："得人曰仁，自有功焉。"诠释升卦六五爻辞时，他说："引天下之贤士以升……为天下得人，志之大得为何如者？"⑥

提拔贤能的人，让贤能的人在邪佞的人之上，会使人人争做贤能，甚至可以使邪佞之人也逐渐变得贤能；相反，如果提拔邪佞的人，让邪佞的人在贤能的人之上，会使贤能之士寒心，喟叹贤能无用，甚至会使一些原本贤能的人也逐渐变得邪佞。因此，李塨认为，为君之道，一定要崇尚贤能，以形成良好的奋发向上的社会机制和君子道长、小人道消的社会氛围。诠释大有卦卦辞"元亨"时，他说："上应乎天而尚贤……其大通也，庸更加一辞哉？"诠释该卦上九爻辞"自天佑之"时，他说："交下之刚，尚贤也，天之佑之也，必矣。"总结大有卦时，他又说："五简易而尚贤，乃获天佑。"⑦ 对与尚贤背道而驰的社会风气，李塨无限感慨地说："清不见亮，贤不见收，行道之人皆必为我心恻矣！"⑧

儒家虽标榜"克己复礼"，以仁为治，但并不排斥法治，而主张"礼"与

---

① ⑦ [清] 李塨：《周易传注》卷二，文渊阁四库全书本。
② ③ ⑥ ⑧ [清] 李塨：《周易传注》卷三，文渊阁四库全书本。
④ [清] 李塨：《周易传注》卷四，文渊阁四库全书本。
⑤ [清] 李塨：《周易传注》卷一，文渊阁四库全书本。

"法"是相辅相成的。在这一点上,李塨认为,刑罚对于君王统治者来说,虽出于不得已,但也是不可或缺的。诠释蒙卦上九爻辞"击蒙,不利为寇,利御寇"时,他说:"养正则圣,不正则为娼、为盗,游惰子弟、无赖少年至于为寇,上必击之,何利之有?然上得已哉?害于家国,凶于其身,不御之不利。此先王郊遂寄棘之典所以设也。"① 设立刑罚的目的是通过惩戒,使不正者返归于正,上下复归于顺。李塨说:"《象》于'见金夫'曰'无攸利','为寇也'曰'不利'。圣人仁蒙而终欲返之见乎辞矣。故《象》传于不顺者终望御之而上下顺焉。"②刑罚虽不可或缺,但最理想的统治还是"不假刑杀"的德政。诠释《系辞上》时,李塨说:"神武震世,不假刑杀之圣,孰能与于此哉!"③

关于臣道,李塨认为,臣子应以忠君为上,而不应以集团利益为重。诠释否卦初六爻辞时,他说:"志不在汇而在君,吉亨之道也。"④臣子事君,当不畏艰险,义字当先。诠释蹇卦时,他说:"以难用之时而能有用,济大扶坚,岂不伟哉?"诠释该卦六二爻辞时,他又说:"以臣事君,义在则然,即才柔事险,成败难必,而亦何过焉?"⑤臣子应刚正不阿,以道事君,而不能阿谀奉承,以求苟容于君。诠释损卦九二爻辞时,李塨说:"臣之应五,利刚中而不变,所谓以道事君也。若兑悦妄动,则凶矣。"⑥对忠心事君的臣子,李塨极表其倡导之意。诠释涣卦六四爻辞时,他说:"六四为九五腹心,运筹帷幄,出大离之光,推亡取乱,以涣其群,岂不大吉?"⑦

"君子"是儒家所追求的理想人格。李塨在《周易传注》中对君子之道亦多有论述。李塨认为,君子尽人事而安天命,虽于困境之中,仍能始终保持乐观的精神。诠释困卦时,他说:"困于遇,不可困于心,虽遇坎险而兑悦如故,遭困而不失其所,则处困而亨,惟君子能之。"又说:"君子处此,则命委于天,志遂于己,所谓'寿夭不贰,修身以俟之'也。"⑧君子正言直行,做事讲求原则,决不会因小人的阿谀奉承而丧失原则。诠释否卦六二《象》辞"大人否亨,不乱群也"时,他说:"六二之阴,小人也……乃欲承顺乎五也。五居乾中为大人……然大人与大人为群,肯以其承而乱哉?不乱,故否;亦惟不乱,故亨也。"⑨君子有时应避小人以免受其不良影响,有时又应近小人以尽挽救之责。诠释否卦时,李塨说:"盖《象》戒君子使避小人,《象》则教小人使近君子,又勉君子使挽小人,皆圣人之情也,皆是也。"⑩君子团结而不勾结,小人勾结而不团结。君子因志趣相投而团结在一起,小人因利益相合而勾结在一起。李塨赞同君子之团结,而反对小人之勾结。诠释同人卦时,他说:"夫偏邪相同,即其甘如醴,与天下之志无与也。"⑪君子虽不拉党结

---

①②[清] 李塨:《周易传注》卷一,文渊阁四库全书本。
③[清] 李塨:《周易传注》卷五,文渊阁四库全书本。
④⑤⑨⑩⑪[清] 李塨:《周易传注》卷二,文渊阁四库全书本。
⑥⑧[清] 李塨:《周易传注》卷三,文渊阁四库全书本。
⑦[清] 李塨:《周易传注》卷四,文渊阁四库全书本。

派，但亦应联合起来，以有效地与小人做斗争。诠释蹇卦上六爻辞时，李塨说："盖处蹇之时，不贵一人独往，而贵同心共助。"① 君子具有"仁以为己任，死而后已"的社会责任感、历史使命感和无畏的献身精神，是仁义之道能够大行于天下的力量源泉。诠释大畜卦上九爻辞时，李塨说："上九之贤，登天阙而开艮路，岂非吾道大行之会哉！"②

五、超越功利的吉凶观

《周易》的吉凶观非常强调道德义理标准，这是周代礼乐文明大兴的结果。以道德义理为标准来解释《易经》卦爻辞，在《易传》中有比较充分的反映。如同人卦九四爻辞"乘其墉，弗克攻，吉"，《易传》解释："乘其墉，义弗克也。"随卦九四爻辞："随有获，贞凶"，《易传》解释："随有获，其义凶也。"贲卦初九爻辞"贲其趾，舍车而徒"，《易传》解释："舍车而徒，义弗乘也。"复卦六三爻辞"频复，厉，无咎"，《易传》解释："频复之厉，义无咎也。"明夷卦初九爻辞"君子于行，三日不食"，《易传》解释："君子于行，义不食也。"姤卦九二爻辞"包有鱼，无咎，不利宾"，《易传》解释："包有鱼，义不及宾也。"鼎卦九三爻辞"鼎耳革"，《易传》解释："鼎耳革，失其义也。"渐卦初六爻辞"小子厉，有言，无咎"，《易传》解释："小子之厉，义无咎也。"旅卦上九爻辞"鸟焚其巢"，《易传》解释："以旅在上，其义焚也。"既济卦初九爻辞"曳其轮，濡其尾，无咎"，《易传》解释："曳其轮，义无咎也。"

《易传》作者解释卦爻辞时强调道德义理，但事实上，"道德与否并非总是与结果的吉凶有着必然的联系，这一理论常常遭到来自生活的尖锐质疑"③。既然道德与否与现实吉凶结果未必相对应，就需以达观的心态面对吉凶，撇开功利目的，直接审视道德自身的价值。这种超越功利的吉凶观被李塨所继承。④

诠释坤卦卦辞"西南得朋，东北丧朋，安贞吉"时，李塨说："天下得丧何常，惟贞（正）是安。"⑤ 这种不必顾及现实的得失，只管履践道德、坚守正道的超越功利的吉凶观使中国古代士人们能够无限自信地蔑视现世层面的暂时、相对的吉凶，而把关注投向终极意义上的绝对与永恒，因为他们认为，道德作为人事的一个组成部分源于天道，体现着天道，履践尊严而又崇高的道德就等于是在履践绝对、永恒

---

① [清] 李塨：《周易传注》卷三，文渊阁四库全书本。
② [清] 李塨：《周易传注》卷二，文渊阁四库全书本。
③ 朱翔飞：《孔子与〈易传〉——论儒家形上学体系的建立》，《周易研究》，2002 年第 1 期，第 19 - 27 页。
④ 李塨拥有超越功利的吉凶观，并不意味着李塨不讲功利。相反，以提倡实践、注重实用为特征的清初颜元、李塨师生合创的颜李学派是主张功利主义的。然而，颜、李的功利主义非牺牲道德的唯利是图，而是以恪守道德为前提条件的。如注随卦六三爻辞时，李塨说："有求而得，固非意外，但因而为佞，则非矣。"（《周易传注》卷二）
⑤ [清] 李塨：《周易传注》卷一，文渊阁四库全书本。

的天道。

由于道德仁义具有形而上的天道的依据，具有超越功利的审美价值，所以历代士人都非常重视道德仁义。李塨亦然。诠释需卦《象》辞"刚健而不陷"时，他说："刚健在己，不陷于险者，德也。"① 诠释既济卦初九爻辞时，他说："皆义之当然，何疚！"② 诠释《系辞上》时，他说："德参天地，尚何违！"③

不符合道德仁义者，虽然在现实社会未必凶，但李塨为了表达其"困正者终将自困"的人生信念，出于倡扬道德仁义的目的，一概以凶论断，以"为持世御物训"④。诠释剥卦初六爻辞时，他说："剥正则凶。"诠释剥卦六二爻辞时，他说："不与阳而与剥阳者类，是亦灭阳者矣。其凶也，视之初可耳。"⑤ 诠释困卦初六爻辞时，他说："刚不可困也，困刚者必将自困。"⑥ 从理论层面，小人终将失败；从现实层面，小人确实难去。因此，李塨感慨地说："小人之难去如此，君子去小人之难如此，厉哉！"⑦

公私之辨是中国古代思想史上的一个重要问题。当人们一切从现实的功利效果出发，将道德视为与时俱化的社会规则，遵循新的观念，左右逢源，获取现实利益时，"私"占上风；当人们守死善道，特立独行，以道义的永恒价值肯定自己，以悲壮的殉道精神面对社会时，"公"占上风。应该说，中国传统思想观念文化的主流是公而忘私。这种公而忘私的思想观念在李塨的《周易传注》中亦有所体现。诠释师卦九二《象》辞时，李塨说："锡主帅者，所以怀万邦也，岂有私焉？"⑧ 诠释比卦九五爻辞时，他说："夫九五之比，非隐庇而私昵也。"⑨ 诠释同人卦时，他说："此同人也，不且有以通天下之志乎？……言同人之无私也。"⑩

无私者只是对"公"而言无私，而面对小人肆意侵夺自己的利益，也是绝不能容忍的。李塨说："非贤奸并包之为无私，而能好能恶之为无私也。"⑪ 与小人斗争的根本目的是为大多数君子造福谋利。诠释解卦上六爻辞时，李塨说："盖小人不去，君子徒劳，雷霆四击，乃布甘雨，解之道也。"⑫ 公私是统一的，公不足，私也将受损。诠释剥卦上九爻辞时，李塨说："不知阳庐一摧，己将安庇，茫茫宇宙，容身无所，阴诡之术尚安用哉！"⑬

六、《周易传注》中的道家思想

在文化比较研究中，有一个误区，即只要发现两种思想之间有相通之处，便习惯于认为：一种思想是受另一种思想的影响。其实，两种文化完全有可能是各自独

---

① ⑨ ⑬ [清] 李塨：《周易传注》卷一，文渊阁四库全书本。
② ⑦ [清] 李塨：《周易传注》卷四，文渊阁四库全书本。
③ [清] 李塨：《周易传注》卷五，文渊阁四库全书本。
④ ⑤ ⑩ ⑪ [清] 李塨：《周易传注》卷二，文渊阁四库全书本。
⑥ ⑧ ⑫ [清] 李塨：《周易传注》卷三，文渊阁四库全书本。

立地产生的，它们之间的相通是真理的唯一性和人类认识的共同性所致。正如《周易·系辞下》中所说："天下同归而殊途，一致而百虑。"《论语》作为一部儒家经典，其中不乏与道家思想相通的地方。如"无为而治""不言之教"本是道家的政治主张，然而儒家经典《论语》竟然也把"无为而治""不言之教"作为最理想的统治。在《论语·卫灵公》中，孔子说："无为而治者，其舜也欤！"对"无为而治"给予了高度评价。在《论语·阳货》中，孔子对他的学生子贡说："予欲无言。"子贡说："子如不言，则小子何述焉？"孔子说："天何言哉？四时行焉，百物生焉。天何言哉！"这些论述与老子所说的"是以圣人处无为之治，行不言之教"如出一辙。再如，"退隐"一般认为属道家思想范畴，然而《论语》中的许多记载使我们可以明显地看到，孔子思想中亦含有退隐的成分。在《论语·公冶长》中，孔子说："道不行，乘桴浮于海。"评价宁武子时说："宁武子，邦有道则知；邦无道则愚。其知可及也，其愚不可及也。"在《论语·述而》中，孔子对颜渊说："用之则行，舍之则藏，惟我与尔有是夫。"在《论语·先进》中，孔子让他的学生子路、曾晳、冉有、公西华各自谈一谈他们的志向。曾晳说："莫（暮）春者，春服既成，冠者五六人，童子六七人，浴乎沂，风乎舞雩，咏而归。"对这种田园诗般的隐士生活，孔子竟说："吾与点也。"在《论语·宪问》中，当孔子的学生原宪问什么是羞耻时，孔子说："邦有道，谷；邦无道，谷，耻也。"总之，道家的"无为而治""不言之教"以及"退隐"等思想在《论语》中也有，只不过，这些思想在《论语》中居于矛盾的次要方面，而在《老子》中则居于矛盾的主要方面，从而决定了《老子》的要旨是"无为""不言""退隐"，而《论语》的要旨则反之。①

李塨作为一名儒者，其思想的主要方面归属于儒家是毫无疑问的，然而，由于儒道相通的缘故，其《周易传注》中亦不乏传统认为属于道家的成分。如诠释坤卦《文言》"天地闭塞，贤人隐"时，李塨说："天地闭塞，先觉之贤人必谨而隐。"②诠释否卦《象》辞"君子以俭德辟难，不可荣以禄"时，他说："俭，约也。有财而不轻用为俭，君子之贬藏其德似之。不可荣以禄者，却禄之哲在我也。"③诠释同人卦上九爻辞"同人于郊，无悔"时，他说："此出世之人携手同行以为朋者，如长沮、桀溺之流，于国内之啕笑师戎不问也。远处郊外，侣烟友霞，尚何过悔？"④诠释蛊卦上九爻辞时，他说："南山北海，高尚其事……然其不降之志亦可以廉顽立懦。"⑤诠释涣卦上九爻辞时，他说："上下加忧，贼杀流血，尚可久居此乎？故宜涣之。涣而去，去而远出，害乃不及。古之贤者避世，或功成而身退者，皆体此意也。"⑥以上都反映了李塨思想中"退隐"的道家成分。

---

①杨效雷：《〈论语〉新说六题》，载于王处辉主编：《国学及其现代性》，知识产权出版社，2013年，第231－244页。
②[清]李塨：《周易传注》卷一，文渊阁四库全书本。
③④⑤[清]李塨：《周易传注》卷二，文渊阁四库全书本。
⑥[清]李塨：《周易传注》卷四，文渊阁四库全书本。

诠释履卦上九爻辞时，李塨说："履刚贵于用柔。"① 诠释大有卦六五爻辞时，他说："柔之能有刚，其徒哉？柔顺得中，出其离照之孚以亲下刚，若与之相交者然，将天下向往之志自我发之矣。"② 诠释噬嗑卦卦辞"利用狱"时，他说："柔以行刚……用狱何弗利焉？"③ 诠释晋卦上九爻辞时，他说："进之道宜柔不宜刚，故柔爻皆优，刚爻皆绌也。"④ 以上都反映了李塨思想中"贵柔"⑤的道家成分。

诠释大有卦初九爻辞时，李塨说："是安于为下者也，故匪咎。"⑥ 诠释谦卦《象》辞时，他说："地道筑而高则风雨剥之，坎而下则流水注之。"⑦ 诠释随卦九四爻辞时，他说："高明人指，丰盛难居，虽贞而义，不亦凶乎？"⑧ 以上都反映了李塨思想中"处下"⑨的道家成分。

诠释谦卦九三爻辞"劳谦"时，李塨说："劳民劝相而功成不居，万民悦服，谦斯至矣。"⑩ 反映了李塨思想中"生而弗有，为而弗恃，功成而弗居，夫唯不居，是以不去"⑪的道家成分。

诠释颐卦上九爻辞时，李塨说："口容不宜动宜止，故震三爻皆凶，艮三爻皆吉。"⑫ 反映了李塨思想中"知止不殆"⑬的道家成分。

诠释咸卦六二爻辞时，李塨说："此与五爻当以静相感者。"⑭ 诠释巽卦九三爻辞时，他说："所谓'其究为躁卦'也，不志穷乎？"⑮ 反映了李塨思想中"崇静"⑯的道家成分。

诠释损卦六三爻辞时，李塨说："天以一而得地，男以一而得女，纲缊构精，万物冯（凭）生。"⑰ 反映了其思想中"贵一"⑱的道家成分。

诠释艮卦时，李塨说："我无所动，物无可引咎，过亦五自而至矣。"⑲ 诠释节卦初九爻辞时，他说："不出户庭焉，无咎之道也。"⑳ 反映了其思想中"无为"的道家成分。

---

① [清] 李塨：《周易传注》卷一，文渊阁四库全书本。
②③⑥⑦⑧⑩⑫ [清] 李塨：《周易传注》卷二，文渊阁四库全书本。
④⑭⑰ [清] 李塨：《周易传注》卷三，文渊阁四库全书本。
⑤《老子》第三十六章："柔弱胜刚强。"第四十三章："天下之至柔驰骋天下之至坚。"第五十二章："守柔曰强。"第七十六章："人之生也柔弱，其死也坚强；草木之生也柔脆，其死也枯槁。故坚强者死之徒，柔弱者生之徒。"第七十八章："天下莫柔弱于水，而攻坚强者莫之能胜。"因此，"贵柔"历来被认为是传统的道家思想。
⑨《老子》第六十六章："江海之所以能为百谷王者，以其善下之，故能为百谷王。"
⑪陈鼓应：《老子注释及评介》，中华书局，1984 年，第 64 页。
⑬陈鼓应：《老子注释及评介》，中华书局，1984 年，第 239 页。
⑮⑲⑳ [清] 李塨：《周易传注》卷四，文渊阁四库全书本。
⑯《老子》第十六章："致虚极，守静笃。"又说："归根曰静，静曰复命。"第二十六章："重为轻根，静为躁君。"第四十五章："静胜躁，寒胜热，清静为天下正。"第五十七章："我好静，而民自正。"第六十一章："牝常以静胜牡。"因此，"崇静"历来被认为是传统的道家思想。
⑱《老子》第三十九章："天得一以清，地得一以宁，神得一以灵，谷得一以盈，万物得一以生，侯王得一以为天下正。"

诠释艮卦九三爻辞时，李塨说："强制逆行，徒为危厉。"① 诠释小过卦九四爻辞时，他说："夫薰莸不合，自古而然，强为弥缝，终难长久，徒得危耳。"② 诠释《系辞下》时，他说："夫天下之道何庸憧扰哉……且不观天下之往来自然者乎……上达自然之能，而岂思虑所可至哉？"③ 反映了李塨思想中"道法自然"的道家成分。

诠释归妹卦九四爻辞时，李塨说："九四以刚处柔，知妄征之凶。"④ 反映了其思想中"知其雄，守其雌"⑤的道家成分。

七、引史事以证经文

四库馆臣在总述经部《易》类时，曾对历代《周易》研究做了"两派六宗"的经典划分。"六宗"之中有参证史事一宗，认为起于李光、杨万里。今人余敦康先生认为，参证史事一宗的"真正的开创者应为北宋的史学大师司马光"⑥。此说虽较四库馆臣的认识进了一步，但仍感不足。其实，参证史事一宗完全可以上溯至马融、郑玄和干宝。如马融注明夷卦九五爻辞和革卦九五爻辞时，郑玄注乾卦上九和用九爻辞、坤卦六五爻辞、否卦九五爻辞、大有卦卦辞、随卦初九爻辞、临卦卦辞、离卦《象》辞和六二爻辞、遁卦卦辞以及《系辞下》"黄帝尧舜垂衣裳而天下治"时，均参证了史事。至晋干宝，引史注《易》的特点更加明显。⑦

李塨在诠释《周易》时，亦不时引据史事，以证明《易》道广大，切近人事。诠释乾卦《文言》"君子进德修业，欲及时也"时，他说："汤、武之应天顺人，时至勿失，即进德修业也。"⑧ 诠释屯卦六二爻辞时，他说："夫二与五应，常道也。字初则反常矣。管仲之于桓公似之。"⑨ 总结需卦时，他说："需有二道。有需而后平险者，如周亚夫坚垒不动，待七国之敝（弊）而乘之是也；有需而其险已平者，如陆逊料昭烈有伏兵，不往应之，而其伏自出是也。"⑩ 诠释履卦九五爻辞时，他说："凡行刚决，一往无前，固属贞固，然亦厉矣，明太祖似之。"⑪ 诠释大有卦六五爻辞时，他说："光武之待马援，笑语简易而真天子之威已行陇蜀，故曰'朕于天下亦欲以柔道治之'。"⑫ 诠释豫卦六五爻辞时，他说："夫病以死为忧，今不死矣，则虽吉乎，亦何弗豫乎？周平以后之君似之。"⑬ 诠释随卦上六爻辞时，他说："随至上六如纣于文王拘而系之，文王乃内文明而外柔顺，不敢违其意而从维之，而用亨（享）祀于西山以求神佑。此岂寻常之随从哉？"⑭ 诠释观卦上九爻辞时，他说："然高自位

---

①②④［清］李塨：《周易传注》卷四，文渊阁四库全书本。
③［清］李塨：《周易传注》卷六，文渊阁四库全书本。
⑤陈鼓应：《老子注释及评介》，中华书局，1984年，第178页。
⑥余敦康：《内圣外王的贯通——北宋〈易〉学的现代阐释》，学林出版社，1997年，第54页。
⑦林忠军：《象数易学发展史》（第二卷），齐鲁书社，1998年，第60-67页。
⑧⑨⑩⑪［清］李塨：《周易传注》卷一，文渊阁四库全书本。
⑫⑬⑭［清］李塨：《周易传注》卷二，文渊阁四库全书本。

置,不肯为用,故曰'志未平',如伯夷之观文武、徐洪客之观唐太宗。"① 诠释贲卦六五爻辞时,他说:"六五于此,如伊尹之初聘嚣嚣,三聘幡然。"② 诠释无妄卦上九爻辞时,他说:"宋明儒者如司马君实变新法而过,朱晦庵门人欲杀陈同甫,明之东林党人偏而激亢,以致祸及家国,孔子所谓'无妄,灾也',不亦验哉?"③ 诠释颐卦初九爻辞时,他说:"此处士贪卑,如有明陈继儒之流是也。"诠释颐卦六四爻辞时,他说:"上而太公,下而耿弇似之。"诠释颐卦六五爻辞时,他说:"仰承上九,不敢纵逸,以顺为正,固可迪吉,惟是才弱德小,若欲为坎川之涉,则不可耳。此裴寂之流也。"诠释颐卦上九爻辞时,他说:"兼收并蓄,能无危惕?然乾健知险,即大川浩淼,无不利涉,大有庆矣。其汉唐之帝王乎?"④ 诠释大过卦《象》辞时,他说:"天下滔滔,而谁以易之?如伊尹之躬耕,固独立不惧,遁世无闷也,即仲尼之周流,亦独立不惧,遁世无闷也,卓立风波以济大过者也。"总结大过卦时,他说:"初六,明马后之事高皇也;九二,天顺之任李贤、王翱也;九三,祖龙之亡也;九四,成康之盛也;九五,孔光、胡广之流也;上六,龙逢、比干之死也。"⑤ 诠释离卦《象》辞时,他说:"继明者,舜之继尧,武之继文,一代之继明也。"诠释离卦六五爻辞时,他说:"昭烈论后汉辄太息痛恨,袁安议朝政则呜噎流涕,持危挽倾,实有赖焉,不其吉乎?"⑥ 诠释明夷卦初九爻辞时,他说:"伯夷避纣适周,武王左右欲兵之,太公曰:'此义士,去之是也。'"诠释明夷卦六五爻辞时,他说:"上比暗君,如坐昏狱,是箕子之明夷也。"⑦ 诠释蹇卦上六爻辞时,他说:"'来硕'即以从贵矣,所谓'利见大人'矣,马援、窦融之流是也。"⑧ 诠释萃卦九五爻辞时,他说:"业成志或不光,如唐太宗末年渐荒,汉之景帝致七国之变是也。"⑨ 诠释困卦九四爻辞时,他说:"其志以斯世斯民为己任……无奈以阳居阴,位处不当,徐徐不前,坐为车困,则德不下施,不其吝乎?然志终不变,必及所与,如孔子虽困于周流而泽被万世是也。"⑩ 诠释丰卦六五爻辞时,他说:"成康之君是也。"⑪ 诠释旅卦时,他说:"圣人亦有旅焉,孔子周流是也;君王亦有旅焉,晋重耳出亡,唐德宗幸奉天是也。"⑫ 诠释兑卦上六爻辞时,他说:"此王莽之流也。岂可因其谦悦下士而信之。"⑬ 诠释节卦上六爻辞时,他说:"如陈仲子之三日不食。"⑭ 诠释中孚卦《象》辞时,他说:"《春秋》鲁庄公曰:'小大之狱,虽不能察,必以情。'曹刿以为忠。然则议狱缓死,非中孚何以哉?"诠释中孚卦上九爻辞时,他说:"京房以新进见元帝即指斥石显,及外出又屡上封事,卒以杀身。其此之谓乎?"⑮ 诠释《系辞下》"非所困而困焉,名必辱;非所据而据焉,身必危"时,他说:"齐桓霸主困于床笫,非所困而困也;有穷后羿起据夏位,非所据而据也。"诠释《系辞下》"德薄而位尊,知小而谋大,力小而任重,鲜不及矣"时,他说:"未尝无德无知无

---

①②③④⑤⑥[清]李塨:《周易传注》卷二,文渊阁四库全书本。
⑦⑧⑨⑩[清]李塨:《周易传注》卷三,文渊阁四库全书本。
⑪⑫⑬⑭⑮[清]李塨:《周易传注》卷四,文渊阁四库全书本。

力，然小矣、薄矣，是微小之人也，何以图大？如明之齐泰、黄子澄是也。"诠释《系辞下》"吉人之辞寡，躁人之辞多，诬善之人其辞游，失其守者其辞屈"时，他说："吉人辞寡，周孔是也；躁人辞多，苏张是也；诬善为恶其辞游，庄周是也；失守之人其辞屈，汉高分羹之类是也。"①

李塨为何要不厌其烦地引史证经呢？因为历史是最关乎人事的，引史证经正体现了李塨"专明人事"的易学观，而引据史事，以证明易道广大，切近人事，似乎更具说服力，使立论更牢固。一般而言，以史事证《易》有两种情况，一是揭示《周易》卦爻辞中所包含的历史事实；二是以非《周易》卦爻辞所固有的历史事实诠释《周易》的哲理。显然，李塨所做的工作主要是后者，因为他写作《周易传注》的主要目的在于求其实用，即发掘《周易》对人事实践的指导意义，而他的频繁引用史事，也是他所信奉的"专明人事"的易学观的流露。自然，李塨在对史事和爻象卦辞关系的处理上，难免存在着一些牵强附会之处，但是，客观上，李塨将哲学的智慧和历史的智慧有机地结合了起来，使之融会贯通，使易学研究更加丰富多彩，从治《易》方法论的角度评价，是有其积极意义的。

第四节　焦循的《周易》诠释

焦循（1763—1820），字理堂、里堂，江苏扬州人。焦循作为清代著名的经学家，"于学无所不通，于经无所不治"②，尤以对《周易》用力最勤，成就也最为卓著。在清代象数《易》家中，焦循可谓独树一帜。梁启超在《清代学术概论》中甚至说："清儒最善言《易》者，惟一焦循。"③ 焦循于易学的突出贡献是提出了一套独特的易学构架。其易学构架问世以后，在易学界产生了巨大的冲击波。褒扬者称其"石破天惊""凿破混沌"④，贬斥者则讥其"附会难通""支离破碎"，乃至于全盘否定⑤。对任何文化首先要了解，在了解的基础上才谈得上肯定或否定，因此，笔者仔细研读了焦循的易学论著。在对其《易》著的研读过程中，笔者逐渐形成了一些认识（考实性认识、抽象性认识和评价性认识）。现将这些认识提出，以就正于方家。

一、旁通、相错与时行三说考述

焦循在《易图略·叙目》中说："余学《易》所悟得者有三：一曰旁通，二曰相错，三曰时行。此三者皆孔子之言也，孔子所以赞伏羲、文王、周公者也。夫

---

① [清] 李塨：《周易传注》卷六，文渊阁四库全书本。
② 支伟成：《清代朴学大师列传》卷六，岳麓书社，1998年，第103页。
③ 朱维铮校注：《梁启超论清学史二种》，复旦大学出版社，1985年，第41页。
④ 王引之、阮元、梁启超等持此说。
⑤ 尚秉和、李镜池、高亨等持此说。

《易》犹天也，天不可知，以实测而知。七政恒星错综不齐，而不出乎三百六十度之经纬；山泽水火错综不齐，而不出乎三百八十四爻之变化。本行度而实测之，天以渐而明；本经文而实测之，《易》以渐而明。非可以虚理尽，非可以外心衡也。余初不知其何为相错，实测经文传文而后知比例之义出于相错，不知相错则比例之义不明；余初不知其何为旁通，实测经文传文而后知升降之妙出于旁通，不知旁通则升降之妙不著；余初不知其何为时行，实测经文传文而后知变化之道出于时行，不知时行则变化之道不神。未实测于全《易》之先，胸中本无此三者之名，既实测于全《易》，觉经文有如是者乃孔子所谓相错，有如是者乃孔子所谓旁通，有如是者乃孔子所谓时行。实测既久，益觉非相错、非旁通、非时行则不可以解经文、传文，则不可以通伏羲、文王、周公、孔子之意。十数年来，以测天之法测《易》，而此三者乃从全《易》中自然契合。……夫祖冲之立岁差，傅仁均立定朔，当时泥古者惊为异说。余以此三事说《易》，亦祖氏之岁差，傅氏之定朔也。知我者益加密焉，余之所深冀也。"①

由上段引文可以看出：①以旁通、相错、时行三说通释《周易》，是焦循所构建的独特的易学框架；②此构架不是出于焦循的主观臆测，而是通过十余年对《周易》的"实测"，归纳所得；③焦循对此构架非常自信，认为只有此构架才可以"通伏羲、文王、周公、孔子之意"，并将此构架比之于"祖氏之岁差，傅氏之定朔"，希望后人"益加密焉"。以下具体考述焦循的旁通、相错、时行三说。

（一）旁通

关于"旁通"，阮元在《通儒扬州焦君传》中说："旁通者，在本卦，初与四易，二与五易，三与上易，本卦无可易，则旁通于他卦，亦初通于四，二通于五，三通于上。"② 焦循在《易图略》中说："凡爻之已定者不动，其未定者，在本卦，初与四易，二与五易，三与上易，本卦无可易，则旁通于他卦，亦初通于四，二通于五，三通于上。……初必之四，二必之五，三必之上，各有偶也。初不之四，二不之五，三不之上，而别有所之，则交非其偶也。"③

根据以上两段引文，我们可以对焦氏"旁通"做出如下表述：①焦氏"旁通"与虞翻、陆绩等人的"旁通"名虽同而实相异。②焦氏"旁通"，简而言之，即阴阳爻互易，具体包括一卦自身的阴阳爻互易和两卦之间的阴阳爻互易。③是否旁通互易取决于是否当位。当位之爻不动，不当位之爻方与他爻旁通互易。④旁通互易

---

①［清］焦循：《易图略》卷首，陈居渊：《〈易章句〉导读》，齐鲁书社，2002 年，第 247 - 248 页。
②［清］焦循：《焦氏遗书》卷首，光绪二年（1876）衡阳魏氏刻本。
③［清］焦循：《易图略》卷一，陈居渊：《〈易章句〉导读》，齐鲁书社，2002 年，第 251 - 252 页。

的原则是初爻与四爻互易、二爻与五爻互易、三爻与上爻互易。⑤旁通互易的目的是使不当位之爻当位。

为了说明"旁通"是《周易》作者之本意，而非焦循自己的杜撰，焦循在《易图略》中列举了三十个例证，并在三十例证后说："《易》之系辞全主旁通，略举此三十证以例其余。"① 通观焦循所列之三十例证，不乏说服力，即使不正确，起码也是言之成理，持之有故的，后世学者讥之为"附会难通""支离破碎"以至于全盘否定，无乃太过。以下从焦循所举三十例证中摘取数例以说明之：

1. 《周易》同人卦九五爻辞："同人，先号啕而后笑，大师克，相遇。"《周易·象》："大师相遇，言相克也。"焦循认为其中的"师"由师卦而来。同人卦九五爻辞之所以言"师"，是由于同人卦九四爻与师卦初六爻旁通互易的缘故。他说："若非师与同人旁通，则师之相克、师之相遇与同人何涉？"

2. 《周易》艮卦六二爻辞："艮其腓，不拯其随，其心不快。"《周易·象》："不拯其随，未退听也。"焦循认为其中的"随"由随卦而来。艮卦六二爻辞之所以言"随"，是由于艮卦六五爻与兑卦九二爻旁通互易后，兑卦变成了随卦。他说："兑二之艮五，兑成随。……若非艮兑旁通，则'不拯其随'之义不可得而明。"

3. 《周易》小畜卦卦辞："小畜，亨，密云不雨，自我西郊。"小过卦六五爻辞："密云不雨，自我西郊，公弋取彼在穴。"焦循认为，"密云不雨，自我西郊"之所以复见于小畜卦和小过卦，是由于小畜卦上九爻与豫卦六三爻旁通互易后，豫卦变成了小过卦。他说："小畜'密云不雨，自我西郊'，其辞又见于小过六五。小畜上之豫三，则豫成小过。……解者不知旁通之义，则一'密云不雨'之象，何以小畜与小过同辞？"

4. 《周易·杂卦》："大过，颠也。"《周易》颐卦六二爻辞："颠颐，拂经，于丘颐，征凶。"六四爻辞："颠颐吉，虎视眈眈，其欲逐逐，无咎。"焦循认为，大过为颠，但"颠"不见于大过卦，却屡见于颐卦，这是由于大过卦九二爻与颐卦六五爻旁通互易的缘故。他说："《杂卦传》'大过，颠也'，而大过经文不称'颠'，颐六二、六四两称'颠'……非大过与颐旁通，何以经之'颠'在颐，而传之'颠'在大过？"②

为使读者对焦氏旁通说有一全面清晰的认识，兹列六十四卦旁通表于下：

---

① [清] 焦循：《易图略》卷一，陈居渊：《〈易章句〉导读》，齐鲁书社，2002年，第255页。
② [清] 焦循：《易图略》卷一，陈居渊：《〈易章句〉导读》，齐鲁书社，2002年，第254页。文中所举之第一例、第二例亦为原焦循所举三十例证中的第一例和第二例，文中所举之第三例为原焦循所举三十例证中的第十六例，文中所举之第四例为原焦循所举三十例证中的第十九例。

六十四卦旁通表

卦名	旁　通
乾	九二爻与坤卦六五爻旁通·九四爻与坤卦初六爻旁通·上九爻与坤卦六三爻旁通
坤	六五爻与乾卦九二爻旁通·初六爻与乾卦九四爻旁通·六三爻与乾卦上九爻旁通
震	六五爻与巽卦九二爻旁通·九四爻与巽卦初六爻旁通·六三爻与巽卦上九爻旁通
巽	九二爻与震卦六五爻旁通·初六爻与震卦九四爻旁通·上九爻与震卦六三爻旁通
坎	九二爻与离卦六五爻旁通·初六爻与离卦九四爻旁通·六三爻与离卦上九爻旁通
离	六五爻与坎卦九二爻旁通·九四爻与坎卦初六爻旁通·上九爻与坎卦六三爻旁通
艮	六五爻与兑卦九二爻旁通·初六爻与兑卦九四爻旁通·上九爻与兑卦六三爻旁通
兑	九二爻与艮卦六五爻旁通·九四爻与艮卦初六爻旁通·六三爻与艮卦上九爻旁通
同人	九四爻与师卦初六爻旁通·上九爻与师卦六三爻旁通
师	九二爻与同人卦六五爻旁通·六五爻与同人卦九二爻旁通·初六爻与同人卦九四爻旁通·六三爻与同人卦上九爻旁通
比	初六爻与大有卦九四爻旁通·六三爻与大有卦上九辞旁通
大有	九二爻与比卦六五爻旁通·六五爻与比卦九二爻旁通·九四爻与比卦初六爻旁通·上九爻与比卦六三爻旁通
随	九四爻与蛊卦初六爻旁通·六三爻与蛊卦上九爻旁通
蛊	九二爻与随卦六五爻旁通·六五爻与随卦九二爻旁通·初六爻与随卦九四爻旁通·上九爻与随卦六三爻旁通
渐	渐卦初六爻与归妹卦九四爻旁通·上九爻与归妹卦六三爻旁通
归妹	九二爻与渐卦六五爻旁通·六五爻与渐卦九二爻旁通·九四爻与渐卦初六爻旁通·六三爻与渐卦上九爻旁通
屯	六三爻与鼎卦上九爻旁通
鼎	九二爻与屯卦六五爻旁通·六五爻与九二爻旁通·初六爻与屯卦九四爻旁通·九四爻与屯卦初六爻旁通·上九爻与屯卦六三爻旁通
家人	上九爻与解卦六三爻旁通
解	九二爻与家人卦六五爻旁通·六五爻与家人卦九二爻旁通·初六爻与家人卦九四爻旁通·九四爻与家人卦初六爻旁通·六三爻与家人卦上九爻旁通
革	九四爻与蒙卦初六爻旁通
蒙	九二爻与革卦六五爻旁通·六五爻与革卦九二爻旁通·初六爻与革卦九四爻旁通·六三爻与革卦上九爻旁通·上九爻与革卦六三爻旁通
蹇	初六爻与睽卦九四爻旁通

续表

卦名	旁　通
睽	九二爻与蹇卦六五爻旁通・六五爻与蹇卦九二爻旁通・九四爻与蹇卦初六爻旁通・六三爻与蹇卦上九爻旁通・上九爻与蹇卦六三爻旁通
小畜	九二爻与豫卦六五爻旁通・上九爻与豫卦六三爻旁通
豫	六五爻与小畜九二爻旁通・初六爻与小畜卦九四爻旁通・九四爻与小畜卦初六爻旁通・六三爻与小畜卦上九爻旁通
复	六五爻与姤卦九二爻旁通・六三爻与姤卦上九爻旁通
姤	九二爻与复卦六五爻旁通・初六爻与复卦九四爻旁通・九四爻与复卦初六爻旁通・上九爻与复卦六三爻旁通
夬	九二爻与剥卦六五爻旁通・九四爻与剥卦初六爻旁通
剥	六五爻与夬卦九二爻旁通・初六爻与夬卦九四爻旁通・六三爻与夬卦上九爻旁通・上九爻与夬卦六三爻旁通
谦	六五爻与履卦九二爻旁通・初六爻与履卦九四爻旁通
履	九二爻与谦卦六五爻旁通・九四爻与谦卦初六爻旁通・上九爻与谦卦六三爻旁通・六三爻与上九爻旁通
节	九二爻与旅卦六五爻旁通・六三爻与旅卦上九爻旁通
旅	六五爻与节卦九二爻旁通・初六爻与节卦九四爻旁通・九四爻与节卦初六爻旁通・上九爻与节卦六三爻旁通
贲	六五爻与困卦九二爻旁通・上九爻与困卦六三爻旁通
困	九二与贲卦六五爻旁通・初六爻与贲卦九四爻旁通・九四爻与贲卦初六爻旁通・六三爻与贲卦上九爻旁通
丰	六五爻与涣卦九二爻旁通・九四爻与涣卦初六爻旁通
涣	九二爻与丰卦六五爻旁通・初六爻与丰卦九四爻旁通・六三爻与丰卦上九爻旁通・上九爻与丰卦六三爻旁通
井	九二爻与噬嗑卦六五爻旁通・初六爻与噬嗑卦九四爻旁通・
噬嗑	六五爻与井卦九二爻旁通・九四爻与井卦初六爻旁通・六三爻与井卦上九爻旁通・上九爻与井卦六三爻旁通
临	九二爻与遁卦六五爻旁通・六五爻与遁卦九二爻旁通・六三爻与遁卦上九爻旁通
遁	初六爻与临卦九四爻・九四爻与临卦初六爻旁通・上九爻与临卦六三爻旁通
升	九二爻与无妄卦六五爻旁通・六五爻与无妄卦九二爻旁通・初六爻与无妄卦九四爻旁通
无妄	九四爻与升卦初六爻・六三爻与升卦上九爻旁通・上九爻与升卦六三爻旁通
大畜	九二爻与萃卦六五爻旁通・六五爻与萃卦九二爻旁通・上九爻与萃卦六三爻旁通

续表

卦名	旁 通
萃	初六爻与大畜卦九四爻旁通·九四爻与大畜卦初六爻旁通·六三爻与大畜卦上九爻旁通
大壮	九二爻与观卦六五爻旁通·六五爻与观卦九二爻旁通·九四爻与观卦初六爻旁通
观	初六爻与大壮卦九四爻旁通·六三爻与大壮卦上九爻旁通·上九爻与大壮卦六三爻旁通
需	九二爻与晋卦六五爻旁通
晋	六五爻与需卦九二爻旁通·初六爻与需卦九四爻旁通·九四爻与需卦初六爻旁通·六三爻与需卦上九爻旁通·上九爻与需卦六三爻旁通
明夷	六五爻与讼卦九二爻旁通
讼	九二爻与明夷卦六五爻旁通·初六爻与明夷卦九四爻旁通·九四爻与明夷卦初六爻旁通·六三爻与明夷卦上九爻旁通·上九爻与明夷卦六三爻旁通
泰	九二爻与否卦六五爻旁通·六五爻与否卦九二爻旁通
否	初六爻与泰卦九四爻旁通·九四爻与泰卦初六爻旁通·六三爻与泰卦上九爻旁通·上九爻与泰卦六三爻旁通
损	九二爻与咸卦六五爻旁通·六五爻与咸卦九二爻旁通·六三爻与咸卦上九爻旁通·上九爻与咸卦六三爻旁通
咸	初六爻与损卦九四爻旁通·九四爻与损卦初六爻旁通
恒	九二爻与益卦六五爻旁通·六五爻与益卦九二爻旁通·初六爻与益卦九四爻旁通·九四爻与益卦初六爻旁通
益	六三爻与恒卦上九爻旁通·上九爻与恒卦六三爻旁通
中孚	九二爻与小过卦六五爻旁通·六三爻与小过卦上九爻旁通·上九爻与小过卦六三爻旁通
小过	六五爻与中孚卦九二爻旁通·初六爻与中孚卦九四爻旁通·九四爻与中孚卦初六爻旁通
大过	九二爻与颐卦六五爻旁通·初六爻与颐卦九四爻旁通·九四爻与颐卦初六爻旁通
颐	六五爻与大过卦九二爻旁通·六三爻与大过卦上九爻旁通·上九爻与大过卦六三爻旁通
既济①	
未济②	九二爻与六五爻旁通·六五爻与九二爻旁通·初六爻与九四爻旁通·九四爻与初六爻旁通·六三爻与上九爻旁通·上九爻与六三爻旁通

（二）相错

相错指组成两个别卦（六爻卦）的经卦（三爻卦）重新交错组合成另外两个别卦。如困卦上卦为兑，下卦为坎；贲卦上卦为艮，下卦为离。困卦之下卦坎与贲卦

---

①案，既济卦六爻皆当位，故无需旁通。
②案，未济卦六爻皆不当位，此卦名未济的原因之一。

之上卦艮交错组合为蒙卦，困卦之上卦兑与贲卦之下卦离交错组合为革卦。按焦氏"相错"说，则"蒙、革为困、贲之相错"。①

焦氏"相错"具体而言，可分以下四种情况：

1. 两旁通卦之相错。如乾卦的上卦与坤卦的下卦错为否卦，乾卦的下卦与坤卦的上卦错为泰卦。

2. 两旁通卦二爻与五爻互易后形成的两新卦之相错，如乾卦二爻与坤卦五爻互易后，乾卦变成了同人卦，坤卦变成了比卦，同人卦的上卦乾与比卦的下卦坤错为否卦，同人卦的下卦离与比卦的上卦坎错为既济卦。

3. 两旁通卦四爻与初爻互易，或上爻与三爻互易后形成的两新卦之相错。如乾卦四爻与坤卦初爻互易后，乾卦变成了小畜卦，坤卦变成了复卦，小畜卦的上卦巽与复卦的下卦震错为益卦，小畜卦的下卦乾与复卦的上卦坤错为泰卦。又如乾卦上爻与坤卦三爻互易后，乾卦变成了夬卦，坤卦变成了谦卦，夬卦的上卦兑与谦卦的下卦艮错为咸卦，夬卦的下卦乾与谦卦的上卦坤错为泰卦。

4. 两旁通卦先二爻与五爻互易，再四爻与初爻互易、或上爻与三爻互易后形成的两新卦之相错。如乾卦二爻与坤卦五爻互易后，乾卦变成了同人卦，坤卦变成了比卦，同人卦的四爻再与比卦的初爻互易，则同人卦变成了家人卦，比卦变成了屯卦，家人卦的上卦巽与屯卦的下卦震错为益卦，家人卦的下卦离与屯卦的上卦坎错为既济卦。又如乾卦二爻与坤卦五爻互易后，乾卦变成了同人卦，坤卦变成了比卦，同人卦的上爻再与比卦的三爻互易，则同人卦变成了革卦，比卦变成了蹇卦，革卦的上卦兑与蹇卦的下卦艮错为咸卦，革卦的下卦离与蹇卦的上卦坎错为既济卦。②

为了说明"相错"亦为《周易》作者之本意，焦循在《易图略》中也举了不少例证。如蒙卦、革卦为困卦与贲卦之相错，故蒙卦六四爻辞有"困蒙"之语；睽卦、蹇卦为旅卦与节卦之相错，故蹇卦象辞有"中节"之语；家人卦、解卦为丰卦与涣卦之相错，故丰卦上六爻辞有"蔀其家"之语；鼎卦与屯卦相错为噬嗑卦，噬嗑，食也，故鼎卦九三爻辞有"雉膏不食"之语；比卦与大有卦错为需卦、晋卦，大有，众也，比，乐也，故晋卦六三爻辞有"众允"之语，需卦九五爻辞有"饱食燕（宴）乐"之语；大壮卦与观卦错为小畜卦，故小畜卦九三爻辞言"舆说（脱）辐"，大壮卦九四爻辞则言"壮于大舆之輹"；临卦与遁卦错为履卦，故履卦卦辞言"履虎尾"，遁卦初六爻辞则言"遁尾"；咸卦、损卦为艮卦与兑卦之相错，故艮卦六五爻辞言"艮其辅"，咸卦上六爻辞则言"咸其辅"，咸卦六二爻辞言"咸其腓"，艮卦六二爻辞则言"艮其腓"，损卦六三象辞言"一人行，三则疑也"，兑卦

---

① [清] 焦循：《易图略》卷四，陈居渊：《〈易章句〉导读》，齐鲁书社，2002年，第286页。
② 关于焦氏"相错"所分四种情况乃吸收复旦大学陈居渊先生的研究成果（参见其《焦循儒学思想与易学研究》，齐鲁书社，2000年，第217页）。其中的"旁通"乃用虞翻、陆绩等人的"旁通"之义，非焦氏"旁通"之义。

初九象辞则言"行未疑也",损卦六三爻辞言"得其友",兑卦象辞则言"以朋友讲习"。①

为使读者对焦氏相错说有一全面清晰的认识,兹列六十四卦相错表于下:

六十四卦相错表

相错前	相错后
两旁通卦之相错	
乾卦与坤卦	否卦与泰卦
坎卦与离卦	既济卦与未济卦
震卦与巽卦	恒卦与益卦
艮卦与兑卦	损卦与咸卦
同人卦与师卦	讼卦与明夷卦
比卦与大有卦	需卦与晋卦
随卦与蛊卦	大过卦与颐卦
渐卦与归妹卦	中孚卦与小过卦
小畜卦与豫卦	观卦与大壮卦
复卦与姤卦	升卦与无妄卦
夬卦与剥卦	萃卦与大畜卦
谦卦与履卦	临卦与遁卦
屯卦与鼎卦	井卦与噬嗑卦
家人卦与解卦	涣卦与丰卦
蹇卦与睽卦	节卦与旅卦
革卦与蒙卦	困卦与贲卦
两旁通卦二爻与五爻互易后形成的两新卦之相错	
同人卦与比卦	否卦与既济卦
随卦与渐卦	咸卦与益卦
革卦与观卦	萃卦与家人卦
遁卦与屯卦	无妄卦与蹇卦
两旁通卦四爻与初爻互易,或上爻与三爻互易后形成的两新卦之相错	
小畜卦与复卦	益卦与泰卦
夬卦与谦卦	咸卦与泰卦
节卦与贲卦	既济卦与损卦

---

① [清] 焦循:《易图略》卷四,陈居渊:《〈易章句〉导读》,齐鲁书社,2002年,第286-287页。

续表

相错前	相错后
井卦与丰卦	既济卦与恒卦
大畜卦与屯卦	颐卦与需卦
大壮卦与蹇卦	小过卦与需卦
家人卦与临卦	中孚卦与明夷卦
革卦与升卦	大过卦与明夷卦
两旁通卦先二爻与五爻互易，再四爻与初爻互易，或上爻与三爻互易后形成的两新卦之相错	
家人卦与屯卦	益卦与既济卦
革卦与蹇卦	咸卦与既济卦
需卦与明夷卦	既济卦与泰卦

（三）时行

关于"时行"，阮元在《通儒扬州焦君传》中说："先二五，后初四、三上为'当位'。不俟二五，而初四、三上先行，为'失道'。《易》之道，唯在变通。二五先行而上下应之，此变通不穷者也。或初四先行、三上先行，则上下不能应，然变而通之，仍大中而上下应。……此所谓'时行'也。"① 焦循在《易图略》中说："《传》云：'变通者，趣（趋）时者也，能变通即为时行。时行者，元亨利贞也。"②

焦循认为，两旁通卦先二爻与五爻互易，叫作"元"，继二爻与五爻互易后，四爻与初爻或上爻与三爻互易，叫作"亨"，四爻与初爻互易叫"下应"，上爻与三爻互易叫"上应"，最终变通为咸、益二卦叫作"利"，变通为既济卦叫作"贞"。"元亨利贞"即焦循所谓"时行"。焦循"时行"说具体而言，可分为以下两种情况：

1. 二、五先行当位变通不穷。焦循说："乾、坤、坎、离，生同人、师、比、大有，震、巽、艮、兑，生渐、归妹、随、蛊。上应之成蹇、革，下应之成家人、屯，而家人、屯又变通于鼎、解，而终于既济、咸，蹇、革又变通于睽、蒙而终于既济、益。咸、损、益、恒四卦循环不已。"③

乾卦二爻与坤卦五爻互易后，乾卦变成了同人卦，坤卦变成了比卦；坎卦二爻

---

① [清] 焦循：《焦氏遗书》卷首，清光绪二年（1876）衡阳魏氏刻本。
② [清] 焦循：《易图略》卷三，陈居渊：《〈易章句〉导读》，齐鲁书社，2002年，第278页。
③ [清] 焦循：《易图略》卷三，陈居渊：《〈易章句〉导读》，齐鲁书社，2002年，第279页。

与离卦五爻互易后，坎卦变成了比卦，离卦变成了同人卦。同人卦旁通于师卦，比卦旁通于大有卦，因此焦循说："乾、坤、坎、离，生同人、师、比、大有。"巽卦二爻与震卦五爻互易后，巽卦变成了渐卦，震卦变成了随卦；兑卦二爻与艮卦五爻互易后，兑卦变成了随卦，艮卦变成了渐卦。渐卦旁通于归妹卦，随卦旁通于蛊卦，因此焦循说："震、巽、艮、兑，生渐、归妹、随、蛊。"继乾卦二爻与坤卦五爻互易，或坎卦二爻与离卦五爻互易后，同人卦上爻与比卦三爻互易，同人卦变为革卦，比卦变为蹇卦；继巽卦二爻与震卦五爻互易，或兑卦二爻与艮卦五爻互易后，渐卦上爻与随卦三爻互易，渐卦变为蹇卦，随卦变为革卦。此即焦循所说"上应之成蹇、革"。继乾卦二爻与坤卦五爻互易，或坎卦二爻与离卦五爻互易后，同人卦四爻与比卦初爻互易，同人卦变为家人卦，比卦变为屯卦；继巽卦二爻与震卦五爻互易，或兑卦二爻与艮卦五爻互易后，随卦四爻与渐卦初爻互易，随卦变为屯卦，渐卦变为家人卦。此即焦循所说"下应之成家人、屯"。家人卦又旁通于解卦，解卦二爻与五爻互易后，再以三爻与家人卦上爻互易（二五先行而上应之），解卦最终变成了咸卦，家人卦则变成了既济卦；屯卦又旁通于鼎卦，鼎卦二爻与五爻互易后，再以上爻与屯卦三爻互易（二五先行而上应之），鼎卦最终变成了咸卦，屯卦则变成了既济卦。此即焦循所说"家人、屯又变通于鼎、解，而终于既济、咸"。蹇卦又旁通于睽卦，睽卦二爻与五爻互易后，再以四爻与蹇卦初爻互易（二五先行而下应），睽卦最终变成了益卦，蹇卦则变成了既济卦；革卦又旁通于蒙卦，蒙卦二爻与五爻互易后，再以初爻与革卦四爻互易（二五先行而下应），蒙卦最终变成了益卦，革卦则变成了既济卦。此即焦循所说"蹇、革又变通于睽、蒙而终于既济、益"。益卦又旁通于恒卦，恒卦二爻与五爻互易后，继之以益卦三爻与上爻互易（二五先行而上应），则益卦成既济卦，恒卦成咸卦，咸卦又旁通于损卦，损卦二爻与五爻互易后，继之以咸卦初爻与四爻互易（二五先行而下应），则咸卦成既济卦，损卦成益卦，益卦又旁通于恒卦，恒卦成咸卦后，咸卦又旁通于损卦，损卦又成益卦，生生不息，循环不已，因此焦循说："咸、损、益、恒四卦循环不已。"

2. 初、四或三、上先行不当位变而通之仍大中而上下应。按照"变通不穷"的爻位运动规律，必须二五先行，初四、三上应之。如果初四先行，二五、三上应之，或三上先行，二五、初四应之，就会变成两个既济卦。如前所述，阴阳爻是否互易取决于是否当位，当位之爻不动，不当位之爻方与他爻互易，既济卦"六爻皆定"，不具备旁通互易的条件，爻位运动至两既济卦而终止，违背了"生生之谓易"的原则，故须变通以补救之，补救以后，仍能"大中而上下应"。如，乾卦四爻与坤卦初爻互易后，乾卦变为小畜卦，坤卦变为复卦；小畜卦二爻与复卦五爻互易以应之，小畜卦成家人卦，复卦成屯卦；屯卦三爻与家人卦上爻互易以应之，屯卦和家人卦就都变成了既济卦，爻位运动因此而终止，故须变通以补救之。乾卦变为小畜卦后，小畜卦旁通于豫卦，小畜卦二爻与豫卦五爻互易（二五先行）后，按爻位运动规律,应继之以四爻与初爻互易,但小畜卦四爻与豫卦初爻皆为阴爻,阴阳属性一致,不具备互易的条件,爻位运动似乎无法继续进行下去,然而就在此时,"柳暗花明又一村",豫卦四爻与其初爻互易以补救之,爻位运动又可以继续进行下去了。此即焦循所说:"小畜之失在四,通于豫以补之。……小畜二之豫五,小畜四不能应,豫四则能应也。"①

焦循以普遍联系和爻位运动的观点研究《周易》,把《周易》六十四卦视为具有内在联系的"生生不息"的动态系统,建立了自己独特的易学构架。一种理论正确与否是一回事,其是否有意义是另一回事。例如天堂地狱之说虽然出于宗教的虚幻理念,然而它有利于劝人向善、杜人作恶,可以给善良者以美好的心灵寄托,给邪恶者以一定的心理威慑,其所具有的积极意义是不言而喻的。焦循的易学理论虽然不一定正确,但比之孤立、静止地研究《周易》一卦一爻,在方法论上是有积极意义的。《周易》六十四卦究竟是杂乱无章的"偶然拼凑",还是有机联系的整体,是易学史上的一大悬案。清代学者戴震说:"其得于学,不以人蔽己,不以己自蔽。"② 笔者认为,因为自己没有看到《周易》六十四卦之间的内在联系,就武断地把六十四卦卦爻辞视为"杂七杂八""颠三倒四"的占卜结果的"拼凑",犯了"以己自蔽"之病。以焦循的学力,如果仅仅研究《周易》一卦一爻,很容易迅速拿出成果,而且一般不会招致别人的非议,但焦循却避易就难,潜心研究《周易》六十四卦之间的内在联系和爻位运动的规律,"尽屏他务,专理此经"③ "足不入城市者十余年"④,这正是学术发展所必需之文化精神。尽管焦循提出的易学构架是否《周易》所固有,尚有商榷余地,然而他毕竟提出了许多不乏说服力的例证,其得出结论的方法是科学、严谨的,诚如梁启超先生所说:焦循的易学研究"非凭空臆断,确是用考证家客观研究的方法得来"⑤。

二、焦循易学构架的道德义理诠释与"声训"

《周易》研究的传统格局中分象数和义理两大流派。焦循因其独特的易学构架,被归于象数一派。其实,焦循探究象数的目的,在于阐发义理。另外,焦循为了论证其易学构架,常以"声训"之法寻求卦与卦之间的关联,这是被人讥讽为"附会难通"的重要原因。下面就对这两个问题加以探讨。

(一)焦循易学构架的道德义理诠释

纵观中国士人史,不难发现,中国大多数士人都有着挥之不去的入世情结。这

---

①[清]焦循:《易图略》卷三、陈居渊:《〈易章句〉导读》,齐鲁书社,2002 年,第 279 - 280 页。
②[清]戴震:《东原文集》卷九《答郑丈用牧书》,张岱年主编:《戴震全书》第六册,黄山书社,1995年,第 373 页。
③[清]焦循:《易通释》卷首,续修四库全书本。
④赵尔巽等:《清史稿》卷四百八十二《焦循传》,中华书局,1977 年,第 13256 页。
⑤朱维铮校注:《梁启超论清学史二种》,复旦大学出版社,1985 年,第 298 页。

种入世情结肇源于"任重而道远"的使命感和"居庙堂之高则忧其民,处江湖之远则忧其君"的忧患意识。这种使命感和忧患意识是从孔子那里一脉相传的文化传统。前人往往评价乾嘉学者"一头钻进故纸堆,不问世事"。对乾嘉学者的这种认识,实在是低估了文化传统的影响力。焦循作为一名乾嘉学者,尽管潜心于六经注疏之学,然而"修齐治平"的中国传统士人的理想在他心中并未泯灭。焦循提出的易学构架绝非纯象数的研究,而是以象数为载体,阐发儒家的道德义理和自己"修齐治平"的政治理想。

焦循在论述其"旁通"体系时说:"成己所以成物,故此爻动而之正,则彼爻亦动而之正,未有无所之自正不正人者也。枉己未能正人,故彼此易而各正,未有变己正之爻为不正,以受彼爻之不正者也。"① 此段话中"成己所以成物"即孔子所云"己欲立而立人,己欲达而达人"② 之意;"枉己未能正人"即孔子所说"不能正其身,如正人何"③ 之意;"未有变己正之爻为不正,以受彼爻之不正者也"即孟子所云"吾闻出于幽谷迁于乔木者,未闻下乔木而入于幽谷者"④ 之意。

焦循在《易图略》中又说:"《易》之一书,圣人教人改过之书也。穷可以通,死可以生,乱可以治,绝可以续,故曰为衰世而作,达则本以治世,不得诿于时运之无可为,穷则本以治身,不得谢以气质之不能化。"⑤ 这段话充分表达了焦循"修齐治平"的政治理想,忧国忧民的忧患意识和使命感跃然纸上。焦循认为,按照爻位运动规律,先二五、后初四、三上则为吉,不待二五、初四、三上先行则为凶。然而吉可变凶,凶可化吉。吉何以变凶?焦循举例说:"乾二先之坤五,四之坤初应之,乾卦成家人,坤成屯,是当位而吉者也。若不知变通而以家人上之屯三成两既济,其道穷矣。"⑥ 也就是说,本来是吉,如不知及时"迁善改过"而变通,也会变为凶。凶何以化吉?焦循举例说:"乾二不之坤五,而四先之坤初,乾成小畜,坤成复,是失道而凶者也。若能变通,以小畜通豫,以复通姤,小畜、复初四虽先行,而豫、姤初四则未行,以豫、姤补救小畜、复之非……此凶变吉也。"⑦ 也就是说,本来是凶,如果能够"迁善改过"而变通,也会转化为吉。最后,焦循总结说:"惟凶可以变吉,则示人以失道变通之法;惟吉可以变凶,则示人以当位变通之法。"⑧ 失道时"迁善改过"以求吉,当位时"迁善改过"以避免转化为凶,这充分反映了中国传统士人憧憬追求国家"长治久安"的政治理想。在《易话》中,焦循更是明确指出:"圣人治天下,欲其长治而不乱,故设卦系辞以垂万世。……圣人处乱则拨乱以反乎治,处治则继善以防乎乱。……大抵气化皆乱,赖人而治。治

---

① [清] 焦循:《易图略》卷一,陈居渊:《〈易章句〉导读》,齐鲁书社,2002年,第252页。
② 杨伯峻:《论语译注》,中华书局,1980年,第65页。
③ 杨伯峻:《论语译注》,中华书局,1980年,第138页。
④ 杨伯峻:《孟子译注》卷五《滕文公章句上》,中华书局,1960年,第125页。
⑤ [清] 焦循:《易图略》卷三,陈居渊:《〈易章句〉导读》,齐鲁书社,2002年,第280页。
⑥⑦⑧ [清] 焦循:《易图略》卷二,陈居渊:《〈易章句〉导读》,齐鲁书社,2002年,第267页。

而长治者,人续之也;治而致乱者,人失之也。……怠于政教,人民乃紊……故否泰皆视乎人,不得委之气化之必然也。"① 一个忧国忧民、希冀国泰民安的"故纸堆"中的乾嘉学者的形象呼之欲出!

(二) 焦循易学构架与"声训"

在中国训诂学史上,清代可称是黄金时期。清代训诂学的最突出的成就是"声训"的发达。"声训"也称"音训",是从字的读音着眼,根据音近义通的原则,取音近之字互为解释。"声训"的起源很早,《周易·说卦》:"乾,健也。""坤,顺也。""坎,陷也。"②《周易·象》:"夬,决也。"《孟子·滕文公上》:"庠者,养也。校者,教也。序者,射也。"③ 这些都是"声训"。至清代,以音韵学的成就为依托,"声训"形成了系统的理论。王念孙在《广雅疏证》自序中说:"窃以诂训之旨,本于声音,故有声同字异,声近义同,虽或类聚群分,实亦同条共贯。"段玉裁为《广雅疏证》作序时也说:"圣人之制字有义而后有音,有音而后有形;学者之考字,因形以得其音,因音以得其义。治经莫重于得义,得义莫切于得音。"④ 这些论述十分精辟,成为清代学者研究训诂的准绳。

焦循深受《广雅疏证》的影响,他说:"循近年得力于《广雅疏证》,用以解《易》,乃得涣然冰释,因叹声音训诂之妙,用以解他经,固为切要,而用以解《易》,尤为必不可离。"⑤ 在论证其易学构架时,焦循常用"声训"之法探求卦与卦之间的关联。如萃卦初六爻辞有"一握为笑"之语,鼎卦九四爻辞有"其形渥"之语,焦循注萃卦时说:"握与渥同。鼎'其形渥',渥,足也。足则终,终则乱,惟有孚于萃不终。"⑥ 通过"握"与"渥"的假借,论证了萃卦与鼎卦的关联。这种假借之法常被讥评为"穿凿附会"。针对这种讥评之语,阮元曾为之辩驳说:"或曰:《通释》多因假借而引申之,不几凿乎?元曰:古无文字,先有言有意。言与意立乎文字未造以前……故口言'遁',而'遁'与'豚'同意,口言'疾',而'疾'与'蒺'同意。《传》所谓'书不尽言,言不尽意'即此道也。浅识者立乎其后而分执之,盖未知声音、文字之本矣。藉曰非也,虞翻何以'豚鱼'为'遁鱼',《韩诗外传》何以'蒺藜'为'据疾'哉?"⑦ 在晚清易学界对焦循的一片非

---

① [清] 焦循:《易话·阴阳治乱辨》,续修四库全书本。
② 案,坤以申为声符,申与顺叠韵;坎以欠为声符,欠与陷叠韵。
③ 案,在上古音韵系统中,"序"为邪母鱼部,"射"为船母铎部。邪母为舌尖音,船母为舌面音,两者发音部位相近;鱼部和铎部是阴入对转,即主要元音相同,只是有无辅音韵尾的区别。"序"与"射"声母和韵母都相近,具备声韵相邻通假条件。参见:郭锡良《汉字古音手册》,北京大学出版社,1986年。
④ [清] 王念孙:《广雅疏证》卷首,丛书集成初编本。
⑤ [清] 焦循:《焦里堂先生轶文·寄王伯申书》,鄦斋丛书本。
⑥ 陈居渊:《〈易章句〉导读》,齐鲁书社,2002年,第107页。
⑦ [清] 焦循:《雕菰楼易学三书》卷首,焦氏丛书本。

难否定声中，皮锡瑞也表明了他支持焦循的鲜明立场："假借说《易》并非穿凿，学者当援例推补。"①"声训"本是一种科学的训诂方法，卦与卦之间的关联也可备一家之说，但"声训"与两卦（或数卦）关联之间是否存在着必然的逻辑关系，换言之，《周易》作者是否有意识地用"声训"来暗示卦与卦之间的关联，则大有疑问。此外，运用"声训"时，最忌主观臆测，最好有比较充分的文献旁证，而焦循在其易学论著中所论之假借虽然基本上都符合古音通假的条件，但缺乏比较充分的文献旁证，终觉美犹有憾。

第五节　高邮王氏父子的《周易》诠释

自宋明理学家多以哲学思辨的方法释《易》，特别是发挥《易传》中的重要观念，易学主流遂以义理发明为主，关于《易经》字词古义的训释、六十四卦卦爻辞的整体架构，颇遭忽略。清初易学的发展，沿着回归经典、尊史崇古的学术发展大势，学者渐知重视本经及古义。但吴派由钩沉汉《易》而走到了迷信汉《易》的极端，而皖派虽亦重视汉《易》，但却认识到汉《易》亦非尽得《易》之本义，因而信其所当信，而疑其所可疑，是其所是，非其所非。皖派的释经方法，至高邮王念孙、王引之父子而益精。

王念孙（1744—1832），字怀祖，自号石臞，江苏高邮人。王引之（1766—1834），字伯申，号曼卿，王念孙长子。高邮王氏父子在《经义述闻》一书中对汉《易》的辩驳，充分反映了皖派诠释经典的特色。

一、对虞翻《易》注的辩驳

（一）对虞翻以"之正说"诠《易》的辩驳

虞翻发明卦爻多以"之正"为义，阴居阳位则之正而为阳，阳居阴位则之正而为阴。王引之对此辩驳说："夫爻因卦异，卦以爻分，各有部居，不相杂厕。若爻言初六、六三、六五，而易六以九；爻言九二、九四、上九而易九以六，则爻非此爻，卦非此卦矣，不且紊乱而无别乎？"②

虞翻为了以"之正说"解《易》，将《周易》卦辞中的"贞"一概训为"正"。王引之对之一一加以辩驳。

坤卦卦辞"利牝马之贞"，虞注："初动得正，故'利牝马之贞'矣。"坤卦卦辞"安贞吉"，虞注："复初得正，故'贞吉'。"③ 王引之以《易传》为据辩驳说："《象》曰'牝马地类，行地无疆，柔顺利贞'，又曰'安贞之吉，应地无疆'，皆

---

① [清] 皮锡瑞：《经学通论》卷一，中华书局，2011 年，第 39 页。
② [清] 王引之著，钱文忠等整理：《经义述闻》，上海书店出版社，2012 年，上册第 54 页。
③ [唐] 李鼎祚著，王丰先点校：《周易集解》，中华书局，2016 年，第 30、34 页。

以纯阴之卦言之，未尝以为初爻之正也。"①

蒙卦卦辞"利贞"，虞注："二、五失位，利变之正，故'利贞'。"②王引之以《易传》为据辩驳说："《彖》曰'蒙以养正，圣功也'，以九二刚中上包六五言之，未尝以为二、五之位当之正也。"③

临卦卦辞"元亨利贞"，虞注："乾来交坤，动则成乾，故元亨利贞。"临卦《彖》辞"大亨以正，天之道也"，虞注："三动成乾天，得正为泰，天地交通，故'亨以正，天之道也'。"④王引之根据临卦《彖》辞的前半部分辩驳说："《彖》曰'说而顺，刚中而应'，乃'大亨以正'之由。若谓三动成乾，则是健而顺，非'说而顺'矣。"⑤

无妄卦卦辞"元亨利贞"，虞注："三四失位，故'利贞'也。"无妄卦《彖》辞"大亨以正，天之命也"，虞注："变四承五，乾为天，巽为命，故曰'大亨以正，天之命也'。"⑥王引之根据无妄卦《彖》辞的后半部分辩驳说："《彖》曰'动而健，刚中而应，大亨以正，天之命也'，四句一意相承。若谓变四之正，则是'动而巽'，非'动而健'，失其所以为无妄矣。"⑦

大畜卦卦辞"利贞"，虞注："二五失位，故'利贞'。"大畜卦《彖》辞"大正也"，虞注："二、五易位，故'大正'。"⑧王引之根据大畜卦《彖》辞的前半部分辩驳说："《彖》曰'其德刚上二而上贤，能止健，大正也'，谓上艮下乾也。若二、五易位，则上巽下离，不得谓之'止健'矣。"⑨

颐卦卦辞"颐贞吉"，虞注："三爻之正，五上易位，故'颐，贞吉'。"⑩王引之根据卦象辩驳说："卦体上止下动，象人之颐，故名曰'颐'。若谓三之正，五、上易位，则上不止而下不动，不得谓之颐矣。"颐卦《彖》辞说"养正则吉"也，因此，王引之又以《易传》为据辩驳说："颐象已不见，尚何'养正则吉'之有乎？"⑪

恒卦卦辞"亨，无咎，利贞"，虞注："初利往之四，终变成益，则初四二五皆得其正。"⑫王引之以《易传》为据辩驳说："《彖》曰：'恒亨无咎利贞，久于其道也。'久者，不变之谓也。若谓初变之四，二变之五，则是无恒矣，岂'久于其道'之谓乎？"⑬

大壮卦卦辞"利贞"，虞注："壮，伤也。大谓四，失位，为阴所乘。……与五

---

①③⑤[清] 王引之著，钱文忠等整理：《经义述闻》，上海书店出版社，2012年，上册第54页。
②[唐] 李鼎祚著，王丰先点校：《周易集解》，中华书局，2016年，第54页。
④[唐] 李鼎祚著，王丰先点校：《周易集解》，中华书局，2016年，第135、136页。
⑥[唐] 李鼎祚著，王丰先点校：《周易集解》，中华书局，2016年，第167页。
⑦⑨⑪⑬[清] 王引之著，钱文忠等整理：《经义述闻》，上海书店出版社，2012年，上册第55页。
⑧[唐] 李鼎祚著，王丰先点校：《周易集解》，中华书局，2016年，第171、172页。
⑩[唐] 李鼎祚著，王丰先点校：《周易集解》，中华书局，2016年，第176页。
⑫[唐] 李鼎祚著，王丰先点校：《周易集解》，中华书局，2016年，第203页。

第三章 明清时期的《周易》诠释

易位乃得正，故'利贞'也。"① 王引之以《易传》为据辩驳说："《象》曰'大壮，大者壮也。刚以动，故壮；大壮利贞，大者正也'，皆以下乾上震言之。若谓九四之正而为六四，则大者失其大，壮者失其壮矣，尚何利之有乎？"②

明夷卦卦辞"利艰贞"，虞注："五失位，变出成坎为艰，故'利艰贞'矣。"③ 王引之以《易传》为据辩驳说："《象》曰'利艰贞，晦其明也'，仍取明在地中之象。若谓六五之正而为坎为重离，则明在地中之象不见，尚何得言晦其明乎？"④

萃卦卦辞"利见大人，亨，利贞"，虞注："三、四失位，利之正变成离，离为见，故'利见大人，亨，利贞'，聚以正也。"⑤ 王引之以《易传》为据辩驳说："《象》曰'顺以说，刚中而应，聚也'，以下坤上兑言之也。若谓三、四之正，则下艮上坎，当为见险而止，不得谓之'顺以说'矣。顺说之象既失，尚何聚之有乎？"⑥

革卦卦辞"元亨利贞"，虞注："四动体离，五在坎中……以成既济。"⑦王引之以《易传》为据辩驳说："《象》曰'文明以说，大亨以正'，以下离上兑言之也。若谓九四之正而为六四，则是下离上坎，不得谓之说矣。"⑧

渐卦卦辞"利贞"，虞注："初上失位，故'利贞'。"⑨王引之以《易传》为据辩驳说："《象》曰'进得位，往有功也。进以正，可以正邦也。其位刚得中也。止而巽，动不穷也'，则所谓'利贞'者，正以中四爻得位而言，非谓初、上失位，当动而之正也。若谓初六变为初九，上九变为上六，则是下离上坎，不得谓之'止而巽'矣。"⑩

兑卦卦辞"亨利贞"，虞注："二失正，动应五承三，故'亨，利贞'也。"兑卦《象》辞"说以利贞"，虞注："二、三、四利之正，故'说以利贞'也。"⑪王引之以《易传》为据辩驳说："《象》曰'刚中而柔外，说以利贞'，惟其刚柔相济，是以'说以利贞'也。若谓二、三、四之正，则刚中柔外之象不见，不得谓之'说以利贞'矣。"⑫

涣卦卦辞"利涉大川，利贞"，虞注："二失正，变应五，故'利贞'也。"⑬王引之以《易传》为据并结合卦辞辩驳说："《象》曰'刚来而不穷'，谓否四之二也。卦以刚来为义，不谓刚化为柔也。且内卦为坎，故'利涉大川'。若九二之正而为六二，则坎象不见，尚何'利涉'之有乎？"⑭

---

① [唐] 李鼎祚著，王丰先点校：《周易集解》，中华书局，2016年，第213页。
②④⑥⑧⑩⑫⑭ [清] 王引之著，钱文忠等整理：《经义述闻》，上海书店出版社，2012年，上册第55页。
③ [唐] 李鼎祚著，王丰先点校：《周易集解》，中华书局，2016年，第222页。
⑤ [唐] 李鼎祚著，王丰先点校：《周易集解》，中华书局，2016年，第276页。
⑦ [唐] 李鼎祚著，王丰先点校：《周易集解》，中华书局，2016年，第301页。
⑨ [唐] 李鼎祚著，王丰先点校：《周易集解》，中华书局，2016年，第323页。
⑪ [唐] 李鼎祚著，王丰先点校：《周易集解》，中华书局，2016年，第354页。
⑬ [唐] 李鼎祚著，王丰先点校：《周易集解》，中华书局，2016年，第359页。

中孚卦卦辞"利贞",虞注:"二利之正而应五也。"① 王引之以《易传》为据辩驳说:"《彖》曰'柔在内而刚得中,说而巽,孚乃化邦也',若九二之正而为六二,则内卦刚不得中,能巽而不能说矣,尚何利之有乎?"②

小过卦卦辞"亨利贞",虞注:"五失正,故'利贞'。"③ 王引之根据小过卦卦辞上下文及《易传》辩驳说:"经下文曰'可小事不可大事',《彖》曰:'柔得中,是以小事吉也;刚失位而不中,是以不可大事也。'若六五已之正而为九五,则是刚得位而中矣,下文何以云'不可大事'乎?"④

《周易》爻辞中凡爻不当位而言"贞"者,虞翻亦皆以"之正"为解。王引之说:"寻文究理,实不当如虞氏所说。"⑤因而对之也一一加以辩驳。

坤卦六三爻辞"含章可贞",虞注:"三失位,发得正,故'可贞'也。"⑥ 王引之以《易传》为据辩驳说:"《象》曰:'含章可贞,以时发也。'谓内含章美,待时而发,非谓动而之正也。"⑦

讼卦九四爻辞"安贞吉",虞注:"动而得位,故'安贞吉'。"⑧ 王引之以《易传》为据辩驳说:"《象》曰:'安贞,不失也。'谓安静不犯,不失其正,非谓动而之正也。"⑨

履卦九二爻辞"幽人贞吉",虞注:"之正得位,故'贞吉'。"⑩ 王引之以《易传》为据辩驳说:"《象》曰:'幽人贞吉,中不自乱也。'谓居内履中,在幽而正,非谓动而之正也。"⑪

随卦六三爻辞"利居贞",虞注:"艮为居,为求,谓求之正,得位远应,利上承四,故'利居贞'矣。"⑫ 王引之辩驳说:"'利居贞'谓居处贞正而不妄动,非谓动而之正也。"⑬

无妄卦九四爻辞"可贞,无咎",虞注:"动则正,故'可贞'。"⑭ 王引之辩驳说:"'可贞,无咎'谓比近九五,可以任正,非谓动而之正也。"⑮

咸卦九四爻辞"贞吉,悔亡",虞注:"应初,动得正,故'贞吉'而'悔亡'矣。"⑯ 王引之以《易传》为据辩驳说:"《象》曰:'贞吉悔亡,未感害也。'谓始感以正,不逢患害,非谓动而之正也。动而之正则为蹇,不复感应以相与矣。"⑰

大壮卦九二爻辞"贞吉",虞注:"变得位,故'贞吉'。"⑱ 王引之以《易传》

---

① [唐] 李鼎祚著,王丰先点校:《周易集解》,中华书局,2016年,第368页。
② ④ ⑤ ⑦ ⑨ ⑪ ⑬ ⑮ ⑰ [清] 王引之著,钱文忠等整理:《经义述闻》,上海书店出版社,2012年,上册第56页。
③ [唐] 李鼎祚著,王丰先点校:《周易集解》,中华书局,2016年,第373页。
⑥ [唐] 李鼎祚著,王丰先点校:《周易集解》,中华书局,2016年,第36页。
⑧ [唐] 李鼎祚著,王丰先点校:《周易集解》,中华书局,2016年,第69页。
⑩ [唐] 李鼎祚著,王丰先点校:《周易集解》,中华书局,2016年,第90页。
⑫ [唐] 李鼎祚著,王丰先点校:《周易集解》,中华书局,2016年,第129页。
⑭ [唐] 李鼎祚著,王丰先点校:《周易集解》,中华书局,2016年,第170页。
⑯ [唐] 李鼎祚著,王丰先点校:《周易集解》,中华书局,2016年,第201页。
⑱ [唐] 李鼎祚著,王丰先点校:《周易集解》,中华书局,2016年,第215页。

为据辩驳说："《象》曰：'九二贞吉，以中也。'谓刚中而应，不失其正，非谓动而之正也。"大壮卦九四爻辞"贞吉悔亡"，虞注："之五得中，故'贞吉'而'悔亡'矣。"① 王引之辩驳说："'贞吉悔亡'谓行不违谦，不失其正，非谓动而之正也。"②

晋卦初六爻辞"晋如摧如，贞吉"，虞注："动得位，故'贞吉'。"③王引之以《易传》为据辩驳说："《象》曰：'晋如摧如，独行正也。'谓进明退顺，不失其正，非谓动而之正也。"④

解卦九二爻辞"贞吉"，虞注："之正得中，故'贞吉'。"⑤王引之以《易传》为据辩驳说："《象》曰：'九二贞吉，得中道也。'谓刚中而应，不失其正，非谓动而之正也。"⑥

损卦九二爻辞"利贞"，虞注："失位当之正，故'利贞'。"⑦王引之以《易传》为据辩驳说："《象》曰：'九二利贞，中以为志也。'谓志在履中，不失其正，非谓动而之正也。"损卦上九爻辞"弗损益之，无咎，贞吉"，虞注："上失正，之三得位，故'弗损益之，无咎，贞吉'。"⑧王引之辩驳说："'无咎贞吉'谓用正而吉，不制于柔，非谓动而之正也。"⑨

姤卦初六爻辞"贞吉"，虞注："初、四失正，易位乃吉，故'贞吉'矣。"⑩王引之辩驳说："初六贞吉，谓柔而守正，乃以获吉，非谓动而之正也。姤为一阴始生，方且渐进而为遁、为否、为观、为剥、为坤，断无初爻变而之正之理。"⑪

升卦六五爻辞"贞吉升阶"，虞注："二之五，故'贞吉'。"⑫王引之以《易传》为据辩驳说："《象》曰：'贞吉升阶，大得志也。'谓体柔而应，居顺履中，非谓动而之正也。"⑬

鼎卦六五爻辞"利贞"，虞注："动而得正，故'利贞'。"⑭王引之辩驳说："'利贞'谓居中以柔，应乎刚正，非谓动而之正也。"⑮

艮卦初六《象》辞"未失正也"，虞注："动而得正，故'未失正也'。"⑯王引之以《易传》为据辩驳说："《象》曰：'艮其趾，未失正也。'谓处趾之初，至静而定，非谓动而之正也。"⑰

---

①［唐］李鼎祚著，王丰先点校：《周易集解》，中华书局，2016年，第216页。
②④⑥⑨⑪⑬⑮⑰［清］王引之著，钱文忠等整理：《经义述闻》，上海书店出版社，2012年，上册第56页。
③［唐］李鼎祚著，王丰先点校：《周易集解》，中华书局，2016年，第219页。
⑤［唐］李鼎祚著，王丰先点校：《周易集解》，中华书局，2016年，第247页。
⑦［唐］李鼎祚著，王丰先点校：《周易集解》，中华书局，2016年，第253页。
⑧［唐］李鼎祚著，王丰先点校：《周易集解》，中华书局，2016年，第255页。
⑩［唐］李鼎祚著，王丰先点校：《周易集解》，中华书局，2016年，第273页。
⑫［唐］李鼎祚著，王丰先点校：《周易集解》，中华书局，2016年，第286页。
⑭［唐］李鼎祚著，王丰先点校：《周易集解》，中华书局，2016年，第312页。
⑯［唐］李鼎祚著，王丰先点校：《周易集解》，中华书局，2016年，第320页。

归妹卦九二爻辞"利幽人之贞",虞注:"变得正……故'利幽人之贞'。"① 王引之以《易传》为据辩驳说:"《象》曰:'利幽人之贞,未变常也。'谓在内履中,能寄其常,非谓动而之正也。"②

巽卦初六爻辞"利武人之贞",虞注:"乾为武人,初失位,利之正为乾,故'利武人之贞'矣。"③王引之辩驳说:"'利武人之贞'谓济以威武,乃能干事,非谓动而之正也。"④

未济卦九二《象》辞"行正",虞注:"初已正,二动成震,故'行正'。"⑤王引之以《易传》为据辩驳说:"《象》曰:'九二贞吉,中以行正也。'谓救难以正而不违中,非谓动而之正也。"未济卦九四爻辞"贞吉悔亡",虞注:"动正得位,故吉而悔亡矣。"⑥王引之以《易传》为据辩驳说:"《象》曰:'贞吉悔亡,志行也。'谓以刚奉柔,志在乎正,非谓动而之正也。"未济卦六五爻辞"贞吉无悔",虞注:"之正则吉,故'贞吉,无悔'。"⑦王引之辩驳说:"'贞吉无悔'谓御刚以柔,合乎中道,非谓动而之正也。"针对未济卦六爻皆不当位的特殊情况,王引之还说:"未济六爻皆不当位,如以'之正'为义,则六爻皆当言'贞',何以九二、九四、六五言'贞'而其余则否乎?可见言'贞'者,本爻自有守正之义,非谓变而之正也。"⑧

不当位之爻,虞翻固以"之正"解之;得位之爻,虞翻有时也以"之正"解之。如益卦六二爻辞"永贞吉",虞注:"二得正远应,利三之正,己得承之,上之三得正,故'永贞吉'。"⑨在这里,虞翻以益卦六三和上九两爻"之正"解益卦六二爻辞中的"永贞吉"。王引之对此质疑说:"如其说,则'永贞'之文何不系于三、上两爻,而系于六二乎?"⑩萃卦九五爻辞"元永贞",虞注:"四变之正,则五体皆正,故'元永贞'。"⑪在这里,虞翻以萃卦九四爻"之正"解萃卦九五爻辞中的"元永贞"。王引之对此质疑说:"如其说,则'元永贞'之文何不系于四爻,而系于九五乎?"⑫

最后,王引之总结说:"(虞翻)于经所本无之义而强为之说,其能若合符节乎?……理由牵合,文则龃龉,未见其为不易之论也。虞氏言'之正'者不可枚举,而其释'贞'以'正'最足以乱真,故明辨之。"⑬

---

①[唐]李鼎祚著,王丰先点校:《周易集解》,中华书局,2016年,第332页。
②④⑧⑩⑫[清]王引之著,钱文忠等整理:《经义述闻》,上海书店出版社,2012年,上册第57页。
③[唐]李鼎祚著,王丰先点校:《周易集解》,中华书局,2016年,第350页。
⑤⑥[唐]李鼎祚著,王丰先点校:《周易集解》,中华书局,2016年,第386页。
⑦[唐]李鼎祚著,王丰先点校:《周易集解》,中华书局,2016年,第387页。
⑨[唐]李鼎祚著,王丰先点校:《周易集解》,中华书局,2016年,第259页。
⑪[唐]李鼎祚著,王丰先点校:《周易集解》,中华书局,2016年,第281页。
⑬[清]王引之著,钱文忠等整理:《经义述闻》,上海书店出版社,2012年,上册第57页。案,据甲骨卜辞,"贞"义乃"占问",故虞翻以"之正说"释《易经》文本之"贞",的确不可取。虞注琐细而失本之弊,于此亦可见一斑。

从以上王引之对虞翻"之正说"的辩驳，我们可以看到，王引之几乎都以《易传》为据。王引之以《易传》为据驳虞翻之说，十分有力。汉儒旧注虽然"去古未远"，但《易传》则离古更近，故王引之以《易传》为依据辩驳汉儒旧注是完全符合汉学家"愈古愈真"的辨伪思路的。① 郑吉雄先生指出："《易传》的许多解释，其实并没有与《易经》分离，甚至往往是扣紧着《易经》而加以演绎发挥。"② 刘大钧先生指出："后人多以为汉《易》可信，其实，汉初即有人'持论巧慧''改师法'了。"③《易传》既与《易经》的本义密切相关，汉《易》既然并非完全可信，那么，王引之以《易传》辩驳汉《易》的做法就不仅合理，而且是十分有意义的，它启示我们应当对二十世纪易学界严格区分《易经》与《易传》的《周易》诠释学的主流主张予以反思。

（二）对虞翻以"旁通说"诠《易》的辩驳

虞翻诠《易》常不依本卦，而据旁通之卦。王引之认为"《易》之《彖》与《大象》惟取义于本卦。健、顺、动、巽、险、明、止、说之德，天、地、雷、风、水、火、山、泽之象，无不各如其本卦，义至明也"，因此，在《经义述闻》中特立"虞氏以旁通说《彖》《象》显与经违"一题加以辩驳。

履卦《彖》辞"履，柔履刚也"，虞注："坤柔乾刚，谦坤藉乾，故'柔履刚'。"④ 履卦《彖》辞"履帝位而不疚，光明也"，虞注："谦震为帝，坎为疾病，五履帝位，坎象不见，故'履帝位而不疚，光明也'。"⑤ 虞翻以履卦的旁通卦谦卦的上卦坤和互体震、坎来解履卦《彖》辞。王引之驳之曰："经云'说而应乎乾'，谓下兑上乾也。若取义于下艮上坤之谦，则是止而应乎坤矣，岂'说而应乎乾'之谓乎？"⑥

豫卦《彖》辞"豫，顺以动，故天地如之"，虞注："小畜乾为天，坤为地。"豫卦《彖》辞"天地以顺动，故日月不过而四时不忒"，虞注："豫变通小畜，坤为地，动初至三成乾，故'天地以顺动'；变初至需⑦，离为日，坎为月，皆得其正，故'日月不过'；动初时震为春，至四兑为秋，至五离为夏，坎为冬。四时位正，故'四时不忒'。"豫卦《彖》辞"圣人以顺动则刑罚清而民服"，虞注："动初至四，兑为刑，至坎为罚，坎、兑体正，故'刑罚清'；坤为民，乾为清，以乾乘坤，

---

①阮元说："后儒说经每不如前儒说经之确，何者？前儒去古未远，得其真也。故孔、贾虽深于经疏，要不若毛、郑说经之确；毛、郑纵深于《诗》《礼》，更不若游、夏之亲见闻于圣人矣。"（《小沧浪笔谈》卷四）
②郑吉雄：《易图像与易诠释》，台湾喜马拉雅研究发展基金会，2002年，第343页。
③刘大钧：《周易概论》，齐鲁书社，1988年，第150页。
④[唐] 李鼎祚著，王丰先点校：《周易集解》，中华书局，2016年，第88页。
⑤[唐] 李鼎祚著，王丰先点校：《周易集解》，中华书局，2016年，第89页。
⑥[清] 王引之著，钱文忠等整理：《经义述闻》，上海书店出版社，2012年，上册第69页。
⑦需，续修四库本《经义述闻》引作"五"。

故'民服'。"① 虞翻以豫卦的旁通卦小畜卦的下卦乾和互体离、兑解豫卦《象》辞。王引之驳之曰："经云'顺以动，豫'，谓下坤上震也。若取义于下乾上巽之小畜，则是健而巽矣，岂'顺以动'之谓乎？"②

离卦《象》辞"日月丽乎天，百谷草木丽乎土"，虞注："乾五之坤成坎为月，离为日，'日月丽天'也。震为百谷，巽为草木，坤为地，乾二五之坤成坎震体屯，屯者，盈也，'盈天地之间者唯万物'，万物出震，故'百谷草木丽乎土'。"③虞翻以离卦的旁通卦坎卦及其互体震解释离卦《象》辞中的"月"和"百谷"的象数依据。王引之驳之曰："经云'重明以丽乎正'，又云'柔丽乎中正'，谓上下皆离也。若取义于上下皆坎之习坎，则是重险而刚中矣，岂'明'与'柔'之谓乎？"④

革卦《象》辞"天地革而四时成"，虞注："谓五位成乾为天，蒙坤为地，震春兑秋，四之正，坎冬离夏，则四时具，坤革而成乾，故'天地革而四时成'也。"⑤虞翻以革卦的旁通卦蒙卦的互体坤和震解释革卦《象辞》。王引之驳之曰："经云'文明以说'，谓下离上兑也，若取义于下坎上艮之蒙，则是险而止矣，岂'文明以说'之谓乎？"⑥

以上为王引之对虞翻以"旁通说"诠《象》的辩驳。

坤卦《象》辞"地势坤，君子以厚德载物"，虞注："君子谓乾，阳为德，动在坤下，'君子之德车'，故'厚德载物'。"⑦虞翻以坤卦的旁通卦乾卦解释坤卦《象》辞。王引之驳之曰："经云'地势'，不云'天行'，何得以乾释之乎？"⑧

小畜卦《象》辞"风行天上，小畜。君子以懿文德"，虞注："豫坤为文……乾离照坤，故'懿文德'也。"⑨虞翻以小畜卦的旁通卦豫卦的下卦坤解释小畜卦《象》辞'懿文德'的象数依据。王引之驳之曰："经云'风行天上'，不云'雷出地奋'，何得以豫释之乎？"⑩

履卦《象》辞"上天下泽，履。君子以辨上下，定民志"，虞注："谦坤为民，坎为志，谦时坤在乾上，变而为履，故'辨上下，定民志'。"⑪虞翻以履卦的旁通卦谦卦的上卦坤和互体坎解释履卦《象》辞。王引之驳之曰："经云'上天下泽'，不云'地中有山'，何得以谦释之乎？"⑫

---

① [唐] 李鼎祚著，王丰先点校：《周易集解》，中华书局，2016年，第122页。
②④⑥⑧⑫[清] 王引之著，钱文忠等整理：《经义述闻》，上海书店出版社，2012年，上册第70页。
③ [唐] 李鼎祚著，王丰先点校：《周易集解》，中华书局，2016年，第193页。
⑤ [唐] 李鼎祚著，王丰先点校：《周易集解》，中华书局，2016年，第302-303页。中华书局点校本原标点有误，径改。
⑦ [唐] 李鼎祚著，王丰先点校：《周易集解》，中华书局，2016年，第34页。
⑨ [唐] 李鼎祚著，王丰先点校：《周易集解》，中华书局，2016年，第84-85页。
⑪ [唐] 李鼎祚著，王丰先点校：《周易集解》，中华书局，2016年，2016年，第89-90页。

同人卦《象》辞"天与火，同人。君子以类族辨物"，虞注："师坤为类，乾为族。辩，别也。乾，阳物；坤，阴物……以乾照坤，故'以类族辨物'。"① 虞翻以师卦的上卦坤解释同人卦《象》辞。王引之驳之曰："经云'天与火'，不云'地中有水'，何得以师释之乎？"②

大有卦《象》辞"火在天上，大有。君子以遏恶扬善，顺天休命"，虞注："乾为扬善，坤为遏恶、为顺。以乾灭坤……故'遏恶扬善'。"③ 虞翻以大有卦的旁通卦比卦的下卦坤解释大有卦《象》辞。王引之驳之曰："经云火在天上，不云地上有水，何得以比释之乎？"④

谦卦《象》辞"地中有山，谦。君子以裒多益寡，称物平施"，虞注："乾为物、为施，坎为平，履乾盈益谦，故'以裒多益寡，称物平施'。"⑤ 虞翻以谦卦的旁通卦履卦的上卦乾解释谦卦《象》辞。王引之驳之曰："经云'地中有山'，不云'上天下泽'，何得以履释之乎？"⑥

复卦《象》辞"雷在地中，复。先王以至日闭关，商旅不行，后不省方"，虞注："巽为商旅、为近利市三倍。姤巽伏初，故'商旅不行'。姤《象》曰：'后以施命诰四方。'今隐复下，故'后不省方'。"⑦ 虞翻以复卦的旁通卦姤卦的下卦巽解释复卦《象》辞。王引之驳之曰："经云'雷在地中'，不云'天下有风'，何得以姤释之乎？"⑧

离卦《象》辞"明两作，离。大人以继明照于四方"，虞注："乾五之坤成坎，坤二之乾成离，离、坎，日月之象，故'明两作，离'……阳气称大人，则乾五大人也。乾二五之光，继日之明。"⑨ 虞翻以离卦的旁通卦坎卦解释离卦《象》辞。王引之驳之曰："经云'明两作'，不云'水洊至'，何得以坎释之乎？"⑩

夬卦《象》辞"泽上于天，夬。君子以施禄及下，居德则忌"，虞注："下为剥坤，坤为众臣，以乾应坤，故'施禄及下'。乾为德，艮为居，故'居德则忌'。"⑪ 虞翻以夬卦的旁通卦剥卦的下卦坤和上卦艮解释夬卦《象》辞。王引之驳之曰："经云'泽上于天'，不云'山附于地'，何得以剥释之乎？"⑫

姤卦《象》辞"天下有风，姤。后以施命诰四方"，虞注："复震二月，东方；姤五月，南方；巽八月，西方；复十一月，北方；皆总在初，故'以诰四方'

---

① [唐] 李鼎祚著，王丰先点校：《周易集解》，中华书局，2016年，第107页。
② ④⑥⑧⑩⑫ [清] 王引之著，钱文忠等整理：《经义述闻》，上海书店出版社，2012年，上册第70页。
③ [唐] 李鼎祚著，王丰先点校：《周易集解》，中华书局，2016年，第111页。
⑤ [唐] 李鼎祚著，王丰先点校：《周易集解》，中华书局，2016年，第117页。履，中华书局点校本误作"谦"。
⑦ [唐] 李鼎祚著，王丰先点校：《周易集解》，中华书局，2016年，第163页。
⑨ [唐] 李鼎祚著，王丰先点校：《周易集解》，中华书局，2016年，第194页。
⑪ [唐] 李鼎祚著，王丰先点校：《周易集解》，中华书局，2016年，第267页。

也。"① 虞翻以姤卦的旁通卦复卦及其下卦震解释姤卦《象》辞。王引之驳之曰："经云'天下有风',不云'雷在地中',何得以复释之乎?"②

革卦《象》辞"泽中有火,革。君子以治历明时",虞注:"蒙艮为星。"③ 虞翻以革卦的旁通卦蒙卦的上卦艮解释革卦《象》辞。王引之驳之曰:"经云'泽中有火',不云'山下出泉',何得以蒙释之乎?"④

兑卦《象》辞"丽泽,兑。君子以朋友讲习",虞注:"伏艮为友,坎为习,震为讲。"⑤虞翻以兑卦的旁通卦艮卦及其互体坎、震解释兑卦《象》辞。王引之驳之曰:"经云'丽泽',不云'兼山',何得以艮释之乎?"⑥

以上为王引之对虞翻以"旁通说"解《象》的辩驳。

最后,王引之总结说:"夫《彖》《象》,释《易》者也,不合于《彖》《象》,尚望其合于《易》乎? 今世言《易》者多宗虞氏,而不察其违失,非求是之道也。"⑦

关于虞翻以旁通诠释卦爻辞,王引之以师卦六三爻辞为例加以辩驳。师卦六三爻辞"师或舆尸,凶",虞注:"同人离为戈兵,为折首……故'舆尸,凶'矣。"⑧虞翻以师卦的旁通卦同人卦的下卦解释师卦六三爻辞的象数依据。王引之辩驳说:"同人上乾下离,师则上坤下坎,刚柔相反,不得取象于同人也。如相反者而亦可取象,则乾之初九亦可取象于坤而曰'履霜',坤之初六亦可取象于乾而曰'潜龙'矣,而可乎? 夫圣人设卦观象,象本即卦而具,所谓视而可识,察而可见也。今乃舍本卦而取于旁通,刚爻而从柔义,消卦而以息解,不适以滋天下之惑乎? 虞仲翔以旁通说《易》,动辄支离,所谓大道以多歧亡羊者也。虞说不可枚举,略举一爻以例其余,有识者必能推类以尽之。"⑨

(三)对虞翻其他《易》注的辩驳

虞翻诠《易》谓坤为虎,一注于乾卦《文言》"云从龙,风从虎",二注于履卦卦辞"履虎尾",三注于颐卦六四爻辞"虎视眈眈",四注于革卦九五爻辞"大人虎变",或取于旁通,或取于互体,或取于旁通之互体,并自以为长于旧说。王引之认为,坤为虎之说出于曹魏时术者之言,不足以凭信。他说:"申、未为虎见于《魏志·管辂传》,盖当时术士有此说,故仲翔窃取之而云坤为虎,以申未之间,坤所位也,然非《易》之本义。辂传注引辂别传曰'蛇者协辰巳之位',而《易》无巽为蛇之文;又曰'鸡者,兑之畜',而《易》不言兑为鸡;又曰'坎为棺椁,兑

---

① [唐] 李鼎祚著,王丰先点校:《周易集解》,中华书局,2016年,第272页。
② [清] 王引之著,钱文忠等整理:《经义述闻》,上海书店出版社,2012年,上册第70页。
③ [唐] 李鼎祚著,王丰先点校:《周易集解》,中华书局,2016年,第303页。
④⑥⑦ [清] 王引之著,钱文忠等整理:《经义述闻》,上海书店出版社,2012年,上册第71页。
⑤ [唐] 李鼎祚著,王丰先点校:《周易集解》,中华书局,2016年,第355页。
⑧ [唐] 李鼎祚著,王丰先点校:《周易集解》,中华书局,2016年,第74页。
⑨ [清] 王引之著,钱文忠等整理:《经义述闻》,上海书店出版社,2012年,上册第32页。

为丧车',而《易》皆无之。术士所言,与《易》殊指,未可以说经也。"针对虞翻以"坤为虎"注乾卦《文言》,王引之说:"乾之《文言》曰'水流湿,火就燥,云从龙,风从虎',特以物之各从其类喻万物之归圣人耳,非论卦象也。而虞曰:'乾为龙,云升天,故从龙也;坤为虎,风升地,故从虎也。'以泛论物情之文而求其卦以实之,已失古人立言之指。且《文言》所论者,乾之九五也,何得取象于坤乎?以龙虎为乾坤,则上文之燥湿又将取象于何卦乎?"①针对虞翻以"坤为虎"注履卦卦辞,王引之辩驳说:"履彖辞'履虎尾,不咥人,亨'谓兑履乾,三履四也,故《象传》曰'履,柔履刚也。说而应乎乾,是以'履虎尾,不咥人,亨'。而虞曰'谦坤为虎,艮为尾,震足蹈艮,故履虎尾'。如其说,则是止而应乎坤,非说而应乎乾矣,其可通乎?"②针对虞翻以"坤为虎"注颐卦六四爻辞,王引之辩驳说:"颐六四'虎视眈眈',盖六四居艮之初,艮为虎,故云'虎视'。《九家易》曰'艮为虎',是也。而虞以二四互坤乃曰'坤为虎'。案,外卦之艮本有虎象,何待取象于互体乎?"③针对虞翻以"坤为虎"注革卦九五爻辞,王引之辩驳说:"革九五'大人虎变',盖九五处兑之中,兑为虎,故为虎变。宋衷曰'兑为白虎',是也。而虞曰蒙坤为虎。案,外卦之兑本有虎象,何待取于旁通之互体乎?"④最后,王引之总结说:"仲翔既误解《文言》,又用之以说《象》辞、爻辞,斯所谓重绁绌缪者矣。"⑤

以月体纳甲说诠《易》是虞氏易学的一大特色。坤卦卦辞"西南得朋,东北丧朋",虞注:"月三日,变而成震出庚;至月八日,成兑见丁,庚西丁南,故'西南得朋'。谓二阳为朋,故兑'君子以朋友讲习'……二十九日,消乙入坤,灭藏于癸,乙东癸北,故'东北丧朋'。"⑥王引之辩驳说:"如虞说,二阳为朋,则一阳犹不得为朋,月之出丁成兑,已得二阳,可谓朋矣,若出庚成震,甫得一阳,未可谓之朋也。经文但云'南得朋'可矣,何得云西乎?消乙入坤,可谓丧朋矣,若纳气于癸,则与日同躔为阳精复生之本,不得仍谓之丧。经文但云'东丧朋'可矣,何得云北乎?十六日之旦,明初退于辛方,二十三日之旦,半消于丙方,皆丧朋之象。西南亦有丧朋之时,何以独云得朋乎?望夕月半,月盈于甲方,纳其气于壬方,三阳并著,乃得朋之最盛者。东北亦有得朋之时,何以独云丧朋乎?坎为月而坤则否,卦为坤卦,何为取象于月乎?出庚方则为震,出丁方则为兑,于坤何涉乎?《象传》曰:'西南得朋,乃与类行。'谓众阴为朋也。今乃云二阳为朋,不与《象传》相戾乎?虞说殆不可通。"⑦蹇卦《彖》辞"利西南,往得中也。不利东北,其道穷也",

---

① ④ ⑤ 〔清〕王引之著,钱文忠等整理:《经义述闻》,上海书店出版社,2012年,上册第34页。
② 〔清〕王引之著,钱文忠等整理:《经义述闻》,上海书店出版社,2012年,上册第33页。
③ 〔清〕王引之著,钱文忠等整理:《经义述闻》,上海书店出版社,2012年,上册第33-34页。
⑥ 〔唐〕李鼎祚著,王丰先点校:《周易集解》,中华书局,2016年,第33页。
⑦ 〔清〕王引之著,钱文忠等整理:《经义述闻》,上海书店出版社,2012年,上册第28-29页。

虞注："坤，西南卦。五在坤中，坎为月，月生西南，故'利西南'。'往得中'，谓'西南得朋'也……艮，东北之卦，月消于艮，丧乙灭癸，故'不利东北，其道穷也'，则'东北丧朋'矣。"① 王引之辩驳说："上弦与下弦相对，望与晦相对，论上弦生魄始于庚方丁方，下弦死魄始于辛方丙方，则西南有利有不利。论望夕光盈于甲方，纳气于壬方，晦夕光沦于乙方，纳气于癸方，则东北亦有利有不利。何得于生魄但言其始，于死魄但言其终，而云'利西南，不利东北'乎？且'坤，西南卦'，谓坤之方位也，而云月生西南故利西南，则又以月所在之庚方、丁方言之，而非卦位矣；'艮，东北之卦'，谓艮之方位也，而云丧乙灭癸，故不利东北，则又以月所在之乙方、癸方言之，而非卦位矣。意义混淆，莫此为甚。且月消于艮，乃下弦于丙方之时，其位南而非北。月消于丙方，则是南亦不利，与所谓不利东北者相抵牾矣。月体纳甲，见于魏伯阳《参同契》，乃丹家附会之说，原非《易》之本义，而虞氏乃用之以注经，固宜其说之多谬也。"②

屯卦六二爻辞"女子贞不字，十年乃字"，虞注："字，妊娠也。三失位，变复体离，离为女子、为大腹，故称'字'。今失位为坤，离象不见，故'女子贞不字'。坤数十，三动反正，离女大腹，故十年反常乃字。"③ 王引之辩驳说："二至四互坤，坤为母为腹，故有妊娠之象。二乘刚则难，故不字；应五则顺，故反常乃字。……何必三变成离而后称字乎？"④

蒙卦《象》辞"君子以果行育德"，虞⑤注："艮为果，震为行。"⑥ 王引之辩驳说："艮为果蓏，非果行之果也。"⑦ 在这里，王引之以《周易·说卦》中的"艮为果蓏"否定虞注，有囿于《周易·说卦》中的八卦取象之嫌。《易》之取象多有在《说卦》之外者，以训诂为媒介辗转引申八卦取象是虞氏逸象的创立途径之一，因此，王引之的此一辩驳并无说服力。王引之认为"果"和"育"都当训为"成"。他说："果、育皆成也。许慎《淮南子》注曰'果，成也'，高诱《吕氏春秋·察贤篇》注曰'育，成也'。"⑧ 王引之认为，蒙卦《象》辞中"果"与"育"的象数依据为蒙卦的上卦艮，"行"与"德"的象数依据为蒙卦的下卦坎。他说："坎《象》曰'君子以常德行'，是坎为德行也。《说卦》曰'成言乎艮'，又曰'艮，东北之卦也，万物之所成终而所成始也'，是艮为成也。……坎有德行，艮以成之，故曰'果行育德'。"⑨

师卦六五爻辞"田有禽，利执言，无咎"，虞注："田谓二，阳称禽，震为言，

---

① [唐] 李鼎祚著，王丰先点校：《周易集解》，中华书局，2016 年，第 239 页。
② [清] 王引之著，钱文忠等整理：《经义述闻》，上海书店出版社，2012 年，上册第 29 页。
③ [唐] 李鼎祚著，王丰先点校：《周易集解》，中华书局，2016 年，第 49 页。
④ [清] 王引之著，钱文忠等整理：《经义述闻》，上海书店出版社，2012 年，上册第 29–30 页。
⑤ 虞，原误作"卢"。
⑥ [唐] 李鼎祚著，王丰先点校：《周易集解》，中华书局，2016 年，第 56 页。
⑦⑧⑨ [清] 王引之著，钱文忠等整理：《经义述闻》，上海书店出版社，2012 年，上册第 63 页。

五失位，变之正，艮为执，故'利执言，无咎'。"① 王引之辩驳说："虞解'禽'字是也，解'田'字非也。……田者，田猎而获兽也。盖师，众也，大田之礼所以简众，故师之六五取象于田焉。经凡言'田无禽''田获三狐''田获三品'，皆以田猎言之，此'田有禽'不应独异。……六五所以'田有禽'者，案，与本爻相对之爻为阴爻则占失禽、无禽，为阳爻则占有禽。比之九五下当六二，而曰'失前禽'，恒之九四下当初六，井之初六上当六四，而曰无禽，皆遇阴爻也；师之六五下当九二而曰有禽，则遇阳爻也。阴体虚，则遇之者无所得；阳体实，故有所得也。"② 王引之以"田无禽""田获三狐""田获三品"等文例，证明"田有禽"之田为田猎之义，颇有说服力。

小畜卦九三爻辞"舆说辐"，虞注："豫坤为车、为辐，至三成乾，坤象不见，故'车说辐'。马君及俗儒皆以乾为车，非也。"③ 大畜卦九二爻辞"舆说輹"，虞注："萃坤为车、为輹，坤消乾成，故'车说腹'。"④ 王引之辩驳说："坤消乾成，至三乃成，何以大畜九二便云舆说腹？且坤已消矣，则不应更有舆象，何以尚云舆说腹？况'腹'为'輹'之借字，'輹'，车下⑤缚也，何得以'坤为腹'解之？车上之物多矣，今不言其物，而但云'车说腹'，则不知以何物为腹？虞说非也。"⑥ 大有卦九二爻辞"大车以载"，虞注："比坤为大车。"⑦ 王引之辩驳说："如其说，则大车之象，经当于比之六二言之，方合坤为大车之义，何乃不系于比之坤而系于大有之乾乎？卦为火天，而义则水地，无是理也。"⑧ 王引之认为，大有卦九二爻辞中的"车"由大有卦的下卦乾而来。他说："盖阳爻称大，车动象乾，乾之为车明甚，马君及俗儒之言是也。"⑨

履卦九二爻辞"履道坦坦，幽人贞吉"，虞注："讼时二在坎狱中，故称幽人。"⑩ 王引之认为，履卦九二爻辞中的"幽人"源于本卦之下卦"兑"，而不源于讼卦之下卦"坎"。他说："虞谓讼时二在坎狱中，非也。讼象已不见，何得仍以讼言之？今案，中孚卦上巽下兑，其《象传》曰'君子以议狱刑'，则兑有议狱之象。兑为口舌，故议狱，谓拘囚之而议其罪也。随卦下震上兑，其上六，兑之三爻也。曰'拘系之，乃从维之'，则兑之三爻有拘系之象。九二居兑之中，而为六三所拘系，有幽于狱中待议之象，故曰幽人。归妹之卦亦下兑，故九二曰'利幽人之贞'。幽人者，兑象，非坎象也。"⑪

---

① [唐] 李鼎祚著，王丰先点校：《周易集解》，中华书局，2016年，第75页。
② [清] 王引之著，钱文忠等整理：《经义述闻》，上海书店出版社，2012年，上册第32页。
③ [唐] 李鼎祚著，王丰先点校：《周易集解》，中华书局，2016年，第85页。
④ [唐] 李鼎祚著，王丰先点校：《周易集解》，中华书局，2016年，第173页。
⑤ 下，原作"不"，据《说文解字》段注改。
⑥⑧⑨ [清] 王引之著，钱文忠等整理：《经义述闻》，上海书店出版社，2012年，上册第33页。
⑦ [唐] 李鼎祚著，王丰先点校：《周易集解》，中华书局，2016年，第112页。
⑩ [唐] 李鼎祚著，王丰先点校：《周易集解》，中华书局，2016年，第90页。
⑪ [清] 王引之著，钱文忠等整理：《经义述闻》，上海书店出版社，2012年，上册第34页。

泰卦九二爻辞"得尚于中行",虞注:"二与五易位,故'得上于中行'。"① 王引之辩驳说:"虞翻解'得尚'以'尚'为'上',谓二得上居五。如虞说则是变为既济矣,经文无此意也。"② 节卦九五爻辞"往有尚",虞注:"二失正,变往应五,故'往有尚'也。"③ 王引之辩驳说:"九五往应九二,以阳助阳,则谓之'往有尚'。丰之初九应九四而云'往有尚'是也。何必变而后有尚乎?"④ 王引之认为,"尚"为佑助之义。他说:"泰九二'得尚于中行'。尚者,右也,助也。中行谓六五。二应于五,五来助二,是得其助于六五,故曰'得尚于中行'也。……丰初九、节九五皆言'往有尚',谓丰初应四,节五应二,以阳适阳,同类相助,是往而有助也,故皆曰'往有尚'。"⑤

泰卦《象》辞"后以财成天地之道",虞注:"坤富称财。"⑥王引之根据声训,认为"财"读为"裁","裁"则训为"载"。他说:"'才载'⑦之音与载相近,裁之言载也。"载者,成也。王引之说:"《白虎通义》曰'载之言成也'……《小尔雅》曰'载,成也';《皋陶谟》'乃赓载歌',《传》与《小尔雅》同;《周语》引《大雅》'陈锡载周',唐固注曰'言文王布赐施利以载成周道也';《老子》'或强或羸,或强或堕',谓或成或堕'。"⑧王引之认为"载"与"成"为同义连用,因此,虞注是不正确的。他说:"'载成天地之道',载即是成,犹下文'辅相天地之宜',辅即是相也。载成、辅相皆平列字,不当上下异训。"⑨

否卦《象》辞"大人否亨,不乱群也",虞注:"否,不也。物三称群,谓坤三阴乱弑君,大人不从,故'不乱群也'。"⑩王引之辩驳说:"虞解'乱群'非也。其训'否'为'不'则得经意。盖六二包承于五,小人之道也。九五之大人若与二相包承,则以君子而入小人之群,是乱群也,故必不与包承而其道乃亨,故曰'大人否亨,不乱群也'。遁九四'好遁,君子吉,小人否',《象传》曰'君子好遁,小人否也',谓小人不能好遁也。然则'包承,小人吉,大人否亨'亦谓大人不与包承也。解者以卦名是否,遂以否隔解之。夫大人既否隔矣,尚安得亨乎?九五'休否,大人吉'、上九'倾否,先否后喜',是否必休而后吉,必倾而后喜,若但言否,则闭塞不通,何亨之有?"⑪

同人卦《象》辞"君子以类族辨物",虞注:"师坤为类,乾为族。辨,别也。

---

① [唐] 李鼎祚著,王丰先点校:《周易集解》,中华书局,2016年,第97页。
②④ [清] 王引之著,钱文忠等整理:《经义述闻》,上海书店出版社,2012年,上册第35页。
③ [唐] 李鼎祚著,王丰先点校:《周易集解》,中华书局,2016年,第366页。
⑤ [清] 王引之著,钱文忠等整理:《经义述闻》,上海书店出版社,2012年,上册第35页。案,王引之"同类相助"之说本于程颐"同德相应"之说。
⑥ [唐] 李鼎祚著,王丰先点校:《周易集解》,中华书局,2016年,第96页。
⑦ [唐] 陆德明《经典释文·周易音义》:"(财)音才,徐:'才载'反,荀作'裁'。"
⑧⑨ [清] 王引之著,钱文忠等整理:《经义述闻》,上海书店出版社,2012年,上册第64页。
⑩ [唐] 李鼎祚著,王丰先点校:《周易集解》,中华书局,2016年,第103页。
⑪ [清] 王引之著,钱文忠等整理:《经义述闻》,上海书店出版社,2012年,上册第36页。

乾，阳物；坤，阴物。体姤，天地相遇，品物咸章，以乾照坤，故'以类族辨物'，谓'方以类聚，物以群分'。"① 王引之认为，"类族"与"辨物"为对文，"为善为恶，各如其类以比类之，则谓之'类族'；各如其品以辨别之，则谓之'辨物'"。王引之以大量文例指出，"类"当训为"比类"，为动词。他说："《乐记》'律小大之称，比终始之序'，《史记·乐书》'律'作'类'，类亦比也；襄九年《左传》'晋君类能而使之'，谓比类其才能而使之也；《周语》曰'象物天地，比类百则'，又曰'度之天神，比之地物，类之民则，方之时动'，是类与比、方同义；故《系辞传》曰'以类万物之情也'。"②

谦卦《彖》辞"谦尊而光，卑而不可逾"，虞注："天道远，故'尊光'。三位贱，故'卑'。"③ 王引之认为，"尊"当读为"撙"。他说："'尊'读'撙节退让'之'撙'。尊之言损也，小也；光之言广也，大也。尊而光者，小而大；卑而不可逾者，卑而高也。"王引之根据上下文和《系辞》论证说："上文曰'天道下济而光明'，犹此言'尊而光'也；'地道卑而上行'，犹此言'卑而不可逾'也。……《系辞传》曰'谦尊而光''谦以制礼'，《曲礼》曰'君子恭敬撙节退让以明礼'，其义一而已矣。"④ 根据刘昼《新论》将"谦尊"与"骄盈"对称，王引之又说："刘昼《新论·诫盈篇》'未有谦尊而不光，骄盈而不毙者也'，以'谦尊'对'骄盈'，则读'尊'为'撙'可知。盖当时《易》说有如是解者，故刘氏用之也。正与经旨相合。"⑤ 王引之又根据《礼记》《管子》《淮南子》等文献中"尊"与"让"同义连用的文例，进一步证明"尊"当读为"撙"。他说："'尊'与退让同义，故书传多言尊让者。《儒行》'儒者皆兼此而有之，犹且不敢言仁也，其尊让有如此者'，《乡饮酒义》'三揖而后至阶，三让而后升，所以致尊让也'，又曰'君子尊让则不争，聘义三让而后传命，三让而后入庙门，三揖而后至阶，三让而后升，所以致尊让也'，《管子·五辅篇》'夫人必知礼然后恭敬，恭敬然后尊让，尊让然后少长贵贱不相逾越'，《淮南·泰族篇》'恭俭尊让者，礼之为也'。'尊'与'撙'同，尊让即撙节退让也。《说文》无'撙'字，古多借'尊'为之。"⑥

蛊卦卦辞"先甲三日，后甲三日"，虞注："初变成乾，乾为甲；至二成离，离为日；谓乾三爻在前，故'先甲三日'，贲时也。变三至四体离，至五成乾，乾三爻在后，故'后甲三日'，无妄时也。"⑦ 巽卦九五爻辞"先庚三日，后庚三日"，虞注："震庚也。谓变初至二成离，至三成震，震主庚，离为日，震三爻在前，故

---

① [唐] 李鼎祚著，王丰先点校：《周易集解》，中华书局，2016年，第107页。
② [清] 王引之著，钱文忠等整理：《经义述闻》，上海书店出版社，2012年，上册第65页。
③ [唐] 李鼎祚著，王丰先点校：《周易集解》，中华书局，2016年，第117页。
④⑤ [清] 王引之著，钱文忠等整理：《经义述闻》，上海书店出版社，2012年，上册第60页。
⑥ [清] 王引之著，钱文忠等整理：《经义述闻》，上海书店出版社，2012年，上册第60-61页。
⑦ [唐] 李鼎祚著，王丰先点校：《周易集解》，中华书局，2016年，第132页。

'先庚三日',谓益时也。动四至五成离,终上成震,震三爻在后,故'后庚三日'也。"① 王引之认为,虞翻此注有五大谬误。他说:"天有十日,甲与庚各居其一,若以乾为甲,震为庚,而分在前者为'先甲''先庚',在后者为'后甲''后庚',则是在先之日惟甲与庚,在后之日亦惟甲与庚,经当云'先甲一日,后甲一日''先庚一日,后庚一日'矣,安得有三日乎?其谬一也;'三日'之日谓岁时日月之日,'离为日'之日谓日月星辰之日,二者绝不相同,而据'离为日'以释经之'三日',其谬二也;蛊初变成乾,犹未为离也,不可便谓之'日',至二成离,已非复乾矣,何以仍谓之'甲'?巽变初至二成离,犹未为震也,不可便谓之庚,至三成震,已非复离矣,何以仍谓之'日'?其谬三也;蛊变三至四体离,至五成乾,乾三爻在后,故'后甲三日'。夫四爻居后三爻之始,而二爻、三爻则居前三爻之太半,去二爻、三爻言之,则离象不成,不可谓之'日',连二爻、三爻言之,则又杂以前三爻之两爻,不可谓之'后甲三日'矣。其谬四也;初变成乾,则前三爻皆阳爻矣,而又云变三至四体离,则前三爻之第三爻又变为阴爻,而不得为乾,因之不得为甲矣。欲附会后甲之三日而不能,并所谓先甲者而亦失之。其谬五也。"② 在此,王引之从逻辑的角度指出虞注附会,似乎虞注绝不可从。其实,"附会"正是术数思维的特点,《易》本卜筮之书,因此,虞注附会,未必非《易》之本义;王引之之辩驳虽合乎逻辑,却未必即《易》之本义。

蛊卦《彖》辞"终则有始,天行也"和丰卦九四《象》辞"吉行也",虞注:"震为行。"③ 王引之根据《尔雅》和《国语》韦昭注,认为"行"当训为"道"。他说:"《尔雅》:'行,道也。'天行谓天道也。《晋语》'岁在大梁,将集天行',韦昭注曰:'集,成也。行,道也。言公将成天道也。'是古人谓天道为天行也。"④ 乾卦《彖》辞"天行健,君子以自强不息",坤卦《彖》辞"地势坤,君子以厚德载物",王引之根据《易传》文例,认为"天行"之"行"只有训为"道",才能与"地势"之"势"相对。他说:"'天行健''地势坤'相对为文……《传》言纯卦之象,文皆相对……若解为运行之行,则与地势之势文不相当矣。"⑤

大过卦九二《象》辞:"老夫女妻,过以相与也。"虞注:"谓二过初与五,五过上与二。"⑥ 王引之辩驳说:"九二、九五皆阳爻,九二不可谓之妇,九五不可谓之妻,不得以为二、五相与也。"⑦ 王引之认为,两爻不相应为过,因此,其解"老夫女妻,过以相与也"说:"九二不与九五相应而应初六,此老彼少,年不相当,而相与为夫妇,故曰'过以相与也'。"⑧ 小过卦六二爻辞"过其祖,遇其妣",虞注:

---

① [唐] 李鼎祚著,王丰先点校:《周易集解》,中华书局,2016年,第352页。
② [清] 王引之著,钱文忠等整理:《经义述闻》,上海书店出版社,2012年,上册第38-39页。
③ [唐] 李鼎祚著,王丰先点校:《周易集解》,中华书局,2016年,第132、341页。
④⑤ [清] 王引之著,钱文忠等整理:《经义述闻》,上海书店出版社,2012年,上册第60页。
⑥ [唐] 李鼎祚著,王丰先点校:《周易集解》,中华书局,2016年,第185页。
⑦⑧ [清] 王引之著,钱文忠等整理:《经义述闻》,上海书店出版社,2012年,上册第42页。

"祖，祖母，谓初也。母死称妣，谓三。"① 王引之辩驳说："祖谓大父，非谓大母也，不得以为祖母；上言祖，下言妣，则妣为祖母矣，又不得以妣为母也。"② 小过卦上六爻辞"弗遇过之"，虞注："谓四已变之坤，上得之三，故'弗遇过之'。"③ 王引之辩驳说："虞意盖谓四已变阴爻，上不遇九四，故得过之而适三，以此为'弗遇过之'之义。案，上与四原不相应，何待四变阴爻而后弗遇乎？且《象传》曰'山上有雷，小过'，若四爻变而之坤，则是地中有山而为谦，不得谓之小过矣。"④

坎卦六四爻辞"樽酒簋贰用缶"，虞注："震主祭器，故有'樽簋'。坎为酒。簋，黍稷器。三至五，有颐口象。震献在中，故为'簋'。坎为木，震为足，坎酒在上，樽酒之象。贰，副也。坤为缶，礼有副樽，故'贰用缶'耳。"⑤ 王引之辩驳说："虞以'樽酒'与'簋'并列，而'贰用缶'则但承'樽'言之而不及'簋'。若然，则经当云'樽酒贰用缶'，文义乃通，何以隔以'簋'字，使上下不相属乎？副尊用缶，而正尊所用之器，又何以略而不言乎？虞说非也。"⑥

大壮卦九四爻辞"壮于大舆之輹"，虞注："坤为大车、为腹，四之五折坤，故'壮于大车之輹'。"⑦ 王引之认为，大壮卦九四爻辞中的"大舆"的象数依据为大壮卦的上卦震，而非大壮卦的半象互体坤。他说："《晋语》曰：'震，车也。'闵元年《左传》：'毕万筮仕于晋，遇屯之比，辛廖占之曰：震为土，车从马。'杜注曰：'震变为坤，震为车，坤为马。'僖十五年《传》：'晋献公筮嫁伯姬于秦，遇归妹之睽。史苏占之曰：震之离，亦离之震，车说其輹，火焚其旗。'服虔注曰：'震为车。'是震有为车之象。大壮外卦震，震为车；九四阳爻，阳称大，故取象于大舆也。輹，车下缚也。九四，震之下画，故取象于輹也。《易》之取象，多有在《说卦》之外者，不得以'坤为大车为腹'之文而曲为穿凿。"⑧

晋卦卦辞"康侯"，虞注："坤为康，康，安也；初动体屯，震为侯，故曰'康侯'。"⑨ 王引之认为，晋卦卦辞中的"侯"的象数依据为晋卦的上卦离，而非初爻变后的震。他说："卦自观来。《彖传》曰'柔进而上行'，谓六四进五也，则所谓侯者，当指此爻。盖六五，离之中画也。僖二十五年《左传》说晋侯纳王事曰：'筮之，遇大有之睽。曰：吉。且是卦也，天为泽以当日，天子降心以逆公，不亦

---

① [唐] 李鼎祚著，王丰先点校：《周易集解》，中华书局，2016年，第376页。
② [清] 王引之著，钱文忠等整理：《经义述闻》，上海书店出版社，2012年，上册第41页。
③ [唐] 李鼎祚著，王丰先点校：《周易集解》，中华书局，2016年，第378页。
④ [清] 王引之著，钱文忠等整理：《经义述闻》，上海书店出版社，2012年，上册第42页。
⑤ [唐] 李鼎祚著，王丰先点校：《周易集解》，中华书局，2016年，第190-191页。
⑥ [清] 王引之著，钱文忠等整理：《经义述闻》，上海书店出版社，2012年，上册第43页。
⑦ [唐] 李鼎祚著，王丰先点校：《周易集解》，中华书局，2016年，第216页。
⑧ [清] 王引之著，钱文忠等整理：《经义述闻》，上海书店出版社，2012年，上册第44页。
⑨ [唐] 李鼎祚著，王丰先点校：《周易集解》，中华书局，2016年，第217页。

可乎？'是以离日为公侯也。晋上体离，故谓之侯，何必初爻动而后为侯乎？……成十六年《左传》：'南国蹙，射其元王，中厥目。'杜注曰：'南国势蹙，则离受其咎，离为诸侯，又为目。'是离为诸侯，旧有此说。"① 晋卦卦辞"用赐马蕃庶"，虞注："初动体屯……震为马。"② 王引之依据《彖》传质疑说："《彖》曰：'顺而丽乎大明，柔进而上行，是以康侯用赐马蕃庶，昼日三接也。'则本卦自有赐马之象，何须变坤为震乎？"③ 王引之认为，晋卦卦辞中的"马"的象数依据为晋卦的下卦坤，而非初爻动后的震。他说："今案，马谓坤也。坤卦辞曰'利牝马之贞'，《京氏易传》说坤象曰'于类为马'……闵元年《左传》：'毕万筮仕于晋，遇屯之比，辛廖占之曰：震为土，车从马。'杜注曰：'震变为坤，震为车，坤为马。'是其明证也。"④

井卦初六爻辞"井泥不食"，虞注："初下称泥，巽为木果，无噬嗑食象，下而多泥，故'不食'也。"⑤ 王引之认为，虞注中的"木果"为"不果"之误。他说："《说卦传》云'巽为不果'，不云'巽为木果'。乾已为木果矣，岂有巽又为木果乎？"⑥ 惠栋因袭虞注，疏解井卦初六爻辞"旧井无禽"时说："古者井树木果，故《孟子》'井上有李'，禽来食之……井坏不治，故无木果树于侧，亦无禽鸟来也。"⑦ 惠栋对井卦初六爻辞的这一理解源于虞翻对"井泥不食"的注释，因此王引之又说"惠说甚误"。在这里，王引之根据《周易·说卦》中的"乾为木果"否定虞翻的"巽为木果"之说，从逻辑的角度看，是不合理的。

鼎卦《彖》辞"巽而耳目聪明"，虞注："三在巽上，动成坎离，有两坎两离象，乃称'聪明'。"⑧ 王引之说："如虞说则是坎而耳目聪明矣，岂巽之谓乎？三动则成未济，未济之象，火在水上，亦与以木巽火之象不合。其误甚矣。"⑨ 王引之认为，虞翻之所以如此解"巽而耳目聪明"，是因为鼎卦仅有离象，而无坎象，离为目，坎为耳，为了给"耳"找到象数依据，虞翻不得不以九三变为六三"以迁就之"。他说："仲翔必欲为此说者，盖以外卦离为目为明，而无耳聪之象，故云三动成坎以迁就之。"⑩ 王引之以大量文例指出，"古人之文多有连类而及者"，如《礼记·乐记》有"乐行而伦清，耳目聪明，血气和平"之文，乐以听为主，当云'耳聪'，而《礼记·乐记》并称"目明"；谦卦之象上地下山，而《彖》辞不仅有"地道卑而上行"之文，而且有"天道下济而光明"之文，"非谓卦有天象也"；姤卦之象上

---

①③④[清]王引之著，钱文忠等整理：《经义述闻》，上海书店出版社，2012年，上册第45页。
②[唐]李鼎祚著，王丰先点校：《周易集解》，中华书局，2016年，第217页。
⑤[唐]李鼎祚著，王丰先点校：《周易集解》，中华书局，2016年，第298页。
⑥[清]王引之著，钱文忠等整理：《经义述闻》，上海书店出版社，2012年，上册第48页。
⑦[清]惠栋：《周易述》卷七，郑万耕点校：《周易述（附易汉学、易例）》，中华书局，2007年，第137页。
⑧[唐]李鼎祚著，王丰先点校：《周易集解》，中华书局，2016年，第309页。
⑨⑩[清]王引之著，钱文忠等整理：《经义述闻》，上海书店出版社，2012年，上册第62页。

天下风，而《象》辞却有"天地相遇"之文，"非谓卦有地象也"；离卦之象为日，而《象》辞有"日月丽乎天"之文，"非谓卦有月象也"；坎卦之象为川，而《象》辞中有"山川丘陵"之文，"非谓卦有山与丘陵象也"；家人卦之象为"男女正位"，只需言"夫妇"就可以了，但家人卦《象》辞却不仅言夫妇，而且言父子、兄弟，"非谓卦有父子兄弟象也"；睽卦之象为"二女不同行"，而《象》辞中有"男女睽而其志通"之文，"非谓卦有男象也"；艮卦之象为止，而《象》辞中不仅言"止"，而且言"行"，"非谓卦有行象也"，因此，鼎卦《象》辞中的"耳"未必要找到其象数依据。最后，王引之得出结论说："比物连类，多有因此及彼者，读者心知其意，斯为得之。必欲事事合于卦象，则穿凿而失其本指矣。"①

归妹卦九四爻辞"归妹愆期，迟归有时"，虞注："震春兑秋，坎冬离夏，四时体正，故'归有时'也。"②王念孙根据《易传》认为"时"当读为"待"。他说："'时'当读为'待'，经言'归妹愆期，迟归有待'，故传申之曰'愆期之志，有待而行也'。《释文》：有待而行也，一本'待'作'时'。是《传》之有待，亦或借时为之。愈知经之'有时'为'待'之假借也。"③从声韵和校勘的角度，王念孙又指出"待"与"时"通。他说："'待''时'俱以'寺'为声，故二字通用。蹇《象传》'宜待也'，张璠本'待'作'时'；《方言》'萃离时也'，《广雅》'时'作'待'；《月令》'毋发令而待'，《吕氏春秋·夏纪》作'无发令而乾时'。是其例矣。'归妹愆期，迟归有待'，'待'与'期'为韵，犹《离骚》'路修远以多艰兮，腾众车使径待；路不周以左转兮，指西海以为期'，待与期亦为韵也。隐七年《谷梁传》注引此正作'迟归有待'。"④

渐卦九三爻辞"鸿渐于陆"，虞注："艮为山石，坎为聚，聚石称磐。"王引之认为：渐卦六二爻辞当在"陆"以下，而不当在"陆"以上。他说："渐之为义，循次而进，三爻止渐于陆，而二爻遽在山石之上，非其次也。"⑤王引之根据西汉以前的各种典籍，认为渐卦六二爻辞中的"磐"绝非磐石之义。他说："遍考西汉以前之书，言'磐石'者皆连'石'字为文，无单称'磐'者。"⑥王引之认为，"磐"，古文作"般"，般，水涯堆也。他说："《史记·孝武纪》《封禅书》《汉书·郊祀志》并载武帝诏曰：'鸿渐于般'，孟康注曰：'般，水涯堆也。'其义为长。初爻渐于干。干，水涯也；二爻渐于般，般为水涯堆，则高于水涯矣。此其次也。许氏《说文》称《易》孟氏古文也，而其书有'般'无'磐'，则古文《周易》作'般'不作'磐'可知。只以后汉注家解为磐石，故其字亦遂作磐，所谓说变于前，文变于后也。汉诏作般，殆本古文经。孟康之注殆前汉经师之说欤！"⑦在这里，肯

---

① [清]王引之著，钱文忠等整理：《经义述闻》，上海书店出版社，2012年，上册第62页。
② [唐]李鼎祚著，王丰先点校：《周易集解》，中华书局，2016年，第333页。
③⑤⑥⑦ [清]王引之著，钱文忠等整理：《经义述闻》，上海书店出版社，2012年，上册第50页。
④ [清]王引之著，钱文忠等整理：《经义述闻》，上海书店出版社，2012年，上册第50-51页。

定孟康之注而否定虞翻之注时，王引之一定要把孟康之注溯源于"前汉经师"，说明汉学无论吴派还是皖派都非常重视"求古"。最后，王引之还解释了渐卦六二爻辞的象数依据。他说："六二居艮中为坎之首，具山之体而又在水之溠，则水涯堆之象矣。"

丰卦卦辞"王假之"，虞注："假，至也。"① 王引之依据《易传》，认为训假为"至"不如训假为"大"。他说："当以训'大'为长。王假之者，王者有以广大之也。假训为'大'，故《象传》曰：'王假之，尚大也。'"②

旅卦《象》辞"丧牛之凶，终莫之闻也"，虞注："坎耳入兑，故'终莫之闻'。"③ 王念孙以校勘为据，认为"闻"当训为"问"。他说："闻犹问也。古字闻与问通。《论语·公冶长篇》'闻一以知十'，'闻'本或作'问'；《檀弓》'问丧于夫子乎'，'问'本或作'闻'；《庄子·庚桑楚篇》'因失吾问'，元嘉本'问'作'闻'。……又《荀子·尧问篇》'不闻即物少至'，杨注曰'闻或作问'。"④ 进而，王念孙认为《诗经》中的"亦莫我闻"和"则不我闻"中的"闻"亦为问义。他说："《王风·葛藟篇》'谓他人昆，亦莫我闻'，《大雅·云汉篇》'群公无正，则不我闻'，亦谓不相恤问也。解者多失之。"⑤ 案，训"闻"为"问"与通感修辞有关，亦与反训有关。

巽卦《象》辞"丧其资斧，正乎凶也"，虞注："上应于三，三动失正，故曰'正乎凶也'。"⑥ "正乎凶也"是对巽卦上九爻辞"贞凶"的解释，因此，王引之对虞注辩驳说："上九'贞凶'，非谓九三也。"⑦ 王引之认为，巽卦上九爻辞中的"贞"和《象》辞中的"正"都应训为"当"。关于"贞"训为"当"，他引《尚书》马注和《离骚》为证，说："《洛诰》'我二人共贞'，《释文》引马注曰'贞，当也'；《离骚》'摄提贞于孟陬兮'，谓当孟陬之月也。"⑧ 关于"正"训为"当"，他引《广韵》《尚书》《论语》《礼记》和《谷梁传》为据，说："《广韵》'正，正当也'；《尧典》'日中星鸟，以殷仲春。日永星火，以正仲夏。宵中星虚，以殷仲秋。日短星昴，以正仲冬'，殷也、正也，皆当也，谓当仲春、仲夏、仲秋、仲冬也；《论语·阳货篇》'其犹正墙面而立也欤'，谓当墙向之而立也；《曲礼》'立必正方'，谓当一方也；桓三年《谷梁传》'言日言朔，食正朔也'，谓日食当月之朔也；定四年《传》'蔡昭公朝于楚，有美裘正是日，囊瓦求之'，谓当昭公朝楚之日也。"⑨ 根据《象》传文例，王引之又说："《象》传凡言'位正中也'，皆为

---

① [唐] 李鼎祚著，王丰先点校：《周易集解》，中华书局，2016 年，第 336 页。
② [清] 王引之著，钱文忠等整理：《经义述闻》，上海书店出版社，2012 年，上册第 25 页。
③ [唐] 李鼎祚著，王丰先点校：《周易集解》，中华书局，2016 年，第 348 页。
④ [清] 王引之著，钱文忠等整理：《经义述闻》，上海书店出版社，2012 年，上册第 68－69 页。
⑤⑦⑧⑨ [清] 王引之著，钱文忠等整理：《经义述闻》，上海书店出版社，2012 年，上册第 69 页。
⑥ [唐] 李鼎祚著，王丰先点校：《周易集解》，中华书局，2016 年，第 354 页。

当中也。"① 最后，王引之总结说："'贞'训为'正'，又训为'当'；'正'训为正直之正，又训为正当之正者，古义相因，触类而长，故'元亨'之'元'或训为善为长，又或训为大；屯卦之'屯'或训为难，或训为盈，又或训为固；无妄之'妄'或训为虚妄，或训为望，又或训为亡。随文见义，固各有所当也。"②

中孚卦卦辞"豚鱼吉"，虞翻读"豚"为"遯"③。王引之根据《仪礼》《国语》和《礼记》，认为豚鱼为士庶人之礼，乃礼之薄者，虞注误。他说："豚鱼者，士庶人之礼也。《士昏礼》：'特豚合升去蹄，鱼十有四。'《士丧礼》：'豚合升，鱼鱄鲋九，朔月奠用特豚鱼腊。'《楚语》：'士有豚犬之奠，庶人有鱼炙之荐。'《王制》：'庶人夏荐麦，秋荐黍，麦以鱼，黍以豚。'豚鱼乃礼之薄者，然苟有中信之德，则人感其诚而神降之福，故曰'豚鱼吉'，言虽豚鱼之荐亦吉也。"④。进而，王引之以损卦卦辞"二簋可用享"和既济卦九五爻辞"东邻杀牛，不如西邻之禴祭，实受其福"论证其对中孚卦卦辞"豚鱼吉"的解释的合理性。他说："损之《象》曰'二簋可用享'，既济九五曰'东邻杀牛，不如西邻之禴祭，实受其福'，其义通于此矣。"⑤

中孚卦九二爻辞"鸣鹤在阴"，虞注："震为鸣，讼离为鹤，坎为阴夜，鹤知夜半，故'鸣鹤在阴'。"⑥根据虞氏卦变说，中孚卦由讼卦而来。虞翻认为中孚卦九二爻辞中的"鸣"的象数依据为中孚卦二至四爻组成的互体震卦，"鹤"的象数依据为讼卦二至四爻组成互体离卦，"阴"的象数依据为讼卦的下卦坎。王引之认为，中孚卦二至四爻组成的互体震卦本有鹤象，不必取自讼卦二至四爻组成互体离卦。他说："震亦鹤。荀爽《九家易》曰：'震为鹄。'鹄即鹤之假借。"⑦为了证明鹄为鹤之假借，王引之广引各种文献。他说："《庄子·天运篇》'鹄不日浴而白'，《庄子·庚桑楚篇》'越鸡不得伏鹄卵'，《释文》并曰：'鹄，本亦作鹤。'《史记·滑稽传》'齐王使淳于髡献鹄于楚'，《艺文类聚》引作'献鹤'。李善注《北山移文》引古今篆隶文体曰：'鹤头书仿佛鹄头，故有其称。'嵇康《琴赋》'下逮谣俗，蔡氏五曲，王昭楚妃，千里别鹤'即《南史·褚彦回传》别鹄之曲。"⑧进而，王引之探讨了震卦何以为鹤的原因。他说："震为善鸣，故又为鹤。鹤，善鸣之鸟也。《艺文类聚》引《韵集》曰：'鹤，善鸣鸟。'《小雅》曰：'鹤鸣九皋，声闻于野。'是其善鸣也。"⑨

既济卦六四爻辞"繻有衣袽"，虞注："乾为衣，故称'繻'。袽，败衣也。乾二之五，衣象裂坏，故'繻有衣袽'……谓'伐鬼方，三年乃克'。旅人勤劳，衣

---

①②［清］王引之著，钱文忠等整理：《经义述闻》，上海书店出版社，2012年，上册第69页。
③［唐］李鼎祚著，王丰先点校：《周易集解》，中华书局，2016年，第368页。
④⑤⑦［清］王引之著，钱文忠等整理：《经义述闻》，上海书店出版社，2012年，上册第51页。
⑥［唐］李鼎祚著，王丰先点校：《周易集解》，中华书局，2016年，第370页。
⑧［清］王引之著，钱文忠等整理：《经义述闻》，上海书店出版社，2012年，上册第51－52页。
⑨［清］王引之著，钱文忠等整理：《经义述闻》，上海书店出版社，2012年，上册第52页。

服皆败。"① 依虞氏卦变说，既济卦由泰卦而来，泰卦九二爻与六五爻置换后，泰卦即变为既济卦。泰卦九二爻与六五爻置换后，泰卦的下卦乾不见，乾为衣，故虞翻说"乾二之五，衣象裂坏"。对此，王引之质疑说："如其说，则经何不于二、五两爻言之，而言之于四爻乎？且襦即衣名，不得又以'衣袽'之'衣'为衣服也。"② 王引之认为，"襦"为御寒之衣，"有"与"或"相通，"衣袽"之"衣"为动词"穿"义。他说："《说文》：'襦，䎡衣也。'䎡，温也。䎡衣所以御寒也。有之言或也。（古'有''或'同声，故'或'通作'有'。）……'衣'读'衣敝缊袍'之'衣'，谓著之也。"③ 关于"襦有衣袽"的象数依据，王引之说："《易通卦验》曰：'坎主冬至。'四在两坎之间，固阴沍寒，不可无䎡衣以御之。六四体坤为布，故称'襦'。处互体离之中画，离火见克于坎水，有败坏之象，故称'袽'。四在外卦之内，有著于外而近于内之象，故称'衣'。"最后，王引之根据"襦有衣袽"后的"终日戒"以及《象传》疏通文义说："衣袽谓著败坏之袽也。御寒者固当衣襦矣，乃或不衣完好之襦，而衣其败坏者，则不足以御寒。譬之人事，患至而无其备则可危也，故曰'襦有衣袽，终日戒'，故《象传》曰'君子以思患而豫防之'。"④

《周易·系辞上》"鼓之以雷霆，润之以风雨。日月运行，一寒一暑"，虞注："雷，震；霆，艮；风，巽；雨，兑也。日离、月坎、寒乾、暑坤也。"⑤ 王引之对虞翻"艮为霆""兑为雨"的说法辩驳说："遍考书传，无以霆为艮，雨为兑者。疾雷为霆，不得分以为二。《说卦》曰'雨以润之'，此曰'润之以风雨'，雨皆谓坎，非谓兑也。传意但以雷霆为震，风为巽，雨与月为坎，日为离，而艮兑则从其略。"⑥ 对于虞翻以寒为乾，以暑为坤，王引之辩驳说："寒暑亦谓坎离。《易通卦验》所谓'坎主冬至，离主夏至'也。虞氏以《说卦》有'乾为寒'之文，遂谓'寒乾暑坤'，不知乾道坤道，下文始言，此则但言坎离，非谓乾坤也。"⑦ 依照王引之的解释，"鼓之以雷霆，润之以风雨，日月运行，一寒一暑"只涉及震、巽、坎、离四卦，而未涉及艮、兑、乾、坤，但《周易·系辞》在"鼓之以雷霆"前明言"八卦相荡"，依理推之，后文当分言八卦，仅言四卦，似与"八卦相荡"之文相抵牾。"鼓之以雷霆，润之以风雨，日月运行，一寒一暑"之所以不涉及乾坤，王引之认为"乾道坤道，下文始言"；而其之所以不涉及艮兑，王引之解释说："山泽为雷霆风雨所自出，言雷霆风雨足以该山泽矣，何须以霆艮雨兑备八卦之数乎？"⑧

《周易·系辞上》"《易》与天地准，故能弥纶天地之道"，虞注："纶，络。谓易在天下，包络万物。"⑨ 王引之认为，"纶"当读为"论"，论者，知也。弥纶天地

---

① [唐] 李鼎祚著，王丰先点校：《周易集解》，中华书局，2016年，第382页。
②③④ [清] 王引之著，钱文忠等整理：《经义述闻》，上海书店出版社，2012年，上册第52页。
⑤ [唐] 李鼎祚著，王丰先点校：《周易集解》，中华书局，2016年，第391页。
⑥⑦⑧ [清] 王引之著，钱文忠等整理：《经义述闻》，上海书店出版社，2012年，上册第71页。
⑨ [唐] 李鼎祚著，王丰先点校：《周易集解》，中华书局，2016年，第398页。

之道，即遍知天地之道。关于"纶"当读为"论"，王引之以校勘为据，说："古字多借'纶'为'论'。屯《象》传'君子以经论'，《中庸》'经论天下之大经'，《释文》并曰'论，本亦作纶'。《乐记》'使其文足论而不息'，《史记·乐书》'论'作'纶'。"① 关于"论"当训为"知"，王引之以《大戴礼记》《荀子》《吕氏春秋》和《淮南子》等文献为据，说："《大戴礼记·保傅篇》'不论先圣王之德，不知君国畜民之道'，论亦知也；《荀子·解蔽篇》'坐于室而见四海，处于今而论久远'，论久远，知久远也；《吕氏春秋·直谏篇》'凡国之存也，主之安也，必有以也。不知所以，虽存必亡，虽安必危，所以不可不论也'；《淮南·说山篇》'以小明大，以近论远'，高注并曰'论，知也'。"② 最后，王引之又根据上下文论"弥纶天地之道"为"遍知天地之道"。他说："下文曰'仰以观于天文，俯以察于地理，是故知幽明之故；原始反终，故知死生之说；精气为物，游魂为变，是故知鬼神之情状'，正所谓遍知天地之道也。"③

《周易·系辞下》"古之葬者……不封不树"，虞注："穿土称封，封，古'窆'字也。聚土为树。"④王引之认为，表示"穿土"之义的字为"窀"，而非"窆"。"窆"为"葬下棺"之义。虞翻以"窆"为"穿土"之义，"显与古经不合"。王引之又根据《礼记·王制》"庶人县（悬）封……不封不树"的郑注，指出"县（悬）封"之"封"为古"窆"字，"不封不树"之"封"则是聚土为坟之义。他说："若如虞氏《易》注，'不封'解为'不窆'，则与上文'县（悬）窆'相复，既曰'县（悬）窆'，而又曰'不窆'，不自相抵牾耶？县（悬）棺而窆，则土之穿也久矣，又不得解为不穿土也。"⑤关于虞翻训"树"为聚土，王引之认为其"尤无依据"。以《礼记·檀弓》为据，王引之指出："树为种树，非为聚土也。"最后，王引之根据《白虎通义》指出："封谓为坟，树谓植木，盖汉世经师说《易》者如此，故《白虎通义》本之以为说也，胜虞氏远矣。"⑥

《周易·系辞下》"日往则月来，月往则日来……寒往则暑来，暑往则寒来"，虞注："咸初往之四，与五成离，故'日往'；与二成坎，故'月来'……乾为寒，坤为暑。"⑦王引之驳之曰："'日往则月来，月往则日来……寒往则暑来，暑往则寒来'乃纵言造化之往来，以推广咸卦'憧憧往来'之理，不取象于卦也。……夫咸之为象，山上有泽，如以卦象言之，则山泽之象何反不之及，而泛言'日月寒暑'乎？"⑧

《周易·系辞下》"复，小而辨于物"，虞注："阳始见，故'小'。乾阳物，坤

---

① ② ③ ［清］王引之著，钱文忠等整理：《经义述闻》，上海书店出版社，2012年，上册第72页。
④ ［唐］李鼎祚著，王丰先点校：《周易集解》，中华书局，2016年，第458页。
⑤ ⑥ ［清］王引之著，钱文忠等整理：《经义述闻》，上海书店出版社，2012年，上册第75页。
⑦ ［唐］李鼎祚著，王丰先点校：《周易集解》，中华书局，2016年，第461—462页。
⑧ ［清］王引之著，钱文忠等整理：《经义述闻》，上海书店出版社，2012年，上册第71页。

阴物,以乾居坤,故称别物。"① 王引之辩驳说:"以阳居阴之卦多矣,何独于复言别物?虞说非也。"② 王引之认为,"小"指身,"辨"通"遍"。他说:"'小'谓一身也。对天下国家言之,则身为小矣。'辨'读曰'遍'。古字'辨'与'遍'通。复初九《传》曰'不远之复,以修身也'。所修惟在一身,盖亦小矣,而身修而后家齐,家齐而后国治,国治而后天下平。万事之大,无不由此而遍及,故曰'复,小而辨于物'。"③

二、对郑玄和荀爽《易》注的辩驳

(一) 对郑玄《易》注的辩驳

1. 对郑玄以"爻辰说"诠《易》的辩驳

郑玄《周易》诠释的最显著的特点是"爻辰说"。郑氏"爻辰说"以阳爻之初、二、三、四、五、上对应十二辰中的子、寅、辰、午、申、戌;以阴爻之初、二、三、四、五、上对应十二辰中的未、酉、亥、丑、卯、巳,并以十二辰之物象和十二次之星象配之。王引之认为,"爻辰说"有三大问题,因而不可取。

首先,他认为,爻辰说"舍卦而论爻已与《说卦》之言'乾为,坤为'者异矣,而其取义又多迂曲"。他说:"《易》之取象见于《说卦》者较然可据矣,汉儒推求卦象,皆与《说卦》相表里,而康成则又以爻辰说之……舍卦而论爻已与《说卦》之言'乾为,坤为'者异矣,而其取义又多迂曲。"④为了说明"爻辰说""取义迂曲",王引之举了四个例证。

(1) 困卦九二爻辞"困于酒食",郑注:"二据初,辰在未,未上值天厨,酒食象。"⑤依郑氏"爻辰说",困卦九二爻对应十二辰中的寅,初六爻对应十二辰中的未,因此,王引之质疑说:"舍本爻之寅,而言初爻之未,未值天厨,何不系于值未之初六,而系于值寅之九二乎?"⑥

(2) 离卦九三爻辞"鼓缶而歌",郑注:"艮爻也,位近丑,丑上值弁星,弁星似缶。"⑦依郑氏爻辰说,离卦九三爻对应十二辰中的辰,六四爻对应十二辰中的丑,因此,王引之质疑说:"舍辰宫之星而言丑宫之星,丑者,六四所值之辰,岂九三所值乎?"⑧

---

① [唐]李鼎祚著,王丰先点校:《周易集解》,中华书局,2016年,第482页。
②③ [清]王引之著,钱文忠等整理:《经义述闻》,上海书店出版社,2012年,上册第76页。
④⑥⑧ [清]王引之著,钱文忠等整理:《经义述闻》,上海书店出版社,2012年,上册第53页。
⑤ [汉]郑玄,[唐]贾公彦:《仪礼注疏》卷二《士冠礼》,北京大学出版社,2000年,第24页。
⑦ [汉]毛亨传,[汉]郑玄笺,[唐]孔颖达疏:《毛诗正义》卷七《宛丘》,北京大学出版社,2000年,第514页。

（3）坎卦六四爻辞"樽酒簋贰用缶"，郑注："爻辰在丑，丑上值斗，可以斟之象。斗上有建星，建星之形似簋……建星上有弁星，弁星之形又如缶。"① 王引之质疑说："爻辰既值斗，何不遂取斗象，而取于斗所酌之樽？又不直取建星、弁星而取建星、弁星所似之簋与缶，不亦迂回而难通乎？"②

（4）坎卦上六爻辞"系用徽纆"，郑注："爻辰在巳，巳已为蛇，蛇蟠曲似徽纆也。"③王引之质疑说："爻辰既在巳而为蛇，何不遂取蛇象而取蛇所似之徽纆乎？初九辰在子，子为鼠；九二辰在寅，寅为虎；九三辰在辰，辰为龙；九四辰在午，午为马；九五辰在申，申为猴；上九辰在戌，戌为犬；初六辰在未，未为羊；六二辰在酉，酉为鸡；六三辰在亥，亥为豕；六四辰在丑，丑为牛；六五辰在卯，卯为兔，岂亦将象其禽之所似以为爻乎？"④王引之的以上质疑，虽然合乎逻辑，但考虑到《易》本卜筮之书和术数思维的"辗转牵合"的特点，尚有商榷的余地，但王氏接下来指出的郑玄在其《易》注中出现的"硬伤"似乎无可辩解。王引之说："未宫之天厨，丑宫之天弁，《史记·天官书》《汉书·天文志》皆不载，则西汉时尚未有此星名，况《易》作于殷周之际，安得所谓'天厨天弁'者而比象之乎？"⑤

其次，王引之认为，"爻辰说"以爻主月在《周易》经文中没有依据且"乱次夺伦"。他说："十二消息卦分主一月，《易》之例也，故《易》有'至于八月'之文。若每一爻分主一月，则经无此例。今爻辰乃以乾之六爻分主奇数之月，坤之六爻分主偶数之月，而诸卦之阳爻、阴爻亦如之。乾初九值子，在一阳始生之月；坤初六值未，乃在二阴浸长之月，已乖建始之义，而卦爻之阴阳相间者，如屯则初九值子，六二遂值酉，蒙则初六值未，九二遂值寅，推之他卦，莫不皆然。乱次夺伦，莫此为甚，岂经义之所有乎？"⑥

最后，王引之认为，"爻辰说"与十二消息卦说"每相抵牾"。他说："乾主建巳之月者也，而爻辰则初九值子、九二值寅、九三值辰、九四值午、九五值申、上九值戌，皆非建巳之月者也；坤主建亥之月者也，而爻辰则六三值亥，而初六则值未、六二则值酉、六四则值丑、六五则值卯、上六则值巳，皆非建亥之月；临，二阳在下，建丑之月也，而爻辰则九二值寅，六四始值丑；姤，一阴在下，建午之月也，而爻辰则初六值未，九四始值午。爻与卦不相背而驰乎？夫十二卦之主月，理

---

①［汉］毛亨传，［汉］郑玄笺，［唐］孔颖达疏：《毛诗正义》卷七《宛丘》，北京大学出版社，2000年，第514页。

②④⑥［清］王引之著，钱文忠等整理：《经义述闻》，上海书店出版社，2012年，上册第53页。

③［汉］公羊寿传，［汉］何休解诂，［唐］徐彦疏：《春秋公羊传注疏》卷十五，北京大学出版社，2000年，第371-372页。

⑤［清］王引之著，钱文忠等整理：《经义述闻》，上海书店出版社，2012年，上册第53页。案，何秋涛对此有辩解。参见本书第一章第二节。一些似乎无可辩解者，有时往往并非绝对没有商榷余地，故学者当清醒认识自我，圆融对待他人，勿"以己自蔽"。

之不可易者也。卦之不合，而犹谓其爻之主是辰乎？"①

王引之认为，郑玄的"爻辰说"乃祖述《汉书·律历志》中"十一月，乾之初九，故黄钟为天统；六月，坤之初六，故林钟为地统；正月，乾之九二，故太簇为人统"之文，因此，王引之对《汉书·律历志》中的说法辩驳说："律吕以阴阳相间，而乾坤之爻则初、二、三、四、五、上，六位相连，断无相间主月之理。……黄钟下生林钟，三分损一也，林钟上生太簇，三分益一也，而乾之初九不能下生坤之初六，坤之初六不能上生乾之九二，然则阴阳十二律与乾坤十二爻次序绝不相同。以爻配律，斯不通之论矣。"②

坤卦《文言》"阴疑于阳必战，为其嫌于无阳也"，郑玄以"爻辰说"注之曰："上六为蛇，得乾气杂似龙。"③王引之辩驳说："郑谓上六爻辰值巳，巳为蛇，与四月消息用事之乾相杂，故似龙。此牵合四月之乾而反与十月之坤大相刺谬。案，临为十二月之卦，而其彖云'至于八月有凶'。周之八月，夏六月也，则六月为遁，推而至于十月为坤可知，初六一阴生，主五月，至上六六阴全，始主十月耳。若依爻辰之次，则六三已值亥而主十月，上六反值巳而主四月，不且违失经义乎？"④

2. 对郑玄其他《易》注的辩驳

坤卦《文言》"阴疑于阳必战，为其嫌于无阳也"，郑本"嫌"作"慊"，并注曰："'慊'读如'群公溓'之'溓'。古书篆作立心，与水相近，读者失之，故作'慊'。溓，杂也。阴，谓此上六也。阳，谓今消息用事乾也。上六为蛇，得乾气杂似龙。"⑤王引之说："郑训'慊于阳'为'杂于乾'，则不得有'无'字矣。乾者，阳也，岂无阳之谓乎？"根据《说文解字》、《汉书》颜注和《礼记》郑注，王引之指出"慊"同"嫌"。他说："'慊'即'嫌'字。《说文》'慊，疑也'；《汉书·赵充国传》'偷得避慊之便'，师古曰'慊亦嫌字'；《坊记》'贵不慊于上'，郑注'慊或为嫌'。"因此，王引之认为，"'慊于阳'之'慊'当读'嫌'而训为疑，不当读'溓'而训为杂"。⑥

豫卦《象》辞"先王以作乐崇德，殷荐之上帝以配祖考"，郑注："祀天地以配祖考者，使与天同飨其功也。故《孝经》云'郊祀后稷以配天，宗祀文王于明堂以配上帝'也。"⑦王引之辩驳说："此与《孝经》之文绝不相同。《孝经》谓祖考配天与帝，故云'以配天''以配上帝'；此谓先王之德配于祖考，故云'以配祖考'。

---

①［清］王引之著，钱文忠等整理：《经义述闻》，上海书店出版社，2012年，上册第53-54页。
②［清］王引之著，钱文忠等整理：《经义述闻》，上海书店出版社，2012年，上册第54页。
③⑤［汉］毛亨传，［汉］郑玄笺，［唐］孔颖达疏：《毛诗正义》卷九《采薇》，北京大学出版社，2000年，第692页。
④⑥［清］王引之著，钱文忠等整理：《经义述闻》，上海书店出版社，2012年，上册第78页。
⑦［唐］李鼎祚著，王丰先点校：《周易集解》，中华书局，2016年，第123页。

不得据彼以说此也。"① 王引之认为，"先王以作乐崇德"中的"以"当训为"用"，"殷荐之上帝以配祖考"中的"以"当训为"而"，上帝言"荐"，祖考言"配"是互文见义的修辞方法。他说："先王用是殷荐其乐于上帝，而又德配祖考也。上帝言'荐'，祖考言'配'，互文耳。上帝亦以德配……祖考亦以乐荐……言荐之上帝，则祖考之荐可知；言以配祖考，则上帝之配可知……古人之文多有即此见彼者，非若后世之文繁词复也。"② 王引之指出豫卦《象》辞与《孝经》所言不同是正确的，但以"荐之上帝以配祖考"为互文见义却未必。高亨先生根据《汉书·艺文志》引"配"作"享"，又根据对金文"配"字的字形分析，认为"荐"与"配"为变文同义，皆当训为"进献"，视王引之之说为长。③

蛊卦卦辞"先甲三日，后甲三日"，郑注："甲者，造作新令之日。甲前三日取改过自新，故用辛也；甲后三日取丁宁之义，故用丁也。"④ 王引之辩驳说："郑以甲为造作新令之日差为近之，然创作新令，不闻当择日。且甲日始造新令，前此三日，天下犹未知有令也，何由化之而改过自新乎？"⑤ 王引之认为，蛊卦卦辞中的"先甲三日，后甲三日"和巽卦九五爻辞中的"先庚三日，后庚三日"指的都是行事之吉日。他说："'先甲三日，后甲三日''先庚三日，后庚三日'，皆行事之吉日也。蛊为有事之卦，巽为申命行事之卦，而事必诹日以行，故蛊用先后甲之辛与丁，巽用先后庚之丁与癸也。古人行事之日，多有用辛与丁、癸者。……是辛也、丁也、癸也，皆行事之吉日也。'先庚三日，后庚三日，吉'正谓用丁、癸则吉耳。"⑥

对于王引之的解释，人们会提出一个疑问：蛊卦卦辞为什么一定要说"先甲三日，后甲三日"，而不说"先庚三日，后庚三日"？巽卦九五爻辞为什么一定要说"先庚三日，后庚三日"，而不说"先甲三日，后甲三日"？对此，王引之解释说："'先甲后甲'必系之蛊，'先庚后庚'必系之巽者，蛊之互体有震，震主甲乙，故言行事之日，而以近于甲者言之；巽之互体有兑，兑主庚辛，故言行事之日而以近于庚者言之也。"⑦

蛊卦三、四、五爻固然可以组成互体震卦，但二、三、四爻同样可以组成互体兑卦，所以，王引之的以上解释并不能充分证明蛊卦卦辞为什么不可以说"先庚三日，后庚三日"？因此，王引之进一步解释说："蛊之互体亦有兑，而不言先庚后庚者，蛊之义'终则有始'⑧，甲者，日之始也，癸者，日之终也，若用'先庚三日，后庚三日'，则由庚下推而至癸，上推至丁而不至甲，非'终则有始'之义矣，故不言'先庚三日，后庚三日'也。"⑨

---

①②[清] 王引之著，钱文忠等整理：《经义述闻》，上海书店出版社，2012年，上册第66页。
③高亨：《周易大传今注》，齐鲁书社，1998年，第146页。
④[魏] 王弼注，[唐] 孔颖达疏：《周易正义》卷三，北京大学出版社，2000年，第108页。
⑤⑥⑦⑨[清] 王引之著，钱文忠等整理：《经义述闻》，上海书店出版社，2012年，上册第38页。
⑧蛊卦《象》辞："终则有始，天行也。"

巽卦的二、三、四爻固然可以组成互体兑卦，但三、四、五爻同样可以组成互体离卦，离主丙丁，为什么巽卦九五爻辞不说"先丙三日，后丙三日"呢？对此疑问，王引之解释说："巽之互体又有离，离主丙丁，而不言'先丙后丙'者，巽之九五'无初有终'①，甲者日之初也，癸者日之终也，若用'先丙三日，后丙三日'，则上推由乙而甲而癸，乙癸之间已有甲，非'无初'之义矣；下推至己而不至癸，非'有终'之义矣，故不言'先丙三日，后丙三日'也。"②

巽卦的二、三、四爻组成互体兑卦，但为什么巽卦的九二、九三和六四爻辞都不说"先庚三日，后庚三日"，而一定将"先庚三日，后庚三日"系于九五爻辞下呢？对此问题，王引之解释说："巽之二、三、四爻互成兑，兑主庚、辛，而'先庚后庚'不言于二、三、四而言于九五者，蛊之六五变为九五则成巽，不变则用'先甲后甲'，变则用'先庚后庚'，故于九五言之也。"③

剥卦六二爻辞"剥床以辨"，郑注："足上称辨，谓近膝之下，屈则相近，申则相远，故谓之辨。辨，分也。"④王引之认为，"辨"当读为"蹁"，"蹁"为"髌"之转声。他说："以，犹与也，及也……郑以近膝之下为'辨'……以形体言之，虽义胜于王⑤，而亦皆无依据。今案，'辨'当读为'蹁'……'蹁'盖'髌'之转声……膝头在足之上，故初爻言'足'，二爻言'蹁'，二居下卦之中，故取象于'蹁'焉。古声'辨'与'蹁'通，犹'周遍'之'遍'通作'辨'也。古字多假借，后人失其读耳。"⑥在这里，王引之从声韵的角度，对"剥床以辨"做了崭新而不乏合理性的训释。善用声训是王氏父子解经的特点之一。王念孙曾对其子王引之说："诂训之旨，存乎声音。字之声同声近者，经传往往假借。学者以声求义，破其假借之字而读本字，则涣然冰释。如其假借之字强为之解，则鞠鞠不通矣。毛公《诗传》多借假借之字而训以本字，已开改读之先。至康成笺《诗》注《礼》，屡云某读为某，假借之例大明。后儒或病康成破字者，不知古字之多假借也。"⑦王念孙的这番话论述的便是训诂学中的"声训"之法。陈祖武先生说："王氏父子之学，以文字音韵最称专精。"⑧《经义述闻》中运用"声训"之法获得的考据成果很多，下文亦有涉及。

复卦卦辞"七日来复"，郑注："建戌之月，以阳气既尽，建亥之月，纯阴用

---

①巽卦九五爻辞："贞吉，悔亡，无不利，无初有终。"
②③[清] 王引之著，钱文忠等整理：《经义述闻》，上海书店出版社，2012年，上册第38页。
④[唐] 李鼎祚著，王丰先点校：《周易集解》，中华书局，2016年，第157页。
⑤王弼说："'剥床以足'犹云'剥床之足'也。辨者，足之上也。"王引之驳之曰："若如王说，'剥床以辨'犹云'剥床之辨'，则下文'剥床以肤'亦可云'剥床之肤'乎？肤为人身之皮肉，不可谓床之肤，则'足'与'辨'亦当为人之形体，岂得云'床之足''床之辨'乎？"（《经义述闻》卷一）
⑥[清] 王引之著，钱文忠等整理：《经义述闻》，上海书店出版社，2012年，上册第39-40页。
⑦赵尔巽等：《清史稿》卷四百八十一《王念孙传》，中华书局，1977年，第13212页。
⑧陈祖武：《清儒学术拾零》，湖南人民出版社，1999年，第184页。

事，至建子之月，阳气始生，隔此纯阴一卦，卦主六日七分，举其成数言之，而云'七日来复'。"① 王引之辩驳说："建亥之月，凡三十日，至建子之月，阳气始生，已在三十日之后矣。经何以不云'三十日来复'乎？若谓坤主六日七分，则卦爻值日，每月皆有五卦。《易纬·稽览图》曰：'艮、既济、噬嗑、大过、坤，亥；未济、蹇、颐、中孚、复，子。'亥者，十月；子者，十一月也。由坤而未济，而蹇，而颐，而中孚，每卦六日七分，五卦则有三十日又八十分日之三十五，举成数言之，则当云'三十一日来复'，何得但称七日乎？郑氏之说非也。"② 王引之认为，郑玄之所以误以六日七分说解"七日来复"是由于未考全经之例。他说："然则'七日'何所取义乎？曰：仍求之于本经而已。震之六二曰：'震来厉，亿丧贝，跻于九陵，勿逐，七日得。'既济之六二曰：'妇丧其茀，勿逐，七日得。'丧而复得，皆以七日为期。盖日之数，十五日而得其半，不及半则称三日，过半则称七日，欲明失而复得多不至十日，则云'七日得'。此卦之'七日来复'亦犹是也。复为刚反，有去而复来之象，占者得此，则凡已去者可以来复，至多不过七日，故云'七日来复'。七日者，人事之迟速，非卦气之迟速也。何须承坤计之而云六日七分？……必欲连坤计之，则夫震与既济之'七日'，又将连何卦以成数乎？《象》传'天行'也，乃统释'反复其道，七日来复'之故，言占者之所以如是者，剥尽而复，天之道也，岂谓积累卦气以成七日乃合于天道乎？蛊之《象》传曰：'先甲三日，后甲三日，终则有始，天行也。'文义与此相似，又将连何卦以计日乎？解经者不考全经之例，宜乎多方推测而卒无一当矣。"③ 王引之强调诠《易》须考全经之例，颇有意义。

坎卦六四爻辞"樽酒簋贰用缶"，郑注："六四上承九五，又互体在震上，爻辰在丑，丑上值斗，可以斟之象。斗上有建星，建星之形似簋。贰，副也。建星上有弁星，弁星之形又如缶。天子大臣以王命出会诸侯，主国尊于簋，副设玄酒而用缶也。"④ 王引之辩驳说："簋非盛酒之器，何得云'尊于簋'？正尊与副尊同一尊也，何以此用尊而彼用缶？凡礼言'尊于房户之间，两甒有禁，元酒在西''尊两壶于房户间斯禁，有元酒在西'，皆不闻元酒之尊异器。郑说非也。"王引之认为，郑注以"樽酒簋"为句，"贰用缶"为句是不对的，他以《易传》为据，说："《象》传曰：'樽酒簋贰，刚柔际也。'则'贰'字当上属为句。"王引之赞成王弼的注释。他说："王注以为'一樽之酒，二簋之食'，其说得之。"但王弼对"用缶"的注释尚有不足，王引之说："（王注）惟于'用缶'之义尚未实指其事。案，《礼器》曰：'五献之尊，门外缶，门内壶。'是缶可为尊也。又曰：'夫奥者，老妇之祭也，盛于盆，尊于瓶。'《正义》曰：'盛食于盆谓粢盛也。盆谓缶也。'《尔雅》：'盎，谓之缶。'郭注曰：'盆也，盛于盆者，盛黍稷于缶以待簠簋也。'然则'用缶'云

---

① ④ [清] 惠栋：《增补郑氏周易》卷上，文渊阁四库全书本。
② ③ [清] 王引之著，钱文忠等整理：《经义述闻》，上海书店出版社，2012年，上册第40页。

者，以簋为尊，又以缶为簋也，故曰'樽酒簋贰，用缶'。"①

坎卦九五爻辞"坎不盈，只既平"，郑注："只，当为'坻'，小丘也。"② 王引之辩驳说："郑云小丘，则以为'水中坻'之'坻'。然'只'从氏声，古音在支部；'坻'从氐声，古音在支部。二部绝不相通，不得以'只'为'坻'也。"③ 王引之认为，"只"当读为"疻"。他说："今案，'只'读为'疻'。《尔雅》：'疻，病也。'……疻既平者，病已平复也。"④ 王引之还从互体和八卦物象的角度解释了坎卦九五爻辞之所以言"只既平"的象数依据。他说："《说卦传》曰'坎为心病，为耳痛'，故称'疻'。作'只'作'坻'皆俗字耳。三至五成艮，坎为疾病，艮以止之，故其病平复也。坎不盈一事也，疻既平又一事也，分而释之，其义乃明。"⑤

损卦六五爻辞"或益之十朋之龟"，郑玄根据《尔雅》认为"十朋之龟"指神龟、灵龟、摄龟、宝龟、文龟、筮龟、山龟、泽龟、水龟和火龟。⑥王引之辩驳说："《尔雅》龟名有十，然无称朋之文。《尔雅》又曰'龟，俯者灵，仰者谢，前弇诸果，后弇诸猎，左倪不类，右倪不若'，与周官六龟相应，何以不在此数也？马⑦、郑之说殆不可从。"⑧王引之根据唐崔憬之注，认为二贝为朋，"十朋之龟"乃价值二十贝的元龟。崔注曰："（元龟）价直二十大贝，龟之最神贵者以决之……双贝曰朋也。"⑨王引之说："崔氏之说本于《汉书·食货志》，王莽所定。莽作事多依经说改，当时施、孟、梁、邱诸家有训'朋'为两贝者，故莽用之。寻绎文义，此说为长。……《韩子·饰邪篇》曰：'越王勾践恃大朋之龟与吴战而不胜'，'大朋之龟'盖即元龟直二十大贝者。十朋之龟犹言百金之鱼耳，不当如马、郑所说。"⑩

井卦九二爻辞"井谷射鲋"，郑注："射，厌也。"⑪。王引之根据全经之例辩驳说："射谓以弓矢射之也。《易》凡言'射隼''射雉'者皆然。'射鲋'不应独异。"⑫王引之接着又根据《吕氏春秋》《淮南子》和《说苑》等文献，指出古有射鱼之法。他说："《吕氏春秋·知度篇》曰：'非其人而欲有功，譬之若射鱼指天而欲发之当也。'《淮南·时则篇》曰：'命渔师始鱼，天子亲往射鱼。'《说苑·正谏篇》曰：'昔白龙下清泠之渊，化为鱼。渔者豫且射中其目。白龙上诉天帝。天帝

---

① [清] 王引之著，钱文忠等整理：《经义述闻》，上海书店出版社，2012年，上册第43页。
② [清] 惠栋：《增补郑氏周易》卷上，文渊阁四库全书本。
③ [清] 王引之著，钱文忠等整理：《经义述闻》，上海书店出版社，2012年，上册第43-44页。
④⑤ [清] 王引之著，钱文忠等整理：《经义述闻》，上海书店出版社，2012年，上册第44页。
⑥ 刘玉建：《〈周易正义〉导读》，齐鲁书社，2005年，第277页。
⑦ 案，马融亦认为"十朋之龟"指神龟、灵龟、摄龟、宝龟、文龟、筮龟、山龟、泽龟、水龟和火龟。见刘玉建：《〈周易正义〉导读》，齐鲁书社，2005年，第277页。
⑧⑩ [清] 王引之著，钱文忠等整理：《经义述闻》，上海书店出版社，2012年，上册第46页。
⑨ [唐] 李鼎祚著，王丰先点校：《周易集解》，中华书局，2016年，第255页。
⑪ [唐] 陆德明：《经典释文》卷二，文渊阁四库全书本。
⑫ [清] 王引之著，钱文忠等整理：《经义述闻》，上海书店出版社，2012年，上册第48页。

曰：'鱼固人之所射也。'是古有射鱼之法也。"① 左思《吴都赋》中有 "虽复临河而钓鲤，无异射鲋于井谷"之文。根据左思《吴都赋》，王引之更加自信地说："'射鲋'与'钓鲤'并言，其为射而取之，明矣。"②

震卦卦辞 "不丧匕鬯"，郑注："升牢于俎，君匕之，臣载之。"③ 王引之根据《说文》，认为 "匕"为取鬯酒之器，因而郑注不可取。他说："匕谓枛也。《说文》曰：'枛，匕也。'又曰：'匕，一名枛。'祭祀之礼，尸祭鬯酒则以枛扱之。《天官·小宰》'凡祭祀赞王祼将之事'，郑注曰：'凡郁鬯，受祭之，啐之，奠之。'疏曰：'谓王以圭瓒酌郁鬯献尸，后亦以璋瓒酌郁鬯献尸，尸皆受，灌地降神，名为祭之。'是尸受鬯酒有祭之之礼，祭之则必以枛扱酒矣。……匕所以扱鬯酒，故以匕鬯并言。"④ 王引之认为 "鬯"亦为器名。他说："鬯亦器也，谓圭瓒也。圭瓒以盛鬯酒，因谓圭瓒为鬯。"⑤ 进而，王引之探讨了 "匕鬯"的象数依据。他说："匕有浅斗，瓒盘大五升，皆器之仰受者也。震上二画中虚，下一画承之，正象仰受之器。上下皆震，象匕从瓒上扱取酒也。"⑥

《周易·系辞上》"言行，君子之枢机。枢机之发，荣辱之主也"，郑注："枢谓户枢，机谓弩牙。户枢之发，或明或暗；弩牙之发，或中或否，以喻君子之言或荣或辱。"⑦ 王引之认为 "机"当训为 "捆"，而不当训为 "弩牙"。他说："书传与'栝'并言者，弩牙也……与枢并言者，门捆也……枢为户枢，所以利转；机为门捆，所以止扉，故以枢机并言。枢机为门户之要，犹言行为君子之要。若弩牙则不与户枢为类，不得与枢并言矣。"⑧ 针对郑注中的 "户枢之发"，王引之说："户枢不可以言发，户动而枢不动也……枢机之发，指'言行'言之……郑乃云'户枢之发''弩牙之发'，则是枢机之发指物言之矣。盖未达此句文义。"⑨ 王引之根据上下文指出 "枢机"指 "言行"，是正确的，但其以 "户动而枢不动"驳 "户枢之发"则非也。"户枢"乃偏义复合词，"户"表义，"枢"不表义。复合偏义之文例，在古文中比比皆是。《后汉书·班超传》"妾常伤超以壮年竭忠孝于沙漠"，其中"忠"表义，"孝"不表义，因为远离父母，在域外不可能 "竭孝"；《礼记·玉藻》"大夫不得造车马"，其中 "车"表义，"马"不表义，因为车可制造，马却是不可造之物；《周易·系辞上》"鼓之以雷霆，润之以风雨"，其中 "雨"表义，"风"不表义，因为润物的是雨，而不是风。

（二）对荀爽《易》注的辩驳

乾卦初九爻辞 "潜龙勿用"，荀注："卦各有六爻，六八四十八，加乾坤二用，

---

①②［清］王引之著，钱文忠等整理：《经义述闻》，上海书店出版社，2012年，上册第48页。
③［唐］李鼎祚著，王丰先点校：《周易集解》，中华书局，2016年，第314页。
④［清］王引之著，钱文忠等整理：《经义述闻》，上海书店出版社，2012年，上册第49-50页。
⑤⑥［清］王引之著，钱文忠等整理：《经义述闻》，上海书店出版社，2012年，上册第50页。
⑦［汉］郑玄注，［唐］孔颖达疏：《礼记正义》卷一《曲礼上》，北京大学出版社，2000年，第9页。
⑧⑨［清］王引之著，钱文忠等整理：《经义述闻》，上海书店出版社，2012年，上册第73页。

凡有五十，乾初九潜龙勿用，故用四十九也。"① 荀爽认为《周易·系辞上》"大衍之数五十，其用四十有九"的意思是：乾卦初九爻不用。王念孙驳之曰："荀意谓乾之初爻言'勿用'，故不在所用之列。案，坎之六三，亦八纯卦之一爻，其辞曰'来之坎坎，险且枕，入于坎窞，勿用'，与乾之初爻言'勿用'同，何以不在不用之列？荀说殆不可通。"② 惠栋《周易述》因袭荀注，说："大衍之数虚一不用，谓此爻也。"③ 因此，王念孙又说："惠氏不能厘正而承用之，非也。"④ 据考证，今本《周易·系辞上》"大衍之数五十"后脱"有五"二字。"其用四十有九"非虚一不用，乃虚六不用，以表示六爻设位。⑤ 荀注的确不可从。

荀爽认为，"大衍之数五十"指八卦四十八爻加上乾卦用九和坤卦用六。对此，王引之辩驳说："荀以用九、用六备四十九之数亦不可通。用九、用六，统乾坤六爻言之。昭二十九年《左传》：'《周易》有之，在乾之坤曰：见群龙无首，吉。'杜注曰：'乾六爻皆变是也。'何得与用九、用六与每卦之六爻并数乎？"⑥ 王引之认为，"用"当训为"施行"。他说："用者，施行也。《说文》：'用，可施行也。'勿用者，无所施行也。"⑦

乾卦《文言》"云行雨施"，荀注："乾升于坤，曰'云行'，坤降于乾，曰'雨施'。"⑧ 王引之辩驳说："'乾升于坤'谓乾九二之坤五，'坤降于乾'谓乾上九之坤三，九四之坤初也。乾九二之坤五成坎，谓之上坎为云可也；乾上九之坤三成互体坎，谓之下坎为雨亦可也；若乾九四之坤初则成离，离为日而不为雨，不得谓之'雨施'矣。"⑨

坤卦卦辞"西南得朋，东北丧朋"，荀注："阴起于午，至申三阴，得坤一体，故曰'西南得朋'；阳起于子，至寅三阳，丧坤一体，故曰'东北丧朋'。"⑩ 荀爽以否、泰之内卦解释"得"与"丧"。王引之辩驳说："《易》十二月卦无以方位言之者，惟八纯卦有之。《说卦传》曰：'坤，西南之卦也。'是坤位本在西南，何待内坤外乾之否而后西南得朋乎？由否之三阴而为四阴之观于酉方，五阴之剥于戌方，六阴之坤于亥方，阴之得朋更甚，何以不言西北得朋乎？由泰之三阳而为四阳之大壮于卯方，五阳之夬于辰方，六阳之乾于巳方，阳之丧朋更甚，何以不言东南丧朋乎？卦之六爻皆阴，何得但以三阴之消长言之乎？则荀说非也。"⑪ 王引之认为，西

---

① 刘玉建：《〈周易正义〉导读》，齐鲁书社，2005年，第384－387页。
②④⑥⑦［清］王引之著，钱文忠等整理：《经义述闻》，上海书店出版社，2012年，上册第25页。
③［清］惠栋：《周易述》卷一，郑万耕点校：《周易述（附易汉学、易例）》，中华书局，2007年，第4页。
⑤陈恩林、郭守信：《关于〈周易〉"大衍之数"的问题》，《中国哲学史》，1998年第3期，第42－47页。
⑧［唐］李鼎祚著，王丰先点校：《周易集解》，中华书局，2016年，第24页。王引之指出，"坤降于乾"为"乾降于坤"之误。
⑨［清］王引之著，钱文忠等整理：《经义述闻》，上海书店出版社，2012年，上册第58页。
⑩［唐］李鼎祚著，王丰先点校：《周易集解》，中华书局，2016年，第33页。
⑪［清］王引之著，钱文忠等整理：《经义述闻》，上海书店出版社，2012年，上册第27－28页。

南指坤卦，东北指艮卦。他说："《易通卦验》曰：'艮，东北也，主立春。艮气不至，应在气冲；坤，西南也，主立秋，坤气不至，应在其冲。'艮之冲即坤，坤之冲即艮也。坤处西南而主立秋，立秋阳消阴长，又卦之六爻皆阴，故曰得朋；艮处东北而主立春，立春阳长阴消，又卦之三、上两爻阴变为阳，故曰丧朋。不取正东之震，正北之坎者，正东正北不与坤维相对也。"①

需卦《象》辞"需于沙，衍在中也。"荀注："体乾处和，美德优衍，在中而不进也。"② 王念孙认为"衍"当为"行"之讹，并以《淮南子》"行"讹为"衍"为例，说："'衍'当作'行'，今作'衍'者，固与'沙'字相连而误加氵耳。《淮南·泰族篇》'不下庙堂而行四海'，今本'行'讹作'衍'。"③ 接着，王念孙根据上下文论证"衍"当作"行"的合理性，说："行在中也，即承上文'不犯难行也'而言。初九不犯难行，是以无咎；九二行而在中，是以终吉。④九二居下卦之中，故曰行在中。"⑤最后，王念孙又根据震卦《象》辞、师卦《象》辞、泰卦《象》辞、临卦《象》辞以及未济卦《象》辞中"中""行"连用的文例，进一步论证说："震《象》传曰：'震往来厉，危行也；其事在中，大无丧也'，上言'行'，下言'在中'，正与此'行在中'同义。师《象》传曰：'长子帅师，以中行也'，泰《象》传曰：'以祉元吉，中以行愿也'，临《象》传曰：'大君之宜，行中之谓也'，未济卦《象》传曰：'九二贞吉，中以行正也'，义与此并相近。"⑥

师卦六五爻辞"田有禽，利执言，无咎"，荀注："田，猎也。谓二帅师禽五，五利度二之命，执行其言，故'无咎'也。"⑦王引之辩驳说："荀解'田'字是也，解'禽'字非也。禽者，兽也，非禽之谓。……凡卦一爻之中兼取数象者，不必同为一事。'田有禽'自谓田猎，'利执言'自谓秉命，'长子帅师，弟子舆尸'自谓行军，三者各为一事……荀以为二帅师禽五，则又与帅师误合为一矣。"⑧

井卦九三爻辞"王明并受其福"，荀注："王道明而天下并受其福。"⑨王引之根据声训指出，"并"通"普"。他说："并之言普也、遍也。谓天下普受其福也。古声'并''普'相近，故《说文》'普'字以'并'为声，《史记》'汉碑之谱'，言旁作并，亦以'并'为声也。'并''普'声相近，故'普'通作'并'。"⑩

小过卦《彖》辞"小者过而亨也。"，荀注："阴称小。谓四应初，过二而去；

---

① [清] 王引之著，钱文忠等整理：《经义述闻》，上海书店出版社，2012年，上册第18页。
② [唐] 李鼎祚著，王丰先点校：《周易集解》，中华书局，2016年，第61页。
③⑤⑥ [清] 王引之著，钱文忠等整理：《经义述闻》，上海书店出版社，2012年，上册第64页。
④ 高亨先生根据阮元《周易校勘记》和李鼎祚《周易集解》，从协韵的角度，认为"终吉"当为"吉终"之误。参见其《周易大传今注》，齐鲁书社，1998年，第83页。
⑦ [唐] 李鼎祚著，王丰先点校：《周易集解》，中华书局，2016年，第75页。
⑧ [清] 王引之著，钱文忠等整理：《经义述闻》，上海书店出版社，2012年，上册第32页。
⑨ [唐] 李鼎祚著，王丰先点校：《周易集解》，中华书局，2016年，第299页。
⑩ [清] 王引之著，钱文忠等整理：《经义述闻》，上海书店出版社，2012年，上册第48页。

三应上，过五而去；五处中，见过不见应。故曰：'小者过而亨也'"① 王引之认为，若如荀爽所说，则小过卦《象》辞当云"大者过"而不当云"小者过"，大过卦《象》辞"刚过而中"亦将不可解。他说："三、四皆阳爻，而云四应初，过二而去，三应上，过五而去，则是大者过而非小者过矣。再以大过例之，大过《传》曰：'刚过而中'，专谓二、五两爻，若谓九四过二而应初六，九三过五而应上六，则失其中矣，何云'刚过而中'乎？"② 王引之认为，两爻不相应为"过"，阳爻与阳爻不相应谓之"大过"，阴爻与阴爻不相应谓之"小过"。大过卦二、五皆阳爻，故名"大过"；小过卦二、五皆阴爻，故名"小过"。"小者过"即两阴爻不相应之谓。他说："大过、小过本取两爻相失不相应之义，而解者或以为'过甚'之过，或以为'过越'之过，过甚之过已与《象》辞、爻辞诸'过'字无当，至谓本爻过越某爻而应某爻，则尤非经意。夫初之过三应四，二之过四应五，三之过五应上，以及过初为二，过二为三，过三为四，过四为五，过五为上，六十四卦无不皆然，何独于大过、小过言之乎？斯不察之甚矣。"③

《周易·系辞下》"恒，杂而不厌"，荀注："夫妇虽错居，不厌之道也。"④ 王引之辩驳说："自乾坤而外，皆刚柔杂居之卦，不当独于恒言杂也。"⑤ 王引之认为，"杂"通"币"，环绕一周叫一币。他说："'杂'当读为'币'。币，周也，一终之谓也。恒之为道，终始相巡而无已时，故曰'币而不厌'。"⑥ 王引之又以恒卦《彖传》为证，说："恒《彖传》曰：'利有攸往，终则有始也'。终则币矣，终而又始，是币而不厌也。"⑦ 为了从训诂上证明"杂"通"币"，王引之还列举了不少文献例证。他说："襄二十九年《左传》曰：'复而不厌'，杜注'常日新，复，犹币也，古字杂与币通'；《吕氏春秋·圜道篇》曰：'圜周复杂，无所稽留'，高注曰：'杂，犹币也'；《淮南·诠言篇》曰：'以数杂之寿，忧天下之乱'，高注曰：'杂，币也。人生子，从子至亥为一币'；《说苑·修文篇》曰：'圣人之与圣也，如矩之三杂、规之三杂，周则又始，穷则反本也'，亦以杂为币。"⑧

综上所述，王氏父子对汉《易》古注的辩驳，或以六十四卦卦爻辞互证，或取《易传》与经文互证，或广征博引四部文献，尤其善用声训。王氏父子为扬州学者，其学术思想源出皖南戴震。遵循戴震"不蔽于人"的学术思想，王氏父子对汉《易》古注采取了是其是而非其非的扬弃态度。王氏父子对汉《易》古注的辩驳是汉学内部的争鸣，其考据结论虽然并不完全正确，然而它反映了王氏父子不迷信汉

---

① [唐] 李鼎祚著，王丰先点校：《周易集解》，中华书局，2016年，第373页。
② [清] 王引之著，钱文忠等整理：《经义述闻》，上海书店出版社，2012年，上册第41页。
③ [清] 王引之著，钱文忠等整理：《经义述闻》，上海书店出版社，2012年，上册第43页。
④ [唐] 李鼎祚著，王丰先点校：《周易集解》，中华书局，2016年，第482页。
⑤⑥⑦⑧ [清] 王引之著，钱文忠等整理：《经义述闻》，上海书店出版社，2012年，上册第76页。

《易》古注的创新意识。汉学内部的争鸣活动虽然未必能达到对经典本义的真理性认识，然而却有助于尽量地趋近经典本义。绝对的经典本义虽然也许是永远无法获得的，但经典本义依然是汉学家们永恒的追求。汉学家们对经典本义的执着追求，体现了史学考实求真的本质属性。

附录一
"河图""洛书"非点阵之图考

先秦文献中所记载的"河图""洛书"是否就是"一六居下"和"戴九履一"的点阵之图?清代学者早已通过精审的考据做出了否定的回答①。今人李申先生亦做了大量工作重申清代学者的考据成果②。然而,至今仍有不少人坚持认为:"河图""洛书"就是点阵之图。有鉴于此,本着考实求真的学术精神,以下对此问题进行探讨。

一、先秦文献中有关"河图""洛书"的原始记载之分析

欲判明先秦文献中所记载的"河图""洛书"是否是点阵之图,只有求之于先秦文献中有关"河图""洛书"的原始记载。先秦文献中有关"河图""洛书"的原始记载主要有以下三条:

1. 《尚书·顾命》:"赤刀、大训、弘璧、琬琰在西序;大玉、夷玉、天球、河图在东序。"
2. 《论语·子罕》:"子曰:'凤鸟不至,河不出图,吾已矣夫!'"
3. 《周易·系辞上》:"天垂象,见吉凶,圣人象之;河出图,洛出书,圣人则之。"

根据以上三条有关"河图""洛书"的原始记载,我们不仅无法得出"河图""洛书"是点阵之图的结论,而且,恰恰相反,我们可以得出"河图""洛书"并非点阵之图的结论。

首先看《尚书·顾命》中的记载,河图与赤刀、大训、弘璧、琬琰、大玉、夷玉、天球等杂陈在一起,如谓河图为点阵之图,似觉不伦不类。因此,清代学者黄宗羲在《易学象数论》中说:"《顾命》西序之'大训',犹今之祖训;东序之'河图',犹今之黄册。故与宝玉杂陈。不然,其所陈者为龙马之蜕欤?抑伏羲画卦之稿本欤?无是理也!"③

再看《论语·子罕》中的记载,河图与凤鸟并列而言,似亦不应为点阵之图。

---

① 杨效雷:《清儒易学举隅》,香港国际学术文化信息出版公司,2003年;《清代学者对"河图""洛书"的考辨》,《湖南科技学院学报》,2005年第1期,第57-62页。
② 李申:《周易与易图》,沈阳出版社,1997年;《易图考》,北京大学出版社,2001年。
③ [清]黄宗羲著,郑万耕点校:《易学象数论(外二种)》卷一,中华书局,2010年,第14页。

如果河图是点阵之图,并如宋人所说,是八卦产生之源,那么,八卦既已产生,孔子为何还要慨叹"河不出图"呢?莫非还要再创八卦吗?因此,黄宗羲又说:"若图书为画卦叙畴之原,则卦画畴叙之后,河复出图,将焉用之?而孔子叹之者,岂再欲为画卦之事耶?"①

最后,再看《周易·系辞上》中的记载。"河出图,洛出书,圣人则之"常被误解为"则之以画卦"。其实,画卦之源,《周易·系辞下》说得非常明确:"古者伏羲氏之王天下也,仰则观象于天,俯则观法于地,观鸟兽之文与地之宜,近取诸身,远取诸物,于是始作八卦。"根据《周易·系辞下》中的这段记载,伏羲氏创八卦是根据对天地万物的观察,而绝不仅仅是根据对河图洛书这一种事物的观察。因此,胡渭说:"河图洛书乃仰观俯察中之一事,后世专以图书为作《易》之由,非也。"②黄宗羲则说:"天垂象,见吉凶,圣人象之者,仰观于天也;河出图,洛出书,圣人则之者,俯察于地也。"③黄宗羲认为,河图是"山川险易、南北高深,如后世之图经",洛书是"风土刚柔、户口阨塞,如夏之禹贡、周之职方"。黄宗羲的这一猜测,后来受到胡渭的批驳。胡渭说:"伏羲之世风俗淳厚,岂有山川险易之图?结绳而治,岂有户口阨塞之书?"胡渭认为,"河图""洛书"为《易》兴先至之祥。他说:"河洛者,地之中也;圣人兴,必出图书。"④笔者认为,"河图""洛书"究竟是什么?我们无从得知,但是,通过对先秦文献中有关"河图""洛书"的原始记载之分析,我们可以知道的是:"河图""洛书"绝非"一六居下"和"戴九履一"的点阵之图!

二、宋人作伪之破绽

自先秦以讫于宋,从来没有任何文献以"河图""洛书"为"一六居下"和"戴九履一"的位图式。有之,自宋始。今传"一六居下"和"戴九履一"的位图式最早见于刘牧的《易数钩隐图》。在《易数钩隐图》中,"一六居下"的图式被称为"洛书","戴九履一"的图式被称为"河图"。刘牧在《易数钩隐图》的序言中有这么一句话:"今采摭天地奇偶之数……点之成图。"从这句话中,我们可以得到一个信息:把"奇偶之数""点之成图"是刘牧自己的创作。刘牧创作了"一六居下"和"戴九履一"的位图式后,为了使之能够为人所重且行之于世,于是将这些图式托以"河图""洛书"之名。朱熹不辨真伪,将"一六居下"和"戴九履一"的位图式郑重地置于《周易本义》卷首,并指"一六居下"的图式为河图,"戴九履一"的图式为洛书。由于朱熹的权威地位,"河图""洛书"遂与位图式画了等号。

其实,在宋代以前从来没有人说过"河图""洛书"是点画之阵,刘牧传出的

---

① ③ [清]黄宗羲著,郑万耕点校:《易学象数论(外二种)》卷一,中华书局,2010年,第14页。
② [清]胡渭著,郑万耕点校:《易图明辨》卷一《河图洛书》,中华书局,2008年,第2页。
④ [清]胡渭著,郑万耕点校:《易图明辨》卷一《河图洛书》,中华书局,2008年,第20页。

点画之阵托以"河图""洛书"之名,空口无凭,显然可疑,而且其自言"采摭天地奇偶之数……点之成图",无意之中,已露出了作伪之破绽。发现刘牧作伪的更多破绽的是清代学者毛奇龄。毛奇龄说:"凡欲指人之非者,必先得其人之所以非,而后可从而正之。如仅曰是非,则我所非者,彼以为是,无如何也;仅指其非而不能实指其所以非,则我所非者,彼终以为是,无如何也。"① 因此,在《河图洛书原舛编》中,毛奇龄从"因袭"的角度分析考证了刘牧作伪之手段②。

关于"一六居下"的图式,毛奇龄说:"间尝学《易》淮西,见康成所注大衍之数,起而曰:'此非河图乎?'则又思:'焉有康成所注图而汉代迄今不一引之为据者?'则又思曰:'大衍所注见于李氏《易解》者,干宝、崔憬言人人殊,何以皆并无河图之言?'则又思:'康成所注大传,其于'河出图'句既有成注,何以翻引入《春秋纬》文,而不实指之为大衍之数?'于是恍然曰:'图哉!图哉!吾今而知图之所来矣。抟之所为图即大衍之所为注也,然而大衍之注之断非河图者,则以河图之注之别有在也。'大衍之注曰:'天地之数五十有五,天一生水在北,地二生火在南,天三生木在东,地四生金在西,天五生土在中,然而阳无偶,阴无配,未相成也,于是地六成水于北与天一并,天七成火于南与地二并,地八成木于东与天三并,天九成金于西与地四并,地十成土于中与天五并,而大衍之数成焉。'则此所为注,非即抟之所为图乎?康成但有注而无图,而抟窃之以为图。康成之注即可图,亦非河图,而抟窃之以为河图,其根其底,其曲其里,明白显著,可谓极快。"③

毛奇龄学《易》读到郑玄对"大衍之数"的注释后,发现郑玄对"大衍之数"的注释如果用图式来表示,分明就是"一六居下"的所谓"河图"。如果"一六居下"的图式果真是先秦文献所记载的"河图",那么郑玄注《周易·系辞》中"河出图"时完全可以明确指出"所谓河图即揲筮所称大衍之数天一地二、天三地四、天五地六、天七地八、天九地十者",但是郑玄注《周易·系辞》中"河出图"时却引《春秋纬》说:"河以通干出天苞,洛以流坤吐地符,河龙图发,洛龟书成,河图有九篇,洛书有六篇。"与大衍之数判然两分,毫不关联,可见,宋以后传出的"一六居下"的图式绝非先秦文献中所记载的"河图"。宋以后传出的"一六居下"的图式很可能是宋人根据郑玄对"大衍之数"的注释而绘制,并伪托以"河图"之名。④

---

①[清]毛奇龄:《河图洛书原舛编》,郑万耕点校:《毛奇龄易著四种》,中华书局,2010年,第77-78页。

②案,山东大学杜泽逊先生将历史文献辨伪的方法总结概括为20条,其中之一便是"从因袭上辨伪"。参见杜泽逊:《文献学概要》,中华书局,2001年。

③[清]毛奇龄:《河图洛书原舛编》,郑万耕点校:《毛奇龄易著四种》,中华书局,2010年,第78-79页。

④清人误以为作伪者为陈抟,其实作伪者乃刘牧。参见李申:《易图考》,北京大学出版社,2001年。

关于"戴九履一"的图式，毛奇龄说："今之洛书则易纬家所谓太乙下九宫法也。"① 太乙下九宫法是一种术数，《易纬·乾凿度》中有对太乙下九宫法的比较详细的叙述："太一者，北辰之神名也。居其所曰太一，常行于八卦日辰之间曰天一，或曰太一。出入所游，息于紫宫之内外，其星因以为名焉。故《星经》曰：'天一、太一，主气之神。'行，犹待也。四正四维，以八卦神所居，故亦名之曰宫。……太一下行八卦之宫，每四乃还于中央。中央者，北神之所居，故因谓之九宫。天数大分，以阳出，以阴入。阳起于子，阴起于午，是以太一下九宫从坎宫始。坎中男始，亦言无适也。自此而从于坤宫，坤，母也；又自此而从震宫，震，长男也；又自此而从巽宫，巽，长女也。所行者半矣，还息于中央之宫。既又自此而从乾宫，乾，父也；自此而从兑宫，兑，少女也；又自此而从于艮宫，艮，少男也；又自此而从于离宫，离，中女也。行则周矣，上游息于太一天一之宫而反于紫宫。"②

毛奇龄指出，上引文字，如果用图式来表示，分明就是"戴九履一"的所谓洛书。他说："坎之在北也，坎数一，则履一也；离③之在南也，离④数九，则戴九也；震位东，数则为左三；兑位西，数七则为右七；坤二西南，巽四东南，则二为右肩，四为左肩；乾六西北，艮八东北，则六为右足，八为左足；中央无卦偶为太乙之所息，则其数五为太乙之数。"⑤如果"戴九履一"的图式果真为先秦文献中所记载的洛书，那么，九宫就是洛书，《易纬·乾凿度》绝不会在九宫篇后又引《洛书》"摘六辟曰建纪者，岁也"之文。因此，毛奇龄说："康成之注衍数而别释河图，与《易纬》之创宫法而另引洛书，二者正相符矣。"⑥

"一六居下"和"戴九履一"两种图式本不是河图洛书，却被误认为河图洛书。朱熹以"一六居下"的图式为河图，"戴九履一"的图式为洛书，而宋刘牧在其《易数钩隐图》中却以"戴九履一"的图式为河图，"一六居下"的图式为洛书。对"一六居下"和"戴九履一"两种图式的误认和争论，缘于没有找到原作者。如果找到了原作者，就应以原作者的说法为准，毫无争辩的余地。毛奇龄以两则故事形象地说明了这个道理。毛奇龄说："昔有拾枯鱼泽中而以为神也。丹腹而享之，曰：鲍君神。然不禁遗鱼者之还见之也，趣使烹食，而人争为神不已。遗鱼者曰：'此固吾所遗之物也，而神也乎？'邻有购鼎者误得一釜而争之，或称三牺，或称九牢，终岁不决，乃就范者而咨之。范者曰：'此非吾所制五熟釜乎？'购者尚争曰：'五熟岂无鼎？'曰：'五熟固有鼎，而吾所制非是也。'而于是争者始息。"⑦

拾枯鱼者误以枯鱼为鲍君神，购鼎者误以釜为鼎，犹如宋以来人们误以"一六居下"和"戴九履一"两种图式为河图洛书；所购之鼎，或以为"三牺鼎"，或以

---

①⑦［清］毛奇龄：《河图洛书原舛编》，郑万耕点校：《毛奇龄易著四种》，中华书局，2010 年，第 80 页。
②林忠军：《〈易纬〉导读》，齐鲁书社，2002 年，第 94 页。
③④离，原误作"坤"。
⑤［清］毛奇龄：《河图洛书原舛编》，郑万耕点校：《毛奇龄易著四种》，中华书局，2010 年，第 80 - 81 页。
⑥［清］毛奇龄：《河图洛书原舛编》，郑万耕点校：《毛奇龄易著四种》，中华书局，2010 年，第 81 页。

为"九牢鼎",犹如刘牧、朱熹之争;五熟有釜亦有鼎,犹如宋以来人们误以"一六居下"和"戴九履一"两种图式为河图洛书自有一番道理。但一经原作者指出其误认,则误认者唯有更正自己原先的错误认识,断无再做强辩之理。郑玄不以"一六居下"的图式为河图,《易纬·乾凿度》中亦不以"戴九履一"的图式为洛书,因此,"一六居下"和"戴九履一"两种图式绝非先秦文献中所记载的河图洛书。毛奇龄说:"此无他,则以遗鱼者与范釜者皆其物之所自来。他可争,此不可争也。"①

三、两个争论焦点的讨论

许多坚持以"河图""洛书"为位图式的学者所自认为有力的证据主要有以下两点:

1. 1977年,安徽阜阳县汉汝阴侯墓出土了一具九宫占盘。其天盘与"戴九履一"的位图式正相符合。
2. 《周易·系辞上》中"天一地二,天三地四,天五地六,天七地八,天九地十,天数五,地数五,五位相得而各有合"的记载与"一六居下"的位图式正相符合。

以上两点证据果真能够证明"河图""洛书"为位图式吗?答曰:非也!安徽阜阳县汉汝阴侯墓出土的九宫占盘,只能说明刘牧创作"戴九履一"的图式时有所本,而无法说明"戴九履一"的位图式就是先秦文献中所记载的"洛书"或"河图"。至于第二点证据,更是大有问题。

首先,对"天一地二,天三地四,天五地六,天七地八,天九地十,天数五,地数五,五位相得而各有合",人们的理解各异。如黄宗羲之弟黄宗炎在《图学辨惑》中说:"大传曰'天一地二,天三地四,天五地六,天七地八,天九地十',不过言奇偶之数,未尝有上下左右中之位置也。曰'天数五,地数五',不过言一、三、五、七、九为奇,二、四、六、八、十为偶,未尝有一六、二七、三八、四九、五十之配合也。曰'五位相得而各有合',不过言奇与奇相得合之而成二十有五,偶与偶相得合之而成三十,未尝有生数、成数及五行之所属也。以此为河图,绝无证据。"② 胡渭则说:"一、三、五、七、九同为奇,二、四、六、八、十同为偶,是谓'五位相得'。一与二,三与四,五与六,七与八,九与十,一奇一偶两两相配,是谓'各有合'。……于河图、洛书又曷与焉?"③ 胡渭还指出,如果天地之数果真为河图的话,《易传》完全可以明白地告诉大家:此河图也。何必故为廋辞隐语,使天下后世之人百端猜测呢?况且,《易传》在言天地之数章后谈及河图时,

---

① [清] 毛奇龄:《河图洛书原舛编》,郑万耕点校:《毛奇龄易著四种》,中华书局,2010年,第80页。
② [清] 黄宗炎:《图学辨惑·河图洛书辩》,[清] 黄宗羲著,郑万耕点校:《易学象数论(外二种)》,中华书局,2010年,第431页。
③ [清] 胡渭著,郑万耕点校:《易图明辨》卷一《河图洛书》,中华书局,2008年,第3页。

与"神物变化垂象"相提而并论之,从文气来看,河图与天地之数绝非一物。他说:"使'五位相得而各有合'果为伏羲所则河图之象,夫子何难一言以明之曰:'此河图也',而顾廋词隐语,使天下后世之人百端猜测邪?至其后章,虽言河图而与洛书并举,且与神物变化垂象比类而陈,文势语脉遥遥隔绝,又安见此河图者即前五十有五之数邪?"①

其次,即使"天一地二,天三地四,天五地六,天七地八,天九地十,天数五,地数五,五位相得而各有合"的意思是"一与六合,二与七合,三与八合,四与五合,五与十合",也并不能证明"一六居下"的图式就是"河图"或"洛书",因为刘牧创作"一六居下"的图式时,就是为了诠释《周易》,二者正相符合,亦在情理之中,正如四库馆臣在对胡渭《易图明辨》所作的提要中所说:"其图本准《易》而生,故以卦爻反复研求,无不符合。传者务神其说,遂归其图于伏羲,谓《易》反由图而作。……夫测中星而造仪器,以验中星无不合,然不可谓中星生于仪器也;候交食而作算经,以验交食无不合,然不可谓交食生于算经也。"② 四库馆臣以形象的比喻指出:"一六居下"等图式本为解《易》而作,故与《易》相合如符契,但我们却不可因此而认为《易》反生于"一六居下"等图式。如果认为《易》反生于"一六居下"等图式,那就好比认为"中星生于仪器""交食生于算经"。

综上所述,先秦文献中所记载的"河图""洛书"亡佚已久,连孔子也不曾见过,因此,自孔子以迄刘牧,从未有人提到过"河图""洛书"之形,更未有人以"河图""洛书"为点阵之图。刘牧创作点阵之图,假"河图""洛书"之名以行世,符合作伪的一般规律③。其伪托之理既可察,其伪托之迹又可寻,因此,一言以蔽之曰:"一六居下"和"戴九履一"的点阵之图,其非先秦文献中所记载的"河图""洛书"也,明矣!

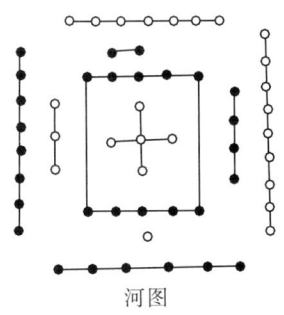

河图

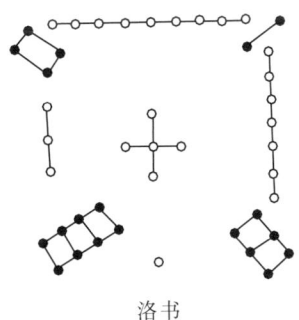

洛书

---

① [清]胡渭著,郑万耕点校:《易图明辨》卷一《河图洛书》,中华书局,2008年,第4页。
② [清]永瑢、纪昀等撰:《四库全书总目》卷六,中华书局,1965年,第40页上栏。
③ 案,伪书出现的原因之一便是"尊古"。参见杨燕起、高国抗主编《中国历史文献学》,国家图书馆出版社,2005年,第329—330页。

附录二
《周易》阴阳观与和合文化析论

《周易》以卜筮为外衣却富含哲学智慧和历史经验，指导人生决策以趋吉避凶，是上古巫史文化的百科全书。李学勤先生倡言："国学的主流是儒学，儒学的核心是经学，经学的冠冕是易学。"① 《庄子·天下》云："《易》以道阴阳。"可谓对《周易》核心思想的精到概括。天人观、阴阳观、尚中观，是《周易》三大核心观念，然而，《周易》阴阳观具体包括哪些方面，未见前人明确总结。和合文化是学界研究热点之一，自张立文先生将和合文化上升到"世纪之交的文化战略"②高度后，每年都有数十篇乃至上百篇相关论文发表，但从《周易》角度研究者罕见。本文将《周易》阴阳观总结为三：阴阳交易观、阴阳分判观、尊阳抑阴观，将和合文化的特点概括为三：同一性、差异性、主导性，在此基础之上，首次系统揭示易学与和合文化之关联。

一、《周易》阴阳交易观与和合文化同一性

《周易·系辞传》中说："一阴一阳之谓道。"《周易》之"易"的内涵之一，便是"交易"。孤阴不生，独阳不长，故"一阴一阳之谓道"。《周易》向人们揭示此阴阳对立统一之道，故名"易"。朱熹说："周，代名也。易，书名也。其卦本伏羲所画，有交易、变易之义，故谓之易。"③阴阳交易感通、对立统一的矛盾运动，是事物发生、发展的动因。《周易·序卦传》中说："有天地然后有万物。"《周易·彖辞传》中说："天地不交而万物不通也。"又说："天地不交而万物不兴。"

在易学吉凶占卜体系中，阴阳爻之变易，往往带来吉凶之转化。从卦名上看，阴阳贯通交易则吉，反之则凶。如泰卦上卦为坤，下卦为乾，坤为地，乾为天，地气重浊而下降，天气轻清而上扬，天地之气相交易，故卦名为泰；否卦卦象与泰卦相反，天、地之气不相交易，故卦名为否。再如既济卦上卦为坎，下卦为离，坎为水，离为火，坎水往下，离火往上，水、火之气相交易，故卦名既济；未济卦卦象

---

① 李学勤：《经学的冠冕是〈易〉学》，《光明日报》，2014年8月5日，第16版。
② 张立文：《世纪之交的文化战略的构想——和合学概论自序》，《中华文化论坛》，1995年第3期，第23—24页。
③ [宋]朱熹：《周易本义》卷一，宋咸淳元年吴革刻本，中国国家图书馆藏，全1函6册，第1册，第1页。

与既济卦相反，水、火之气不相交易，故卦名未济。又如睽卦上卦为离，下卦为兑，离为火，兑为泽，离火上炎，兑泽下流，方向不一致，故卦名为睽；同人卦上卦为乾，下卦为离，乾天之气轻清而上扬，离火亦上炎，方向一致，故卦名同人。

和合文化是中华民族的文化特质。程思远先生曾说："和合是中华民族独创的哲学概念和文化概念。尽管国外也讲和平、和谐，也讲联合、合作，但是，把'和'与'合'两个概念联用，是中华民族的创造。"① 在《二论世代弘扬中华和合文化精神》一文中，程思远先生又说："如果有人提出，今天我们为什么不能沿用世界通用的和平、和谐或合作、联合概念，而一定要提出和合概念与和合文化并加以弘扬呢？我的回答是，越是民族的，就越是世界的；越是具有中国特色的独特的文化精神财富，就越是能够产生世界性的普遍意义。况且，和合概念与和合文化确实比目前世界通用的和平、和谐或合作、联合等概念更深一层次并更具包容性，为什么不值得我们加以弘扬呢？我要大声疾呼，我们一定要珍惜中华民族创造的中华和合文化这一宝贵的精神财富。"② 程思远先生指出，和合文化与和谐文化是两个不同的概念，但未明确总结概括两者之区别。我们认为，和合文化的确如程思远先生所说，内涵更丰富，层次更多，至少可分三个层面：同一性、差异性、主导性。

和合文化的基本特性之一，便是同一性。同一性首先表现为矛盾双方相互依存，其次表现为矛盾双方相互贯通，相互转化。在易学史上，王夫之曾提出"乾坤并建"的命题。他说："纯乾纯坤，未有易也，而相峙以并立，则易之道在。"③ 又说："《周易》并建乾坤以为首，而显其相错之妙。"④ 王夫之的"乾坤并建"说，被视为王夫之易学思想之主干。如朱伯崑先生说："由于王夫之主'《易》之全体在象'，视卦象为其占学的依据，他进而探讨了八卦和六十四卦卦象的逻辑结构以及六十四卦象形成的法则，提出'乾坤并建'说，作为其易学及其哲学的纲领。"⑤ 廖名春先生说："乾坤并建，统宗全《易》，是船山易学的出发点与归宿点，在他全部有关著作中，他始终坚持把这一理论作为自己解《易》的最基本原则，并对之进行了反复详尽的解说与阐发。"⑥ 有学者认为，王夫之提出"乾坤并建"是为了反对"阳尊阴卑""阳主阴从"。其实不然。如前所述，易学阴阳观由三部分有机组成：阴阳交易观、阴阳分判观、尊阳抑阴观。"乾坤并建"属阴阳交易观。提出"乾坤并建"并不意味着否定"尊乾阳，抑坤阴"。如诠释乾卦时，王夫之说："德不先刚，则去

---

① 程思远：《世代弘扬中华和合文化精神——为中华和合文化弘扬工程而作》，《光明日报》，1997年6月28日。
② 程思远：《二论世代弘扬中华和合文化精神》，《中华文化论坛》，1998年第1期，第29-35页。
③ [清] 王夫之：《周易内传》卷一，续修四库全书本。
④ [清] 王夫之：《周易外传》卷五，续修四库全书本。
⑤ 朱伯崑：《易学哲学史》第四卷，昆仑出版社，2005年，第68-69页。
⑥ 廖名春，康学伟，梁韦弦：《周易研究史》，湖南出版社，1991年，第333页。

欲不净；治不先刚，则远佞不速。"① 诠释坤卦时，他说："以阴柔为先，则欲胜理，物丧志，而迷；以阴柔为后，得阳刚为主而从之，则合义而利。"②

西周末年，史伯在与郑桓公谈论西周国政时，说："夫和实生物，同则不继。以它平它谓之和，故能丰长而物生之。若以同裨同，尽乃弃矣。故先王以土与金、木、水、火杂以成百物。"韦昭注："阴阳和而万物生。同，同气也，谓阴阳相生，异味相和也。土气和而物生之，国家和而民附之。裨，益也。同者，谓若以水益水。尽乃弃之，无所成也。杂，合也。成百物，谓若铸冶煎亨之属。"③ 相同性质的事物在一起无法生成新事物，只有不同性质的事物在一起才能生成新事物。《礼记·学记》："独学而无友，则孤陋而寡闻。"《周易》兑卦大象辞："丽泽兑，君子以朋友讲习。"以上与《周易》阴阳交易观皆相契合。

二、《周易》阴阳分判观与和合文化差异性

《周易》既强调阴阳交易，同时也重视阴阳分判，即"阴阳各归其类"。阴阳交易强调矛盾双方的同一性，阴阳分判则强调矛盾双方的相对独立性、差异性。《周易·系辞传》中说："乾道成男，坤道成女。"又说："方以类聚，物以群分。"《周易·象辞传》中说："同人，君子以类族辨物。"《周易·文言传》中说："同声相应，同气相求。水流湿，火就燥，云从龙，风从虎，圣人作而万物睹。本乎天者亲上，本乎地者亲下，则各从其类也。"程颐"同德相应"之说本此而发。在《周易》象数体系中，一般来说，阴爻与阳爻相应主吉，反之主凶，但有时阳爻与阳爻相应也主吉，程颐称之为"同德相应"。如乾卦九二、九五爻辞皆有"利见大人"之文，九二利见之大人指九五，九五利见之大人指九二，对此，程颐说："乾坤纯体，不分刚柔，而以同德相应。"④

在六十四卦错综图中，类阳之卦一般皆居奇数位，类阴之卦一般皆居偶数位。⑤在纳甲筮法中，乾、震、坎、艮（一父三男）只纳奇数位的干支，坤、巽、离、兑（一母三女）只纳偶数位的干支。乾卦六爻自下而上，分别纳甲子、甲寅、甲辰、壬午、壬申、壬戌；震卦六爻自下而上，分别纳庚子、庚寅、庚辰、庚午、庚申、庚戌；坎卦六爻自下而上，分别纳戊寅、戊辰、戊午、戊申、戊戌、戊子；艮卦六爻自下而上，分别纳丙辰、丙午、丙申、丙戌、丙子、丙寅；坤卦六爻自下而上，分别纳乙未、乙巳、乙卯、癸丑、癸亥、癸酉；巽卦六爻自下而上，分别纳辛丑、辛亥、辛酉、辛未、辛巳、辛卯；离卦六爻自下而上，分别纳己卯、己丑、己亥、

---

① [清] 王夫之：《周易外传》卷一，《续修四库全书》，上海古籍出版社，2002年，第18册，第300页。
② [清] 王夫之：《周易内传》卷一，《续修四库全书》，上海古籍出版社，2002年，第18册，第34页。
③ [三国] 韦昭注：《国语》，宋刻宋元递修本，中国国家图书馆藏，全1函6册，第4册，卷十六《郑语》之第5页。
④ 梁韦弦：《〈程氏易传〉导读》，齐鲁书社，2003年，第52页。
⑤ 李尚信：《卦序与解卦理路》，巴蜀书社，2008年，第23页。

己酉、己未、己巳；兑卦六爻自下而上，分别纳丁巳、丁卯、丁丑、丁亥、丁酉、丁未。以上也都反映了《周易》阴阳分判观。

阴阳交易与阴阳分判是辩证统一的关系。阴阳分判，言其异也；阴阳交易，言其同也。《周易·象辞传》中说："君子以同而异。"荀悦说："《易》曰'有天道焉，有地道焉，有人道焉'，言其异也；兼三才而两之，言其同也。故天人之道有同有异。"① 中国传统的礼乐文化就反映了"同而异"的《周易》思想。《礼记·乐记》："乐者为同，礼者为异。""乐者，天地之和也；礼者，天地之序也。"

和合文化范畴中"和合"指有差异的统一。"和合不仅是指'正相反对'的两个方面在统一性或同一性基础上的有机结合，而且是指诸多差分要素的统一，即多样性的统一。"② "和合，是指不同的元素或要素联系汇聚在事物的整体系统中。它是以元素或要素的不同即差异、矛盾乃至斗争为前提和内容的。"③《周易》阴阳分判观正反映了这种有差异的多元一体的和合文化的精髓。重视有差异的统一，不仅是正确处理国际关系、民族关系的行为准则和价值标准，而且是"差异教学评价"的理论依据。南京师范大学教育学博士孙玲说："和合视野下，评价的差异性要求保证评价标准的适度弹性。适度的弹性指的是评价标准既不表现出太多的随意性，又不囿于已制定好的评价标准走向僵化。既坚持客观的标准，保证学生对知识的准确理解，又尊重知识的多样性和学生认识的个体差异。鼓励学生的个性化理解、感受和体验，特别是对于那些尚未有定论的开放的不确定的问题。"④ 这里所说的就是一个和合差异性包容的范例。

三、《周易》尊阳抑阴观与和合文化主导性

《周易》在阴阳交易和阴阳分判的辩证关系下，虽然肯定阴、阳两方缺一不可，但是以阳刚一方为主。如乾卦《彖》曰"大哉乾元，万物资始，乃统天"，坤卦《彖》曰"至哉坤元，万物资生，乃顺承天"。乾坤并建，缺一不可，但乾《彖》言"统"，坤《彖》言"承"，主次轻重关系十分明显。《周易·系辞上》"天尊地卑，乾坤定矣"，直陈尊卑关系。《易传》以阳为大，阴为小，阳比君子，阴比小人。泰卦卦辞"小往大来"，《彖》传："内阳而外阴，内健而外顺，内君子而外小人，君子道长，小人道消也。"泰䷊内卦为阳，外卦为阴，由外而内称"来"，由内而外称"往"，故云"小往大来"；"小"比小人，"大"比君子，故云"君子道长，

---

① [东汉] 荀悦：《前汉纪》卷六《高后纪》，文渊阁四库全书本。
② 左亚文：《论中华和合思想的时代价值》，《江汉论坛》，2007年第2期，第17-21页。
③ 程思远：《二论世代弘扬中华和合文化精神》，《中华文化论坛》，1998年第1期，第29-35页。
④ 孙玲：《差异教学评价——基于和合文化精神的观点》，南京师范大学博士学位论文，2011年，第63页。

小人道消"。否卦卦象和泰卦相反，故卦辞云"大往小来"，《彖》曰"内阴而外阳，内柔而外刚，内小人而外君子，小人道长，君子道消也"。《周易》卦序乾前坤后，坎前离后，震艮前、巽兑后等，也都是《周易》"尊阳抑阴"观的体现。

《周易》"尊阳抑阴"观为后世所继承。宋儒朱熹说："虽是一阴一阳，《易》中之辞，大抵阳吉而阴凶。"① 又说："《易》则是个尊阳抑阴，进君子而退小人，明消长盈虚之理。"② 据元儒吴澄"卦统说"，少、长二男合中男，少、长二女合中女之卦，男合男者（如屯卦、蒙卦）居上篇，女合女者（如革卦、鼎卦）居下篇；三男合父、三女合母之卦，男合父者（如需卦、讼卦、无妄卦、大畜卦）居上篇，女合母者（如晋卦、明夷卦、萃卦、升卦）居下篇；二阳、二阴之卦，二阳者（如临卦）居上篇，二阴者（如遁卦）居下篇；一阳、一阴之卦，一阳者（如复卦）居上篇，一阴者（如姤卦）居下篇。以上都反映了《周易》"尊阳抑阴"观。③

阴阳交易观强调同一性，阴阳分判观强调差异性，尊阳抑阴观则强调主导性。《周易》和合思想的特征之一，"是主张阴阳有等次的和合"④。恩格斯说："唯物史观是以一定历史时期的物质经济生活条件来说明一切历史事件和观念、一切政治、哲学和宗教的。"⑤《周易》和合思想的主导性是周代社会的等级制度在意识形态领域的反映，其时代、阶级局限性是不言而喻的，但是，如果我们剥离其时代、阶级外衣，抽象承传之，则可发现其合理内核，那便是：在和合体内部不是不分主次轻重的，而是有主导的，应以积极、向上、光明的正能量为主导。张克宾先生说："'尊阳抑阴'既是以生生为本的宇宙观的体现，也是崇尚君子、贬斥小人的价值观的投影。"⑥ 笔者深以为然。

综上所述，《周易》阴阳观与和合文化之间的关联应该得到系统揭示。《周易》阴阳观由阴阳交易观、阴阳分判观和尊阳抑阴观三部分有机构成，和合文化的特点可概括为同一性、差异性和主导性。《周易》阴阳交易观强调同一性，阴阳分判观强调差异性，尊阳抑阴观则强调主导性。《周易》阴阳交易观与"和合文化"强调交流互鉴的内涵相契合，阴阳分判观与"和合文化"尊重差异性的内涵相契合，尊阳抑阴观则与"和合文化"的主导性内涵相契合。"天地和合则美，万物和合则生，人身和合则康，人人和合则善，心灵和合则静，家庭和合则兴，社会和合则安，国家和合则强，世界和合则宁，文明和合则谐。"⑦ 和合文化既是目的论，又是方法

---

① [宋] 黎靖德编：《朱子语类》卷六十五《易一·纲领上·阴阳》，文渊阁四库全书本。
② [宋] 朱鉴编：《文公易说》卷十八《作易》，文渊阁四库全书本。
③ 杨效雷：《吴澄的卦统、卦主、卦变说》，《周易研究》，2012 年第 5 期，第 41－49 页。
④ 陈恩林：《论〈易传〉的和合思想》，《吉林大学社会科学学报》，2004 年第 1 期，第 109－116 页。
⑤《马克思恩格斯选集》第 3 卷，人民出版社，1995 年，第 209 页。
⑥ 张克宾：《因象以明理：论程颐易学的"卦才"说》，《中国哲学史》，2015 年第 1 期，第 63－68 页。
⑦ 张立文：《和合与对话》，载《第四届寒山寺文化论坛国际和合文化大会论文集》，上海三联书店，2011 年，第 3 页。

论;既是价值观,又是宇宙观。植根于易学文化基因的和合文化欲在世界文化发展潮流中起到其应有的重要作用,须立足于中国古代逻辑的本土特点,而《周易》阴阳观作为中国传统推类逻辑的基本前提之一,对基于广义论证①的中国古代逻辑将是深度的揭示和研究。

---

① 鞠实儿、何杨:《基于广义论证的中国古代逻辑研究——以春秋赋诗论证为例》,《哲学研究》,2014年第1期,第102 – 110、128页。

关键词索引

B

八宫 16～20，24，25，27

C

程颐 51，67，74～98，100，101，142～144，168，173，238

F

飞伏 20～22，104

G

卦变 6～8，51，53，56～59，61～64，66，67，91，98，100，101，104，108，109，122，124，125，132，133，135，136，215，216
卦才 91～98
卦统 51，125，126，128
卦主 51，97，99，125，128～132

J

焦循 138，182～184，188，190～195
京房 1，12，13，17，20～25，27，28，34，168，181
爵位 22，23

L

李塨 138，157，166～180，182
来知德 138～140，144
六日七分 1，8，9，223

M

孟喜 1，2，5，8，9，12，23

N

纳甲 1，13～16，27，41，42，44，61，104，205，206，238

P

旁通 54，55，57～59，62，63，182～187，191，193，201～205

Q

七十二候 1，9，11～13

S

十二消息卦 1，5～9，11，12，21，26，128，129，132，219

世卦起月 25～27

时行 182，183，190

四正卦 1～5

W

王弼 31，34，51～74，82，92，98，100，101，104，113，125，132，138，143，149，156，167，170，173，223

王夫之 138，144～166，237

王念孙 138，194，195，213，214，222，226，227

王引之 31，138，195～228

吴澄 51，100，124～126，128，129，132，133，135～137，240

X

相错 116，182，183，187～190，237

荀爽 2，3，5，9，18，19，21～23，27，33～35，40，45，99，215，218，225，226，228

Y

爻等 24，25

逸象 40，41，45～50，52～66

虞翻　3～6，22，23，41，42，45，47～50，52～67，99，135，149，183，188，194，195，198，200～205，208，210，212，214，215～217

Z

郑玄　2，9，12，27～31，33，113，180，218，219，220，223～224，232，234
朱熹　7，8，14，40，51，74，87，88，90，92，98，101～122，124，135～137，139，141～143，146，147，150，164，173，231，233，234，236，240